ŒUVRES
COMPLÈTES
DE JACQUES-HENRI-BERNARDIN
DE
SAINT-PIERRE.

TOME TROISIÈME.

DE L'IMPRIMERIE DE L.-T. CELLOT.

FRONTISPICE.

PHILOCLÈS DANS L'ILE DE SAMOS.

OEUVRES

COMPLÈTES

DE JACQUES-HENRI-BERNARDIN

DE

SAINT-PIERRE,

MISES EN ORDRE ET PRÉCÉDÉES DE LA VIE DE L'AUTEUR,

PAR L. AIMÉ-MARTIN.

..... Miseris succurrere disco.
ÆN., lib. I.

ÉTUDES DE LA NATURE.
TOME PREMIER.

A PARIS,

CHEZ MÉQUIGNON-MARVIS, LIBRAIRE,
RUE DE L'ÉCOLE DE MÉDECINE, N° 9.

M. DCCC. XVIII.

AVIS DE L'ÉDITEUR.

Les corrections préparées par l'Auteur, donneraient à cette édition des Études de la Nature, une grande supériorité sur toutes celles qui ont été publiées jusqu'à ce jour, lors même qu'elle ne serait pas enrichie de plusieurs annotations importantes. Bernardin de Saint-Pierre avait eu l'idée de développer certaine partie de son livre, mais sans en altérer le texte primitif ; car il ajoutait plus volontiers qu'il ne retranchait, s'appuyant de l'avis de Montaigne, qui ne voulait pas que *son travail pût condamner la première forme de ses essais, mais seulement donner quelque prix à chacune des suivantes.* * C'est ce que Bernardin de Saint-Pierre a exécuté au commencement de l'Étude cinquième, en ajoutant la peinture de nos climats à celle des climats du Nord et du Midi, c'est-à-dire, en donnant le dernier trait au tableau qu'il avait tracé. Deux autres frag-

* Essais, liv. III, chap. IX.

ments, moins étendus, embellissent le chapitre du sentiment de l'amour, qui se trouve dans le tome III. Ces annotations, étant les plus considérables, sont aussi les seules que nous croyons nécessaire d'indiquer.

De son côté, l'Éditeur, en prenant pour base de son travail, l'édition la plus estimée de l'Auteur, celle de 1792, a revu et collationné toutes les autres éditions, afin d'ajouter au mérite de celle-ci par la correction, la pureté et l'exactitude du texte.

Quant aux notes, il eût été facile de les multiplier davantage ; mais l'Éditeur a cru devoir se borner à celles qui pouvaient servir à l'intelligence des faits, ou à l'histoire de la science. Il s'est donc abstenu de porter un jugement sur les théories qui forment la base de quelques parties des Études. Non-seulement il ne s'est cru aucun titre pour décider des questions qui touchent aux plus hautes spéculations de la science, mais encore il est pénétré de cette pensée, que le temps seul peut y porter la lumière. Au reste, le but de l'Auteur des Études est si sublime, qu'on éprouve, à chaque page, le besoin de croire et de penser comme lui. Peut-être s'est-il trompé quelquefois dans les détails, mais il ne s'est jamais trompé sur les principes ; et lors même qu'il lui arrive de mal interpréter les desseins de la Providence, il fait voir que cette Providence existe, il force les incrédules à la reconnaître, et, suivant une expression énergique de Montaigne, *il ne cesse de battre leurs oreilles de ce mot qui leur est si fort à contre-cœur.** Il ne faut donc plus s'étonner du discrédit que certaines gens ont voulu jeter sur son ouvrage : ils auraient volontiers applaudi à cette multitude d'idées et d'observations nouvelles qui ont servi à l'avancement de presque toutes les sciences ; peut-être même lui auraient-ils pardonné d'être un grand écrivain, mais ils n'ont pu lui pardonner d'être un écrivain religieux. En combattant ces fausses doctrines, il éveilla la haine des sophistes qu'il voulait convaincre ; car ceux-là ne demandaient pas à être convaincus, mais à être applaudis :

...... Tanto major famæ sitis est, quàm
Virtutis! JUV., sat. x.

Leur vérité, c'était le mal ; pour s'en faire écou-

* Essais, liv. I, chap. XIX.

ter, il fallait croire à eux, et BERNARDIN DE SAINT-PIERRE ne savait croire qu'à la Providence. Mais ce n'est point ici le lieu de développer ces vérités, qui trouveront leur placé dans la vie de l'Auteur. Il suffit, en ce moment, de remarquer qu'il avait prévu les maux que le siècle qui vient de s'écouler prétendait léguer au siècle qui commence, et que sa voix généreuse s'éleva pour refuser ce funeste héritage, que nous avons accepté!

AVIS DE L'AUTEUR.

La première édition de cet Ouvrage, qui parut en décembre 1784, s'est trouvée presque épuisée en décembre 1785. Depuis sa publication, je n'ai qu'à me féliciter des témoignages honorables d'amitié que m'ont donnés des personnes de tout état et de tout sexe, dont la plupart me sont inconnues. Les unes sont venues me trouver, et d'autres m'ont écrit les lettres les plus touchantes pour me remercier de mon livre, comme si, en le donnant au Public, je leur avais rendu quelque service particulier. Plusieurs d'entre elles m'ont prié de venir dans leurs châteaux, habiter la campagne, où j'aimerais tant à vivre, m'ont-elles dit. Oui, sans doute, j'aimerais la campagne, mais une campagne à moi, et non pas celle d'autrui. J'ai répondu de mon mieux à des offres de service si agréables, dont je n'ai accepté que la bienveillance. La bienveillance est la fleur de l'amitié; et son parfum dure toujours quand on la laisse sur sa tige sans la cueillir. Un père de famille malheureux m'a mandé que mes Études faisaient sa plus douce consolation. Un athée est venu me voir plusieurs fois, d'une ville éloignée de Paris, frappé jusqu'à l'admiration, m'a-t-il dit, des harmonies que j'ai indiquées dans les plantes, et dont il a reconnu l'existence dans la nature. Des personnages importants, et d'autres qui croient l'être, m'ont fait inviter d'aller les voir, en me donnant de grandes espérances de fortune : mais autant j'accueille le rare bonheur d'être aimé, et celui de pouvoir être utile, autant je fuis, quand je le peux, le malheur si commun et si triste d'être protégé. Je ne dis point tout ceci par vanité, mais pour reconnaître de mon mieux, suivant ma coutume, jusqu'aux plus légères marques de bienveillance qu'on me donne, quand je les crois sincères.

J'ai donc lieu de penser, par ces suffrages des gens de bien, que Dieu a béni mon travail, quoique rempli d'imperfections. Il est de mon devoir de le rendre le plus digne que je pourrai de l'estime publique; ainsi, j'ai corrigé les fautes de style, de goût et de bon sens que j'ai remarquées dans les précédentes éditions, ou par moi-même, ou avec le secours de quelques personnes instruites; sans rien retrancher cependant du fond des choses, comme elles le désiraient. Je me suis permis seulement, pour les éclaircir, quelques transpositions de notes. J'y en ai ajouté quelques-unes, dans la même intention; entre autres, dans l'explication des figures, une figure de géométrie, pour rendre sensible aux yeux l'erreur de nos astronomes sur l'aplatissement de la terre, et de nouvelles preuves du cours alternatif et semi-annuel de l'océan Atlantique, par la fonte des glaces polaires.

J'aurais bien souhaité de m'éclairer encore sur cet Ouvrage, du jugement des papiers publics. Leurs auteurs ont eu, à cet égard, une entière liberté de suffrages, car je n'en ai sollicité, ni fait solliciter aucun; mais ils ne se sont arrêtés qu'à des observations peu essentielles. Celui de tous qui embrasse le plus d'objets, et qui, par les grands talents de ses rédacteurs, paraissait le plus propre à me donner des lumières, m'a repris d'avoir dit que les animaux n'étaient pas exposés, par la nature, à périr par la famine comme l'homme; et il m'a objecté les perdrix et les lièvres des environs de Paris, qui meurent quelquefois de faim pendant l'hiver. Mais puisque, d'une part, on multiplie ces animaux à l'infini, aux environs de Paris; et que de l'autre, on y fauche jusqu'à la plus petite herbe des champs, il faut bien que, quelquefois, ils y meurent de faim, surtout dans les hivers un peu longs. La famine donc qu'ils éprouvent dans nos campagnes, vient de l'inconséquence de l'homme, et non pas de l'imprévoyance de la nature. Les perdrix et les lièvres ne meurent point de faim dans les forêts du Nord, pendant des hivers de six mois; ils savent bien trouver sous la neige les herbes et les pommes de sapin de l'année précédente, que la nature y a cachées pour les leur conserver.

Les autres objections que les journalistes m'ont faites, ne sont ni plus importantes, ni guère mieux fondées. La plupart d'entre eux ont traité de paradoxe la cause des courants et du flux et reflux de la mer, que j'attribue à la fonte alternative de glaces des pôles, qui ont, dans l'hiver de chaque hémisphère, cinq à six mille lieues de tour, et qui, dans leur été, n'en ont que deux ou trois mille. Mais, comme aucun d'eux n'a rapporté un seul argument, ni contre les principes de ma théorie, ni contre les faits dont je l'ai appuyée, ni contre les conséquences que j'en ai tirées, je n'ai rien à leur répondre, sinon, qu'ils m'ont, sur ce point, jugé sans examen; ce qui est expéditif, mais injuste. Celui de tous qui a le plus de souscripteurs, et qui mérite sans doute de les avoir, par le goût avec lequel il rend compte chaque jour des ouvrages littéraires, m'a objecté, en passant, que je détruisais l'action de la lune, si bien d'accord avec les marées. Il est aisé de voir qu'il n'est instruit ni de ma nouvelle théorie, ni de l'ancienne. Je ne détruis en rien l'action de la lune sur les mers; mais, au lieu de la faire agir sur les mers froides de l'équateur, par une attraction astronomique qui ne produit pas le moindre effet sur les méditerranées et les lacs de la zone torride même, je la fais agir sur les mers gelées des pôles, par la chaleur réfléchie du soleil, reconnue des anciens,[1] démontrée aujourd'hui par les modernes; et dont l'expérience peut se faire avec un verre d'eau. D'ailleurs, il s'en faut bien que les phases de la lune soient, par toute la terre, d'accord avec les mouvements des mers. Le flux et reflux de la mer suit, sur nos côtes, plutôt le moyen que le vrai mouvement de la lune : ailleurs, il obéit à d'autres lois, ce qui a fait dire à Newton lui-même : « Qu'il » fallait qu'il y eût dans le retour périodique » des marées quelque autre cause mixte, qui » a été inconnue jusqu'ici. * » L'explication de ces phénomènes, qui se refuse au système astronomique, s'accorde parfaitement avec ma théorie naturelle, qui attribue à la chaleur alternative du soleil, tant directe que réfléchie par la lune, sur les glaces des deux pôles, la cause, la variété et le retour constant des marées, et sur-tout des courants généraux et alternatifs de l'Océan, qui sont les premiers mobiles de celles-ci. Cependant nos astronomes n'ont jamais essayé de rendre raison de la cause et de la versatilité semi-annuelle de ces courants généraux, si connus dans l'océan Indien, et ils paraissent même avoir ignoré jusqu'à présent qu'il en existât de semblables dans l'océan Atlantique. C'est de quoi on ne peut douter maintenant, d'après les nouvelles preuves que j'en apporte à la fin du troisième volume de cet ouvrage.

* Philosophie de Newton, chap. XXV.

Je n'ai donc point avancé de paradoxe sur des causes si évidentes; mais j'ai opposé à un système astronomique, dénué de preuves physiques, des faits avérés, tirés de tous les règnes de la nature; faits qui ont une multitude de consonnances dans les flux et reflux de toutes les rivières et de tous les lacs qui s'écoulent des montagnes à glace, et que je pourrais multiplier et présenter sous de nouveaux jours, par rapport à l'Océan même, si le lieu et ma santé me le permettaient.

Un journal qui, par son titre, paraît destiné à l'Europe entière, ainsi que celui qui, par le sien, semble réservé aux seuls Savants, ont jugé à propos de garder un profond silence, non-seulement sur des vérités naturelles si neuves et si importantes, mais même sur tout mon ouvrage. D'autres m'ont opposé, pour toute réponse, l'autorité de Newton qui n'est pas de mon avis. Je respecte Newton pour son génie et pour ses vertus; mais je respecte beaucoup plus la vérité. L'autorité des grands noms ne sert que trop souvent de rempart à l'erreur : c'est ainsi que, sur la foi des Maupertuis et des La Condamine, l'Europe a cru, jusqu'à présent, que la terre était aplatie aux pôles. Je démontre, d'après leurs propres opérations, *dans l'explication des figures,* qu'elle y est alongée. Que peut-on répondre à la démonstration géométrique que j'en donne? Pour moi, je suis bien sûr que Newton lui-même, aujourd'hui, abjurerait cette erreur, quoiqu'il l'ait le premier mise en avant, puisqu'il faut le dire.

Le lecteur sera sans doute bien surpris de voir des hommes aussi fameux tomber dans une contradiction aussi étrange, adoptée ensuite et enseignée dans toutes les académies de l'Europe, sans que personne s'en soit aperçu, ou ait osé réclamer en faveur de la vérité. J'en ai été si étonné moi-même, que j'ai cru long-temps que c'était moi, et non pas eux, qui avais perdu sur ce point le sentiment de l'évidence. Je n'osais même m'ouvrir à personne sur cet article, non plus que sur les autres objets de ces Études; car je n'ai presque rencontré dans le monde que des hommes vendus aux systèmes qui ont fait fortune, ou à ceux qui la font faire. Ainsi, plus j'avais raison, seul et sans prôneurs, et plus j'aurais eu tort avec eux : d'ailleurs, comment raisonner avec des gens qui s'enveloppent dans des nuages d'équations ou de distinctions métaphysiques, pour peu que vous les pressiez par le sentiment de la vérité? Si ces refuges leur manquent, ils vous accablent par les autorités innombrables qui les ont subjugués eux-mêmes, sans raisonner, et dont ils comptent bien subjuguer, à leur tour, un homme sur-tout qui ne tient à aucun parti. Qu'aurais-je donc fait dans cette foule d'hommes vains et intolérants, à chacun desquels l'éducation européenne a dit dès l'enfance : *Sois le premier;* et parmi tant de docteurs titrés et non titrés, qui se sont approprié le droit de franc-parler, si ce n'est de m'y renfermer, comme je fais souvent, dans mon franc-taire? Si j'y parle, c'est de peu de choses, ou de choses de peu.

Cependant, dans les routes solitaires et libres où je cherchais la vérité, je me rassurais avec les nouveaux rayons de sa lumière, en me rappelant que les savants les plus célèbres avaient été, dans tous les siècles, aussi bien aveuglés par leurs propres erreurs, que le peuple par celles d'autrui. D'ailleurs, pour démontrer l'inconséquence de nos astronomes modernes, il ne s'agissait que d'employer quelques éléments de géométrie, qui sont à ma portée et à celle de tout le monde. Aussi, bien assuré par une multitude d'observations météorologiques, nautiques, végétales et animales, que les eaux des glaces polaires avaient une pente naturelle jusqu'à l'équateur, et fâché d'être contredit par les opérations trop fameuses de nos géomètres, j'ai osé en examiner les résultats, et je me suis convaincu qu'ils devaient être les mêmes que les miens. J'ai présenté, dans ma première Édition, les uns et les autres au Public; les leurs sont restés sans défense, et les miens sans objection, mais sans partisans déclarés. Dans cette nouvelle Édition, j'ai démontré leur erreur jusqu'à l'évidence géométrique ; maintenant, j'attends mon jugement de tout Lecteur à qui il reste une conscience [3].

Ce sont les préjugés de notre éducation, qui ont égaré ainsi nos astronomes; ces préjugés qui, dès l'enfance, nous attachent, sans réfléchir, aux erreurs accréditées qui mènent à la fortune, et nous font repousser les vérités solitaires qui nous en éloignent. Ils ont été séduits par la réputation de Newton, qu'on m'objecte à moi-même; et Newton l'avait été, comme il arrive d'ordinaire, par son propre

système. Ce sublime géomètre supposait que la force centrifuge, qu'il appliquait au mouvement des astres, avait aplati les pôles de la terre, en agissant sur son équateur. Nordwood, mathématicien anglais, ayant trouvé, en mesurant le méridien de Londres à Yorck, le degré terrestre plus grand de huit toises, que celui que Cassini avait mesuré en France;
» Newton, dit Voltaire, attribua ce petit ex-
» cédant de huit toises par degré, à la figure
» de la terre, qu'il croyait être celle d'un
» sphéroïde aplati vers les pôles; et il jugeait
» que Nordwood, en tirant sa méridienne
» dans des régions plus septentrionales que
» la nôtre, avait dû trouver ses degrés plus
» grands que ceux de Cassini; puisqu'il sup-
» posait la courbe du terrain mesuré par
» Nordwood, plus longue.* ». Il est clair que ces degrés étant plus grands, et cette courbe étant plus longue vers le nord, Newton devait en conclure que la terre était alongée aux pôles; et s'il en inféra, au contraire, qu'elle y était aplatie, c'est que son système céleste, occupant toutes les facultés de son vaste génie, ne lui

---

* Philosophie de Newton, chap. XVIII.

permit pas de saisir sur la terre une inconséquence géométrique. Il adopta donc, sans examen, une expérience qu'il crut lui être favorable, et il ne s'aperçut pas qu'elle lui était diamétralement opposée. Nos astronomes se sont laissé séduire, à leur tour, par la réputation de Newton, et par la faiblesse si ordinaire à l'esprit humain, de chercher à expliquer toutes les opérations de la nature avec une seule loi. Bouguer, un de leurs coopérateurs, dit positivement, que « de cette décou» verte de l'aplatissement des pôles dépend » presque toute la physique. * »

Nos astronomes sont donc partis pour aller jusqu'aux extrémités de la terre, chercher des preuves physiques à un système céleste heureux et brillant; et ils en étaient d'avance si éblouis, qu'ils ont méconnu, à leur tour, la vérité même qui, loin des préjugés de l'Europe, venait dans des déserts se réfugier entre leurs mains. Si le plus fameux des géomètres modernes a pu tomber dans une aussi grande erreur en géométrie, et si des astronomes, remplis d'ailleurs de sagacité, ont, par la seule

---

* Traité de la Navigation, liv. v., chap. v, § II, page 435.

influence de son nom, tiré de leurs propres opérations une fausse conséquence pour appuyer cette erreur, rejeté les expériences précédentes de leur académie sur l'abaissement du baromètre au nord, avec les autres observations géographiques qui la contredisaient, établi sur elle la base de toutes les connaissances physiques à venir, et lui ont donné ensuite, par leur propre réputation, une autorité qui n'a pas même laissé au reste des savants la liberté de douter; nous devons bien prendre garde à nous autres hommes obscurs et ignorants, qui cherchons la vérité pour le seul bonheur de la connaître. Méfions-nous donc, dans sa recherche, de toute autorité humaine. Descartes, par le seul doute, dissipa la philosophie d'Aristote, consacrée jusqu'alors dans toutes les universités : prenons pour maxime cette philosophie qui a fait faire tant de véritables découvertes à Newton lui-même, et à la Société royale de Londres, dont elle est la devise : Nullius in verba.

Pour revenir aux journaux, s'ils ont, comme de concert, refusé leur approbation aux objets naturels de ces Études, un d'entre eux a avancé, dit-on, que j'avais pris ma théorie des marées par les glaces polaires, dans des auteurs latins. Enfin, cette théorie se fait des partisans, puisqu'elle éveille l'envie.

Voici ce que j'ai à répondre à cette imputation. Si j'avais connu quelque auteur latin qui eût attribué les marées à la fonte des glaces polaires, je l'aurais nommé, parce que cette justice est dans l'ordre de mon ouvrage et de ma conscience. Je n'ai point eu, comme tant de philosophes, la vanité de créer, à mon aise, un monde de ma façon; mais j'ai cherché, avec beaucoup de travail, à rassembler les pièces du plan de celui que nous habitons, dispersées chez les hommes de tous les siècles et de toutes les nations qui l'ont le mieux observé. Ainsi, j'ai pris mes idées et mes preuves de l'alongement de la terre aux pôles, dans Childrey, Képler, Tycho-Brahé, Cassini...... et sur-tout dans les opérations de nos astronomes modernes; de l'étendue des océans glacés qui couvrent les pôles, dans Denis, Barents, Cook, et tous les voyageurs des mers australes et boréales; de l'ancienne déviation du soleil hors de l'écliptique, dans les traditions égyptiennes, les annales chinoises, et même dans la Mythologie des Grecs; de la fonte totale des glaces polaires, et du déluge universel qui s'en est ensuivi, dans Moïse et Job; de la chaleur de la lune et de ses effets sur les glaces et les eaux, dans Pline, et dans les expériences modernes faites à Rome et à Paris; des courants et des marées qui s'écoulent alternativement des pôles vers l'équateur, dans Christophe Colomb, Barents, Martens, Ellis, Linschoten, Abel-Tasman, Dampier, Pennant, Rennefort, etc. J'ai cité tous ces observateurs avec éloge. Si j'eusse connu quelque auteur latin qui eût attribué à la fonte des glaces polaires la cause des marées, seulement dans quelque partie de l'Océan, je l'eusse également cité, me réservant pour moi la gloire de l'architecte, celle de réunir toutes ces observations isolées, de les répartir aux saisons et aux latitudes qui leur étaient propres, pour en ôter les contradictions apparentes qui avaient empêché jusqu'ici d'en rien conclure, et d'assigner enfin une cause et des moyens évidents à des effets qui, depuis tant de siècles, étaient couverts de mystères. J'ai donc formé un ensemble de toutes ces vérités éparses, et j'en ai déduit l'harmonie générale des mouvements de l'océan, dont la première *cause* est la chaleur du soleil; les *moyens,* sont les glaces polaires; et les *effets,* les courants semi-annuels et alternatifs des mers, avec les marées journalières de nos rivages [4]. Ainsi, si d'autres ont dit avant moi que les marées venaient de la fonte des glaces polaires, ce que j'ignore même à présent, c'est moi qui le premier l'ai prouvé. D'autres Européens avaient dit, avant Christophe Colomb, qu'il y avait un autre monde; mais ce fut lui qui le premier y arriva. Si d'autres avaient dit de même que les marées venaient des pôles, personne ne les avait crus, parce qu'ils l'avaient dit sans preuves. Avant de parvenir à rassembler les miennes, et à les rendre lumineuses, il m'a fallu dissiper ces nuages épais d'erreurs vénérables, telles que celles des pôles aplatis et baignés de mers libres de glaces, que nos prétendues sciences avaient répandus entre la vérité et nous, et qui étaient capables de couvrir toute notre physique d'une nuit éternelle. Voilà donc la gloire que j'ai ambitionnée, celle d'assembler quelques harmonies de la nature, pour en former un concert qui élevât l'homme vers son auteur; ou plutôt je n'ai cherché que le bonheur de les connaître et de les répandre; car je suis prêt à adopter tout autre système, qui présentera à l'esprit de l'homme plus de vraisemblance, et à son cœur plus de consolation. Ce n'est qu'à Dieu que convient la gloire, et aux hommes la paix, qui n'est jamais si pure et si profonde, que dans le sentiment de cette même gloire qui gouverne l'univers. Je n'ai désiré que le bonheur d'en découvrir de nouveaux rayons, et je ne souhaite désormais que celui d'en être éclairé le reste de ma vie, fuyant, pour moi-même, cette gloire vaine, ténébreuse et inconstante, que le monde donne et ôte à son gré.

Je me suis un peu étendu ici sur le droit que j'ai à la découverte de la cause des courants et des marées par la fonte des glaces polaires, parce qu'ayant opposé à la plupart des opinions reçues, beaucoup d'observations qui m'appartiennent, si chacune d'elles exigeait de moi un manifeste pour en défendre la propriété, je n'y suffirais jamais. D'ailleurs, si elles acquièrent assez de célébrité pour m'attirer, suivant l'esprit de ce siècle, des louanges perfides, des persécutions sourdes, des pitiés fausses, et pour renverser ma fortune incertaine, tardive et à peine commencée, je déclaré donc que, ne tenant à aucun parti, et ne pouvant opposer que moi à chaque nouvel ennemi, au lieu de me répandre dans les papiers publics, suivant l'usage, en récriminations, en injures, en complaintes, en doléances, en temps perdu, je ne me défendrai que sur mon propre terrain, et je n'opposerai à mes ennemis, tant publics que secrets, que la vérité : ou plutôt puissé-je, loin des hommes inconstants et trompeurs, sous un petit toit rustique à moi, près des bois, dégager la statue de ma Minerve de son tronc d'arbre, et mettre enfin un globe entier à ses pieds !

Au reste, si les journalistes m'ont refusé leurs suffrages sur des objets aussi importants aux progrès des connaissances naturelles, et si d'autres prennent déjà les devants pour me priver de ceux du public, j'en compte déjà d'illustres parmi des hommes éclairés, de toutes conditions.

Je n'ai pas moins à me féliciter de l'intérêt général avec lequel le public a reçu la partie morale de cet ouvrage. J'y ai cependant omis de grands objets de réforme politique et morale ; les uns, parce qu'il ne m'a pas été permis de les traiter suivant ma conscience ; les autres, parce que mon plan ne les comportait pas. Je me suis fixé aux seuls abus auxquels le gouvernement pouvait remédier.

Au reste, si je me suis étendu sur les désordres et l'intolérance des corps, j'ai respecté les états : j'ai attaqué des corps particuliers pour défendre celui de la patrie, et, par-dessus tout, le corps du genre humain. Nous ne sommes tous que les membres de celui-ci. Mais à Dieu ne plaise que j'aie voulu faire de la peine à aucun être sensible en particulier, moi qui n'ai pris la plume que pour remplir l'épigraphe que j'ai mise à la tête de cet ouvrage : *Miseris succurrere disco!* Lecteur, quel que soit donc le rôle que vous remplissiez dans ce monde, je serai content de votre jugement, si vous me jugez comme homme, dans un ouvrage où je ne me suis occupé que du bonheur de l'homme. D'un autre côté, si j'ai eu la gloire de vous donner quelques plaisirs nouveaux, et d'étendre vos vues dans l'infini et mystérieux champ de la nature, songez encore que ce n'est que l'aperçu d'un homme; que ce n'est rien auprès de ce qui est; que ce ne sont que des ombres de cette vérité éternelle, recueillies par une autre ombre, et qu'un bien petit rayon de ce soleil d'intelligence dont l'univers est rempli, qui s'est joué dans une goutte d'eau trouble.⁵

Multa abscondita sunt majora his : pauca enim vidimus opera ejus.*

Il serait inutile de parler ici de la révolution particulière que la révolution générale a opérée dans ma fortune, et dans mes projets de retraite et de bonheur à la campagne; mais comme j'ai parlé, dans l'avis en tête de l'édition précédente, des bienfaits annuels qui m'avaient été donnés au nom du roi,** par quelques ministres, à l'occasion des premiers succès des Études de la Nature; la vérité, ainsi que la reconnaissance, m'obligent à dire que j'en ai été privé, en tout ou en partie, à mesure que la révolution que j'y avais annoncée s'approchait : d'un autre côté, que le roi ayant lu ces mêmes Études, avait témoigné, de son propre mouvement, qu'il était fâché de la modicité des graces qui m'avaient

---

* Ecclesiastic., cap. LXIII, ⁊ 36.
** Nous rétablissons ici ce morceau, supprimé dans quelques éditions qui n'ont pas été publiées par l'Auteur, et notamment dans celle in-8° imprimée en 1804.

été accordées; et qu'il eût désiré les augmenter si les circonstances le lui eussent permis. Si l'état, en effet, m'eût dû quelque récompense, ce sentiment de bienveillance du roi l'eût acquittée. J'ai été très-touché de cette marque d'intérêt d'un prince en faveur d'un ouvrage dont le principal mérite a été d'avoir défendu les droits des peuples. Si j'en ai éprouvé quelque surprise, c'est par rapport à moi, qui lui suis personnellement inconnu; car le désir du bonheur des peuples a été de tout temps dans le cœur du roi. C'est lui qui a été le premier mobile de leur liberté ; d'abord, chez les Anglo-Américains, qu'il a délivrés de l'oppression de leur métropole : ensuite, il avait extirpé en France les dernières racines de la servitude féodale, qui s'étaient conservées sous les degrés du trône et même sous ceux de l'autel. Pour protéger la fortune du peuple, il a établi les Assemblées provinciales, premiers éléments de l'Assemblée nationale. Après avoir épuisé ses finances à défendre la liberté des Anglo-Américains, il a rejeté le conseil qu'on lui donnait, avec une apparence de justice, de faire banqueroute des dettes contractées par le luxe, depuis Louis

XIV jusqu'à lui exclusivement. S'il eût été injuste à l'égard des règnes passés, le sien, sans doute, serait plus tranquille. Il pouvait rester dans le port, et abandonner à la tempête ceux qui l'avaient excitée : maintenant, il en est accablé. Il a sur sa tête ce qu'il pouvait laisser sous ses pieds. Qui pourrait donc ne pas acheter, à son exemple, l'espérance du bonheur général par le sacrifice de son repos particulier? Le pêcheur, échoué sur le rivage, peut-il se plaindre en voyant sur la mer irritée des flottes dispersées, et leur amiral devenu lui-même le jouet des vents et des flots?

O roi, puissent vos destins se réunir à ceux de votre peuple, et ne s'en séparer jamais! Puisse votre vue lui rappeler le bien que vous avez voulu lui faire, dont ses représentants se sont occupés à votre invitation, et que vous avez désiré avec ardeur, comme la seule récompense digne des grands rois! Éloignez de vous tous les conseils qui pourraient vous en séparer, sous prétexte de votre repos ou de votre gloire. Rappelez-vous ces maximes du précepteur des rois, sur leur autorité et leurs devoirs. « Le roi peut tout sur les peuples, mais

» les lois peuvent tout sur lui. Il a une puis-
» sance absolue pour faire le bien, et les
» mains liées dès qu'il veut faire le mal. Les
» lois lui confient les peuples comme le plus
» précieux de tous les dépôts, à condition
» qu'il sera le père de ses sujets. ⹀ Ce n'est
» point pour lui-même que les dieux l'ont
» fait roi. Il ne l'est que pour être l'homme
» des peuples; c'est aux peuples qu'il doit
» tout son temps, tous ses soins, toute son
» affection; et il n'est digne de la royauté,
» qu'autant qu'il s'oublie lui-même pour se
» sacrifier au bien public. Minos n'a voulu
» que ses enfants régnassent après lui, qu'à
» condition qu'ils régneraient suivant ces
» maximes. Il aimait encore plus son peuple
» que sa famille. * » Sire, si vous vous rap-
pelez, dès les premiers temps de votre règne,
votre affection pour le peuple, votre économie
personnelle, dans la crainte d'épuiser sa fortune; le soin que vous avez pris d'éloigner du
trône les ministres qui lui étaient suspects,
et d'y appeler ceux qui lui étaient recomman-
dables par leur probité; enfin, la convoca-

* Télémaque, liv. v.

tion que vous avez faite, vous-même de ses députés, pour remédier aux maux que lui avaient causés les erreurs de plusieurs règnes, et pour combler un abyme qu'il n'avait pas creusé, vous retrouverez les maximes de Fénélon au fond de votre propre cœur.

ÉTUDES
DE
LA NATURE.

ÉTUDE PREMIÈRE.

IMMENSITÉ DE LA NATURE;

PLAN DE MON OUVRAGE.

Je formai, il y a quelques années, le projet d'écrire une histoire générale de la nature, à l'imitation d'Aristote, de Pline, du chancelier Bacon, et de plusieurs modernes célèbres. Ce champ me parut si vaste, que je ne pus croire qu'il eût été entièrement parcouru. D'ailleurs la nature y invite tous les hommes de tous les temps; et, si elle n'en promet les découvertes qu'aux hommes de génie, elle en réserve au moins quelques moissons aux ignorants, sur-tout à ceux qui, comme moi, s'y arrêtent à chaque pas, ravis de la beauté de ses divins ouvrages. J'étais encore porté à ce noble dessein, par le désir de bien mériter des hommes, et principalement de

Louis XVI, mon bienfaiteur, qui, à l'exemple de Titus et de Marc-Aurèle, ne s'occupe que de leur félicité. * C'est dans la nature que nous en devons trouver les lois, puisque ce n'est qu'en nous écartant de ses lois que nous rencontrons les maux. Étudier la nature, c'est donc servir son prince et le genre humain. J'ai employé à cette recherche toutes les forces de ma raison ; et, quoique mes moyens aient été bien faibles, je peux dire que je n'ai pas passé un seul jour sans recueillir quelque observation agréable. Je me proposais de commencer mon ouvrage quand je cesserais d'observer, et que j'aurais rassemblé tous les matériaux de l'histoire de la nature ; mais il m'en a pris comme à cet enfant qui avait creusé un trou dans le sable, avec une coquille, pour y renfermer l'eau de la mer.

La nature est infiniment étendue, et je suis un homme très-borné. Non-seulement son histoire générale, mais celle de la plus petite plante, est bien au-dessus de mes forces. Voici à quelle occasion je m'en suis convaincu.

Un jour d'été, pendant que je travaillais à mettre en ordre quelques observations sur les harmonies de ce globe, j'aperçus sur un fraisier qui était venu par hasard sur ma fenêtre, de petites mouches si jolies, que l'envie me prit de

* Ce morceau a également été supprimé dans l'édition in-8° de 1804.

les décrire. Le lendemain, j'y en vis d'une autre sorte, que je décrivis encore. J'en observai, pendant trois semaines, trente-sept espèces toutes différentes; mais il y en vint, à la fin, en si grand nombre, et d'une si grande variété, que je laissai là cette étude, quoique très-amusante, parce que je manquais de loisir, et, pour dire la vérité, d'expression.

Les mouches que j'avais observées étaient toutes distinguées les unes des autres par leurs couleurs, leurs formes et leurs allures. Il y en avait de dorées, d'argentées, de bronzées, de tigrées, de rayées, de bleues, de vertes, de rembrunies, de chatoyantes. Les unes avaient la tête arrondie comme un turban, d'autres, alongée en pointe de clou. A quelques-unes, elle paraissait obscure comme un point de velours noir; elle étincelait à d'autres comme un rubis. Il n'y avait pas moins de variété dans leurs ailes : quelques-unes en avaient de longues et de brillantes comme des lames de nacre; d'autres de courtes et de larges, qui ressemblaient à des réseaux de la plus fine gaze. Chacune avait sa manière de les porter et de s'en servir. Les unes les portaient perpendiculairement, les autres horizontalement, et semblaient prendre plaisir à les étendre. Celles-ci volaient en tourbillonnant, à la manière des papillons; celles-là s'élevaient en l'air, en se dirigeant contre le vent, par un mécanisme à-peu-près semblable à celui des cerfs-volants de papier, qui s'élèvent en formant, avec l'axe du vent, un angle, je crois, de vingt-deux degrés et demi. Les unes abordaient sur cette plante pour y déposer leurs œufs; d'autres, simplement pour s'y mettre à l'abri du soleil. Mais la plupart y venaient pour des raisons qui m'étaient tout-à-fait inconnues; car les unes allaient et venaient dans un mouvement perpétuel, tandis que d'autres ne remuaient que la partie postérieure de leur corps. Il y en avait beaucoup d'immobiles, et qui étaient peut-être occupées, comme moi, à observer. Je dédaignai, comme suffisamment connues, toutes les tribus des autres insectes qui étaient attirées sur mon fraisier; telles que les limaçons qui se nichaient sous ses feuilles, les papillons qui voltigeaient autour, les scarabées qui en labouraient les racines, les petits vers qui trouvaient le moyen de vivre dans le parenchyme, c'est-à-dire, dans la seule épaisseur d'une feuille; les guêpes et les mouches à miel qui bourdonnaient autour de ses fleurs, les pucerons qui en suçaient les tiges, les fourmis qui léchaient les pucerons; enfin, les araignées qui, pour attraper ces différentes proies, tendaient leurs filets dans le voisinage.

Quelque petits que fussent ces objets, ils étaient dignes de mon attention; puisqu'ils avaient mérité celle de la nature. Je n'eusse pu leur refuser une place dans son histoire générale, lorsqu'elle leur en avait donné une dans l'univers. A plus forte raison, si j'eusse écrit l'histoire de mon fraisier, il eût fallu en tenir compte. Les plantes sont les habitations des insectes, et l'on ne fait point l'histoire d'une ville sans parler de ses habitants. D'ailleurs, mon fraisier n'était point, dans son lieu naturel, en pleine campagne, sur la lisière d'un bois, ou sur le bord d'un ruisseau, où il eût été fréquenté par bien d'autres espèces d'animaux. Il était dans un pot de terre, au milieu des fumées de Paris. Je ne l'observais qu'à des moments perdus. Je ne connaissais point les insectes qui le visitaient dans le cours de la journée, encore moins ceux qui n'y venaient que la nuit, attirés par de simples émanations, ou peut-être par des lumières phosphoriques qui nous échappent. J'ignorais quels étaient ceux qui le fréquentaient pendant les autres saisons de l'année, et le reste de ses relations avec les reptiles, les amphibies, les poissons, les oiseaux, les quadrupèdes, et les hommes sur-tout, qui comptent pour rien tout ce qui n'est pas à leur usage.

Mais il ne suffisait pas de l'observer, pour ainsi dire, du haut de ma grandeur; car dans ce cas ma science n'eût pas égalé celle d'une des mouches qui l'habitaient. Il n'y en avait pas une seule qui, le considérant avec ses petits yeux sphériques, n'y dût distinguer une infinité d'objets que je ne pouvais apercevoir qu'au microscope, avec des recherches infinies. Leurs yeux même sont très-supérieurs à cet instrument, qui ne nous montre que les objets qui sont à son foyer, c'est-à-dire, à quelques lignes de distance; tandis qu'ils aperçoivent, par un mécanisme qui nous échappe, ceux qui sont auprès d'eux et au loin. Ce sont à-la-fois des microscopes et des télescopes. De plus, par leur disposition circulaire autour de la tête, ils voient en même temps toute la voûte du ciel, dont ceux d'un astronome n'embrassent tout au plus que la moitié. Ainsi mes mouches devaient voir d'un coup-d'œil, dans mon fraisier, une distribution et un ensemble de parties que je ne pouvais observer au microscope que séparées les unes des autres, et successivement.

En examinant les feuilles de ce végétal, au moyen d'une lentille de verre qui grossissait médiocrement, je les ai trouvées divisées par compartiments hérissés de poils, séparés par des canaux, et parsemés de glandes. Ces compartiments m'ont paru semblables à de grands tapis de verdure, leurs poils à des végétaux d'un ordre particulier, parmi lesquels il y en avait de droits, d'inclinés, de fourchus, de creusés en tuyaux, de l'extrémité desquels sortaient des gouttes de liqueur; et leurs canaux, ainsi que leurs glandes, me paraissaient remplis d'un fluide brillant. Sur d'autres espèces de plantes, ces poils et ces canaux se présentent avec des formes, des couleurs et des fluides différents. Il y a même des glandes qui ressemblent à des bassins ronds, carrés ou rayonnants. Or, la nature n'a rien fait en vain : quand elle dispose un lieu propre à être habité, elle y met des animaux ; elle n'est pas bornée par la petitesse de l'espace. Elle en a mis avec des nageoires dans de simples gouttes d'eau, et en si grand nombre, que le physicien Leuwenhoek y en a compté des milliers. Plusieurs autres après lui, entre autres Robert Hook, en ont vu, dans une goutte d'eau de la petitesse d'un grain de millet, les uns 10, les autres 30, et quelques-uns jusqu'à 45 mille. Ceux qui ignorent jusqu'où peuvent aller la patience et la sagacité d'un observateur, pourraient douter de la justesse de ces observations, si Lyonnet, qui les rapporte dans la Théologie des Insectes de Lesser, * n'en faisait voir la possibilité par un mécanisme assez simple. Au moins on est certain de l'existence de ces êtres, dont on a dessiné les différentes figures. On en trouve d'autres, avec des pieds armés de crochets, sur le corps de la mouche, et même sur celui de la puce. On peut donc croire, par analogie, qu'il y a des animaux qui paissent sur les feuilles des plantes, comme les bestiaux dans nos prairies ; qui se couchent à l'ombre de leurs poils imperceptibles, et qui boivent dans leurs glandes, façonnées en soleils, des li-

* Liv. 2, chap. 3.

queurs d'or et d'argent. Chaque partie des fleurs doit leur offrir des spectacles dont nous n'avons point d'idées. Les anthères jaunes des fleurs, suspendues sur des filets blancs, leur présentent de doubles solives d'or en équilibre sur des colonnes plus belles que l'ivoire; les corolles, des voûtes de rubis et de topaze, d'une grandeur incommensurable; les nectaires, des fleuves de sucre; les autres parties de la floraison, des coupes, des urnes, des pavillons, des dômes, que l'architecture et l'orfévrerie des hommes n'ont pas encore imités.

Je ne dis point ceci par conjecture ; car un jour, ayant examiné au microscope des fleurs de thym, j'y distinguai, avec la plus grande surprise, de superbes amphores à long col, d'une matière semblable à l'améthyste, du goulot desquelles semblaient sortir des lingots d'or fondu. Je n'ai jamais observé la simple corolle de la plus petite fleur, que je ne l'aie vue composée d'une matière admirable, demi-transparente, parsemée de brillants, et teinte des plus vives couleurs. Les êtres qui vivent sous leurs riches reflets doivent avoir d'autres idées que nous de la lumière et des autres phénomènes de la nature. Une goutte de rosée, qui filtre dans les tuyaux capillaires et diaphanes d'une plante, leur présente des milliers de jets d'eau; fixée en boule à l'extrémité d'un de ses poils, un océan sans rivage ; évaporée dans l'air, une mer aérienne. Ils doivent donc voir les fluides monter au lieu de descendre; se mettre en rond au lieu de se mettre de niveau, et s'élever en l'air au lieu de tomber. Leur ignorance doit être aussi merveilleuse que leur science. Comme ils ne connaissent à fond que l'harmonie des plus petits objets, celle des grands doit leur échapper. Ils ignorent, sans doute, qu'il y a des hommes, et parmi les hommes des savans, qui connaissent tout, qui expliquent tout; qui, passagers comme eux, s'élancent dans un infini en grand où ils ne peuvent atteindre; tandis qu'eux, à la faveur de leur petitesse, en connaissent un autre dans les dernières divisions de la matière et du temps. Parmi ces êtres éphémères, se doivent voir des jeunesses d'un matin et des décrépitudes d'un jour. S'ils ont des histoires, ils ont des mois, des années, des siècles, des époques, proportionnés à la durée d'une fleur. Ils ont une autre chronologie que la nôtre, comme ils ont une autre hydraulique et une autre optique. Ainsi, à mesure que l'homme s'approche des éléments de la nature, les principes de sa science s'évanouissent.

Tels devaient donc être ma plante et ses habitants naturels aux yeux de mes moucherons; mais quand j'aurais pu acquérir, comme eux, une connaissance intime de ce nouveau monde, je n'en aurais pas encore eu l'histoire. Il aurait fallu étudier ses rapports avec le reste de la nature, avec le soleil qui la fait fleurir, les vents qui la ressèment, et les ruisseaux dont elle fortifie les rives qu'elle embellit. Il eût fallu savoir comment elle se conserve en hiver par des froids qui font fendre les pierres, et comment elle reparaît verdoyante au printemps sans qu'on ait pris soin de la préserver de la gelée ; comment, faible et se traînant sur la terre, elle s'élève depuis le fond des humbles vallées jusqu'au sommet des Alpes, et parcourt le globe du nord au midi, de montagnes en montagnes, formant dans sa route mille réseaux charmants de ses fleurs blanches et de ses fruits couleur de rose, avec les plantes de tous les climats ; comment elle a pu s'étendre depuis les montagnes de Cachemire jusqu'à Archangel, et depuis les monts Félices en Norwège jusqu'au Kamtschatka ; comment enfin on la retrouve dans les deux Amériques, quoiqu'une infinité d'animaux lui fassent par-tout la guerre, et qu'aucun jardinier ne se mêle de la ressemer.

Avec toutes ces lumières, je n'aurais encore eu que l'histoire du genre, et non celle des espèces. Il en resterait encore à connaître les variétés, qui ont chacune leur caractère, par leurs fleurs uniques, accouplées ou disposées en grappes ; par la couleur, le parfum et la saveur de leurs fruits ; par la grandeur, les découpures, les nervures, le lissé ou le velouté de leurs feuilles. Un de nos plus fameux botanistes, Sébastien

Le Vaillant,[*] en a trouvé, dans les seuls environs de Paris, cinq espèces différentes, dont trois portent des fleurs, sans donner de fruits. On en cultive une douzaine d'étrangères dans nos jardins, telles que celles du Chili, du Pérou, des Alpes ou de tous les mois ; celle de Suède, qui est verte, etc. Mais combien de variétés nous sont inconnues! Chaque degré de latitude n'a-t-il pas la sienne ? N'est-il pas à présumer qu'il y a des arbres qui portent des fraises, comme il y en a qui portent des pois et des haricots ? Ne peut-on pas même considérer comme des variétés du fraisier, les espèces très-nombreuses des framboisiers et des rubus, avec lesquels il a une analogie frappante, par la découpure de ses feuilles, par ses sarments qui tracent sur la terre et qui se replantent eux-mêmes, par la forme de ses fleurs en rose et celle de ses fruits dont les semences sont en dehors ? N'a-t-il pas encore des affinités avec les églantiers et les rosiers par ses fleurs, avec le mûrier par ses fruits, et par ses feuilles avec le trèfle même, dont une espèce, aux environs de Paris, porte, de plus, des semences agrégées en forme de fraises, ce qui lui a fait donner le nom de *Trifolium fragiferum?* Si l'on pense maintenant que toutes ces espèces, variétés, analogies, affinités, ont dans chaque

[*] Botanicon Parisiense.

latitude des relations nécessaires avec une multitude d'animaux, et que ces relations nous sont tout-à-fait inconnues, on verra que l'histoire complète du fraisier suffirait pour occuper tous les naturalistes du monde.

Que serait-ce donc s'il fallait écrire ainsi celle de toutes les espèces de végétaux répandues sur la surface de la terre ? Le fameux Linnæus en comptait sept à huit mille ; mais il n'avait pas voyagé. Le célèbre Sherard en connaissait, dit-on, seize mille. Un autre botaniste en fait monter le nombre à vingt mille. Enfin, un plus moderne se vante d'en avoir fait à lui seul une collection de vingt-cinq mille, et il porte à quatre ou cinq fois autant le nombre de celles qu'il n'a pas vues.*
Mais toutes ces évaluations sont bien faibles, si l'on considère, d'après les remarques même de ce dernier observateur, que l'on ne connaît presque rien de l'intérieur de l'Afrique, de celui des trois Arabies, et même des deux Amériques ; fort peu de chose de la Nouvelle-Guinée, des

* Wildenow, dans son excellente édition du *Species Plantarum*, a décrit 17,457 espèces de plantes, comprises dans les 23 premières classes de Linnée ; ce nombre peut être porté à 20,000, en y ajoutant 3 ou 4,000 cryptogames. Mais outre ces espèces déjà décrites, il y en a au moins 10,000 dont la description est faite, et non publiée, dans les Herbiers de MM. Ruiz et Pavon, de Tussac, Patrin, Bonpland, Humboldt, Née, Sesse, Mutis, Palissot de Beauvois, etc. : ainsi, le nombre des

nouvelles Hollande et Zélande, et des îles nombreuses de la mer du Sud, dont la plupart elles-mêmes sont encore inconnues. On ne connaît guère que quelques rivages de l'île de Ceylan, de la grande île de Madagascar, des archipels immenses des Philippines et des Moluques, et de presque toutes les îles de l'Asie. Pour ce vaste continent, à l'exception de quelques grands chemins dans l'intérieur, et de quelques côtes où trafiquent nos Européens, on peut dire qu'il nous est tout-à-fait inconnu. Combien de terrains en Tartarie, en Sibérie et dans beaucoup de royaumes de l'Europe même, où jamais les botanistes n'ont mis le pied? Quelques-uns, à la vérité, nous ont donné des Flores malabares, japonaises, chinoises, etc.; mais si l'on fait attention qu'ils n'ont parcouru, dans ces pays, que quelques rivages, bien souvent dans une seule saison de l'année où il ne paraît qu'une partie des plantes naturelles à chaque climat; qu'ils n'ont vu que les campagnes situées dans les environs de nos comp-

espèces reconnues par les botanistes est d'environ 30,000. Nous ferons remarquer que presque tous les nouveaux genres sont de grands arbres, dont la découverte pouvait se faire dans toutes les saisons, et offrait plus de facilité que celle des autres plantes frêles et passagères. D'après ces observations, il semble que, sans être accusé d'exagération, on puisse porter à dix fois autant le nombre des plantes qui couvrent la terre. (*Note de l'Éditeur.*)

toirs ; qu'ils n'ont pu s'enfoncer dans des déserts où ils auraient été sans subsistances et sans guides ; ni pénétrer dans le sein d'une foule de nations barbares dont ils ignoraient la langue : on trouvera que leurs collections les plus vantées, quoique très-estimables, sont encore bien imparfaites.

Pour s'en convaincre, on n'a qu'à comparer le temps qu'ils ont mis à recueillir leurs plantes dans un pays étranger, à celui que Le Vaillant employa à rassembler celles des seuls environs de Paris. Le savant Tournefort s'en était déjà occupé ; et après un maître aussi infatigable, il semblait que tous les botanistes de la capitale pouvaient se reposer. Le Vaillant, son élève, osa marcher sur ses pas, et il découvrit, après lui, une quantité si considérable d'espèces oubliées, qu'il doubla au moins le catalogue de nos plantes. Il les a portées à quinze ou seize cents ; encore ne comprend-il pas dans ce nombre celles qui ne diffèrent que par la couleur des fleurs et les taches des feuilles, quoique la nature emploie souvent ces signes dans l'ordre végétal, pour en distinguer les espèces, et en former de vrais caractères. Voici ce que dit de ses laborieuses recherches, Boerhaave, son illustre éditeur : *Incubuit quippe huic labori ab anno* 1696, *usque in martium* 1722 ; *toto quidem tanti decursu temporis in eo occupatus semper, nullum præteriens unquam, cujus plantas haud excuteret, angulum ;*

vias, agros, valles, montes, hortos, nemora, stagna, paludes, flumina, ripas, fossas; puteos, undequaque lustrans. Contigit ergo crebrò ut detegeret maximi quœ Tournefortii intentissimos oculos effugerant. * « Il se livra tout entier
» à ce travail, depuis l'année 1696, jusqu'en mars
» 1722. Pendant un si grand espace de temps, il
» en fut toujours occupé. Il ne passa jamais le
» plus petit coin de terre sans en recueillir les
» plantes ; parcourant dans le plus grand détail,
» les chemins, les champs, les vallées, les mon-
» tagnes, les jardins, les forêts, les étangs, les
» marais, les fleuves, les rivages, les fossés et les
» puits. Il arriva de là qu'il en découvrit un grand
» nombre qui avaient échappé aux yeux très-at-
» tentifs du célèbre Tournefort. » Ainsi Sébastien Le Vaillant employa vingt-six ans entiers à compléter, dans sa patrie, et souvent aidé de ses élèves, la botanique de quelques lieues carrées de terrain, tandis que ceux qui nous ont donné celles de plusieurs royaumes étrangers, étaient seuls, et n'y ont employé que quelques mois. Mais, quoique sa sagacité et sa constance semblent ne nous avoir rien laissé à désirer, je doute qu'il ait recueilli tous les présents que Flore a répandus sur nos campagnes, et qu'il ait vu, si j'ose dire, le fond de son panier ; car Pline a

---

* *Botanicon Parisiense*, Præf. p. 3 et 4.

observé des plantes dans des lieux qui ne sont point compris dans l'énumération de Boerhaave, et qui croissent sur les tuiles des maisons, sur les cribles pourris et sur les têtes des vieilles statues. Ce qu'il y a de certain, c'est qu'on en découvre de temps en temps dans les environs de Paris, qui ne sont point inscrites dans le *Botanicon* de Le Vaillant.*

Pour moi, s'il m'est permis de hasarder mes conjectures sur le nombre des espèces de plantes répandues sur la terre, j'ai une telle idée de l'immensité de la nature et de ses répartitions,

---

* Il est probable que ces espèces n'existaient point du temps de Le Vaillant dans les lieux où on les trouve aujourd'hui. Les naturalistes qui ont observé les voyages des plantes, ne chercheront jamais à compléter la Flore du plus petit espace de terrain ; chaque année le vent, les eaux, les quadrupèdes, les oiseaux, les insectes, mettraient leur science en défaut, en les enrichissant de moissons inattendues. C'est ainsi que, dans les forêts de la Bavière, les sangliers ont multiplié *l'atropa belladona*, et que les chevaux ont propagé le *politricum commune* dans les campagnes de la Suède. M. Gilibert m'a assuré qu'après une absence de plus de dix ans, il trouva dans les environs de Lyon une multitude de végétaux inconnus jusqu'alors dans ces campagnes, et qui, selon ce célèbre botaniste, ne pouvaient avoir été apportés que par les eaux rapides du Rhône. Au reste, Bernardin de Saint-Pierre a décrit ailleurs, avec tant de charmes, les moyens que la nature emploie pour disséminer les végétaux sur la terre, que nous ne pouvons mieux faire que de renvoyer à cette partie de son ouvrage. (*Note de l'Éditeur.*)

que j'estime qu'il n'y a point de lieue carrée de terrain qui n'en présente quelqu'une qui lui soit propre, ou du moins, qui n'y vienne plus belle que dans aucun autre endroit du monde; ce qui doit porter à plusieurs millions le nombre d'espèces primordiales de végétaux réparties sur autant de millions carrés de lieues qui composent la surface solide de notre globe. Plus on avance vers le midi, plus leur variété augmente dans le même territoire. L'île de Taïti, dans la mer du Sud, avait sa botanique particulière, qui n'avait rien de commun avec celle des autres lieux situés en Afrique et en Amérique à la même latitude, ni même avec celle des îles voisines. Si l'on songe à présent que chaque plante a plusieurs noms différents dans son propre pays, que chaque nation lui en donne de particuliers, et que tous ces noms varient pour la plupart à chaque siècle, quelles difficultés n'ajoute pas à l'étude de la botanique sa seule nomenclature!

Cependant toutes ces notions préliminaires ne formeraient encore qu'une vaine science, quand même on connaîtrait, dans le plus grand détail, toutes les parties qui composent les plantes. C'est leur ensemble, leur attitude, leur port, leur élégance, les harmonies qu'elles forment étant groupées ou en contraste les unes avec les autres, qu'il serait intéressant de déterminer. Je ne sache pas qu'on ait seulement rien tenté à ce sujet. Quant à leurs vertus, on peut dire que la plupart sont inconnues, ou négligées, ou employées mal-à-propos. Souvent on abuse de leurs qualités pour faire des expériences cruelles sur des bêtes innocentes, tandis qu'on pourrait s'en servir pour apporter des remèdes miraculeux aux maux de la vie humaine. Par exemple, on conserve au Cabinet du Roi des flèches plus redoutables que celles d'Hercule trempées dans le sang de l'hydre de Lerne. Leurs pointes sont pénétrées du suc d'une plante si vénéneuse, que, quoiqu'elles soient exposées à l'air depuis un grand nombre d'années, elles peuvent, d'une seule piqûre, tuer, dans quelques minutes l'animal le plus robuste. Pour peu qu'il en soit blessé, son sang se coagule tout-à-coup; mais si on lui fait avaler aussitôt un peu de sucre, la circulation s'en rétablit sur-le-champ. Le poison et le remède ont été trouvés par des Sauvages qui habitent les bords de l'Amazone; et il n'est pas inutile d'observer qu'ils n'emploient jamais à la guerre, mais à la chasse, un moyen aussi meurtrier. Pourquoi, nous qui sommes si humains et si éclairés, n'avons-nous pas essayé si ce poison ne serait pas salutaire dans les maladies où le sang éprouve une dissolution subite, et le sucre, dans celles où il vient à s'épaissir? Hélas! comment pourrions-nous appliquer à la conservation du genre humain les qualités redoutables et malfaisantes des végétaux étrangers, nous qui employons à notre commune destruction ceux même que la nature nous a donnés pour mener une vie heureuse et innocente? Ces ormes et ces hêtres, à l'ombre desquels dansent les bergères, servent à faire des flasques d'affûts aux terribles canons. Nous environs de fureur nos soldats, qui se tuent sans se haïr, avec ce même jus de la vigne, donné par la Providence pour réconcilier les ennemis. Ces hauts sapins qu'elle a plantés dans les neiges du nord, pour en abriter et réchauffer les habitants, servent de mâts aux vaisseaux européens qui vont porter l'incendie aux peuples paisibles du midi. C'est avec les chanvres qui habillent nos pauvres villageoises, que sont faites les voiles des corsaires qui vont dépouiller les cultivateurs de l'Inde. Nos récoltes et nos forêts voguent sur les mers pour désoler les deux mondes.

Mais laissons l'histoire des hommes, et revenons à celle de la Nature. Si du règne végétal nous passons au règne animal, nous verrons s'ouvrir devant nous une carrière incomparablement plus étendue. Un savant naturaliste annonça à Paris, il y a quelques années, qu'il possédait une collection de plus de trente mille espèces d'animaux. J'ignore si celle du magnifique Cabinet du Roi en renferme davantage; mais je sais que ses herbiers ne contiennent que dix-huit mille plantes, et qu'on en cultive environ six mille dans son jardin.* Cependant ce nombre d'animaux, si supérieur à celui des végétaux, n'est rien en comparaison de celui qui existe sur le globe. Que l'on se rappelle que chaque espèce de plante est un point de réunion pour différents genres d'insectes, et qu'il n'y en a peut-être pas une seule qui n'ait en propre une espèce de mouche, de papillon, de puceron, de scarabée, de gallinsecte, de limaçon, etc.; que ces insectes servent de pâture à d'autres espèces très-nombreuses, telles qu'à celles des araignées, des demoiselles, des fourmis, des formicaleo; et aux familles immenses des petits oiseaux, dont plusieurs classes, telles que celles des piverts et des hirondelles, n'ont pas d'autre nourriture; que ces oiseaux sont mangés à leur tour par les oiseaux de proie, tels que les milans, les faucons, les buses, les corneilles, les corbeaux, les éperviers, les vautours, etc.; que la dépouille générale de ces animaux, entraînée par les pluies aux fleuves, et de là dans les mers, devient l'aliment des tribus presque infinies de poissons, à la plupart desquels les naturalistes de l'Europe n'ont pas encore donné de nom; que des légions innombrables d'oiseaux de rivière et de marine vivent aux dépens de ces poissons : on sera fondé à croire que chaque espèce du règne végétal sert de base à un grand

* Ce nombre est à-peu-près le même aujourd'hui.

nombre d'espèces du règne animal, qui se multiplient autour d'elle, comme les rayons d'un cercle autour de son centre. Cependant je n'ai compris dans ce simple aperçu ni les quadrupèdes, dont tous les intervalles de grandeur sont remplis, depuis la souris qui vit sous l'herbe, jusqu'au caméléopard qui paît le feuillage des arbres, à quinze pieds de hauteur; ni les amphibies, ni les oiseaux de nuit, ni les reptiles, ni les polypes à peine connus, ni les insectes de la mer, dont quelques familles, comme celles des cancres et des coquillages, suffiraient seules pour remplir nos plus vastes cabinets, quand on n'y mettrait qu'un individu de chaque espèce. Je n'y comprends point les madrépores, dont la mer est pavée entre les tropiques, et qui sont d'espèces si variées, que j'ai vu, à l'Ile-de-France, deux grandes salles remplies de celles qui croissent seulement autour de cette île, quoiqu'il n'y en eût qu'un de chaque sorte. Je n'ai point fait mention d'insectes de plusieurs genres, tels que le pou et le ver, dont chaque espèce d'animal a ses variétés particulières qui lui sont affectées, et qui triplent au moins le règne de tout ce qui respire; ni ceux en nombre infini, visibles et invisibles, connus et inconnus, qui n'ont aucune détermination fixe, et que la nature a répandus dans les airs, les terres, et les profondeurs de l'océan.

Que serait-ce donc s'il fallait décrire chacun de ces êtres avec la sagacité d'un Réaumur? La vie d'un homme de génie suffirait à peine à l'histoire de quelques insectes. Quelque curieux même que soient les mémoires que l'on a rassemblés sur les mœurs et l'anatomie des animaux qui nous sont les plus familiers, on se flatte encore en vain de les connaître. La principale partie y manque à mon gré; c'est l'origine de leurs amitiés et de leurs inimitiés. C'est là, ce me semble, l'essence de leur histoire, à laquelle il faut rapporter leurs instincts, leurs amours, leurs guerres, les parures, les armes et la forme même que la nature leur donne. Un sentiment moral semble avoir déterminé leur organisation physique. Je ne sache pas qu'aucun naturaliste se soit jamais occupé de cette recherche. Les poëtes ont tâché d'expliquer ces instincts merveilleux et innés, par des fables ingénieuses. L'hirondelle Progné fuyait les forêts; sa sœur Philomèle aimait à chanter dans ces lieux solitaires; Progné lui dit un jour:

> Le désert est-il fait pour des talents si beaux?
> Venez faire aux cités éclater leurs merveilles.
>   Aussi-bien, en voyant les bois,
> Sans cesse il vous souvient que Térée autrefois,
>   Parmi des demeures pareilles,
> Exerça sa fureur sur vos divins appas.—
> Et c'est le souvenir d'un si cruel outrage
> Qui fait, reprit sa sœur, que je ne vous suis pas:
>   En voyant les hommes, hélas!
>   Il m'en souvient bien davantage!

Je n'entends point de fois les airs ravissants et mélancoliques d'un rossignol caché sous une feuillée, et les piou-piou prolongés qui traversent, comme des soupirs, le chant de cet oiseau solitaire, que je ne sois tenté de croire que la nature a révélé son aventure au sublime La Fontaine, en même temps qu'elle lui inspirait ces vers. Si ses fables n'étaient pas l'histoire des hommes, elles seraient encore pour moi un supplément à celle des animaux. Des philosophes fameux, infidèles au témoignage de leur raison et de leur conscience, ont osé en parler comme de simples machines. Ils leur attribuent des instincts aveugles qui règlent d'une manière uniforme toutes leurs actions, sans passion, sans volonté, sans choix, et même sans aucune sensibilité. J'en marquais un jour mon étonnement à J.-J. Rousseau; je lui disais qu'il était bien étrange que des hommes de génie eussent soutenu une thèse aussi extravagante, il me répondit fort sagement : *C'est que quand l'homme commence à raisonner, il cesse de sentir.*

Pour détruire leur opinion, je ne recourrai pas aux animaux qui nous étonnent par leur industrie, tels que les castors, les abeilles, les fourmis, etc. Je ne citerai qu'un exemple pris dans la classe de ceux qui sont les plus indociles, tels que les poissons, et je le choisirai parmi ceux qui sont guidés par l'instinct le plus impétueux et le plus stupide, qui est celui de la gourmandise. Le requin est un poisson si vorace, que non-seulement il dévore ses semblables quand il en trouve l'occasion, mais qu'il avale, sans distinction, tout ce qui tombe des vaisseaux à la mer, cordes, toile, goudron, bois, fer, et jusqu'à des couteaux. Cependant j'ai toujours été témoin de sa sobriété dans deux circonstances remarquables : dans l'une c'est que, quelque affamé qu'il soit, il ne touche jamais à une espèce de petits poissons bariolés de jaune et de noir, appelés pilotins, qui nagent devant son museau pour le conduire vers sa proie,* qu'il ne voit que lorsqu'il en est fort près ; car la nature, pour balancer la férocité de ce poisson, l'a rendu presque aveugle. Dans l'autre, c'est que, si l'on jette à la mer une poule morte, il s'en approche au bruit de sa chute ; mais dès qu'il l'a reconnue pour un oiseau, il s'en éloigne aussitôt : ce qui a fait dire en proverbe aux matelots, que *le requin fuit la plume*. Il est impossible, dans le premier cas, de ne pas lui supposer une portion d'intelligence qui

* Le pilotin accompagne le requin, mais il ne le guide pas ; c'est la finesse de l'odorat qui compense dans ce poisson la faiblesse de la vue. Ce sens seul lui fait reconnaître la présence de sa proie, il règle ses courses, dirige ses attaques ; et l'on a remarqué que les objets qui répandent l'odeur la plus forte, sont ceux sur lesquels le requin se jette avec le plus de rapidité. Au reste, les observations des savans sur les *squales* ne présentent qu'une série de faits contradictoires, et l'étude de cette partie de l'histoire naturelle n'est encore que celle des opinions des différens voyageurs. (*Note de l'Éditeur.*)

réprime sa voracité en faveur de ses guides, et de ne pas attribuer, dans le second, son aversion pour les oiseaux, à cette raison universelle qui, le destinant à vivre le long des écueils où échouent les cadavres de tout ce qui périt dans les eaux, lui a donné de l'aversion pour les animaux emplumés, afin qu'il n'y détruisît pas les oiseaux de mer qui y nagent en grand nombre, occupés, comme lui, à y chercher leur vie et à en nettoyer les rivages.

D'autres philosophes, au contraire, ont attribué les mœurs des animaux, comme celles des hommes, à leur éducation; et leurs affections, ainsi que leurs haines naturelles, à des ressemblances ou à des dissemblances de forme. Mais si leurs amitiés naissent de leurs ressemblances, pourquoi la poule, qui se promène avec sécurité, à la tête de ses poussins, autour des chevaux et des bœufs d'une métairie, qui, en marchant, écrasent assez souvent une partie de sa famille, rappelle-t-elle ses petits avec inquiétude à la vue d'un milan emplumé comme elle, qui ne paraît en l'air que comme un point noir, et que la plupart du temps elle n'a jamais vu? Pourquoi un chien de basse-cour hurle-t-il la nuit à la simple odeur d'un loup qui lui ressemble? Si de longues habitudes pouvaient influer sur les animaux comme sur les hommes, pourquoi a-t-on rendu l'autruche du désert familière jusqu'à lui faire porter des enfants sur sa croupe emplumée, tandis qu'on n'a jamais pu apprivoiser l'hirondelle qui, de temps immémorial, bâtit son nid dans nos maisons ?

Où sont, dans les historiens de la nature, les Tacites qui nous dévoileront ces mystères du cabinet des cieux, sans l'explication desquels il est impossible d'écrire l'histoire d'aucun animal sur la terre? Jamais on n'en vit aucune espèce déroger, comme celle de l'homme, aux lois qu'elle a reçues de la nature. Par-tout les abeilles vivent en républiques, comme elles y vivaient du temps d'Ésope; par-tout les mouches communes sont restées vagabondes, comme une populace sans police et sans frein. Comment, parmi celles-ci, ne s'est-il pas trouvé quelque Lycurgue qui les ait rassemblées pour leur bien général, et qui leur ait donné, comme des philosophes disent que firent les premiers législateurs parmi les hommes, des lois tirées de leur faiblesse et de la nécessité de se réunir? D'un autre côté, pourquoi, comme Machiavel l'assure des peuples trop heureux, ne s'élève-t-il pas parmi les chiens, fiers de la surabondance de leurs forces, quelque Catilina qui les invite à abuser de la sécurité de leurs maîtres pour les détruire tous à-la-fois, ou quelque Spartacus qui les appelle par ses hurlements à la liberté, et à vivre en souverains dans les forêts, eux à qui la nature a donné des armes, du courage et l'art de dompter en corps les animaux les plus redoutables? Lorsque tant de lois triviales sont, sous nos yeux, ignorées ou méconnues, comment osons-nous assigner celles qui règlent le cours des astres, et qui embrassent l'immensité de l'univers?

A ces difficultés que nous oppose la nature, ajoutons celles que nous y apportons nous-mêmes. D'abord, des méthodes et des systèmes de toutes les sortes préparent dans chaque homme la manière de la voir. Je ne parle pas des métaphysiciens qui l'expliquent avec des idées abstraites, des algébristes avec des formules, des géomètres avec leur compas, des chimistes avec des sels, ni des révolutions que les opinions des savants, quoique très-intolérantes, éprouvent dans chaque siècle. Tenons-nous-en aux notions les plus constantes et les plus accréditées. Commençons par les géographes. Ils nous montrent la terre divisée en quatre parties principales, quoiqu'elle ne le soit réellement qu'en deux;* au lieu des fleuves

* Cette division du globe en quatre parties paraît effectivement peu naturelle, car l'Europe et l'Asie ne sont séparées ni par des mers, ni par un isthme, ni même par des montagnes, excepté dans la partie septentrionale, où s'étend la chaîne de l'Oural. Les géographes modernes, loin de chercher à établir des divisions plus raisonnables, ont fait des îles de la mer du Sud une cinquième partie du monde, à laquelle les uns donnent le nom d'*Océanique*, les autres celui de *Polynésie*. L'espace que ces îles occupent entre les deux continents est d'environ 1,721 myriamètres (3,875 lieues) de l'est à l'ouest, c'est-à-dire depuis l'île de Pâques jusqu'à l'île de Sumatra. Cette vaste éten-

qui l'arrosent, des rochers qui la fortifient, des chaînes de montagnes qui la partagent par climats, et des autres sous-divisions naturelles, ils nous la présentent bariolée de lignes de toutes couleurs, qui la divisent et subdivisent en empires, en diocèses, en sénéchaussées, en élections, en bailliages, en greniers à sel. Ils ont défiguré ou remplacé par des noms sans aucun sens ceux que les premiers habitants de chaque contrée leur avaient donnés, et qui en exprimaient si bien la nature. Ils appellent, par exemple, Ville-des-Anges une ville près de celle du Mexique, où les Espagnols ont répandu souvent le sang des hommes, mais que les Mexicains nommaient *Cuet-lax-coupan*, c'est-à-dire, couleuvre dans l'eau, parce que de deux fontaines qui s'y trouvent il y en a une qui est venimeuse; Mississipi, ce grand fleuve de l'Amérique septentrionale que les Sauvages appellent *Méchassipi*, le père des eaux; Cordilières, ces hautes montagnes toujours couvertes de glace, qui bordent la mer du Sud, et que les Péruviens appelaient, dans la langue royale des Incas, *Ritisuyu*, écharpe de neige ; ainsi d'une infinité d'autres. Ils ont ôté aux ouvrages de la nature leurs caractères, et aux nations leurs monuments. En

due n'offre que des débris et des terres isolées, entre lesquels il est difficile d'apercevoir quelques rapports généraux, ce qui n'a pas empêché les géographes de les réunir pour donner une cinquième partie au monde. (*Note de l'Éditeur.*)

lisant ces anciens noms et leur explication dans Garcillasso de la Véga, dans Thomas Gage et dans les premiers voyageurs, vous vous imprimez dans l'esprit, avec quelques mots simples, le paysage et l'histoire de chaque pays : sans compter le respect attaché à leur antiquité, qui rend les lieux dont ils nous parlent encore plus vénérables. Les Chinois ne savent point que leur pays s'appelle la Chine, si ce ne sont ceux qui trafiquent avec les Européens. Ils l'appellent *Chium hoa*, le royaume du milieu. Ils en changent le nom lorsque les familles de leurs souverains viennent à s'éteindre; une nouvelle dynastie lui donne un nouveau nom : ainsi l'a voulu la loi, afin d'apprendre aux rois que les destinées de leurs peuples leur étaient attachées comme celles de leur propre famille. Les Européens ont détruit toutes ces convenances. Ils porteront éternellement la peine de cette injustice comme celle de tant d'autres; car, s'obstinant à donner les noms qui leur plaisent * aux pays dont ils s'emparent et à ceux où ils s'établissent, il arrive de là que, lorsque vous voyez les mêmes

---

* Les voyages récents de Péron aux terres australes, offrent les exemples les plus déplorables de la manie que l'auteur blâme avec tant de raison. Cette relation, d'ailleurs si curieuse, aura besoin quelque jour, pour être entendue, d'une synonymie géographique; et l'on s'étonnera sans doute qu'un homme ait pu porter tant de perfection dans deux sciences si opposées, celle de la nature et celle de l'adulation. (*Note de l'Éditeur.*)

contrées sur des cartes, ou dans des relations hollandaises, anglaises, portugaises, espagnoles ou françaises, vous n'y reconnaissez plus rien. Leur longitude même est changée, chaque nation la comptant aujourd'hui de sa capitale.

Les botanistes nous égarent encore davantage. J'ai parlé des variations perpétuelles de leurs dictionnaires ; mais leur méthode n'est pas moins fautive. Ils ont imaginé, pour reconnaître les plantes, des caractères très-compliqués, qui les trompent souvent, quoique tirés de toutes les parties du règne végétal, et ils n'ont jamais pu exprimer celui de leur ensemble, où les ignorants les reconnaissent d'abord. Il leur faut des loupes et des échelles pour classer les arbres d'une forêt. Il ne leur suffit pas de les voir en pied et couverts de feuilles, il leur faut des fleurs et souvent de la fructification. Un paysan les reconnaît tous dans les branches de son fagot. Pour me donner une idée des variétés de la germination, ils me montrent, dans des bocaux, une longue suite de graines nues de toutes les formes; mais c'est la capsule qui les conserve, les aigrettes qui les ressèment, la branche élastique qui les élance au loin, qu'il m'importait d'examiner. Pour me montrer le caractère d'une fleur, ils me la font voir sèche, décolorée, et étendue dans un herbier. Est-ce dans cet état que je reconnaîtrai un lis ? N'est-ce pas sur le bord d'un ruisseau ;

élevant au milieu des herbes sa tige auguste, et réfléchissant dans les eaux ses beaux calices [6] plus blancs que l'ivoire, que j'admirerai le roi des vallées ? Sa blancheur incomparable n'est-elle pas encore plus éclatante quand elle est mouchetée, comme de gouttes de corail, par de petits scarabées écarlates, hémisphériques, piquetés de noir, qui y cherchent presque toujours un asyle ? Qui est-ce qui peut reconnaître dans une rose sèche la reine des fleurs ? Pour qu'elle soit à-la-fois un objet de l'amour et de la philosophie, il faut la voir lorsque, sortant des fentes d'un rocher humide, elle brille sur sa propre verdure, que le zéphyr la balance sur sa tige hérissée d'épines, que l'aurore l'a couverte de pleurs, et qu'elle appelle par son éclat et par ses parfums la main des amants. Quelquefois une cantharide, nichée dans sa corolle, en relève le carmin par son vert d'émeraude ; c'est alors que cette fleur semble nous dire que, symbole du plaisir par ses charmes et par sa rapidité, elle porte, comme lui, le danger autour d'elle, et le repentir dans son sein.

Les naturalistes nous éloignent encore bien davantage de la nature, quand ils veulent nous expliquer, par des lois uniformes, et par la simple action de l'air, de l'eau et de la chaleur, le développement de tant de plantes qui naissent sur le même fumier, de couleurs, de formes, de saveurs et de parfums si différents. Veulent-ils en décomposer les principes ? le poison et l'aliment présentent dans leurs fourneaux les mêmes résultats. Ainsi la nature se joue de leur art, comme de leur théorie. La seule plante du blé, qui n'a été manipulée que par le peuple, sert à une infinité d'usages, tandis qu'une multitude de végétaux sont restés inutiles dans de savants laboratoires. Je me souviens d'avoir lu autrefois de grandes dissertations sur la manière d'employer les marrons d'Inde à la nourriture des bestiaux. Chaque académie de l'Europe a au moins donné la sienne; et de toutes ces lumières, il en était résulté que le marron d'Inde était inutile s'il n'était préparé à grands frais, et qu'il ne pouvait servir qu'à faire de la bougie ou de la poudre à poudrer. Je m'étonnais, non pas de ce que les naturalistes en ignorassent l'usage, et qu'ils n'eussent étudié que les intérêts du luxe, mais que la nature eût produit un fruit qui ne servît pas même aux animaux. Je fus à la fin tiré de mon ignorance par les bêtes mêmes. Je me promenais un jour au bois de Boulogne, en tenant dans ma main un marron d'Inde, lorsque j'aperçus une chèvre qui était à pâturer. Je m'approchai d'elle, et je m'amusai à la caresser. Dès qu'elle eut vu le marron que je tenais entre mes doigts, elle le saisit, et le croqua sur-le-champ. L'enfant qui la conduisait me dit que toutes les chèvres en mangeaient, ce qui leur faisait venir beaucoup de lait. A quelque distance de là, je vis, dans l'allée des marronniers qui conduit au château de Madrid, un troupeau de vaches uniquement occupées à chercher des marrons d'Inde, qu'elles mangeaient d'un grand appétit, sans lessive et sans saumure. Ainsi nos méthodes savantes nous cachent les vérités naturelles, connues même des simples bergers.

Quel spectacle nous présentent nos collections d'animaux dans nos cabinets? En vain l'art des Daubenton leur rend une apparence de vie : quelque industrie qu'on emploie pour conserver leurs formes, leur attitude roide et immobile, leurs yeux fixes et mornes, leurs poils hérissés, nous disent que les traits de la mort les ont frappés. C'est là que la beauté même inspire l'horreur, tandis que les objets les plus laids sont agréables lorsqu'ils sont à la place où les a mis la nature. J'ai vu plus d'une fois aux Iles, avec plaisir, des crabes sur le sable, s'efforcer d'entamer avec leurs tenailles un gros coco; ou un singe velu se balancer au haut d'un arbre, à l'extrémité d'une liane toute chargée de gousses et de fleurs brillantes. Nos livres sur la nature n'en sont que le roman, et nos cabinets que le tombeau. Combien nos spéculations et nos coutumes ne l'ont-elles pas dégradée! Nos traités d'agriculture ne nous montrent plus, dans les champs de Cérès, que des sacs de blé; dans les prairies aimées des nymphes, que des bottes de foin, et dans les majestueuses forêts, que des cordes de bois et des fagots. Que dire du tort que lui ont fait l'orgueil et l'avarice? Que de collines charmantes sont devenues roturières par nos lois! que de fleuves majestueux sont réduits en servitude par les impôts! L'histoire des hommes a été bien autrement défigurée. Si l'on en excepte l'intérêt que la religion ou l'humanité ont inspiré en leur faveur à quelques hommes de bien, mille passions ont conduit le reste des écrivains. Le politique les représente divisés en nobles ou en vilains, en papistes ou en huguenots, en soldats ou en esclaves; le moraliste, en avares, en hypocrites, en débauchés, en orgueilleux; le poëte tragique, en tyrans, en opprimés; le comique, en bouffons et en ridicules; le médecin, en pituiteux, en flegmatiques, en bilieux. Par-tout des sujets de dégoût, de haine ou de mépris; par-tout on a disséqué l'homme, et l'on ne nous montre plus que son cadavre. Ainsi le plus digne objet de la création a été dégradé par notre savoir, comme le reste de la nature.

Je ne dis pas cependant que de ces moyens partiaux il ne soit sorti quelque découverte utile; mais tous ces cercles dont nous circonscrivons la puissance suprême, loin d'en assigner les bornes, ne montrent que celles de notre génie. Nous nous accoutumons à y renfermer toutes nos idées, et à rejeter avec mauvaise foi tout ce qui s'en écarte. Nous ressemblons à ce tyran de Sicile qui appliquait les passants sur son lit de fer : il alongeait de force les jambes de ceux qui les avaient plus courtes que son lit, et il les coupait à ceux qui les avaient plus longues. Ainsi nous appliquons toutes les opérations de la nature à nos petites méthodes, afin de les restreindre à une seule loi. Moi-même, entraîné par l'esprit de mon siècle, j'ai donné, à la fin d'une relation du voyage que j'ai fait à l'Ile-de-France, un système sur les plantes, où j'expliquais leur développement, comme nos physiciens expliquent celui des madrépores; par le mécanisme de petits animaux qui les construisent. Je cite cet ouvrage, quoique je l'aie fait en m'amusant, pour prouver combien il est aisé d'étayer un principe faux d'observations vraies; car l'ayant communiqué à J.-J. Rousseau, qui était, comme on sait, très-savant en botanique, il me dit : *Je n'adopte pas votre système; mais il me faudrait six mois pour le réfuter; encore je ne me flatterais pas d'en venir à bout.* Quand le suffrage de cet homme sincère aurait été sans réserve, il ne justifierait pas ce libertinage de mon esprit. La fiction n'embellit que l'histoire des hommes; elle dégrade celle de la nature. La nature est elle-même la source de tout ce qu'il y a d'ingénieux, d'utile, d'aimable et de beau. En lui appliquant

3.

de force les lois que nous imaginons, ou en étendant à toutes ses opérations celles que nous connaissons, nous en masquons de plus admirables que nous ne connaissons pas. Nous ajoutons au nuage dont elle voile sa divinité, celui de nos erreurs. Elles s'accréditent par le temps, les chaires, les livres, les protecteurs, les corps, et sur-tout par les pensions, tandis que personne n'est payé pour chercher des vérités qui ne tournent qu'au profit du genre humain. Nous portons dans ces recherches si indépendantes et si sublimes les passions du collége et du monde, l'intolérance et l'envie. Ceux qui sont entrés les premiers dans la carrière, forcent ceux qui viennent après eux de marcher sur leurs pas ou d'en sortir : comme si la nature était leur patrimoine, ou que son étude fût un métier où il n'y eût pas de place pour tout le monde. Que de peines n'a-t-il pas fallu pour déraciner en France la métaphysique d'Aristote, devenue une espèce de religion! La philosophie de Descartes, qui l'a détruite, y subsisterait encore si elle eût été aussi bien rentée. Celle de Newton, avec ses attractions, n'est pas plus solidement établie. Je respecte infiniment la mémoire de ces grands hommes, dont les écarts même ont servi à nous ouvrir de grandes routes dans le vaste champ de la nature; mais en plus d'une occasion je combattrai leurs principes, et sur-tout les applications générales qu'on en a faites, bien persuadé que si je m'écarte de leurs systèmes, je me rapproche de leur intention. Ils ont cherché toute leur vie à élever l'homme vers la divinité par leurs sublimes découvertes, sans se douter que les lois qu'ils établissaient en physique, serviraient un jour à détruire celles de la morale.

Pour bien juger du spectacle magnifique de la nature, il faut en laisser chaque objet à sa place; et rester à celle où elle nous a mis. C'est pour notre bonheur qu'elle nous a caché les lois de sa toute-puissance. Comment des êtres aussi faibles que nous en pourraient-ils embrasser l'étendue infinie? Mais elle en a mis à notre portée qu'il était plus utile et plus doux de connaître : ce sont celles qui émanent de sa bonté. Afin de lier les hommes par une communication réciproque de lumières, elle a donné à chacun de nous en particulier l'ignorance, et elle a mis la science en commun, pour nous rendre nécessaires et intéressants les uns aux autres. La terre est couverte de végétaux et d'animaux, dont un savant, une académie, un peuple même, ne pourra jamais savoir la simple nomenclature; mais je présume que le genre humain en connaît toutes les propriétés. En vain les nations éclairées se vantent d'avoir réuni chez elles tous les arts et toutes les sciences; c'est à des sauvages ou à des hommes ignorés que nous devons les premières observations qui les ont fait naître. Ce n'est ni aux Grecs, ni aux Romains policés, mais à des peuples que nous appelons barbares, que nous devons l'usage des simples, du pain, du vin, des animaux domestiques, des toiles, des teintures, des métaux, et de tout ce qu'il y a de plus utile et de plus agréable dans la vie humaine. L'Europe moderne se glorifie de ses découvertes; mais l'imprimerie, qui doit, dit-on, les immortaliser, a été trouvée par un homme si peu connu, que plusieurs villes en Allemagne, en Hollande, et même à la Chine, s'en attribuent l'invention. Galilée n'eût point calculé la pesanteur de l'air, sans l'observation d'un fontainier qui remarqua que l'eau ne pouvait s'élever qu'à trente-deux pieds dans les tuyaux des pompes aspirantes. Newton n'eût point lu dans les cieux, si des enfants, en se jouant en Zélande avec les verres d'un lunetier, n'eussent trouvé les premiers tuyaux du télescope. Notre artillerie n'eût point subjugué l'Amérique, si un moine oisif n'avait trouvé par hasard la poudre à canon; et quelle que soit pour l'Espagne la gloire d'avoir découvert un nouveau monde, les Sauvages de l'Asie y avaient établi des empires avant que Christophe Colomb y eût abordé. Qu'y serait-il devenu lui-même, si les hommes bons et simples qu'il y trouva ne l'eussent secouru de vivres? Que les académies accumulent donc les machines, les systèmes, les livres et les éloges; les principales louanges en sont dues à des ignorants, qui en ont fourni les premiers matériaux.

C'est à ce titre que je présente les miens. Ils sont les fruits de plusieurs années, qui, malgré de longs et de cruels orages, se sont écoulées dans ces douces recherches comme un jour tranquille. J'ai désiré, si je n'ai pu arriver à un terme où je pusse m'arrêter, de donner au moins à d'autres le plaisir que j'avais trouvé dans le chemin. J'ai mis dans ces observations le meilleur style que j'ai pu y mettre; m'écartant souvent à droite et à gauche, entraîné par mon sujet; quelquefois me livrant à une multitude de projets qu'inspire l'intelligence infinie de la nature; tantôt me plaisant à m'arrêter sur des sites et des temps heureux que je ne reverrai jamais; tantôt me jetant dans l'avenir vers une existence plus fortunée, que la bonté du ciel nous laisse entrevoir à travers les nuages de cette vie misérable. Descriptions, conjectures, aperçus, vues, objections, doutes, et jusqu'à mes ignorances, j'ai tout ramassé; et j'ai donné à ces ruines le nom d'*Études*, comme un peintre aux études d'un grand tableau auquel il n'a pu mettre la dernière main.

Au milieu de ce désordre, il fallait cependant adopter un ordre, sans quoi la confusion de la matière eût ajouté encore à l'insuffisance de l'auteur. J'ai suivi le plus simple. Je réponds d'abord aux objections faites contre la Providence; j'examine ensuite l'existence de quelques sentiments qui sont communs à tous les hommes, et qui suffisent pour reconnaître, dans tous les ouvrages de la nature, les lois de sa sagesse et de sa bonté. Je fais ensuite l'application de ces lois au globe, aux plantes, aux animaux et à l'homme.

Voici d'abord comme je me proposais de développer ma marche. Si dans l'exposé rapide que j'en vais faire, le lecteur trouve un peu de sécheresse; je le prie de considérer qu'elle est une suite nécessaire de tout abrégé; que, d'un autre côté, je lui sauve l'ennui d'une préface; et que Pline, qui avait une meilleure tête que la mienne, n'a pas balancé à faire le premier livre de son histoire naturelle, avec les seuls titres des chapitres qui la composent.

Je me disais donc : J'exposerai, dans la PREMIÈRE PARTIE de mon ouvrage, les bienfaits de la nature envers notre siècle, et les objections qu'on y a élevées contre la providence de son auteur. Je ne dissimulerai aucune de celles que je connais, et je leur donnerai de l'ensemble, afin de leur donner plus de force. J'emploierai, pour les détruire, non pas des raisonnements métaphysiques, tels que ceux dont elles sont formées, parce qu'ils n'ont jamais terminé aucune dispute; mais les faits même de la nature, qui sont sans réplique. Avec ces mêmes faits, j'éleverai à mon tour des difficultés contre les principes de nos sciences humaines, que nous croyons infaillibles. Je remonterai de là à la faiblesse de notre raison; j'examinerai s'il y a des vérités universelles; ce que nous entendons par ordre, beauté, convenance, harmonie, plaisir, bonheur, et par leurs contraires; ce que c'est enfin qu'un corps organisé. De cet examen de nos facultés et des effets de la nature, résultera l'évidence de plusieurs lois physiques, dirigées constamment vers une seule fin, et celle d'une loi morale qui n'appartient qu'à l'homme, et dont le sentiment a été universel dans tous les siècles et chez tous les peuples. Ces préliminaires étaient nécessaires: avant d'élever l'édifice, il fallait nettoyer le terrain, et y poser des fondements.

Dans la SECONDE PARTIE, je ferai l'application de ces lois au globe; j'examinerai sa forme, son étendue, la division de ses hémisphères; et comme il est composé, ainsi que tous les ouvrages organisés de la nature, de parties semblables et de parties contraires, j'en considérerai successivement les éléments, et la manière dont ils sont ordonnés, le feu à l'air, l'air à l'eau, l'eau à la terre. Cet ordre établit entre eux une véritable subordination, dont le soleil est le principal agent: mais il n'est pas le seul moteur de la nature, et il en est encore moins l'ordonnateur. Son action uniforme sur les éléments devrait à la fin les séparer ou les confondre. D'autres lois balancent les siennes, et entretiennent l'harmonie générale. J'observerai l'admirable variété de son cours, les effets de sa chaleur et de sa lumière, et de quelle manière merveilleuse ils sont affaiblis et multipliés dans les cieux, en raison inverse des latitudes et des saisons. Je parlerai des grands réverbères du ciel, de la lune, des aurores boréales, des étoiles et des mystères de la nuit, seulement autant qu'il est permis à l'œil de l'homme de les apercevoir, et à son cœur d'en être ému. J'y parlerai aussi de la nature du feu, non pas pour l'expliquer, mais pour nous convaincre à cet égard de notre ignorance profonde. Cet élément, qui nous fait apercevoir toutes choses, échappe lui-même à toutes nos recherches. Nous observerons qu'il n'y a ni animal, ni plante, ni même de fossile, qui puisse y subsister longtemps. Il est le seul être qui augmente son volume en se communiquant; il pénètre tous les corps sans en être pénétré; il n'est divisible que dans une dimension; il n'a point de pesanteur. Quoique rien ne l'attire au centre de la terre, il est répandu dans toutes ses parties. Sa nature diffère de celle de tous les autres corps. Son caractère destructeur et indéfinissable semble favoriser l'opinion de Newton, qui ne le regardait que comme un mouvement communiqué à la matière, et partant réduisait les éléments à trois.*

* La physique moderne a singulièrement multiplié le nombre

Cependant, comme il est un des quatre principes généraux de la vie dans tous les êtres vivants,

des éléments, que les anciens réduisaient à quatre. Lorsque Bernardin de Saint-Pierre publia ses *Études*, on croyait encore que le feu, l'air, l'eau et la terre étaient des corps simples ; mais les belles expériences de Lavoisier changèrent la face de la science et dévoilèrent bien des erreurs. Il fit voir que l'eau est composée de deux gaz, l'hydrogène et l'oxygène ; que l'air dans lequel nous sommes plongés est un mélange de vingt et une parties de ce même oxygène, de soixante-dix-huit d'azote, et d'un peu de gaz acide carbonique. Ces gaz entrent dans la composition des corps, et l'histoire de leurs diverses combinaisons est presque toute l'histoire de la chimie. Plusieurs terres s'annoncent aussi comme des substances simples, et sont placées au nombre des éléments. Quant au feu, il a la plus grande analogie avec la lumière, qui est composée de rayons dont les propriétés sont distinctes : cependant on ne sait point encore s'il doit être placé parmi les corps simples ou composés. Comme dans le cours de l'ouvrage le mot *élément* est quelquefois appliqué à l'air, à l'eau et au feu, nous avons cru devoir rappeler ici l'état actuel de la science, afin de ne pas être obligé de répéter plusieurs fois les mêmes observations. Cependant il est utile de remarquer que toutes ces découvertes éprouvent chaque jour des modifications nouvelles. La complication de la nomenclature, des classifications et des expériences, annonce une science dont les bases sont loin d'être fixées. Telle est la variation de nos idées dans les sciences les plus positives, qu'il peut venir un moment où cette note, qui ne présente aujourd'hui que des faits, ne présente plus que des erreurs. Ainsi chaque année nous changeons d'incertitudes ; et ce qui prouve notre faiblesse, c'est que nous ne manquons jamais de prendre la dernière pour la vérité. (*Note de l'Éditeur.*)

qu'on le découvre souvent dans les autres dans un état de repos, et qu'il n'en est aucun, comme nous le verrons, qui n'ait ou des organes ou des parties disposées pour affaiblir ou pour multiplier ses effets, nous le reconnaissons non-seulement comme élément, mais comme le premier agent de la nature. Du feu je passerai à l'air. J'examinerai la qualité qu'il a de s'étendre et de se resserrer, de s'échauffer et de se refroidir, et les effets de cette grande couche d'air glacial qui environne notre globe à une lieue environ de sa surface, et dont on n'a déduit jusqu'ici l'explication de presque aucun phénomène. Je considérerai ensuite les effets de l'eau : de quelle manière la chaleur l'évapore et le froid la fixe ; ses diverses existences ; de volatilité dans l'air, en nuages, en rosées et en pluies ; de fluidité sur la terre, en rivières et en mers ; de solidité sur les pôles et sur les hautes montagnes, en neiges et en glaces. J'observerai comment les mers, qui sont les grands réservoirs de cet élément, sont distribuées par rapport au soleil ; comment elles reçoivent de lui, par la médiation de l'air, une partie de leurs mouvements, de quelle manière elles renouvellent sans cesse leurs eaux au moyen des glaces accumulées sur les pôles, dont la fusion annuelle et périodique entretient leur cours aussi constamment que la fusion des glaces qui sont sur les sommets des hautes montagnes entretient et renouvelle les eaux des grands fleuves. J'en déduirai l'origine des marées, des moussons de l'Inde, et des courants principaux de l'Océan. Je hasarderai ensuite mes conjectures sur la quantité d'eaux qui environnent la terre dans les trois états de volatilité, de fluidité et de solidité; et j'examinerai s'il est possible qu'étant toutes réunies dans un état de fluidité, elles couvrent entièrement le globe. Je considérerai de quelle manière toutes les parties de la terre, c'est-à-dire, de l'élément aride, sont distribuées par rapport au soleil; de sorte qu'il n'y a aucun entonnoir de vallée, ni aucun escarpement de rocher qui n'en soit vu dans quelque saison de l'année, et qui ne soit disposé en même temps dans l'ordre le plus convenable pour multiplier sa chaleur, ou pour l'affaiblir, soit par sa forme, soit même par sa couleur. Je ferai voir que, malgré l'irrégularité apparente des diverses parties de ce globe, elles sont opposées avec tant d'harmonie aux différents cours de l'air, qu'il n'en est aucune où il ne souffle tour-à-tour des vents chauds, froids, secs et humides; que les vents froids soufflent le plus constamment dans les pays chauds, et les vents chauds dans les pays froids; que ces mêmes pays réagissent à leur tour sur l'air, en sorte que la cause des vents n'est pas, comme on le croit communément, aux lieux d'où ils partent, mais à ceux où ils arrivent. Je parlerai ensuite de la direction des montagnes, de leurs pentes et de leurs aspects par rapport aux lacs et aux mers où leurs chaînes sont toutes ordonnées pour en recevoir les émanations, et de la matière qui les attire et les fixe autour de leurs pics, qui sont comme autant d'aiguilles électriques. J'examinerai enfin par quelle raison la nature a divisé ce globe en deux hémisphères, et quels moyens elle emploie pour accélérer ou retarder le cours des fleuves, et protéger leur embouchure contre les mouvements et les courants de l'Océan. Je traiterai des bancs, des écueils, des rochers, des îles maritimes et fluviatiles; et je démontrerai, j'ose dire, jusqu'à l'évidence, que ces portions détachées du continent n'en sont pas plus des ruines, que les baies, les golfes et les méditerranées ne sont des irruptions de la mer. Je terminerai cette partie par indiquer les principaux agents dont la nature se sert pour réparer ses ouvrages; comment elle emploie le feu pour purifier, au moyen des tonnerres, l'air souvent chargé de méphitisme pendant les chaleurs de l'été; et les eaux des grands lacs et des mers, par des volcans qu'elle a placés dans leur voisinage, à l'extrémité de leurs courants, et qu'elle a multipliés dans les pays chauds; comment elle nettoie les bassins de ces mêmes eaux, qui seraient en peu de siècles comblés par les dépouilles de la terre, au moyen des tempêtes et des ouragans qui en bouleversent le fond, et couvrent leurs rivages de débris; et comment, après avoir rendu ces débris à leurs premiers éléments, par les feux de l'air, des volcans, et le mouvement perpétuel des flots qui les réduit en sable et en poudre impalpable sur les bords de la mer, elle en répare, par la voie des vents et des attractions, les montagnes sans cesse dégradées par les pluies et par les torrents. Je ferai voir enfin que, malgré les masses énormes des montagnes, les profondeurs des vallées, les mers tempêtueuses, et les températures les plus opposées qui entrent dans la distribution de ce globe, la communication de toutes ses parties a été rendue facile à un être aussi petit et aussi faible que l'homme, et n'est possible qu'à lui seul. Cette dernière vue me fournira quelques conjectures curieuses sur les premiers voyages du genre humain. Je me flatte d'en avoir dit assez pour montrer, dans ce simple aperçu, que la même intelligence dont nous admirons les ouvrages dans les plantes et dans les animaux, préside encore à l'édifice que nous habitons. Jusqu'ici on n'a considéré la terre que dans un état de ruine, et c'est ce préjugé qui rend l'étude de la géographie si aride; mais j'ose dire que quand on aura lu mes faibles observations, le cours d'un ruisseau, sur une carte, paraîtra plus agréable que le port d'une plante dans un herbier, et la topographie d'un lieu aussi intéressante que son paysage.

Dans la TROISIÈME PARTIE de cet Ouvrage, je montrerai comment les diverses parties des plantes sont ordonnées avec les éléments, de manière que, loin d'en être une production nécessaire, comme l'ont prétendu quelques philosophes, elles sont au contraire presque toujours opposées à leur action. Je rapporterai donc leurs fleurs au soleil; l'épaisseur de leurs écorces, les cuirs qui couvrent leurs bourgeons, les poils, les duvets et les résines dont elles sont revêtues, à l'absence de sa chaleur; la souplesse ou la roideur de leurs tiges, aux diverses impulsions de l'air; leurs feuilles, aux eaux du ciel; enfin leurs racines, aux sables, aux vases, aux roches, par leur chevelu, leurs pivots et leurs longs cordages. Ce dernier rapport des plantes avec la terre, est à mon gré un des principaux de tous, quoique le moins observé, parce qu'il n'y en a aucune qui n'y soit attachée, soit qu'elle flotte dans l'eau, ou qu'elle se balance dans l'air; qu'elles en tirent toutes une partie de leur nourriture, et qu'elles réagissent à leur tour sur la terre, par leurs ombrages qui en entretiennent la fraîcheur, par leurs dépouilles qui la fertilisent, et par leurs racines qui en fortifient les différentes couches. Cependant je m'en tiendrai aux caractères extérieurs par lesquels la nature semble les répartir en différents genres. Leur caractère principal est fort difficile à déterminer, non-seulement parce que la plante la plus simple réunit beaucoup de relations différentes avec tous les éléments, mais parce que la nature ne place le caractère de ses ouvrages dans aucune de leurs parties, mais dans leur ensemble. Nous chercherons donc celui de chaque plante dans sa graine, qui, comme principe, doit réunir tout ce qui convient à son développement, et déterminer au moins l'élément où elle doit naître. Ainsi celles qui ont des graines très-volatiles, ou accompagnées d'aigrettes, d'ailerons, de volants, etc., seront rapportées à l'air. Elles naissent en effet aux lieux battus des vents, comme la plupart des graminées, des chardons, etc. Celles qui ont des nacelles, des nageoires et différents moyens de flotter, seront assignées à l'eau : non-seulement comme les fucus, les algues et les plantes marines; mais comme les cocotiers, les noyers, les amandiers et les autres végétaux de rivage. Enfin celles qui, par leur rondeur et les autres variétés de leurs formes, sont propres à rouler, à s'élancer, à s'accrocher, etc., et sont susceptibles de plusieurs autres mouvements, appartiendront à la terre proprement dite. Ce rapport des plantes à la géographie nous offre à-la-fois un grand ordre facile à saisir, et une multitude de divisions très-agréables à parcourir en détail. D'abord leurs genres se trouvent divisés, comme ceux des animaux, en aériens, en aquatiques et en terrestres.

Leurs classes sont réparties aux zones et aux degrés de latitude de chaque zone ; telles sont, au Midi, la classe des palmiers, et, au Nord, celle des sapins; et leurs espèces aux territoires de chaque zone, à ses plaines, montagnes, rochers, marais, etc. Ainsi, dans la classe des palmiers, le cocotier des rivages de la mer, le latanier de ses grèves, le dattier des rochers, le palmiste des montagnes, etc., couronnent les divers sites de la Zone torride, tandis que dans celle des sapins, les pins, les épicea, les mélèzes, les cèdres, etc., se partagent l'empire du Nord. Cet ordre, en plaçant chaque végétal dans son lieu naturel, nous donne encore les moyens de reconnaître l'usage de toutes ses parties, et j'ose dire, les raisons qui ont déterminé la nature à en varier la forme, et à créer tant d'espèces du même genre, et tant de variétés de la même espèce, en nous découvrant les convenances admirables qu'elles ont dans chaque latitude avec le soleil, les vents, les eaux et la terre. On peut entrevoir par ce plan, quel jour la géographie peut répandre sur l'étude de la botanique, et de quelle lumière à son tour la botanique peut éclairer la géographie ; car je suppose qu'on vînt à faire des cartes botaniques, où, par des couleurs et des signes, on représentât dans chaque pays le règne de chaque végétal qui y croît, en en déterminant le centre et les limites, on apercevrait d'abord la fécondité propre à chaque terrain. Cette connaissance donnerait de grands moyens d'économie rurale, puisqu'on pourrait substituer aux plantes indigènes qui y seraient les plus communes et les plus vigoureuses, celles de nos plantes domestiques qui sont de la même espèce, et qui y réussiraient à coup sûr. De plus, ces différentes classes de végétaux nous y présenteraient les degrés d'humidité, de sécheresse, de froid, de chaleur et d'élévation de chaque territoire, avec une précision à laquelle ne peuvent atteindre les baromètres, les thermomètres et les autres instruments de notre physique. J'omets une multitude d'autres rapports d'agrément et d'utilité qui en résulteraient, et que nous tâcherons de développer dans leur lieu.

Dans la QUATRIÈME PARTIE, qui traitera des animaux, nous suivrons la même marche. Nous présenterons d'abord leurs relations avec les éléments. En commençant par celui du feu, nous considérerons les rapports qu'ils ont avec l'astre qui en est la source, par leurs yeux garnis de paupières et de cils, pour modérer l'éclat de sa lumière ; par cet état d'engourdissement appelé sommeil, dans lequel la plupart d'entre eux tombent lorsqu'il n'est plus sur l'horizon, et par la couleur de leur peau et l'épaisseur de leurs fourrures, ordonnées à son éloignement. Nous suivrons ensuite ceux qu'ils ont avec l'air, par leur attitude, leur pesanteur, leur légèreté, et les organes de la

4.

respiration; avec l'eau, par les différentes courbures de leur corps, l'onctuosité de leurs poils et de leurs plumes, leurs écailles et leurs nageoires; enfin avec la terre, par la forme de leurs pieds, tantôt fourchus ou armés de pointes et de crochets, pour les sols durs; tantôt larges ou garnis de peaux, pour les sols qui cèdent aisément, et par les autres moyens de progression que la nature a aussi variés que les obstacles qu'ils avaient à surmonter. Sur quoi nous observerons, comme dans les plantes, que tant de configurations si différentes, loin d'être dans les animaux des effets mécaniques de l'action des éléments dans lesquels ils vivent, sont, au contraire, presque toujours en raison inverse de ces mêmes causes. Ainsi, par exemple, beaucoup de poissons sont revêtus d'âpres et dures coquilles au sein des eaux, et beaucoup d'animaux qui habitent les rochers sont couverts de molles fourrures. Nous diviserons donc les animaux comme les végétaux en rapportant leur genre aux éléments, leurs classes aux zones, et leurs espèces aux divers territoires de chaque zone. Cet ordre met d'abord chaque animal dans son lieu naturel; mais nous l'y fixerons d'une manière encore plus précise et plus intéressante, en rapportant son espèce à l'espèce de plante qui est la plus commune.

La nature elle-même nous indique cet ordre; elle a ordonné aux plantes, l'odorat, les bouches, les lèvres, les langues, les mâchoires, les dents, les becs, l'estomac, la chylification, les sécrétions qui s'ensuivent, enfin l'appétit et l'instinct des animaux. On ne peut pas dire, à la vérité, que chaque espèce d'animal vive d'une seule espèce de plante ; mais on peut se convaincre, par l'expérience, que chacun d'eux en préfère une à toutes les autres, quand il peut se livrer à son choix. C'est sur-tout dans la saison où ils font leurs petits, qu'on peut remarquer cette préférence. Ils se déterminent alors pour celle qui leur donne à-la-fois des nourritures, des litières et des abris dans la plus parfaite convenance. C'est ainsi que le chardonneret affectionne le chardon, dont il a pris son nom, parce qu'il y trouve un rempart dans ses feuilles épineuses, des vivres dans sa semence, et de quoi bâtir son nid dans sa bourre. L'oiseau-mouche de la Floride préfère, par de semblables raisons, la bignonia ; c'est une plante sarmenteuse qui s'élève à la hauteur des plus grands arbres, et qui en couvre souvent tout le tronc. Il fait son nid dans une de ses feuilles qu'il roule en cornet ; il trouve sa vie dans ses fleurs rouges, semblables à celles de la digitale, dont il lèche les glandes nectarées ; il y enfonce son petit corps, qui paraît dans ces fleurs comme une émeraude enchâssée dans du corail, et il y entre quelquefois si avant, qu'il s'y laisse prendre. C'est donc dans les nids des animaux que nous chercherons leurs caractères, comme nous avons cherché celui des plantes dans leurs graines. C'est là que l'on peut reconnaître l'élément où ils doivent vivre, le site qu'ils doivent habiter, les aliments qui leur sont propres, et les premières leçons d'industrie, d'amour ou de férocité qu'ils reçoivent de leurs parents. Le plan de leur vie est renfermé dans leurs berceaux. Quelque étranges que paraissent ces indications, elles sont celles de la nature, qui semble nous dire que nous reconnaîtrons le caractère de ses enfants comme le sien propre dans les fruits de l'amour, et dans les soins qu'ils prennent de leur postérité. Souvent elle couvre du même toit une vie végétale et une vie animale, en les liant des mêmes destinées. On les voit ensemble sortir de la même coque, éclore, se développer, se propager et mourir. C'est dans le même temps qu'elles offrent, si j'ose dire, les mêmes métamorphoses. Tandis qu'une plante développe successivement ses germes, ses boutons, ses fleurs et ses fruits, un insecte se montre sur son feuillage tour-à-tour œuf, ver, nymphe et papillon, qui renferme, comme ses pères, les semences de sa postérité avec celles de la plante qui l'a nourri. C'est ainsi que la fable, moins merveilleuse que la nature, renfermait sous l'écorce des chênes la vie des dryades. Ces rapports sont si frappants dans les insectes, que les naturalistes eux-mêmes, malgré leur nombre prodigieux de classes isolées et sans détermination, en ont caractérisé quelques-uns par le nom de la plante où ils vivent ; tels sont la chenille du tithymale et le ver-à-soie du mûrier. Mais je ne crois pas qu'il y ait un seul animal qui s'écarte de ce plan, sans en excepter même les carnivores. Quoique la vie de ceux-ci paraisse en quelque sorte greffée sur celle des espèces vivantes, il n'y a aucun d'entre eux qui ne fasse usage de quelque espèce de végétal. C'est ce qu'on peut observer, non-seulement dans les chiens qui paissent le chiendent, et dans les loups, les renards, les oiseaux de proie, qui mangent des plantes qui ont pris d'eux leurs noms ; mais dans les poissons même de la mer, qui sont tout-à-fait étrangers à notre élément. Ils sont attirés d'abord sur nos rivages par les insectes dont ils recueillent les dépouilles, ce qui établit entre eux et les végétaux des rapports intermédiaires ; ensuite par les plantes elles-mêmes : car la plupart ne viennent frayer sur nos côtes que lorsque certaines espèces y sont en fleur ou en fructification. Si elles viennent à y être détruites, ils s'en éloignent. Denis, gouverneur du Canada, rapporte, dans son Histoire naturelle de l'Amérique septentrionale,* que les morues qui fréquentaient en foule les côtes de l'île de Miscou, y disparurent en 1669, parce que l'année précédente les

* Tome II, chap. XXII, page 350.

forêts en avaient été consumées par un incendie.
Il remarque que la même cause avait produit le
même effet en différents lieux. Quoiqu'il attribue
la fuite de ces poissons aux effets particuliers du
feu, et que cet écrivain soit d'ailleurs plein d'intelligence, nous prouverons, par d'autres observations curieuses, qu'elle fut occasionée par la
destruction du végétal qui les attirait au rivage.
Ainsi tout est lié dans la nature. * Les faunes, les

* La même cause peut produire le même effet sur les oiseaux aquatiques. Sonnini rapporte, d'après un observateur
hollandais, que des cormorans (*pelecanus carbo*, Lin.) faisaient autrefois leurs nids dans l'épaisse forêt de Sevenhuis,
mais que leurs nombreuses peuplades disparurent avec les arbres antiques qui les protégeaient. La colonie entière alla s'é-
tablir dans un de ces terrains inondés, que les Hollandais appellent *polders* ; c'est là que leurs nids, posés sur des touffes
de joncs et de roseaux, s'élèvent de distance en distance comme
de petites îles, de sorte que ce *polders* a de loin l'aspect le plus
singulier.

Les habitants du pays se sont fait un revenu assez considérable de la vente des œufs de ces oiseaux, que les boulangers
recherchent beaucoup, parce que leur emploi donne une qualité supérieure au biscuit de mer.

Chaque jour, des volées innombrables de cormorans se dispersent et se partagent, pour ainsi dire, les eaux du pays ; les uns
se jettent sur la mer de Harlem, d'autres sur le Wael, le Leck,
la Meuse ou l'Yssel ; d'autres enfin sur les étangs et les marais
situés à quelques lieues. Mais un fait digne de remarque, et
qui est attesté par les pêcheurs, c'est qu'ils ne touchent jamais aux poissons des eaux qui sont à portée de leur habitation.
(*Note de l'Éditeur.*)

dryades et les néréides, s'y donnent la main. Quel spectacle charmant nous offrirait une zoologie botanique! Que d'harmonies inconnues se refléteraient d'une plante sur son animal, et d'un animal sur sa plante! Que de beautés pittoresques s'y découvriraient! Que de relations d'utilité de toute espèce en résulteraient pour nos plaisirs et nos besoins! Il ne faudrait qu'une plante nouvelle dans nos champs pour attirer de nouveaux oiseaux dans nos bosquets, et des poissons inconnus à l'embouchure de nos fleuves. Ne pourrait-on pas même accroître la famille de nos animaux domestiques, en peuplant le voisinage des glaciers des hautes montagnes du Dauphiné et de l'Auvergne, avec des troupeaux de rennes, si utiles dans le nord de l'Europe, ou avec des lamas du Pérou, qui se plaisent au pied des neiges des Andes, et que la nature a revêtus de la plus belle des laines? Quelques mousses, quelques joncs de leur pays suffiraient pour les fixer dans le nôtre. A la vérité, on a souvent tenté d'élever dans nos parcs des animaux étrangers, en observant même de choisir les espèces dont le climat approchait le plus du nôtre; mais ils y ont bientôt dépéri, parce qu'on avait oublié de transplanter avec eux le végétal qui leur était propre. On les voyait toujours inquiets, la tête baissée, gratter la terre, et lui redemander en soupirant la nourriture qu'ils avaient perdue. Une herbe eût suffi pour les calmer, en leur rappelant les goûts du premier âge, les vents qui leur étaient connus, et les doux ombrages de la patrie ; moins malheureux toutefois que les hommes, qui n'en peuvent perdre les regrets qu'en en perdant entièrement le souvenir.

Dans la CINQUIÈME PARTIE, nous parlerons de l'homme. Chaque ouvrage de la nature ne nous a présenté jusqu'ici que des relations particulières ; l'homme nous en offrira d'universelles. Nous examinerons d'abord celles qu'il a avec les éléments. En commençant par celui de la lumière et du feu, nous observerons que ses yeux ne sont pas tournés vers le ciel, comme le disent les poëtes, et même des philosophes, mais à l'horizon ; en sorte qu'il voit à-la-fois le ciel qui l'éclaire, et la terre qui le porte. Ses rayons visuels embrassent à-peu-près la moitié de l'hémisphère céleste et de la plaine où il marche, et leur portée s'étend depuis le grain de sable qu'il foule aux pieds, jusqu'à l'étoile qui brille sur sa tête, à une distance qu'on ne peut assigner. Il n'y a que lui qui jouisse du jour et de la nuit, et qui puisse vivre dans la zone torride et dans la zone glaciale. Si quelques animaux partagent avec lui ces avantages, ce n'est que par ses soins et sous sa protection ; il ne les doit qu'à l'élément du feu, dont il est seul le maître. Quelques écrivains ont prétendu que les animaux pouvaient s'en servir, et que les singes en Amérique entretenaient les feux que les voyageurs allumaient dans les forêts. Il est constant qu'ils en aiment la chaleur, et qu'ils viennent s'y chauffer dès qu'ils n'y voient plus d'hommes. Mais, puisqu'ils en ont senti l'utilité, pourquoi n'en ont-ils pas conservé l'usage? Quelque simple que soit la manière de l'entretenir, en y mettant du bois, aucun d'eux ne s'élevera jamais à ce degré de sagacité. Le chien, bien plus intelligent que le singe, témoin chaque jour des effets du feu, accoutumé dans nos cuisines à ne vivre que de chair cuite, ne s'avisera jamais, si on lui en donne de crue, de la porter sur les charbons du foyer. Quelque faible que paraisse cette barrière qui sépare l'homme de la brute, elle est insurmontable aux animaux. C'est par un bienfait de la Providence pour la sûreté commune; car, que d'incendies imprévus et irréparables arriveraient si le feu était en leur disposition? Dieu n'a confié le premier agent de la nature qu'au seul être capable d'en faire usage par sa raison. Pendant que quelques historiens l'accordent aux bêtes, d'autres le refusent aux hommes. Ils disent que plusieurs peuples en étaient privés avant l'arrivée des Européens dans leur pays. Ils citent en preuve les habitants des Iles-Mariannes, autrement dites Iles-des-Larrons, par une dénomination calomnieuse si commune à nos navigateurs; mais ils ne fondent cette assertion que sur une supposition; c'est sur l'étonnement très-naturel où parurent ces insulaires, lorsqu'ils virent leurs villages incendiés par les Espagnols* qu'ils avaient bien reçus; et ils se contredisent en même temps, en rapportant que ces peuples se servaient de canots qu'ils enduisaient de bitume, ce qui suppose, dans des sauvages qui ne connaissaient pas le fer, qu'ils employaient le feu pour les creuser, ou au moins pour les espalmer. Enfin, ils ajoutent qu'ils vivaient de riz, dont l'apprêt, qule qu'il soit, en exige nécessairement l'usage. Cet élément est partout nécessaire à l'existence de l'homme dans les climats les plus chauds. Ce n'est qu'avec le feu qu'il éloigne la nuit les bêtes de son habitation; qu'il en chasse les insectes avides de son sang; qu'il nettoie la terre des arbres et des herbes qui la couvrent, et dont les tiges et les troncs s'opposeraient à toute espèce de culture, quand il trouverait d'ailleurs le moyen de les renverser. Enfin, dans tous pays, avec le feu il prépare ses aliments, fond les métaux, vitrifie les rochers, durcit l'argile, pétrit le fer, et donne à toutes les productions de la terre les formes et les combinaisons qui conviennent à ses besoins.

L'utilité qu'il tire de l'air n'est pas moins éten-

* Voyez l'histoire de leur découverte, par Magellan, dans l'histoire des Iles-Mariannes, par le père Le Gobien, tome II, page 44; et dans celle des Indes Occidentales, par Herrera, tome III, pages 10 et 712.

due. Il y a peu d'animaux qui puissent, comme lui, le respirer au niveau des mers, et au sommet des plus hautes montagnes. Il est le seul être qui lui donne toutes les modulations dont il est susceptible. Avec sa seule voix, il imite les sifflements, les cris et les chants de tous les animaux, et il n'y a que lui qui emploie la parole dont aucun d'eux ne peut se servir. Tantôt il rend l'air sensible, il le fait soupirer dans les chalumeaux, gémir dans les flûtes, menacer dans les trompettes, et animer au gré de ses passions le bronze, le buis et les roseaux : tantôt il en fait son esclave; il le force de moudre, de broyer, et de mouvoir à son profit une multitude de machines; enfin il l'attelle à son char, et il l'oblige de le voiturer sur les flots même de l'Océan.

Cet élément, où ne peuvent vivre la plupart des habitants de la terre, et qui met entre leurs différentes classes une barrière plus difficile à franchir que les climats, offre à l'homme seul la plus facile des communications. Il y nage, il y plonge, il y poursuit les monstres marins dans leurs abymes, il y darde la baleine jusque sous les glaces, et il aborde dans toutes ses îles pour y faire reconnaître son empire.

Mais il n'avait pas besoin de celui qu'il exerce sur l'air et sur les eaux pour le rendre universel. Il lui suffit de rester sur la terre où il est né. La nature a placé son trône sur son berceau. Tout ce qui a vie vient y rendre hommage. Il n'y a point de végétal qui n'y attache ses racines, point d'oiseau qui n'y fasse son nid, point de poisson qui n'y vienne frayer. Quelque irrégularité qui paraisse à la surface de son domaine, il est le seul être qui soit formé d'une manière propre à en parcourir toutes les parties. Ce qu'il y a d'admirable, c'est qu'il règne entre tous ses membres un équilibre si parfait, si difficile à conserver, si contraire aux lois de notre mécanique, qu'il n'y a point de sculpteur qui puisse faire une statue à l'imitation de l'homme, plus large et plus pesante par le haut que par le bas, qui puisse se soutenir droite et immobile sur une base aussi petite que ses pieds. Elle serait bientôt renversée par le moindre vent. Que serait-ce donc s'il fallait la faire mouvoir comme l'homme même? Il n'y a point d'animaux dont le corps se prête à tant de mouvements différents, et je suis tenté de croire qu'il réunit en lui tous ceux dont ils sont capables, en voyant comme il s'incline, s'agenouille, rampe, glisse, nage, se renverse en arc, fait la roue sur les pieds et sur les mains, se met en boule, court, marche, saute, s'élance, descend, monte, grimpe, enfin comme il est également propre à gravir au sommet des rochers et à marcher sur la surface des neiges, à traverser les fleuves et les forêts, à cueillir la mousse des fontaines et le fruit des palmiers, à nourrir l'abeille et à dompter l'éléphant.

Avec tous ces avantages la nature a rassemblé dans sa figure ce que les couleurs et les formes ont de plus aimable par leurs consonnances et par leurs contrastes. Elle y a joint les mouvemens les plus majestueux et les plus doux. C'est pour les avoir bien observés, que Virgile a achevé par un coup de maître le portrait de Vénus déguisée, parlant à Énée, qui la méconnaît malgré toute sa beauté, mais qui la reconnaît à sa démarche, *vera incessu patuit dea*. « A son mar- » cher elle parut une vraie déesse. » L'auteur de la nature a réuni dans l'homme tous les genres de beauté, il en a formé un assemblage si merveilleux, que les animaux, dans leur état naturel, sont frappés à sa vue d'amour ou de crainte ; c'est ce que nous prouverons par plus d'une observation curieuse. Ainsi s'accomplit encore cette parole qui lui donna l'empire dès les premiers jours du monde : * « Que tous les animaux de la terre » et tous les oiseaux du ciel soient frappés de » terreur, et tremblent devant vous avec tout ce » qui se meut sur la terre. J'ai mis entre vos » mains tous les poissons de la mer. »

Comme il est le seul être qui dispose du feu, qui est le principe de la vie, il est encore le seul qui exerce l'agriculture qui en est le soutien. Tous les animaux frugivores en ont comme lui le be-

---

* Genèse, chap. x, ⅴ 2.

soin, la plupart l'expérience, mais aucun n'en a l'exercice. Le bœuf ne s'avisa jamais de ressemer les grains qu'il foule dans l'aire, ni le singe le maïs des champs qu'il ravage. On va chercher bien loin les rapports que les bêtes peuvent avoir avec l'homme pour les mettre de niveau, et on écarte ces différences triviales qui mettent sous nos yeux, entre elles et nous, un intervalle incommensurable, et qui sont d'autant plus merveilleuses qu'elles paraissent plus faciles à franchir. Chacune d'elles est circonscrite dans un petit cercle de végétaux et de moyens propres à les recueillir; elle n'étend point son industrie au-delà de son instinct, quels que soient ses besoins. L'homme seul élève son intelligence jusqu'à celle de la nature. Non-seulement il suit ses plans, mais il s'en écarte. Il leur en substitue de nouveaux. Il couvre de vignes et de moissons les lieux destinés aux forêts. Il dit au pin de la Virginie et au marronnier de l'Inde : « Vous croîtrez en Europe. » La nature seconde ses travaux, et semble par sa complaisance l'inviter à lui donner des lois. C'est pour lui qu'elle a couvert la terre de plantes ; et quoique leurs espèces soient en nombre infini, il n'y en a pas une seule qui ne tourne à son usage. D'abord elle en a tiré de chaque classe pour subvenir à sa nourriture et à ses plaisirs, par-tout où il voudrait habiter ; dans les palmiers de l'Arabie, le dattier; dans les fougères des Moluques, le sagou; dans les roseaux de l'Asie, la canne à sucre; dans les solanum de l'Amérique, la pomme de terre; dans les lianes, la vigne; dans les papilionacées, les haricots et les pois; enfin la patate, le manioc, le maïs et une multitude innombrable de fruits, de graines et de racines comestibles, sont distribués pour lui dans toutes les familles des végétaux, et sous toutes les latitudes du globe. Elle a donné aux plantes qui lui sont le plus utiles, de croître dans tous les climats; les plantes domestiques, depuis le chou jusqu'au blé, sont les seules qui, comme l'homme, soient cosmopolites. Les autres servent à son lit, à son toit, à son vêtement, à la guérison de ses maux, ou au moins à son foyer. Mais afin qu'il n'y en eût aucune qui ne fût utile au soutien de sa vie, et que l'éloignement et l'âpreté du sol où elles croissent ne fussent pas des obstacles pour en jouir, la nature a formé des animaux pour les aller chercher, et pour les tourner à son profit.

Ces animaux sont à-la-fois formés d'une manière admirable pour vivre dans les sites les plus rudes, et animés de l'instinct le plus docile pour se rapprocher de l'homme. Le lama du Pérou gravit avec ses pieds fourchus et armés de deux ergots les précipices des Andes, et lui rapporte sa toison couleur de rose. Le renne au pied large et fendu parcourt les neiges du nord, et remplit pour lui ses mamelles de crême dans des pâturages de mousses. L'âne, le chameau, l'éléphant, le rhinocéros, sont répartis pour son service aux rochers, aux sables, aux montagnes et aux marais de la zone torride. Tous les territoires lui nourrissent un serviteur; les plus âpres, le plus robuste; les plus ingrats, le plus patient. Mais les animaux qui réunissent le plus grand nombre d'utilités sont les seuls qui vivent avec lui par toute la terre. La vache pesante paît au fond des vallées; la brebis légère sur les flancs des collines; la chèvre grimpante broute les arbrisseaux des rochers; le porc armé d'un groin fouille les racines des marais à l'aide des ergots en appendices que la nature a placés au-dessus de ses talons pour l'empêcher d'y enfoncer; le canard nageur mange les plantes fluviatiles; la poule à l'œil attentif ramasse toutes les graines perdues dans les champs; le pigeon aux ailes rapides, celles des forêts les plus écartées ;: et l'abeille économe, jusqu'aux poussières des fleurs. Il n'y a point de coin de terre dont ils ne puissent moissonner toutes les plantes. Celles qui sont rebutées des uns font les délices des autres, et jusqu'aux poisons servent à les engraisser. Le porc dévore la prêle et la jusquiame; la chèvre, le tithymale et la ciguë. Tous reviennent le soir à l'habitation de l'homme avec des murmures, des bêlements et des cris de joie, en lui rapportant les doux tributs des plantes, changées, par une métamorphose inconcevable, en miel, en lait, en beurre, en œufs et en crême.

Non-seulement l'homme fait ressortir à lui toutes les plantes, mais encore tous les animaux; quoique leur petitesse, leur légèreté, leurs forces, leurs ruses et les éléments même, semblent les soustraire à son empire. A commencer par les légions infinies d'insectes, son canard et sa poule s'en nourrissent. Ces oiseaux avalent jusqu'aux reptiles venimeux, sans en éprouver aucun mal. Son chien lui assujettit toutes les autres bêtes. Ses nombreuses variétés paraissent ordonnées à leurs différentes espèces : le chien de berger, aux loups; le basset, aux renards; le lévrier, aux animaux de la plaine; le mâtin, à ceux de la montagne; le chien couchant, aux oiseaux; le barbet, aux amphibies; enfin, depuis l'épagneul de Malte, fait pour plaire, jusqu'à ces énormes chiens des Indes qui ne veulent combattre que des lions et des éléphants, suivant Pline et Plutarque, et dont la race subsiste encore chez les Tartares, leurs espèces sont si variées en formes, en grandeurs et en instincts, que je pense que la nature en a fait d'autant de sortes qu'il y avait d'espèces d'animaux à subjuguer. Nous croisons les races des chats, des chèvres, des moutons et des chevaux de mille manières; et, malgré toutes nos combinaisons, il n'en sort que quelques variétés, qui ne peuvent en aucune façon être comparées à celles des chiens.

Tandis que des philosophes donnent à toutes

les espèces de chiens une origine commune, d'autres en attribuent de différentes aux hommes. Ils fondent leur système sur la variété des tailles et des couleurs dans l'espèce humaine ; mais ni la couleur, ni la grandeur, ne sont des caractères, au jugement de tous les naturalistes. Selon eux, la première n'est qu'un accident; la seconde n'est qu'un plus grand développement de formes. La différence des espèces vient de la différence des proportions ; or, elle caractérise celle des chiens. Les proportions de l'homme ne varient nulle part : sa couleur noire entre les tropiques est un simple effet de la chaleur du soleil, qui le rembrunit à mesure qu'il approche de la ligne. Elle est, comme nous le verrons, un bienfait de la nature. Sa taille est constamment la même dans tous les temps et dans tous les lieux, malgré les influences de la nourriture et du climat, qui sont si puissantes sur les autres animaux. Il y a des races de chevaux et de bœufs d'une grandeur double l'une de l'autre, comme on peut le remarquer en comparant les grands chevaux d'artillerie tirés du Holstein, aux petits chevaux de Sardaigne qui sont grands comme des moutons, et les gros bœufs de la Flandre aux petits bœufs du Bengale; mais de la plus grande race d'hommes à la plus petite, il y a tout au plus un pied de différence. Leur grandeur est la même aujourd'hui que du temps des Égyptiens, et la même à Archangel qu'en Afrique, comme on le peut voir à la grandeur des momies, et à celle des tombeaux des anciens Indiens qu'on trouve en Sibérie le long du fleuve Petzora. La taille un peu raccourcie des Lapons est, à ce que je présume, un effet de leur vie trop sédentaire; car j'ai observé parmi nous le même raccourcissement dans les hommes de certains métiers qui demandent peu d'exercice. Celle des Patagons, au contraire, est plus développée que celle des Lapons, quoiqu'ils vivent sous une latitude aussi froide, parce qu'ils s'y donnent beaucoup plus de mouvement. Les Lapons passent la plus grande partie de l'année renfermés au milieu de leurs troupeaux de rennes; les Patagons, au contraire, sont sans cesse errants, ne vivant que de chasse et de pêche. D'ailleurs, les premiers voyageurs qui ont parlé de ces deux peuples, ont beaucoup exagéré la petitesse des uns et la grandeur des autres, parce qu'ils ont vu les premiers accroupis dans leurs cabanes enfumées, et les autres dans une position qui agrandit tous les objets, c'est-à-dire de loin, sur les hauteurs de leurs rivages, où ils accourent dès qu'ils voient des vaisseaux, et à travers les brumes qui sont si fréquentes dans leurs climats, et qui, comme on sait, agrandissent tous les corps, surtout ceux qui sont à l'horizon, en réfrangeant la lumière qui les environne. Les Suédois et les Norwégiens, qui habitent des latitudes semblables, où le froid empêche, dit-on, le développement du corps humain, sont de la même taille que les habitants du Sénégal, où la chaleur, par la raison contraire, devrait le favoriser; et les uns et les autres ne sont pas plus grands que nous. L'homme par toute la terre est au centre de toutes les grandeurs, de tous les mouvements et de toutes les harmonies. Sa taille, ses membres et ses organes, ont des proportions si justes avec tous les ouvrages de la nature, qu'elle les a rendues invariables comme leur ensemble. Il fait à lui seul un genre qui n'a ni classes ni espèces, et qui a mérité par excellence le nom de genre humain. Il forme une véritable famille, dont tous les membres sont dispersés sur la terre pour en recueillir les productions, et qui peuvent se correspondre d'une manière admirable dans leurs besoins. Non-seulement les hommes ont été unis, dans tous les temps, par les intérêts du commerce, mais par les liens plus sacrés et plus durables de l'humanité. Des sages ont paru en Orient, il y a deux ou trois mille ans, et leur sagesse nous éclaire encore au fond de l'Occident. Aujourd'hui, un sauvage est opprimé dans un désert de l'Amérique; il fait courir sa flèche de famille en famille, de nation en nation, et la guerre s'allume dans les quatre parties du monde. Nous sommes tous solidaires les uns pour les autres. Nous reviendrons souvent sur cette grande vérité, qui est la base de la morale des particuliers comme de celle des rois. Le bonheur de chaque homme est attaché au bonheur du genre humain. Il doit travailler au bien général, parce que le sien en dépend. Mais son intérêt n'est pas le seul motif qui lui fasse un devoir de la vertu; il en doit de plus sublimes leçons à la nature. Comme il est né sans instincts, il a été obligé de former son intelligence sur ses ouvrages. Il n'a rien imaginé que d'après les modèles qu'elle lui a présentés dans tous les genres : il a créé les arts mécaniques d'après l'industrie des animaux ; les arts libéraux et les sciences d'après les harmonies et les plans mêmes de la nature. Il doit à ses études sublimes une lumière qui n'éclaire aucun animal. L'instinct ne montre à celui-ci que ses besoins; mais l'homme seul, du sein d'une ignorance profonde, a connu qu'il y avait un Dieu. Cette connaissance n'a point été particulière aux Socrate et aux Platon; elle est commune aux Tartares, aux Indiens, aux Sauvages, aux Nègres, aux Lapons, et à tous les hommes : elle est le résultat de toutes les contemplations; de celle d'une mousse comme de celle du soleil. C'est sur elle que sont fondées toutes les sociétés du genre humain, sans en excepter aucune. Comme l'homme a développé son intelligence sur celle de la nature, il a cherché à régler sa morale sur celle de son auteur. Il a senti que pour plaire à celui qui était le principe de tous les biens, il fallait concourir au bien général, et il s'est efforcé dans tous les temps de s'élever à lui par la vertu. Ce caractère religieux, qui le distingue de tous les êtres sensibles, appartient encore plus à son cœur qu'à sa raison. C'est moins en lui une lumière qu'un sentiment; car il paraît indépendant du spectacle même de la nature, et il se manifeste avec autant de force dans ceux qui en vivent les plus éloignés que dans ceux qui en jouissent continuellement. Les sensations de l'infini, de l'universalité, de la gloire et de l'immortalité, qui en sont les suites, agitent sans cesse les habitants des villes comme ceux des campagnes. L'homme faible, misérable et mortel, s'abandonne par-tout à ces passions célestes. Il y dirige, sans s'en apercevoir, ses espérances, ses craintes, ses plaisirs, ses peines, ses amours; et il passe sa vie à poursuivre ces impressions fugitives de la divinité, ou à les combattre.

Telle est la carrière que je me suis proposé de parcourir. Mais comme, dans un long voyage, on aperçoit quelquefois sur la route des îles fleuries au milieu d'un grand fleuve, et des bocages enchantés sur le sommet d'un rocher inaccessible; de même les pas que nous ferons dans l'étude de la nature nous ouvriront, le long de notre chemin, des perspectives ravissantes. Si nous n'y pouvons mettre les pieds, nous y jetterons au moins les yeux. Nous remarquerons que tous les ouvrages de la nature ont des contrastes, des consonnances et des passages qui joignent leurs différents règnes les uns aux autres.

Nous examinerons par quelle magie les contrastes font naître à-la-fois le plaisir et la douleur, l'amitié et la haine, l'existence et la destruction. C'est d'eux que sort ce grand principe d'amour qui divise tous les individus en deux grandes classes d'objets aimants et d'objets aimés. Ce principe s'étend depuis les animaux et les plantes qui ont des sexes jusqu'aux fossiles insensibles, comme les métaux qui ont des aimants dont la plupart nous sont encore inconnus ; et depuis les sels qui cherchent à se réunir dans les fluides où ils nagent, jusqu'aux globes qui s'attirent mutuellement dans les cieux. Il oppose les individus par les sexes, et les genres par les formes, afin d'en tirer une infinité d'harmonies. Dans les éléments, la lumière est opposée aux ténèbres, le chaud au froid, la terre à l'eau, et leurs accords produisent les jours, les températures et les vues les plus agréables. Dans les végétaux nous verrons, dans les forêts du nord, le feuillage épais et sombre, l'attitude tranquille et la forme pyramidale des sapins contraster avec la verdure tendre et le feuillage mobile des bouleaux qui ressemblent, par leurs vastes cimes et leurs bases étroites, à des pyramides renversées. Les forêts du midi nous offriront de pareilles harmonies, et nous les retrouverons jusque dans les herbes de nos prairies. Les mêmes oppositions règnent dans les animaux ; et sans sortir de ceux qui nous sont les plus familiers, la mouche et le papillon, la poule et le canard, le moineau sédentaire et l'hirondelle voyageuse, le cheval fait pour la course et le bœuf pesant, l'âne patient et la chèvre capricieuse, enfin le chat et le chien contrastent sur nos fleurs, dans nos prairies et dans nos maisons, en formes, en mouvements et en instincts.

Je ne comprends point dans ces oppositions harmoniques les animaux carnassiers qui font la guerre aux autres. Ils ne sont point ordonnés aux vivants, mais aux morts. J'entends par contrastes ceux que la nature a établis entre deux classes différentes en mœurs, en inclinations et en figures, et auxquelles cependant elle a donné des convenances secrètes qui les portent, dans l'état naturel, à habiter les mêmes lieux, à se rapprocher les unes des autres, et à y vivre en paix. Tel est le contraste du cheval, qui aime à s'exercer à la course dans la même prairie où le bœuf se promène gravement en ruminant. Tel est encore celui de l'âne, qui se plaît à suivre d'un pas lent et tranquille la chèvre légère jusque dans les rochers où elle grimpe. Depuis la mouche et le papillon jusqu'à l'éléphant et au caméléopard, il n'y a point d'animal sur la terre qui n'ait son contraste, excepté l'homme.

Les contrastes de l'homme sont au-dedans de

lui-même. Deux passions opposées balancent toutes ses actions, l'amour et l'ambition. A l'amour se rapportent tous les plaisirs des sens ; à l'ambition, tous ceux de l'âme. Ces deux passions sont toujours en contre-poids égal dans le même sujet ; et tandis que la première rassemble sur l'homme toutes les jouissances corporelles, et le fait descendre insensiblement au-dessous de la bête, la seconde le porte à réunir sur lui tous les empires, et à se mettre, à la fin, au-dessus de la divinité. On peut observer ces deux effets contradictoires dans tous les hommes qui ont pu se livrer sans obstacles à ces deux impulsions, dans la classe des rois comme dans celle des esclaves : les Néron, les Caligula, les Domitien, vécurent comme des brutes, et se firent adorer comme des dieux. On retrouve chez des nègres la même incontinence, le même orgueil et la même stupidité.

Cependant la nature a donné à l'homme ces deux passions pour son bonheur ; elle fait naître les deux sexes en nombre égal, afin de fixer l'amour de chaque homme à un seul objet, sur lequel elle a réuni toutes ses harmonies éparses dans ses plus beaux ouvrages. Il y a entre l'homme et la femme une grande analogie de formes, d'inclinations et de goûts, mais il y a une différence encore plus grande entre ces qualités. L'amour, comme nous le verrons, ne résulte que des contrastes ; et plus ils sont grands, plus il a d'énergie : c'est ce que je pourrais prouver par mille traits d'histoire. On sait, par exemple, avec quelle ivresse ce grand et lourd soldat de Marc-Antoine aima et fut aimé de Cléopâtre ; non pas de celle que nos sculpteurs représentent avec une taille de Sabine, mais de la Cléopâtre que l'histoire nous dépeint petite, vive, enjouée, courant, la nuit, les rues d'Alexandrie, déguisée en marchande, et se faisant porter, cachée parmi des hardes, sur les épaules d'Apollodore, pour aller voir Jules-César.

L'influence des contrastes en amour est si certaine, qu'en voyant l'amant on peut faire le portrait de l'objet aimé sans l'avoir vu, pourvu qu'on sache seulement qu'il est affecté d'une forte passion : c'est ce que j'ai éprouvé plusieurs fois, entre autres, dans une ville où j'étais tout-à-fait étranger. Un de mes amis m'y mena voir sa sœur, demoiselle fort vertueuse, et il m'apprit en chemin qu'elle avait une passion. Quand nous fûmes chez elle, la conversation s'étant tournée sur l'amour, je m'avisai de lui dire que je connaissais les lois qui nous déterminaient à aimer, et que je lui ferais, si elle le voulait, le portrait de son amant, quoiqu'il me fût tout-à-fait inconnu. Elle m'en défia. Alors, prenant l'opposé de sa grande et forte taille, de son tempérament et de son caractère, dont son frère m'avait entretenu, je lui dépeignis son amant petit, peu chargé d'embonpoint, aux yeux bleus, aux cheveux blonds, un peu volage, aimant à s'instruire..... Chaque mot la fit rougir jusqu'au blanc des yeux, et elle se fâcha fort sérieusement contre son frère, en l'accusant de m'avoir révélé son secret. Il n'en était cependant rien, et il fut aussi étonné qu'elle. Ces observations sont plus importantes qu'on ne pense ; elles nous prouveront combien nos institutions s'écartent des lois de la nature, et affaiblissent le pouvoir de l'amour, lorsqu'elles donnent aux femmes les études et les occupations des hommes. La vertu seule sait faire usage de ces contrastes dans le mariage, où les devoirs des deux sexes sont si différents. Elle y présente encore à leur ambition naturelle la plus sublime des carrières dans l'éducation de leurs enfants, dont ils doivent former la raison, et recevoir en hommage les premiers sentiments. Ce sont les cœurs de leurs enfants qui doivent perpétuer leur mémoire sur la terre, d'une manière plus touchante et plus durable que les monuments publics n'y conservent le souvenir des rois. Quelle puissance peut égaler celle qui donne l'existence et la pensée, et quel souvenir peut durer autant que celui de la reconnaissance filiale ? On compare le gouvernement d'un bon roi à celui d'un père ; mais on ne peut comparer celui d'un père vertueux qu'à celui de Dieu même. La vertu est pour l'homme la véritable loi de la nature ; elle est l'harmonie de toutes les harmonies ; elle seule rend l'amour sublime et l'ambition bienfaisante ; elle tire des privations même ses plus grandes jouissances. Otez-lui l'amour, l'amitié, l'honneur, le soleil, les éléments, elle sent que, sous un être juste et bon, d'autres compensations lui sont réservées, et elle accroît sa confiance en Dieu de l'injustice même des hommes. C'est elle qui a soutenu dans toutes les positions de la vie les Antonin, les Socrate, les Épictète, les Fénélon, et qui les a fait vivre à-la-fois les plus heureux des hommes, et les plus dignes d'hommages.

Si d'un côté la nature a établi des contrastes dans tous ses ouvrages, de l'autre elle en fait sortir des consonnances qui en rapprochent tous les genres. Il semble qu'après avoir déterminé un modèle, elle a voulu que tous les lieux participassent de sa beauté. C'est ainsi que la lumière et le disque du soleil sont réfléchis de mille manières, par les planètes dans les cieux, par les parélies et l'arc-en-ciel dans les nuages, par les aurores boréales dans les glaces du nord ; enfin par les réfractions de l'air, les reflets des eaux, et les réflexions spéculaires de la plupart des corps sur la terre. Les îles représentent, au milieu des mers, les formes montueuses du continent, et les méditerranées et les lacs, au sein des montagnes, les vastes plaines de la mer.

Des arbres, dans le climat de l'Inde, affectent le port des herbes, et des herbes, dans nos jardins, celui des arbres. Une multitude de fleurs semblent patronées sur les roses et sur les lis. Dans nos animaux domestiques, le chat paraît formé sur le tigre, le chien sur le loup, le mouton sur le chameau. Tous les genres ont leurs consonnances, excepté le genre humain. Celui des singes, dont on a voulu faire une variété de l'espèce humaine, a des relations beaucoup plus directes avec les autres animaux. L'homme des bois, avec ses longs bras, ses pieds maigres, ses pattes décharnées, son nez écrasé, sa gueule sans lèvres terminées, ses yeux ronds, son vilain poil, a certainement des ressemblances fort imparfaites avec l'Apollon du Belvédère ; et, quelque envie qu'on ait de rapprocher l'homme de la bête, il serait difficile de trouver, dans la femelle de cet animal, un second modèle de la figure humaine qui approchât de la Vénus de Médicis, ou de la Diane d'Allegrain, qu'on voit à Lucienne. Mais j'ai vu des singes qui ressemblaient fort bien à des ours, comme le bavian du cap de Bonne-Espérance, ou à des lévriers, comme le maki de Madagascar. Il y en a qui sont faits comme de petits lions ; telle est une très-jolie espèce blanche à crinière, qu'on trouve au Brésil. Je présume que la plupart des espèces de quadrupèdes, sur-tout parmi les bêtes féroces, ont leurs consonnances dans celles des singes. Ces mêmes consonnances se retrouvent dans les variétés nombreuses des perroquets, qui, par leurs formes, leurs becs, leurs griffes, leurs cris et leurs jeux, imitent la plupart des oiseaux de proie. Enfin, elles s'étendent jusque dans les plantes appelées *mimeuses* pour cette raison, qui représentent, dans leurs fleurs ou dans l'agrégation de leurs graines, des insectes et des reptiles, tels que des limaçons, des mouches, des chenilles, des lézards, des scorpions, etc..... La nature, dans ces sortes de consonnances, a quelque intention qui ne m'est pas connue. Ce qu'il y a de remarquable, c'est qu'elles ne sont communes qu'entre les tropiques, dont les forêts fourmillent de toutes sortes d'espèces de singes et de perroquets. Peut-être a-t-elle voulu mettre sous des formes innocentes celles des animaux nuisibles qui y sont très-nombreuses, afin de faire paraître à la lumière du jour la figure terrible de ces enfants de la nuit et du carnage, et qu'aucun de ses ouvrages ne demeurât caché, dans les ténèbres, aux yeux de l'homme. Quoi qu'il en soit, aucun animal sur la terre n'est formé sur les nobles proportions de la figure humaine; et si l'homme descend souvent, par ses passions, au niveau des bêtes, ses inquiétudes, ses lumières et ses affections sublimes, démontrent assez qu'il est lui-même une consonnance de la divinité.

Enfin, les sphères de tous les êtres se communiquent par des rayons qui semblent réunir leurs extrémités. Nous remarquerons, dans les stalactites et les cristallisations des fossiles, des procédés de végétation; et nous croirons même apercevoir le mouvement des animaux dans celui de leurs aimants. D'un autre côté, nous verrons des plantes se former, à la manière des fossiles, sans organisation apparente : telle est, entre autres, la truffe, qui n'a ni feuilles, ni fleurs, ni racines ; d'autres représenter dans leurs fleurs la figure des animaux; comme les orchis; ou leur irritabilité, comme la sensitive, qui abaisse ses feuilles et les ferme au moindre attouchement ; ou leur instinct apparent, comme la *Dionœa muscipula*, qui prend des mouches. Les feuilles de cette plante sont formées de folioles opposées, enduites d'une substance sucrée qui attire les mouches ; mais, dès qu'elles s'y posent, ces folioles se rapprochent tout-à-coup, comme les mâchoires d'un piége à loup, et les percent des épines dont elles sont hérissées.* Il y en a encore de plus étonnantes, en ce qu'elles ont en elles-mêmes le principe du mouvement; tel est

* Les *Drosera rotundifolia* et *angustifolia*, qui fleurissent dans la vallée de Montmorency, au bord de l'étang de Saint-Gratien, ferment également leurs feuilles au plus léger attouchement : ces plantes ont mérité, comme la *Dionœa*, le surnom d'attrape-mouche. (*Note de l'Éditeur.*).

l'*Hedysarum gyrans*, qu'on a apporté, il y a
quelques années, du Bengale en Angleterre. Cette
plante remue alternativement les deux lobes
alongés qui accompagnent ses feuilles, sans qu'aucune cause extérieure et apparente contribue
à cette espèce d'oscillation. Mais, sans aller
chercher des merveilles si loin, nous en trouverons peut-être de plus surprenantes dans nos
jardins. Nous verrons nos pois pousser leurs
vrilles précisément à la hauteur où ils commencent à avoir besoin d'appui, et les accrocher aux
ramées avec une adresse qu'on ne peut attribuer
au hasard. Ces relations semblent supposer de
l'intelligence ; mais nous en trouverons encore
de plus aimables, qui prouvent de la bonté, non
pas dans le végétal, mais dans la main qui l'a
formé. Le *Silphium* de nos jardins est une grande
férulacée qui ressemble, au premier coup-d'œil,
à la plante qu'on appelle soleil. Ses larges feuilles
sont opposées à leur base, et leurs aisselles qui
s'unissent forment un godet ovale où l'eau des
pluies se ramasse jusqu'à la concurrence d'un
bon verre d'eau. Elles sont placées par étages,
non pas dans la même direction, mais à angles
droits, afin qu'elles puissent recevoir les pluies
dans toute l'étendue de leur circonférence ; sa
tige carrée est très-propre à être saisie fermement par les pattes des oiseaux ; et ses fleurs leur
présentent des graines que plusieurs d'entre eux,

et sur-tout les grives, aiment beaucoup : en sorte que toute cette plante, semblable à un bâton de perroquet, offre à-la-fois aux oiseaux, à se percher, à manger et à boire.

Nous parlerons aussi des parfums et des saveurs des plantes. Nous remarquerons, sous ces relations, un grand nombre de caractères botaniques qui ne sont pas les moins sûrs. C'est par l'odorat et le goût que l'homme a acquis les premières connaissances de leurs qualités vénéneuses, médicinales ou alimentaires. Les bruits même des plantes ne sont pas à négliger ; car lorsqu'elles sont agitées par les vents, la plupart rendent des sons qui leur sont propres, et qui produisent des convenances ou des contrastes fort agréables, avec les sites où elles ont coutume de naître. Aux Indes, les cannes creuses du bambou, qui ombragent les rivages des fleuves, imitent, en se froissant les unes contre les autres, le gémissement des manœuvres d'un vaisseau ; et les siliques du canneficier, agitées par les vents sur le haut d'une montagne, le tic-tac d'un moulin. Les feuilles mobiles des peupliers font entendre, au milieu de nos bois, les bouillonnements des ruisseaux. Les vertes prairies et les tranquilles forêts, agitées par les zéphyrs, représentent, au fond des vallées et sur les pentes des coteaux, les ondulations et les murmures des flots de la mer qui se brisent sur le rivage. Les premiers hommes, frappés de ces bruits mystérieux, crurent entendre des oracles sortir du tronc des chênes, et que des nymphes et des dryades habitaient, sous leurs rudes écorces, les montagnes de Dodone.

La sphère des animaux étend encore plus loin ses consonnances merveilleuses. Depuis le coquillage immobile qui pave et fortifie le bassin des mers, jusqu'à la mouche qui vole la nuit sur les campagnes de la zone torride, tout étincelante de lumière comme une étoile, vous trouverez en eux les configurations des rochers, des végétaux et des astres. Mille passions et mille instincts ineffables les animent, et leur font produire des chants, des cris, des bourdonnements, et jusqu'à des mots articulés de la voix humaine. Les uns vivent en républiques tumultueuses, d'autres dans une solitude profonde. Les uns passent leur vie à faire la guerre, d'autres à faire l'amour. Ils emploient dans leurs combats toutes les espèces d'armures imaginables, et toutes les manières de s'en servir, depuis le porc-épic qui lance des traits, jusqu'à la torpille qui frappe invisiblement comme l'électricité. * Leurs amours ne sont pas moins

---

* La *torpille* n'est pas le seul poisson qui jouisse de cette propriété ; les *gymnotes électriques*, le *trembleur du Niger*, l'*anguille de Surinam*, offrent le même phénomène, mais il ne doit pas être attribué à l'électricité. Hunter a décrit les organes, ou, si l'on veut, les instruments qui servent aux gymnotes pour frapper leurs ennemis d'engourdissement, et quelquefois de mort. L'in-

variées que leurs haines. Aux uns, il faut des sérails ; aux autres, des maîtresses passagères ; à d'autres, des compagnes fidèles qu'ils n'abandonnent qu'au tombeau. L'homme réunit, dans ses jouissances, leurs plaisirs et leurs fureurs ; et quand il les a satisfaites, il soupire et demande au ciel un autre bonheur. Nous examinerons, par les seules lumières de la raison, si l'homme, assujetti par son corps à la condition des animaux

térieur de chacun de ces instruments présente un grand nombre de séparations horizontales, coupées presqu'à angle droit par d'autres séparations à-peu-près verticales, et si nombreuses, qu'on en a compté 240 dans la longueur d'un pouce : il est facile de reconnaître que cet appareil est une véritable pile galvanique. Les gymnotes ont la faculté de proportionner la force de leur commotion à la force de leurs ennemis ; mais ils s'épuisent, et leurs pertes ne se réparent qu'après un long repos. Les habitants de l'Amérique méridionale profitent de cette circonstance pour se donner le plaisir de la pêche. M. de Humboldt, qui a fait une description de cette pêche singulière, dit que les Indiens font courir des mulets et des chevaux dans les eaux stagnantes des marais, et que ce bruit et ce mouvement excitent les gymnotes au combat. On les voit glisser, comme des serpents, à la surface des eaux, se dresser sous le ventre des chevaux, et les frapper sans relâche : les uns succombent à la violence des coups ; les autres, haletants, la crinière hérissée, les yeux étincelants, cherchent à s'élancer sur le rivage, mais les Indiens les repoussent avec de longs bambous. Cependant, peu-à-peu l'impétuosité de ce combat inégal diminue ; les gymnotes, fatigués, se dispersent comme des nuées déchargées d'électricité ; et c'est alors que les pêcheurs les frappent avec des harpons, et les entraînent sur le rivage. (*Note de l'Éditeur.*)

dont il réunit en lui tous les besoins, ne tient pas, par son ame, à des créatures d'un ordre supérieur; si la nature, qui a fait ressortir sur la terre l'immensité de ses productions à un être nu, sans instinct, et à qui il faut plusieurs années d'apprentissage pour apprendre seulement à marcher, l'a mis, dès sa naissance, dans l'alternative d'en étudier les qualités ou de périr; et si elle ne s'est pas réservé quelque moyen extraordinaire de venir à son secours, au milieu des maux de toute espèce qui traversent son existence jusque parmi ses semblables.

En parcourant ces passages qui unissent les différents règnes, et qui étendent leurs limites à des régions qui nous sont encore inconnues, nous n'adopterons pas l'opinion de ceux qui croient que les ouvrages de la nature étant les résultats de toutes les combinaisons possibles, toutes les manières d'exister doivent s'y rencontrer. «Vous
» y trouverez l'ordre, disent-ils, et en même
» temps le désordre. Jetez d'une infinité de ma-
» nières les caractères de l'alphabet, vous en for-
» merez l'Iliade et des poëmes même supérieurs
» à l'Iliade; mais vous aurez en même temps une
» infinité d'assemblages informes.» Nous adoptons cette comparaison, en observant cependant que la supposition des vingt-quatre lettres de l'alphabet renferme déjà une idée d'ordre, qu'on est forcé d'admettre pour établir l'hypo-

thèse même du hasard. Si donc, les jets multipliés de ces vingt-quatre lettres donnaient en effet une infinité de poëmes bons et mauvais, combien les principes bien plus nombreux de l'existence en elle-même, tels que les éléments, les couleurs, les surfaces, les formes, les profondeurs, les mouvements, produiraient de diverses manières d'exister! Quand on ne prendrait qu'une centaine de modifications de chaque combinaison primordiale de la matière, on aurait, au moins, les passages généraux des différents règnes. On verrait des plantes marcher avec des pieds comme les animaux, des animaux fixés à la terre avec des racines comme les plantes, des rochers avec des yeux, des herbes qui ne végéteraient qu'en l'air. Les principaux intervalles des sphères de l'existence seraient remplis; mais tout ce qui est possible n'existe pas. Il n'y a d'existant que ce qui est utile relativement à l'homme. Le même ordre qui règne dans l'ensemble des sphères, subsiste dans les parties de chacun des individus qui les composent. Il n'y en a aucun qui ait dans ses organes quelque excès ou quelque défaut. Leurs convenances sont si sensibles, et elles ont des caractères si frappants, que si l'on montre à un habile naturaliste quelque représentation de plante ou d'animal qu'il n'ait jamais vu, il pourra juger, à l'harmonie de ses parties, si elle est faite d'après l'imagination, ou d'après la nature. Un jour, des élèves de botanique, voulant éprouver le savoir du célèbre Bernard de Jussieu, lui présentèrent une plante qui n'était point dans l'école du Jardin du Roi, en le priant d'en déterminer le genre et l'espèce. Dès qu'il y eut jeté les yeux, il leur dit : « Cette plante » est composée artificiellement; vous en avez pris » les feuilles de celle-ci, la tige de celle-là, et la » fleur de cette autre. » C'était la vérité. Ils avaient cependant rassemblé, avec le plus grand art, les parties de celles qui avaient le plus d'analogie. J'ose assurer que par la méthode que je présenterai, la science peut aller beaucoup plus loin, et déterminer, à la vue d'une plante étrangère, la nature du sol où elle croît, si elle est d'un pays chaud ou d'un pays froid, de montagne ou aquatique ; et peut-être même les espèces d'animaux auxquelles elle est particulièrement affectée.

En étudiant ces lois, dont la plupart sont inconnues ou négligées, nous en détruirons d'autres qui ne sont fondées que sur des observations particulières qu'on a rendues trop générales. Telles sont, par exemple, celles-ci : que le nombre et la fécondité des êtres sont en raison inverse de leur grandeur, et que le temps de leur dépérissement est proportionné à celui de leur accroissement. Nous ferons voir qu'il y a des mousses moins fécondes que les sapins, et des coquillages moins nombreux que les baleines : tel est, entre autres, le marteau. Il y a des animaux qui croissent fort vite, et qui dépérissent fort lentement : tels sont la plupart des poissons. Nous ne nous lasserons pas de prouver que la durée, la force, la grandeur, la fécondité, la forme de chaque être, sont proportionnées d'une manière admirable, non-seulement à son bonheur particulier, mais au bonheur général de tous, d'où résulte celui du genre humain. Nous détruirons aussi ces analogies si communes, que l'on tire du sol et du climat, pour expliquer toutes les opérations de la nature par des causes mécaniques, en faisant voir qu'elle y fait naître souvent les végétaux et les animaux dont les qualités y sont les plus opposées. Les plantes tubulées et les plus sèches, comme les roseaux, les joncs, ainsi que les bouleaux, dont l'écorce, semblable à un cuir passé à l'huile, est incorruptible à l'humidité, croissent sur le bord des eaux, comme des bateaux propres à les traverser. Au contraire, les plantes les plus grasses et les plus humides viennent dans les lieux les plus secs, tels que les aloès, les cierges du Pérou, et les lianes pleines d'eau, qu'on ne trouve que dans les rochers arides de la zone torride, où elles sont placées comme des fontaines végétales. Les instincts même des animaux paraissent moins ordonnés à leur utilité propre qu'à celle de l'homme, et sont tantôt d'accord, et tantôt en opposition avec la nature du sol qu'ils habitent. Le porc gourmand se plaît à vivre dans les fanges dont il devait nettoyer l'habitation de l'homme; et le chameau sobre, à voyager dans les sables arides de l'Afrique, inaccessibles sans lui aux voyageurs. Les appétits de ces animaux ne naissent point des lieux qu'ils habitent; car l'autruche, qui vit dans les mêmes déserts que le chameau, est encore plus vorace que le porc. Aucune loi de magnétisme, de pesanteur, d'attraction, d'électricité, de chaleur ou de froid, ne gouverne le monde. Ces prétendues lois générales ne sont que des moyens particuliers. Nos sciences nous trompent, en supposant à la nature une fausse Providence. Elles mettent à la vérité des balances dans ses mains; mais ce ne sont pas celles de la justice, ce sont celles du commerce. Elles ne pèsent que des sels et des masses, et elles mettent de côté la sagesse, l'intelligence et la bonté. Elles ne craignent pas d'écarter du cœur de l'homme le sentiment des qualités divines qui lui donne tant de force, et de rassembler sur son esprit des poids et des mouvements qui l'accablent. Elles mettent en opposition les carrés des temps et des vitesses, et elles négligent ces compensations admirables avec lesquelles la nature est venue au secours de tous les êtres; en donnant les plus ingénieuses aux plus faibles, les plus abondantes aux plus pauvres, et en les réunissant toutes sur le genre humain, sans doute comme sur l'espèce la plus misérable.

Nous ne pouvons connaître que ce que la nature nous fait sentir, et nous ne pouvons juger de ses ouvrages que dans le lieu et dans le temps où elle nous les montre. Tout ce que nous nous figurons au-delà ne nous présente que contradiction, doute, erreur ou absurdité; je n'en excepte pas même les plans de perfection que nous imaginons. Par exemple, c'est une tradition commune à tous les peuples, appuyée sur le témoignage de l'Écriture sainte, et fondée sur un sentiment naturel, que nous avons vécu dans un meilleur ordre de choses, et que nous sommes destinés à un autre qui doit le surpasser. Cependant nous ne pouvons rien dire ni de l'un ni de l'autre. Il nous est impossible de rien retrancher ou de rien ajouter à celui où nous vivons, sans empirer notre situation. Tout ce que la nature y a mis est nécessaire : la douleur et la mort même sont des témoignages de sa bonté. Sans la douleur, nous nous briserions à chaque pas sans nous en apercevoir; sans la mort, de nouveaux êtres ne pourraient renaître dans le monde; et si l'on suppose que ceux qui existent maintenant pouvaient être éternels, leur éternité entraînerait la ruine des générations, de la configuration des deux sexes, et toutes les relations de l'amour conjugal, filial et paternel, c'est-à-dire, tout le système du bonheur actuel. En vain nous allons chercher dans nos berceaux les archives que le tombeau nous refuse; le passé comme l'avenir couvre nos mystérieuses destinées d'un voile impénétrable. En vain nous y portons la lumière qui nous éclaire, et nous cherchons dans l'origine des choses les poids, les temps et les mesures que nous trouvons dans leur jouissance; mais l'ordre qui les a produites n'a eu, par rapport à Dieu, ni temps, ni poids, ni mesure. Les divisions de la matière et du temps n'ont été faites que pour l'homme circonscrit, faible et passager. L'univers, disait Newton, a été jeté d'un seul jet. Nous cherchons une jeunesse à ce qui a toujours été vieux, une vieillesse à ce qui est toujours jeune, des germes aux espèces, des naissances aux générations, des époques à la nature; mais quand la sphère où nous vivons sortit de la main divine de son auteur, tous les temps, tous les âges, toutes les proportions s'y manifestèrent à-la-fois. Pour que l'Etna pût vomir ses feux, il fallut à la construction de ses fourneaux des laves qui n'avaient jamais coulé; pour que l'Amazone pût rouler ses eaux à travers l'Amérique, les Andes du Pérou durent se couvrir de neiges que les vents d'Orient n'y avaient point encore accumulées. Au sein des forêts nouvelles naquirent des arbres antiques, afin que les insectes et les oiseaux pussent trouver des aliments sous leurs vieilles écorces. Des cadavres furent créés pour les animaux carnassiers. Il dut naître, dans tous les règnes, des êtres jeunes, vieux, vivants, mourants. Toutes les parties de cette immense fabrique parurent à-la-fois, et si elle eut un échafaud, il a disparu pour nous.

Que d'autres étendent les bornes de nos sciences; je me croirai plus utile si je peux fixer celles de notre ignorance. Nos lumières, comme nos vertus, consistent à descendre; et notre force, à sentir notre faiblesse. Si je ne suis pas la route que la nature s'est réservée, au moins je marcherai dans celle que l'homme doit parcourir : c'est la seule qui lui présente des observations faciles, des découvertes utiles, des jouissances de toute espèce, sans instrument, sans cabinet, sans métaphysique et sans système.

Pour nous convaincre de son agrément, ordonnons, d'après notre méthode, quelque groupe avec les sites, les végétaux et les animaux les plus communs de nos climats. Supposons le terroir le plus ingrat, un écueil sur nos côtes à l'embouchure d'un fleuve escarpé du côté de la mer, et en pente douce de celui de la terre. Que du côté de la mer, les flots couvrent d'écumes, ses roches revêtues de varechs, de fucus et d'algues de toutes les couleurs et de toutes les formes, vertes, brunes, purpurines, en houpes et en guirlandes, comme j'en ai vu, sur les côtes de Normandie, à des roches de marne blanche que la mer détache de ses falaises; que du côté du fleuve on voie, sur son sable jaune, un gazon fin mêlé d'un peu de trèfle, et çà et là quelques touffes d'absinthe marine; mettons-y quelques saules, non pas comme ceux de nos prairies, mais avec leur crue naturelle, et semblables à ceux que j'ai vus sur les bords de la Sprée, aux environs de Berlin, qui avaient une large cime et plus de cinquante pieds de hauteur; n'y oublions pas l'harmonie des différents âges, si agréable à rencontrer dans toute espèce d'agrégation, mais sur-tout dans celles des végétaux; qu'on voie de ces saules lisses et remplis de suc, dresser en l'air leurs jeunes rameaux, et d'autres, bien vieux, dont la cime soit pendante et les troncs caverneux; ajoutons-y leurs plantes auxiliaires, telles que des mousses vertes et des lichens dorés, qui marbrent leurs écorces grises, et quelques-uns de ces convolvulus appelés chemises de Notre-Dame, qui se plaisent à grimper sur leur tronc et à en garnir les branches sans fleurs apparentes, de leurs feuilles en cœur et de fleurs évidées en cloches blanches comme la neige; mettons-y les habitants naturels au saule et à ses plantes, leurs papillons, leurs mouches, leurs scarabées et leurs autres insectes, avec les volatiles qui leur font la guerre, tels que les demoiselles aquatiques, polies comme l'acier bruni, qui les attrapent en l'air; des bergeronnettes qui les poursuivent à terre en hochant la queue, et des martins-pêcheurs qui les prennent à fleur d'eau : vous verrez naître d'une seule espèce d'arbre une multitude d'harmonies agréables.

Cependant elles sont encore imparfaites. Opposons au saule, l'aune qui se plaît comme lui sur les bords des fleuves, et qui, par sa forme pareille à celle d'une longue tour, son feuillage large, sa verdure sombre, ses racines charnues, faites comme des cordes qui courent le long des rivages dont elles lient les terres, contraste en tout avec la masse étendue, la feuille légère, la verdure frappée de blanc et les racines pivotantes du saule ; ajoutons-y les individus de l'aune de différents âges, qui s'élèvent comme autant d'obélisques de verdure, avec leurs plantes parasites, telles que des capillaires, qui rayonnent en étoile sur leur tronc humide, de longues scolopendres qui pendent de leurs rameaux jusqu'à terre, et les autres accessoires en insectes et en oiseaux, et même en quadrupèdes, qui contrastent probablement en formes, en couleurs, en allures et en instincts avec ceux du saule : nous aurons, avec deux genres d'arbres, un concert ravissant de végétaux et d'animaux. Si nous éclairons ces bosquets des premiers rayons de l'aurore, nous verrons à-la-fois des ombres fortes et des ombres transparentes se répandre sur le gazon, une verdure sombre et une verdure argentée se découper sur l'azur des cieux, et leurs doux reflets, confondus ensemble, se mouvoir au sein des eaux. Supposons-y, ce que ne peut rendre ni la peinture ni la poésie, l'odeur des herbes et même celle de la marine, le frémissement des feuilles, le bourdonnement des insectes, le chant matinal des oiseaux, le murmure sourd et entremêlé de silence des flots qui se brisent sur le rivage, et les répétitions que les échos font au loin de tous ces bruits qui, se perdant sur la mer, ressemblent aux voix des Néréides : ah ! si l'amour ou la philosophie vous porte dans cette solitude, vous y trouverez un asyle plus doux à habiter que les palais des rois.

Voulez-vous y faire naître des sensations d'un autre ordre, et entendre des passions et des sentiments sortir du sein des rochers ? qu'au milieu de cet écueil s'élève le tombeau d'un homme vertueux et infortuné, et qu'on y lise ces mots : ICI REPOSE J.-J. ROUSSEAU.

Voulez-vous augmenter l'impression de ce tableau, sans toutefois en dénaturer le sujet ? Eloignez le lieu, le temps et le monument. Que cette île soit celle de Lemnos, les arbres de ces bosquets, des lauriers et des oliviers sauvages, et ce tombeau celui de Philoctète. Qu'on y voie la grotte où ce grand homme vécut abandonné des Grecs qu'il avait servis, son pot de bois, les lambeaux dont il se couvrait, l'arc et les flèches d'Hercule qui renversèrent tant de monstres dans ses mains, et dont il se blessa lui-même : vous éprouverez à-la-fois deux grands sentiments, l'un physique, qui s'accroît à mesure qu'on s'approche des ouvrages de la nature, parce que leur beauté ne se développe que par l'examen ; l'autre moral, qui augmente à mesure qu'on s'éloigne des monuments de la vertu, parce que faire du bien aux hommes et n'être plus à leur portée, est une ressemblance avec la Divinité.

Que serait-ce donc si nous jetions un coup-d'œil sur les harmonies générales de ce globe ? En ne nous arrêtant qu'à celles qui nous sont les mieux connues, voyez comme le soleil environne constamment de ses rayons une moitié de la terre, tandis que la nuit couvre l'autre de son ombre. Combien de contrastes et d'accords résultent de leurs oppositions versatiles ! Il n'y a pas un point des deux hémisphères où ne paraisse tour-à-tour une aube, un crépuscule, une aurore, un midi, un occident chargé de feux, et une nuit tantôt constellée, tantôt ténébreuse. Les saisons s'y donnent la main comme les heures du jour. Le printemps, couronné de fleurs, y devance le char du soleil, l'été l'environne de ses moissons, et l'automne le suit avec sa corne chargée de fruits. En vain l'hiver et la nuit, retirés sur les pôles du monde, veulent donner des bornes à sa magnifique carrière ; en vain ils élèvent du sein des mers australes et boréales de nouveaux continents qui ont leurs vallées, leurs montagnes et leurs clartés : le père du jour renverse de ses flèches de feu ces ouvrages fantastiques, et, sans sortir de son trône, il reprend l'empire de l'univers. Rien n'échappe à sa chaleur féconde. Du sein de l'Océan, il élève dans les airs les fleuves qui vont couler dans les deux mondes. Il ordonne aux vents de les distribuer sur les îles et sur les continents. Ces invisibles enfants de l'air les transportent sous mille formes capricieuses. Tantôt ils les étendent dans le ciel comme des voiles d'or et des pavillons de soie; tantôt ils les roulent en forme d'horribles dragons et de lions rugissants, qui vomissent les feux du tonnerre. Ils les versent sur les montagnes d'autant de manières différentes, en rosées, en pluies, en grêles, en neiges, en torrents impétueux. Quelque bizarres que paraissent leurs services, chaque partie de la terre n'en reçoit, tous les ans, que sa portion d'eau accoutumée. Chaque fleuve remplit son urne, et chaque naïade sa coquille. Chemin faisant, ils déploient sur les plaines liquides de la mer la variété de leurs caractères. Les uns rident à peine la surface de ses flots; les autres les sillonnent en ondes d'azur; d'autres les bouleversent en mugissant, et couvrent d'écume les hauts promontoires. Chaque lieu a ses harmonies qui lui sont propres, et chaque lieu les présente tour-à-tour. Parcourez à votre gré un méridien ou un parallèle, vous y trouverez des montagnes à glace et des montagnes à feu; des plaines de toutes sortes de niveaux, des collines de toutes les courbures, des îles de toutes les formes, des fleuves de tous les cours : les uns qui jaillissent et semblent sortir du centre de la terre ; d'autres qui se précipitent en cataractes, et paraissent tomber des nues. Cependant ce globe, agité de tant de mouvements, et chargé de poids en apparence si irréguliers, s'avance d'une course ferme et inaltérable à travers l'immensité des cieux.

Des beautés d'un autre ordre décorent son architecture, et le rendent habitable aux êtres sensibles. Une ceinture de palmiers, auxquels sont suspendus la datte et le coco, l'entoure entre les brûlants tropiques, et des forêts de sapins moussus le couronnent sous les cercles polaires. D'autres végétaux s'étendent, comme des rayons, du midi au nord, et viennent expirer à différents degrés. Le bananier s'avance depuis la ligne jusqu'aux bords de la Méditerranée. L'oranger passe la mer, et borde de ses fruits dorés les rivages méridionaux de l'Europe. Les plus nécessaires, comme le blé et les graminées, pénètrent le plus loin, et, forts de leur faiblesse, s'étendent, à l'abri des vallées, depuis les bords du Gange jusqu'à ceux de la Mer-Glaciale. D'autres, plus robustes, partent des rudes climats du Nord, s'avancent sur les croupes du Taurus, et arrivent, à la faveur des neiges, jusque dans le sein de la zone torride. Les sapins et les cèdres couronnent les montagnes de l'Arabie et du royaume de Cachemire, et voient à leurs pieds les plaines brûlantes d'Aden et de Lahor, où se recueillent la datte et la canne à sucre. D'autres arbres, ennemis à-la-fois du chaud et du froid, ont leurs centres dans les zones tempérées. La vigne languit en Allemagne et au Sénégal. Le pommier, l'arbre de ma patrie, n'a jamais vu le soleil à plomb sur sa tête, ou décrivant autour de lui le cercle entier de l'horizon, mûrir ses beaux fruits. Mais chaque sol a sa Flore et sa Pomone. Les rochers, les marais, les vases, les sables, ont des végétaux qui leur sont propre ; les écueils même de la mer sont fertiles. Le cocotier ne se plaît que sur les sables marins, où il laisse pendre ses fruits pleins de lait au-dessus des flots salés. D'autres plantes sont ordonnées aux vents, aux saisons et aux heures du jour avec tant de précision, que Linnæus en avait formé des almanachs et des horloges botaniques. Qui pourrait décrire la variété infinie de leurs figures ? Que de berceaux, de voûtes, d'avenues, de pyramides de verdure chargées de fruits, offrent de ravissantes habitations ! Que d'heureuses républiques vivent sous leurs tranquilles ombrages ! Que de banquets délicieux y sont préparés ! Rien n'en est perdu. Les quadrupèdes en mangent les tendres feuillages, les oiseaux les semences, d'autres animaux les racines et les écorces. Les insectes en ont la desserte : leurs légions infinies sont armées de toutes sortes d'instruments pour la recueillir. Les abeilles ont sur leurs cuisses des cuillers garnies de poils pour ramasser les poussières de leurs fleurs ; les mouches, des pompes pour en sucer la sève ; les vers, des tarières, des vilebrequins et des râpes pour en dépecer les parties solides ; et les fourmis, des pinces pour en emporter les miettes. A la diversité de formes, de mœurs, de gouvernements, et aux guerres perpétuelles de tous ces animaux, vous diriez d'une multitude de nations étrangères et ennemies, qui vont bientôt s'entre-détruire. A la constance de leurs amours, à la perpétuité de leurs espèces, à leur admirable harmonie avec toutes les parties du règne végétal, vous diriez d'un seul peuple qui a sa noblesse domaniale, ses charpentiers, ses pompiers et ses artisans.

D'autres tribus dédaignent les végétaux, et sont ordonnées aux éléments, aux jours, à la nuit, aux tempêtes, et aux diverses parties du globe. L'aigle confie son nid au rocher qui se perd dans la nue ; l'autruche, aux sables arides des déserts ; le flamant couleur de rose, aux vases de l'Océan méridional. L'oiseau blanc du tropique et la noire frégate se plaisent à parcourir ensemble la vaste étendue des mers, à voir du haut des airs voguer les flottes des Indes sous leurs ailes, et à circonscrire ce globe d'orient en occident, en disputant de rapidité avec le cours du soleil. Sous les mêmes latitudes, des tourterelles et des perroquets, moins hardis ne voyagent que d'îles en îles, promenant à leur suite leurs petits, et ramassant dans les forêts les graines d'épiceries qu'ils font crouler de branches en branches. Pendant que ces oiseaux conservent une température égale sous les mêmes parallèles, d'autres la trouvent en suivant le même méridien. De longs triangles d'oies sauvages et de cygnes vont et viennent chaque année du midi au nord, ne s'arrêtent qu'aux limites brumeuses de l'hiver, passent sans s'étonner au-dessus des cités populeuses de l'Europe, et dédaignent leurs campagnes fécondes, sillonnées de blés verts au milieu des neiges, tant la liberté paraît préférable à l'abondance, même aux animaux! D'un autre côté, des légions de lourdes cailles traversent la mer, et vont au midi chercher les chaleurs de l'été. Vers la fin de septembre elles profitent d'un vent de nord pour quitter l'Europe, et en battant une aile et présentant l'autre au vent, moitié voile, moitié rame, elles rasent les flots de la Méditerranée de leurs croupions chargés de graisse, et se réfugient dans les sables de l'Afrique pour y servir de nourriture aux faméliques habitants du Zara. Il y a des animaux qui ne voyagent que la nuit. Des millions de crabes descendent, aux Antilles, des montagnes, à la clarté de la lune, en faisant sonner leurs tenailles, et offrent aux Caraïbes, sur les grèves stériles de leurs îles, leurs écailles remplies de moelles exquises. Dans d'autres saisons, au contraire, les tortues quittent la mer pour aborder aux mêmes rivages, et entassent des sachées d'œufs dans leurs sables chauds. Les glaces même des pôles sont habitées. On voit dans leurs mers et sous leurs promontoires flottants de cristal, de noires baleines chargées de plus d'huile que n'en peut donner un champ d'oliviers. Des renards, revêtus de précieuses fourrures, trouvent à vivre sur leurs rivages abandonnés du soleil; des troupeaux de rennes y grattent la neige pour chercher les mousses, et s'avancent en bramant dans ces régions désolées de la nuit, à la lueur des aurores boréales. Par une providence admirable, les lieux les plus arides présentent à l'homme, dans la plus grande abondance, des vivres, des habits, des lampes et des foyers qu'ils n'ont pas produits.

Qu'il serait doux de voir le genre humain recueillir tant de biens, et se les communiquer en paix d'un climat à l'autre! Nous attendons chaque hiver que l'hirondelle et le rossignol nous annoncent le retour des beaux jours. Il serait bien plus touchant de voir des peuples éloignés arriver avec le printemps sur nos rivages, non pas au bruit de l'artillerie, comme les modernes Européens, mais au son des flûtes et des hautbois, comme les anciens navigateurs, aux premiers temps du monde.

Nous verrions les noirs Indiens de l'Asie méridionale remonter, comme autrefois, leurs grands fleuves, dans des canots de cuir; pénétrer, par les eaux du Petzora, jusqu'aux extrémités du nord, et étaler, sur les bords de la Mer-Glaciale, les richesses du Gange. Nous verrions les Indiens cuivrés de l'Amérique parcourir en pirogues la longue chaîne des Antilles, et, d'îles en îles, de rivages en rivages, apporter, peut-être jusque dans notre continent, leur or et leurs émeraudes. De longues caravanes d'Arabes, montés sur des chameaux et sur des bœufs, viendraient, en suivant le cours du soleil, de prairies en prairies, nous rappeler la vie innocente et heureuse des anciens patriarches. L'hiver même ne serait point un obstacle à la communication des peuples. Des Lapons, couverts de chaudes fourrures, arriveraient à la faveur des neiges, dans leurs traîneaux tirés par des rennes, et étaleraient dans nos marchés les zibelines de la Sibérie. Si les hommes vivaient en paix, toutes les mers seraient naviguées, toutes les terres seraient parcourues, toutes les productions en seraient ramassées. Qu'il serait curieux d'entendre les aventures de ces voyageurs étrangers, attirés chez nous par la douceur de nos mœurs! Ils ne tarderaient pas à donner à notre hospitalité les secrets de leurs plantes, de leur industrie et de leurs traditions, qu'ils cacheront toujours à notre commerce ambitieux. C'est parmi les membres de la vaste famille du genre humain que sont épars les fragments de son histoire. Qu'il serait intéressant d'entendre celle de notre antique séparation, les motifs qui déterminèrent chaque peuple à se partager sur un globe inconnu, et à traverser au hasard des montagnes qui n'avaient pas de chemins, et des fleuves qui ne portaient pas encore de noms! Quels tableaux nous offriraient les descriptions de ces pays, décorés d'une pompe magnifique, puisqu'ils sortaient des mains de la nature, mais sauvage et inutile aux besoins de l'homme sans expérience! Ils nous diraient quel fut l'étonnement de leurs aïeux à la vue des nouvelles plantes que leur présentait chaque nouveau climat; les essais qu'ils en firent pour subsister; comment ils furent aidés sans doute, dans leurs besoins et dans leur industrie, par quelque intelligence céleste touchée de leurs malheurs; comment ils s'établirent, quelle fut l'origine de leurs lois, de leurs coutumes et de leurs religions. Que d'actes de vertu, que d'amours généreux ont ennobli des déserts, et sont inconnus à notre orgueil! Nous nous flattons, d'après quelques anecdotes recueillies au hasard par les voyageurs, d'avoir mis en évidence l'histoire des nations étrangères. Mais c'est comme s'ils composaient la nôtre d'après les contes d'un matelot, ou les récits artificieux d'un courtisan, au milieu des méfiances de la guerre ou des corruptions du commerce. Les lumières et les sentiments d'un peuple ne sont point renfermés dans des livres. Ils reposent dans la tête et dans le cœur de ses sages : si toutefois la vérité peut avoir sur la terre quelque asyle assuré. Nous les avons assez jugés : il serait plus intéressant pour nous d'en être jugés à notre tour ; et d'éprouver leur surprise à la vue de nos coutumes, de nos sciences et de nos arts. S'il est doux d'acquérir des lumières, il est bien plus doux de les répandre. Le plus noble prix de la science, est le plaisir de l'ignorant éclairé. Quelle joie pour nous de jouir de leur joie, de voir leurs danses dans nos places publiques, et d'entendre retentir les tambours des Tartares et les cornets d'ivoire des nègres autour des statues de nos rois ! Ah ! si nous étions bons, je me les figure frappés de l'excessive et malheureuse population de nos villes, nous inviter à nous répandre dans leurs solitudes, à contracter avec eux des mariages, et à rapprocher par de nouvelles alliances les branches du genre humain, qui s'écartent de plus en plus, et que les passions nationales divisent encore plus que les siècles et que les climats.

Hélas ! les biens nous ont été donnés en commun, et nous n'avons partagé que les maux. Partout l'homme manque de terre, et le globe est couvert de déserts. L'homme seul est exposé à la famine, et jusqu'aux insectes regorgent de biens. Presque par-tout il est esclave de son semblable, et les animaux les plus faibles se sont maintenus libres contre les plus forts. La nature, qui l'avait fait pour aimer, lui avait refusé des armes; et il s'en est forgé pour combattre ses semblables. Elle présente à tous ses enfants des asyles et des festins; et les avenues de nos villes ne s'annoncent au loin que par des roues et par des gibets. L'histoire de la nature n'offre que des bienfaits, et celle de l'homme que brigandage et fureur. Ses héros sont ceux qui se sont rendus les plus redoutables. Par-tout il méprise la main qui file ses habits et qui laboure pour lui le sein de la terre. Par-tout il estime qui le trompe, et révère qui l'opprime. Toujours mécontent du présent, il est le seul être qui regrette le passé et qui redoute l'avenir. La nature n'avait donné qu'à lui d'entrevoir qu'il existât un Dieu, et des milliers de religions inhumaines sont nées d'un sentiment si simple et si consolant. Quelle est donc la puissance qui a mis obstacle à celle de la nature? Quelle illusion a égaré cette raison merveilleuse d'où sont sortis tant d'arts, excepté celui d'être heureux? O législateurs! ne vantez plus vos lois. Ou l'homme est né pour être misérable; ou la terre, arrosée par-tout de son sang et de ses larmes, vous accuse tous d'avoir méconnu celles de la nature.

Qui ne s'ordonne pas à sa patrie, sa patrie au genre humain, et le genre humain à Dieu, n'a pas plus connu les lois de la politique que celui qui, se

faisant une physique pour lui seul, et séparant
ses relations personnelles d'avec les éléments, la
terre et le soleil, n'aurait connu les lois de la nature. C'est à la recherche de ces harmonies divines
que j'ai consacré ma vie et cet ouvrage. Si, comme
tant d'autres, je me suis égaré, au moins mes erreurs ne seront point fatales à ma religion. Elle
seule m'a paru le lien naturel du genre humain,
l'espoir de nos passions sublimes, et le complé-
ment de nos destins misérables. Heureux si j'ai
pu quelquefois étayer de mon faible support son
édifice merveilleux, ébranlé aujourd'hui de toutes
parts! Mais ses fondements ne portent point sur
la terre, et c'est au ciel que sont attachées ses
colonnes augustes. Quelque hardies que soient
mes spéculations, il n'y a rien pour les méchants.
Mais peut-être plus d'un épicurien y reconnaîtra
que la volupté suprême est dans la vertu. Peut-
être de bons citoyens y trouveront de nouveaux
moyens d'être utiles. Au moins je serai récom-
pensé de mes travaux, si un seul infortuné,
troublé par le spectacle du monde, se rassure en
voyant dans la nature un père, un ami et un ré-
munérateur.

Tel est le vaste plan que je me proposais de
remplir. J'avais ramassé pour cet objet plus de
matériaux que je n'en avais besoin; mais plusieurs
obstacles m'ont empêché de les rassembler en entier. Je m'en occuperai peut-être dans des temps

plus heureux. En attendant, j'en ai extrait ce qui était suffisant pour donner une idée des harmonies de la nature. Quoique mes travaux se trouvent réduits ici à de simples études, j'y ai conservé cependant assez d'ordre pour y laisser entrevoir mon plan général. C'est ainsi qu'un péristyle, des arcades à demi ruinées, des avenues de colonnes, de simples pans de murs, présentent encore aux voyageurs, dans une île de la Grèce, l'image d'un temple antique, malgré les injures du temps et des barbares qui l'ont renversé.

D'abord, je ne change presque rien à la première partie de mon ouvrage, si ce n'est la distribution. J'y expose, en premier lieu, les bienfaits de la nature envers notre siècle, et les objections qu'on y a élevées contre la providence de son Auteur. Je réponds ensuite successivement à celles qui sont tirées des désordres des éléments, des végétaux, des animaux, des hommes, et à celles qui sont dirigées contre la nature même de Dieu. J'ose dire que j'ai traité ces sujets sans aucune considération personnelle, ni étrangère. Après avoir répondu à ces objections, j'en propose à mon tour quelques-unes contre les éléments de nos sciences, que nous croyons infaillibles, et je combats ce principe prétendu de nos lumières, que nous appelons RAISON.

Après avoir nettoyé le champ de nos opinions dans mes premières études, je tâche d'élever dans les suivantes l'édifice de nos connaissances. J'examine quelle est la portion de notre intelligence où se fixe la lumière naturelle ; ce que nous entendons par beauté, ordre, vertu, et par leurs contraires. J'en déduis l'évidence de plusieurs lois physiques et morales dont le sentiment est universel chez tous les peuples. Je fais ensuite l'application des lois physiques, non pas à l'ordre de la terre, mais à celui des plantes.

J'ai balancé beaucoup entre ces deux ordres, je l'avoue. Le premier aurait présenté des relations, j'ose dire tout-à-fait neuves, utiles à la navigation, au commerce, et à la géographie ; mais le second m'en a offert d'aussi nouvelles, d'aussi agréables, de plus aisées à vérifier au commun des lecteurs, de très-importantes à l'agriculture, et par conséquent à un plus grand nombre d'hommes. D'ailleurs, quelques-unes des relations harmoniques de ce globe se trouvent présentées dans mes réponses aux objections contre la Providence, et dans les relations élémentaires des plantes, d'une manière assez développée pour démontrer l'existence de ce nouvel ordre. L'ordre végétal m'a donné de plus l'occasion de parler des relations du globe qui s'étendent directement aux animaux et aux hommes, et de toucher même quelque chose des premiers voyages du genre humain vers les principales parties du monde.

J'applique, dans l'étude suivante, les lois de la nature à l'homme. J'établis des preuves de l'immortalité de l'ame et de la Divinité, non pas d'après notre raison qui nous égare si souvent, mais d'après notre sentiment intime qui ne nous trompe jamais. Je rapporte à ces lois physiques et morales l'origine de nos principales passions, l'amour et l'ambition, et les causes même qui en troublent les jouissances, et qui rendent nos joies si volages et nos mélancolies si profondes. J'ose croire que ces preuves intéresseront par leur nouveauté et leur simplicité.

Je pars ensuite de ces notions, pour proposer les remèdes et les palliatifs convenables aux maux de la société, dont j'ai exposé le tableau dans le premier volume. Je n'ai pas voulu imiter la plupart de nos moralistes, qui se contentent de sévir contre nos vices, ou de les tourner en ridicule, sans nous en assigner ni les causes principales, ni les remèdes; et bien moins encore nos politiques modernes, qui les fomentent pour en tirer parti. J'ose espérer que dans cette dernière étude, qui m'a été très-agréable, il se trouvera plus d'une vue utile à ma patrie.

Les riches et les puissants croient qu'on est misérable et hors du monde quand on ne vit pas comme eux; mais ce sont eux qui, vivant loin de la nature, vivent hors du monde. Ils vous trouveraient, ô éternelle beauté! toujours ancienne et toujours nouvelle, * ô vie pure et bienheureuse de tous ceux qui vivent véritablement, s'ils vous cherchaient seulement au-dedans d'eux-mêmes ! Si vous étiez un amas stérile d'or, ou un roi victorieux qui ne vivra pas demain, ou quelque femme attrayante et trompeuse, ils vous apercevraient, et vous attribueraient la puissance de leur donner quelque plaisir. Votre nature vaine occuperait leur vanité. Vous seriez un objet proportionné à leurs pensées craintives et rampantes. Mais, parce que vous êtes trop au-dedans d'eux, où ils ne rentrent jamais, et trop magnifique au-dehors, où vous vous répandez dans l'infini, vous leur êtes un Dieu caché. ** Ils vous ont perdue en se perdant. L'ordre et la beauté même que vous avez répandus sur toutes vos créatures, comme des degrés pour élever l'homme à vous, sont devenus des voiles qui vous dérobent à leurs yeux malades. Ils n'en ont plus que pour voir des ombres. La lumière les éblouit. Ce qui n'est rien est tout pour eux ; ce qui est tout ne leur semble rien. Cependant, qui ne vous voit pas, n'a rien vu ; qui ne vous goûte point, n'a jamais rien senti : il est comme s'il n'était pas, et sa vie entière n'est qu'un songe malheureux. Moi-même, ô mon Dieu ! égaré par une édu-

---

* Saint Augustin, Cité de Dieu.
** Fénélon, Existence de Dieu.

cation trompeuse, j'ai cherché un vain bonheur dans les systèmes des sciences, dans les armes, dans la faveur des grands, quelquefois dans de frivoles et dangereux plaisirs. Dans toutes ces agitations, je courais après le malheur, tandis que le bonheur était auprès de moi. Quand j'étais loin de ma patrie, je soupirais après des biens que je n'y avais pas; et cependant vous me faisiez connaître les biens sans nombre que vous avez répandus sur toute la terre, qui est la patrie du genre humain. Je m'inquiétais de ne tenir ni à aucun grand, ni à aucun corps; et j'ai été protégé par vous, dans mille dangers où ils ne peuvent rien. Je m'attristais de vivre seul et sans considération; et vous m'avez appris que la solitude valait mieux que le séjour des cours, et que la liberté était préférable à la grandeur. Je m'affligeais de n'avoir pas trouvé d'épouse qui eût été la compagne de ma vie et l'objet de mon amour; et votre sagesse m'invitait à marcher vers elle, et me montrait dans chacun de ses ouvrages une Vénus immortelle. Je n'ai cessé d'être heureux que quand j'ai cessé de me fier à vous. O mon Dieu! donnez à ces travaux d'un homme, je ne dis pas la durée ou l'esprit de vie, mais la fraîcheur du moindre de vos ouvrages! Que leurs graces divines passent dans mes écrits et ramènent mon siècle à vous, comme elles m'y ont ramené moi-même! Contre vous toute puissance est faiblesse ; avec vous toute faiblesse devient puissance. Quand les rudes aquilons ont ravagé la terre, vous appelez le plus faible des vents ; à votre voix le zéphyr souffle, la verdure renaît, les douces primevères et les humbles violettes colorent d'or et de pourpre le sein des noirs rochers.

ÉTUDE DEUXIÈME.

BIENFAISANCE DE LA NATURE.

La plupart des hommes policés regardent la nature avec indifférence ; ils sont au milieu de ses ouvrages, et ils n'admirent que la grandeur humaine. Qu'a donc de si intéressant l'histoire des hommes ? Elle ne vante que de vains objets de gloire, des opinions incertaines, des victoires sanglantes, ou tout au plus des travaux inutiles. Si quelquefois elle parle de la nature, c'est pour en observer les fléaux, et pour mettre sur son compte des malheurs qui viennent presque toujours de notre imprudence. Quels soins, au contraire, cette mère commune ne prend-elle pas de notre bonheur ! Elle n'a répandu ses biens, d'un pôle à l'autre, qu'afin de nous engager à nous réunir pour nous les communiquer. Elle nous rappelle sans cesse, malgré les préjugés qui nous divisent, aux lois universelles de la justice et de l'humanité, en mettant bien souvent nos maux dans les mains des conquérants si vantés, et nos plaisirs dans celles des opprimés, à qui nous n'accordons pas même de la pitié. Quand les princes de l'Europe furent, l'Évangile à la main, ravager l'Asie, ils nous en rapportèrent la peste, la lèpre et la petite-vérole ; mais la nature montra à un derviche l'arbre du café dans les montagnes de l'Yemen, et elle fit naître à-la-fois nos fléaux de nos croisades, et nos délices de la tasse d'un moine mahométan. Les descendants de ces princes se sont emparés de l'Amérique, et ils nous ont transmis, par cette conquête, une succession inépuisable de guerres et de maladies vénériennes. Pendant qu'ils en exterminaient les habitants à coups de canon, un Caraïbe fait fumer, en signe de paix, des matelots dans son calumet ; le parfum du tabac dissipe leurs ennuis ; ils en répandent l'usage par toute la terre ; et tandis que les malheurs des deux mondes viennent de l'artillerie, que les rois appellent LEUR DERNIÈRE RAISON, les consolations des peuples policés sortent de la pipe d'un sauvage.

A qui devons-nous l'usage du sucre, du chocolat, de tant de subsistances agréables et de tant de remèdes salutaires ? A des Indiens tout nus, à de pauvres paysans, à de misérables nègres. La bêche des esclaves a fait plus de bien, que l'épée des conquérants n'a fait de mal. Cependant, dans quelles places publiques sont les statues de nos obscurs bienfaiteurs ? Nos histoires mêmes n'ont pas daigné conserver leurs noms. Mais, sans chercher au loin des preuves des obligations que nous avons à la nature, n'est-ce pas à l'étude de ses lois que Paris doit ses lumières multipliées, qui s'y rassemblent de toutes les parties de la terre, s'y combinent de mille manières, et se réfléchissent sur l'Europe en sciences ingénieuses et en jouissances de toute espèce? Où est le temps où nos aïeux sautaient de joie, quand ils avaient trouvé quelque prunier sauvage sur les rives de la Loire, ou attrapé quelque chevreuil à la course dans les vastes prairies de la Normandie? Nos terres, aujourd'hui si couvertes de moissons, de vergers et de troupeaux, ne leur fournissaient pas alors de quoi vivre; ils erraient çà et là, vivant de chasses incertaines, et n'osant se fier à la nature. Ses moindres phénomènes leur faisaient peur; ils tremblaient à la vue d'une éclipse, d'un feu follet, d'une branche de gui de chêne. Ce n'est pas qu'ils crussent les choses de ce monde livrées au hasard; ils reconnaissaient par-tout des dieux intelligents; mais, n'osant les croire bons, sous des prêtres cruels, ces infortunés pensaient qu'ils ne se plaisaient que dans les larmes, et ils leur immolaient des hommes sur tel terrain, peut-être, qui sert aujourd'hui d'hospice aux malheureux.

Je suppose qu'un philosophe comme Newton leur eût donné alors le spectacle de quelques-unes de nos sciences naturelles, et qu'il leur eût fait voir, avec le microscope, des forêts dans des mousses, des montagnes dans des grains de sable, des milliers d'animaux dans des gouttes d'eau, et toutes les merveilles de la nature, qui, en descendant vers le néant, multiplie les ressources de son intelligence, sans que l'œil humain puisse en apercevoir le terme ; qu'ensuite, leur découvrant dans les cieux une progression de grandeur également infinie, il leur eût montré, dans des planètes qu'on aperçoit à peine, des mondes plus grands que le nôtre, Saturne à trois cents millions de lieues de distance ; dans les étoiles, infiniment plus éloignées, des soleils qui probablement éclairent d'autres mondes ; dans la blancheur de la voie lactée, des étoiles, c'est-à-dire, des soleils innombrables, semés dans le ciel comme les grains de poussière sur la terre, sans que l'homme sache si ce sont là seulement les préliminaires de la création : avec quel ravissement eussent-ils vu un spectacle que nous regardons aujourd'hui avec indifférence !

Mais je suppose plutôt que, sans la magie de nos sciences, un homme comme Fénélon se fût présenté à eux avec sa vertu, et qu'il eût dit aux Druides : « Vous vous effrayez vous-mêmes de
» l'effroi que vous donnez aux peuples. Dieu est
» juste ; il envoie aux méchants des opinions ter-
» ribles qui réagissent sur ceux qui les répandent ;
» mais il parle à tous les hommes par ses bien-
» faits. Votre religion est de les gouverner par la
» crainte ; la mienne est de les conduire par l'a-

» mour, et d'imiter son soleil, qu'il fait luire sur
» les bons comme sur les méchants. » Qu'ensuite
il leur eût distribué les simples présents de la nature qui leur étaient alors inconnus, des gerbes
de blé, des ceps de vigne, des brebis couvertes
de laine : oh ! quelle eût été la reconnaissance de
nos aïeux ! Ils se fussent peut-être enfuis de peur
devant l'inventeur du télescope, en le prenant
pour un esprit ; mais certainement ils eussent
adoré l'auteur du Télémaque.

Cependant ce n'est là que la moindre partie
des biens dont leurs riches descendants sont redevables à la nature. Je ne parle pas de ce nombre infini d'arts qui travaillent, dans la patrie, à
leur procurer des lumières et des plaisirs; ni de
cet art terrible de l'artillerie, qui leur en assure
la jouissance, sans que son bruit trouble leur repos
dans Paris, que pour leur annoncer des victoires;
ni de cet art nouveau, et encore plus merveilleux
de l'électricité, qui écarte [8] le tonnerre de leurs
hôtels; ni du privilége qu'ils ont, dans ce siècle
vénal, de présider, dans tous les états, au bonheur
des hommes, lorsqu'ils croient n'avoir plus rien
à craindre des puissances de la terre et du ciel.

Mais l'univers entier ne s'occupe que de leurs
plaisirs. L'Angleterre, l'Espagne, l'Italie, l'Archipel, la Hongrie, toute l'Europe méridionale;
ajoutent chaque année des laines à leurs laines,
des vins à leurs vins, des soies à leurs soies. L'Asie

leur donne des diamants, des épiceries, des mousselines, des toiles, et jusqu'à des porcelaines; l'Amérique, l'or et l'argent de ses montagnes, les émeraudes de ses fleuves, les teintures de ses forêts, la cochenille, la canne à sucre et le cacao de ses brûlantes campagnes, que leurs mains n'ont point labourées; l'Afrique, son ivoire, son or, et ses propres enfants qui leur servent de bêtes de somme par toute la terre. Il n'y a aucune portion du globe qui ne leur produise quelque jouissance. Les gouffres de la mer leur fournissent des perles; ses écueils, de l'ambre gris; et ses glaces, des fourrures. Ils ont rendu, dans leur patrie, des montagnes et des fleuves roturiers, afin de se réserver des pêches et des chasses nobles; mais il n'était pas besoin d'en faire les frais. Les sables de l'Afrique, où ils n'ont point de gardes-chasse, leur envoient des nuées de cailles et d'oiseaux de passage qui traversent la mer, au printemps, pour couvrir leurs tables en automne. Le pôle du Nord, où ils n'ont pas de gardes-côtes, verse, chaque été, sur leurs rivages, des légions de maquereaux, de morues fraîches et de turbots engraissés dans ses longues nuits. Non-seulement les poissons et les oiseaux, mais les arbres même changent pour eux de climats. Leurs vergers leur sont venus autrefois de l'Asie; leurs parcs viennent aujourd'hui de l'Amérique. Au lieu du châtaignier et du noyer, qui entouraient les métairies de leurs vassaux, dans les rustiques domaines de leurs ancêtres, l'ébénier, le sorbier du Canada, le pin de la Virginie, le magnolia, le laurier qui porte des tulipes, environnent leurs châteaux des ombrages du Nouveau-Monde, et bientôt de ses solitudes. Ils ont fait venir de l'Arabie des jasmins, de la Chine des orangers, du Brésil des ananas, et une foule de plantes parfumées de toutes les parties de la Zone torride. Ils n'ont plus besoin de ses soleils; ils disposent des latitudes. Ils peuvent donner, dans leurs serres, les chaleurs de la Syrie à des plantes étrangères, dans la saison même où leurs paysans éprouvent le froid des Alpes dans leurs cabanes. Rien ne leur échappe des productions de la nature : ce qu'ils ne peuvent avoir vivant, ils l'ont mort. Les insectes, les oiseaux, les coquilles, les minéraux, et les terres même des pays les plus éloignés, remplissent leurs cabinets. La gravure et la peinture leur en présentent les paysages, et les font jouir des glaciers de la Suisse dans les chaleurs de la canicule, et du printemps des Canaries au milieu de l'hiver. Des marins intrépides leur apportent, des lieux où les arts n'ont osé pénétrer, des relations de voyages encore plus intéressantes que des tableaux ; et redoublent le silence, la paix et la sécurité de leurs nuits, tantôt par le récit des horribles tempêtes du cap Horn, tantôt par celui des danses des heureux insulaires de la mer du Sud.

Non-seulement tout ce qui existe actuellement, mais les siècles passés, concourent à leur félicité. Ce n'est plus pour les temples de Vénus que Corinthe inventa ces belles colonnes qui s'élèvent comme des palmiers; c'est pour soutenir les alcoves de leurs lits. Un art voluptueux y voile la lumière du jour à travers des taffetas de toutes couleurs; et imitant, par de doux reflets, ou des clairs de lune, ou des levers du soleil, il y fait paraître les objets de leurs amours semblables à des Diane ou à des Aurore. L'art des Phidias y fait contraster avec leurs beautés les bustes vénérables des Socrate et des Platon. Des savants obscurs, par un travail que rien ne peut payer, leur ont fait connaître les génies sublimes qui ont illustré la terre, dans les temps même voisins de l'origine du monde, Orphée, Zoroastre, Ésope, Lokman, David, Salomon, Confucius, et une multitude d'autres inconnus à l'antiquité même. Ce n'est plus pour les Grecs, c'est pour eux qu'Homère chante encore les dieux et les héros, et que Virgile fait entendre les sons de la flûte latine qui ravirent la cour d'Auguste, et qui y rappelèrent l'amour de la patrie et de la nature. C'est pour eux qu'Horace, Pope, Addisson, La Fontaine, Gessner, ont aplani les rudes sentiers de la sagesse, et les ont rendus plus accessibles que les sentiers riants et trompeurs de la folie. Une foule de poëtes et d'historiens de toutes les nations, Sophocle, Euripide, Corneille, Racine, Shakespeare, le Tasse, Xénophon, Tacite, Plutarque, Suétone, en les introduisant jusque dans les cabinets de ces princes terribles qui brisèrent d'un sceptre de fer la tête des nations qu'ils étaient chargés de rendre heureuses, leur font bénir leurs tranquilles destinées, et en espérer encore de meilleures sous le règne d'un autre Antonin. Ces vastes génies de tous les temps et de tous les lieux, célébrant, sans s'être concertés, l'éclat immortel de la vertu, et la providence du ciel dans la punition du vice, ajoutent l'autorité de leur raison sublime à l'instinct universel du genre humain, et multiplient mille et mille fois, en leur faveur, les espérances d'une autre vie plus durable et plus fortunée.

Ne semble-t-il pas que des concerts de louanges devraient s'élever, jour et nuit, des voûtes de nos hôtels, vers l'Auteur de la nature? Jamais les anciens rois de l'Asie ne rassemblèrent autant de jouissances dans Suze ou dans Ecbatane, que nos simples bourgeois dans Paris. Cependant, chaque jour, ces monarques bénissaient les dieux; ils n'entreprenaient rien sans les consulter; ils ne se mettaient pas même à table sans leur offrir des libations. Plût à Dieu que nos Épicuriens n'eussent que de l'indifférence pour la main qui les comble de biens! Mais c'est du sein de leurs voluptés que sortent aujourd'hui les murmures contre la Providence ; c'est de leurs bibliothèques, si remplies de lumières, que s'élèvent les nuages qui ont obscurci les espérances et les vertus de l'Europe.

ÉTUDE TROISIÈME.

OBJECTIONS CONTRE LA PROVIDENCE.

« Il n'y a point de Dieu, disent ces prétendus
» sages. Par l'ouvrage, jugez de l'ouvrier.* Con-
» sidérez d'abord notre globe sans proportion et
» sans symétrie. Ici, il est noyé de vastes mers;
» là, il manque d'eau, et ne présente que des
» sables arides. Une force centrifuge, qu'il doit
» à son mouvement de rotation, a hérissé son
» équateur de hautes montagnes, tandis qu'elle
» aplatissait ses pôles; car ce globe a été dans
» un état de mollesse, soit qu'il soit une vase
» sortie du sein des eaux, ou, ce qui est plus
» vraisemblable, une écume détachée du soleil.
» Les volcans, semés par toute la terre, démon-
» trent que le feu qui l'a formée est encore sous
» nos pieds. Sur cette scorie, mal nivelée, les
» rivières coulent au hasard. Les unes inondent
» les campagnes, les autres s'engloutissent ou se
» précipitent en cataractes, sans qu'aucune d'elles
» ait un cours réglé. Les îles sont des restes de

* Voyez les réponses à ces objections, dans l'Étude IV.

» continents détruits par les mers, et notre con-
» tinent n'est lui-même qu'une boue desséchée.
» Ici, l'Océan sans frein ronge ses rivages; là, il
» les abandonne, et nous présente de nouvelles
» montagnes qu'il a formées dans son sein. Pen-
» dant ce conflit d'éléments, cette masse embra-
» sée se refroidit chaque jour; les glaces des
» pôles et des hautes montagnes s'avancent dans
» les plaines, et étendent insensiblement l'uni-
» formité d'un hiver éternel sur ce globe de con-
» fusion, ravagé par les vents, les feux et les eaux."
» Le désordre augmente dans les végétaux.*
» Ils sont une production fortuite de l'humide et
» du sec, du chaud et du froid, une moisissure
» de la terre. La chaleur du soleil les fait naître,
» le froid des pôles les fait mourir. Leur sève
» obéit aux mêmes lois mécaniques que les li-
» queurs dans le thermomètre, et dans les tuyaux
» capillaires. Dilatée par la chaleur, elle monte
» par le bois, redescend par l'écorce, et suit dans
» sa direction la colonne verticale de l'air qui la
» dirige. De-là vient que tous les végétaux s'élè-
» vent perpendiculairement, et que le plan incliné
» d'une montagne n'en contient pas un plus grand
» nombre que le plan horizontal de sa base,
» comme le démontre la géométrie. D'ailleurs la
» terre est un jardin mal ordonné, qui n'offre

---

* Dans l'Étude V.

» presque par-tout que des plantes inutiles, ou
» des poisons mortels.

» Quant aux animaux que nous connaissons
» mieux, parce qu'ils sont rapprochés de nous
» par les mêmes affections et par les mêmes be-
» soins, ils nous présentent encore de plus grandes
» dissonances.* Ils sont sortis d'abord de la force
» expansive de la terre dans les premiers temps ;
» ils se formèrent des vases fermentées de l'Océan
» et du Nil, comme quelques historiens en font
» foi, entre autres Hérodote, qui l'avait appris
» des prêtres de l'Égypte. La plupart sont sans
» proportions. Les uns ont des têtes et des becs
» énormes, comme le toucan; d'autres, de longs
» cous et de longues jambes, comme les grues.
» Ceux-ci n'ont pas de pieds; ceux-là en ont des
» centaines; d'autres les ont défigurés par des
» excroissances superflues, telles que les ergots
» appendices du porc, qui, suspendus à la dis-
» tance de plusieurs pouces de son pied, ne peu-
» vent servir à sa marche. Il y a des animaux qui
» peuvent à peine se mouvoir, et qui sont nés
» paralytiques ; comme le slugard ou paresseux,
» qui ne peut faire cinquante pas dans un jour,
» et qui jette en marchant des cris lamentables.
» Nos cabinets d'histoire naturelle sont pleins de
» monstres, de corps à deux têtes, de têtes à trois

* Dans l'Étude VI.

» yeux, de brebis à six pattes, etc., qui attestent
» que la nature agit au hasard, et qu'elle ne se
» propose aucune fin, si ce n'est celle de combi-
» ner toutes les formes possibles : encore ce plan
» marquerait une attention que sa monotonie dé-
» savoue. Nos peintres imagineront toujours beau-
» coup plus d'êtres qu'elle n'en peut créer. Au
» reste la rage et la fureur désolent tout ce qui
» respire, et l'épervier dévore, à la face du ciel,
» l'innocente colombe.

» Mais la discorde qui divise les animaux n'ap-
» proche pas de celle qui agite les hommes.[*]
» D'abord plusieurs espèces d'hommes différen-
» tes, répandues sur la terre, prouvent qu'ils ne
» sortent pas de la même origine. Il y en a de
» noirs, de blancs, de rouges, de cuivrés et de
» cendrés. Il y en a qui ont de la laine au lieu de
» cheveux ; d'autres qui n'ont point de barbe. Il
» y a des nains et des géants. Telles sont en par-
» tie les variétés du genre humain, par-tout éga-
» lement odieux à la nature. Nulle part elle ne
» le nourrit de son plein gré. Il est le seul être
» sensible qui soit forcé, pour vivre, de cultiver
» la terre ; et, comme si cette marâtre repoussait
» l'enfant sorti de ses latitudes, les insectes ra-
» vagent ses semences, les ouragans ses mois-
» sons, les bêtes féroces ses troupeaux, les vol-

---

[*] Dans l'Etude VII.

» cans et les tremblements de terre ses villes; et
» la peste qui, de temps en temps, fait le tour
» du globe, le menace de l'enlever quelque jour
» tout entier. Il a dû son intelligence à ses mains,
» sa morale au climat, ses gouvernements à la
» force, et ses religions à la peur. Le froid lui
» donne de l'énergie; la chaleur la lui ôte. Libre
» et guerrier dans le nord, il est lâche et esclave
» entre les tropiques. Ses seules lois naturelles
» sont ses passions. Eh! quelles autres lois cher-
» cherait-il? Si elles le jettent dans quelque éga-
» rement, la nature, qui les lui a données, n'en
» est-elle pas complice? Mais il ne les ressent
» que pour ne les jamais satisfaire. La difficulté
» de subsister, les guerres, les impôts, les pré-
» jugés, les calomnies, les ennemis irréconcilia-
» bles, les amis perfides, les femmes trompeu-
» ses, quatre cents sortes de maladies du corps,
» celles de l'esprit, et plus cruelles et en plus
» grand nombre, en font le plus misérable ani-
» mal qui soit jamais venu à la lumière. Il vau-
» drait mieux qu'il ne fût jamais né. Par-tout il
» est la victime de quelque tyran. Les autres
» animaux ont au moins les moyens de fuir ou
» de combattre; mais l'homme a été jeté au ha-
» sard sur la terre, sans asyle, sans griffes, sans
» gueule, sans légèreté, sans instinct, et presque
» sans peau; et, comme si ce n'était pas assez
» d'être persécuté par toute la nature, il est en

» guerre avec sa propre espèce. En vain il cher-
» cherait à s'en défendre ; la vertu vient le lier,
» afin que le crime l'égorge à son aise. Il faut
» qu'il souffre et qu'il se taise. Quelle est, après
» tout, cette vertu, dont il fait tant de bruit ? Une
» combinaison de son imbécillité ; un résultat de
» son tempérament. De quelles illusions se nour-
» rit-elle ? D'opinions absurdes, appuyées par les
» seuls sophismes d'hommes trompeurs, qui ont
» acquis un pouvoir suprême en recommandant
» l'humilité, et des richesses immenses en prê-
» chant la pauvreté. Tout meurt avec nous. Pre-
» nons du passé notre expérience de l'avenir :
» nous n'étions rien avant de naître, nous ne se-
» rons rien après la mort. L'espoir de nos vertus
» est d'invention humaine ; et l'instinct de nos
» passions, d'institution divine.

» Mais il n'y a point de Dieu.* S'il y en avait
» un, il serait injuste. Quel est l'être tout-puis-
» sant et bon qui aurait environné de tant de
» maux l'existence de ses créatures ; et qui aurait
» voulu que la vie des unes ne se soutînt que par
» la mort des autres ? Tant de désordres prou-
» vent qu'il n'y en a point : c'est la crainte qui
» l'a fait. Oh ! que le monde a dû être étonné de
» cette idée métaphysique, quand le premier
» homme, effrayé, s'avisa de s'écrier qu'il y avait

* Dans l'Étude VIII.

» un Dieu! Eh! qu'est-ce qui aurait fait Dieu?
» Pourquoi serait-il Dieu? Quel plaisir aurait-il
» dans ce cercle perpétuel de misères, de re-
» naissances et de morts?* »

* On trouvera la solution de ces objections aux numéros de chaque Étude qui leur correspondent. Elles y sont toutes réfutées directement ou indirectement; car il n'a pas été possible de suivre, dans cet ouvrage, l'ordre scolastique d'un cahier de philosophie.

ÉTUDE QUATRIÈME.

RÉPONSES AUX OBJECTIONS CONTRE LA PROVIDENCE.

Telles sont les principales objections qu'on a formées, presque dans tous les siècles, contre la Providence, et qu'on ne m'accusera pas d'avoir affaiblies. Avant d'essayer d'y répondre, je me permettrai quelques réflexions sur ceux qui les font.

Si ces murmures venaient de quelques pauvres matelots exposés sur la mer à toutes les révolutions de l'atmosphère, ou de quelque paysan accablé des mépris de la société qu'il nourrit, je ne m'en étonnerais pas. Mais nos athées sont, pour l'ordinaire, bien à l'abri des injures des éléments, et sur-tout de celles de la fortune. La plupart même d'entre eux n'ont jamais voyagé. Quant aux maux de la société, ils ont bien tort de s'en plaindre; car ils jouissent de ses plus doux hommages, après en avoir rompu les liens par leurs opinions. Que n'ont-ils pas écrit sur l'amitié, sur l'amour, sur les devoirs envers la patrie, et sur les affections humaines, qu'ils ont rabaissées au niveau de celles des bêtes, tandis que quelques-uns d'entre eux pouvaient les rendre divines par la sublimité de leurs talents! Ne sont-ce pas eux qui sont, en partie, cause de nos malheurs, en flattant en mille manières les passions de nos tyrans modernes, pendant qu'une croix qui s'élève dans un désert console les misérables? On a bien de la peine même à retenir ces derniers dans un culte sensé; et c'est un phénomène moral, qui m'a paru long-temps inexplicable, de voir, dans tous les siècles, l'athéisme naître chez les hommes qui ont le plus à se louer de la nature, et la superstition chez ceux qui ont le plus à s'en plaindre. C'est dans le luxe de la Grèce et de Rome, au sein des richesses de l'Indostan, du faste de la Perse, des voluptés de la Chine, et de l'abondance des capitales de l'Europe, qu'ont paru les premiers hommes qui ont osé nier la Divinité. Au contraire, les Tartares sans asyles, les sauvages de l'Amérique toujours affamés, les Nègres sans prévoyance et sans police, les habitants des rudes climats du Nord, comme les Lapons, les Esquimaux, les Groenlandais, voient des dieux par-tout, jusque dans des cailloux.

J'ai cru long-temps que l'athéisme était chez les hommes voluptueux et riches un argument de leur conscience: « Je suis riche, et je suis un fri-
» pon, doivent-ils se dire; il n'y a donc point de
» Dieu. D'ailleurs, s'il y a un Dieu, il y a des
» comptes à rendre. » Mais ces raisonnements, quoique naturels, ne sont pas généraux. Il y a des athées qui ont des fortunes légitimes, et qui en

usent moralement bien, du moins à l'extérieur. D'ailleurs, par la raison contraire, le pauvre devrait dire : « Je suis laborieux, honnête homme, » et misérable; il n'y a donc point de Provi- » dence. » Mais c'est dans la nature même qu'il faut chercher la source de ces raisonnements dénaturés.

Par tout pays, les pauvres se lèvent matin, travaillent à la terre, vivent sous le ciel et dans les champs. Ils sont pénétrés de cette puissance active de la nature qui remplit l'univers. Mais leur raison, affaissée par le malheur, et distraite par leurs besoins journaliers, n'en peut supporter l'éclat. Elle s'arrête, sans se généraliser, aux effets sensibles de cette cause invisible. Ils croient, par un sentiment naturel aux ames faibles, que les objets de leur culte seront à leur disposition dès qu'ils seront à leur portée. De-là vient que, par tout pays, les dévotions du petit peuple sont à la campagne, et ont pour centre des objets naturels. Il y ramène toujours la religion du pays. Un ermitage sur une montagne, une chapelle à la source d'une fontaine, une bonne Notre-Dame-des-Bois nichée dans le tronc d'un chêne, ou dans le feuillage d'une aubépine, l'attirent bien plus volontiers que les autels dorés des cathédrales. J'en excepte cependant celui que l'amour des richesses a tout-à-fait corrompu; car à celui-là il faut des saints d'argent, même dans les campagnes. Les principaux actes de religion du peuple, en Turquie, en Perse, aux Indes et à la Chine, sont des pélerinages dans les champs. Les riches, au contraire, prévenus dans tous leurs besoins par les hommes, n'attendent plus rien de Dieu. Ils passent leur vie dans leurs appartements, où ils ne voient que des ouvrages de l'industrie humaine, des lustres, des bougies, des glaces, des secrétaires, des chiffonnières, des livres, des beaux-esprits. Ils viennent à perdre insensiblement de vue la nature, dont les productions d'ailleurs leur sont presque toujours présentées défigurées ou à contre-saison, et toujours comme des effets de l'art de leurs jardiniers ou de leurs artistes. Ils ne manquent pas aussi d'interpréter ses opérations sublimes par le mécanisme des arts qui leur sont les plus familiers. De-là tant de systèmes qui font deviner les occupations de leurs auteurs. Épicure, épuisé par la volupté, tira son monde et ses atomes sans providence de son apathie ; le géomètre le forme avec son compas ; le chimiste avec des sels ; le minéralogiste le fait sortir du feu ; et ceux qui ne s'appliquent à rien, et qui sont en bon nombre, le supposent, comme eux, dans le chaos, et allant au hasard. Ainsi la corruption du cœur est la première source de nos erreurs. Ensuite les sciences employant, dans la recherche des choses naturelles, des définitions, des principes et des méthodes revêtus d'un grand

appareil géométrique, semblent, par ce prétendu
ordre, remettre dans l'ordre ceux qui s'en écartent. Mais quand cet ordre existerait tel qu'elles
nous le présentent, pourrait-il être utile aux hommes ? Suffirait-il à contenir et à consoler des malheureux ? Et quel intérêt prendront-ils à celui
d'une société qui les écrase, quand ils n'ont plus
rien à espérer de celui de la nature qui les abandonne aux lois du mouvement ? Je vais répondre
successivement aux objections que j'ai rapportées
contre la Providence, tirées des désordres du
globe, des végétaux, des animaux, des hommes
et de la nature de Dieu même.

RÉPONSES AUX OBJECTIONS CONTRE LA PROVIDENCE,
TIRÉES DES DÉSORDRES DU GLOBE.

Quoique mon ignorance des moyens que la nature emploie dans le gouvernement du monde soit
plus grande que je ne puis le dire, il suffit cependant de jeter les yeux sur les cartes et d'avoir un
peu lu, pour montrer que ceux par lesquels on
nous explique ses opérations ne sont pas les véritables. C'est de l'insuffisance humaine que sortent
les objections dirigées contre la Providence divine.

D'abord, il ne me paraît pas plus naturel de
former le mouvement uniforme de la terre dans
les cieux, des deux mouvements de projection et
d'attraction, que d'attribuer à de pareilles causes
celui d'un homme qui marche sur la terre. Les

forces centrifuge et centripète ne me semblent pas plus exister dans le ciel, que les cercles de l'équateur et du zodiaque. Quelque ingénieuses que soient ces lois, ce ne sont que des échafaudages, imaginés par des hommes de génie, pour élever l'édifice de la science; mais qui ne servent pas davantage à pénétrer dans le sanctuaire de la nature, que ceux qui servent à construire nos temples ne nous aident à pénétrer dans celui de la religion. Ces forces combinées ne sont pas plus les mobiles de la course des astres, que les cercles de la sphère n'en sont les barrières. Ce ne sont que des signes qui ont, à la fin, remplacé les objets qu'ils devaient représenter, comme il est arrivé dans tout ce qui est d'établissement humain.

Si une force centrifuge avait élevé les montagnes du globe, lorsqu'il était dans un état de fusion, il y aurait des montagnes bien plus élevées que les Andes du Pérou et du Chili. Celle du Chimborazo, qui en est la plus haute, n'a que 3,220 toises de hauteur, ou 3,350; car les sciences ne sont pas d'accord même sur les observations. * Cette élévation, qui est à-peu-près la plus grande que l'on

* C'est M. de La Condamine qui a évalué à 3,220 toises la hauteur du Chimborazo. Le géomètre espagnol, don Jorge Juan, trouva que cette hauteur était de 3,380 toises, ce qui faisait une différence considérable, mais que M. de Humboldt a légèrement modifiée, en ne portant la hauteur du Chimborazo qu'à 3,358 toises (6,544 mètres). Ce dernier calcul semble

connaisse sur la terre, y est moins sensible que ne serait la troisième partie d'une ligne sur un globe de six pieds de diamètre. Or, un bloc de métal fondu présente, à proportion de sa masse, des scories bien plus considérables. Voyez les anfractuosités d'un simple morceau de mâchefer. Quelles effroyables bouffissures auraient dû donc se former sur un globe de matières hétérogènes et bouillantes, de trois mille lieues d'épaisseur! La lune, d'un diamètre bien moins considérable, a des montagnes de trois lieues de hauteur, suivant Cassini. Mais que serait-ce, si, avec l'action de l'hétérogénéité de nos matières terrestres en fusion, on suppose encore celle d'une force centrifuge produite par la rotation de la terre? Je m'imagine que cette force se fût nécessairement dirigée sur son équateur, et qu'au lieu d'en former un globe, elle l'eût étendue dans le ciel, comme ces grands plateaux de verre que soufflent les verriers.

Non-seulement la terre n'a pas plus de diamètre sous son équateur que sous ses méridiens, mais les montagnes n'y sont pas plus élevées qu'ail-

devoir inspirer quelque confiance, parce qu'il a été le résultat de plusieurs opérations bien faites. Au reste, comme les mesures exécutées dans la Cordillière des Andes, ne peuvent être qu'à demi géométriques et à demi barométriques, cette complication est sans doute la principale cause des variations qui se trouvent dans les calculs des savants. (*Note de l'Éditeur.*)

leurs. Les fameuses Andes du Pérou ne commencent point à l'équateur, mais plusieurs degrés au-delà vers le sud; et côtoyant le Pérou, le Chili et la terre Magellanique, elles s'arrêtent au cinquante-cinquième degré de latitude australe, dans la terre de Feu, où elles présentent à l'Océan un promontoire de glaces éternelles, d'une hauteur prodigieuse. Dans toute cette longueur, elles ne s'ouvrent qu'au détroit de Magellan, formant par-tout, suivant le témoignage de Garcillasso de la Véga, * un rempart hérissé de pyramides de neiges, inaccessibles aux hommes, aux quadrupèdes, et même aux oiseaux. Au contraire, les montagnes de l'isthme de Panama, qui sont dans le voisinage de la Ligne, sont si peu élevées en comparaison de celles-ci, que l'amiral Anson, qui les avait toutes côtoyées, rapporte que, dès qu'il parvint à cette hauteur, il éprouva des chaleurs étouffantes, parce que l'air, dit-il, n'était plus rafraîchi par l'atmosphère des hautes montagnes du Chili et du Pérou. Les montagnes de l'Asie les plus élevées sont tout-à-fait hors des tropiques. La chaîne des monts Taurus et Imaüs commence en Afrique au mont Atlas, vers le 30ᵉ degré de latitude nord; elle traverse toute l'Afrique et toute l'Asie, entre le 38ᵉ et le 40ᵉ degré de latitude, portant, dans cette longue étendue, la plu-

---

* Histoire des Incas, liv. I, chap. VIII.

part de ses sommets couverts de neiges en tout temps ; ce qui leur suppose, comme nous le verrons ailleurs, une élévation considérable. Le mont Ararath, qui en fait partie, est peut-être plus élevé qu'aucune montagne du Nouveau-Monde, si l'on en juge par le temps que Tournefort et d'autres voyageurs ont mis à venir de la base de cette montagne au pied de ses neiges, et, ce qui est moins arbitraire, par la distance où on l'aperçoit, qui est au moins de six journées de caravane. Le pic de Ténériffe se voit de quarante lieues. Les monts Félices, en Norwège, appelés les Alpes du nord, se découvrent en mer à cinquante lieues de distance ; et, suivant un savant Suédois, ils ont trois mille toises d'élévation. Les pics du Spitzberg, de la nouvelle Zélande, des Alpes, des Pyrénées, de la Suisse, et ceux où l'on trouve de la glace toute l'année, sont très-élevés, et sont, pour la plupart, fort loin de l'équateur. Ils ne sont pas même dans des directions qui soient parallèles à ce cercle, comme il eût dû arriver par l'effet supposé de la rotation du globe ; car si la chaîne du Taurus va, dans l'ancien continent, d'occident en orient, celle des Andes va, dans le nouveau, du nord au midi. D'autres chaînes ont d'autres directions. Mais si la prétendue force centrifuge avait pu élever autrefois des montagnes, pourquoi n'a-t-elle plus à présent la force d'élever en l'air une paille ? Elle ne devrait laisser aucun corps à la surface de la terre. Ils y sont fixés, dit-on, par la force centripète, ou par la pesanteur. Mais, si celle-ci y ramène en effet tous les corps, pourquoi donc les montagnes elles-mêmes n'y ont-elles pas obéi, lorsqu'elles étaient dans un état de fusion? Je ne sais ce qu'on peut répondre à cette double objection.

La mer ne me paraît pas plus propre que la force centrifuge à former des montagnes. Comment peut-on concevoir qu'elle ait jamais pu les élever hors de son sein? Il est constant toutefois que les marbres et les pierres calcaires, qui ne sont que des pâtes de madrépores et de coquilles amalgamées; que les silex, qui en sont des concrétions; que les marnes, qui en sont des dissolutions, et que tous les corps marins qu'on trouve répandus dans les deux continents, sont sortis de la mer. Ces matières servent de base à une grande partie de l'Europe; des collines fort hautes en sont composées, et on les trouve dans plusieurs parties de l'ancien et du nouveau Monde, à une égale hauteur. Mais leur dépôt ne peut s'expliquer par aucun des mouvements actuels de l'Océan. On a beau lui supposer des révolutions d'occident en orient; jamais on ne lui fera rien élever au-dessus de son niveau. Si l'on cite quelques ports de la Méditerranée, qui, en effet, ont été laissés à sec par la mer, il n'est pas moins certain qu'il y en a un bien plus grand nombre, sur

les mêmes côtes, qui n'en ont point été abandonnés. Voici ce que dit à ce sujet le judicieux observateur Maundrel, dans son voyage d'Alep à Jérusalem, en 1699 : « Dans le golfe adriatique,
» le phare d'Arminium ou Rimini est à une lieue
» de la mer; mais Ancône, bâtie par les Syracu-
» sains, est toujours sur le même rivage. L'arc
» de Trajan, qui rendit son port plus commode
» aux marchands, est situé immédiatement au-
» dessus. Bérite, si aimée d'Auguste, qui lui
» donna le nom de *Julia felix*, n'a plus de son
» ancienne beauté que sa situation sur le bord
» de la mer, au-dessus de laquelle elle n'est éle-
» vée qu'autant qu'il le faut pour n'être pas su-
» jette aux inondations de cet élément. »

Le témoignage des voyageurs les plus exacts est conforme à celui de ce savant Anglais. Son compatriote Richard Pockoke, qui voyageait en Egypte en 1737, avec moins de goût, mais avec encore plus d'exactitude, atteste que la Méditerranée a gagné autant de terrain qu'elle en a perdu.* « Il suffit, dit-il, pour s'en convaincre,
» d'en examiner le rivage; et l'on voit non-seule-
» ment dans la mer quantité d'ouvrages taillés
» dans le roc, mais encore les ruines de plu-
» sieurs édifices. Environ à deux milles d'Alexan-
» drie, on aperçoit dans l'eau les ruines d'un an-

---

* Voyage en Egypte, tom. I, pag. 4 et 30.

» cien temple. » Un anonyme anglais, dans un voyage rempli d'excellentes observations, décrit plusieurs villes fort anciennes de l'Archipel, telles que Samos, dont les ruines sont sur le bord de la mer. Voici ce qu'il dit de Délos, qui est, comme on sait, au centre des Cyclades : * « Nous ne » trouvâmes rien autre chose, le long de la côte, » que des restes d'ouvrages superbes, et nous » aperçûmes jusque dans l'eau des fondations » de quelques grands édifices qui n'ont jamais » été continués, et des ruines d'autres qui ont » été détruits. La mer semble avoir anticipé sur » l'île de Délos; et comme l'eau était claire et » le temps calme, nous eûmes la commodité » de voir des restes de beaux édifices, à des en- » droits où les poissons nagent à l'aise, et sur » lesquels les petits vaisseaux de ces cantons vo- » guent pour arriver à la côte. » Les ports de Marseille, de Carthage, de Malte, de Rhodes, de Cadix, etc., sont encore fréquentés des navigateurs, comme ils l'étaient dans la plus haute antiquité. La Méditerranée n'eût pu baisser dans un seul point de ses rivages, qu'elle ne se fût abaissée dans tous les autres; car les eaux se mettent toujours de niveau dans un bassin. Ce raisonnement peut s'étendre à toutes les côtes de

---

*. Voyage en France, en Italie, et aux îles de l'Archipel, 1763, 4ᵉ vol., lettre CXXVII, page 256.

l'Océan. Si l'on trouve quelque part des plages abandonnées, ce n'est point la mer qui se retire, c'est la terre qui s'avance. Ce sont des alluvions occasionées souvent par les dégorgements des fleuves, et quelquefois par les travaux imprudents des hommes.* Les invasions de la mer dans les terres sont également locales, et ont pour cause quelque tremblement de terre, dont l'effet ne s'est pas étendu fort loin. Comme ces empiétemens réciproques des deux élémens sont particuliers, et souvent en opposition sur les mêmes rivages, qui ont d'ailleurs conservé constamment

* Les physiciens modernes sont assez généralement d'accord sur la diminution graduelle des eaux de la mer. Buffon a recueilli un grand nombre d'observations qui appuient cette opinion. En effet, depuis quelque temps, l'Océan semble avoir baissé de plusieurs pieds, tant sur nos côtes que sur celles d'Espagne, de Portugal et d'Italie : Ravenne, qui était un port de mer des Exarques, n'est plus une ville maritime. Hubert Thomas dit, dans sa Description du pays de Liége, que la mer baignait autrefois les murs de la ville de Tongres, qui maintenant en est éloignée de trente-cinq lieues ; la Méditerranée a baissé à-peu-près dans les mêmes proportions. Damiette est actuellement éloignée de la mer de plus de dix milles, et du temps de Louis IX les vaisseaux abordaient dans son port. La diminution de la Baltique est un phénomène bien constaté ; le géomètre Celsius a recueilli dans un excellent mémoire un grand nombre de faits qui ne permettent pas d'en douter. Les habitants de la Bothnie, dit Linnée, ont observé que leur mer décroît tous les ans de quatre à cinq doigts. Enfin, le système du déplacement des eaux, et de leur progrès d'Orient en Oc-

leur ancien niveau, on n'en peut conclure aucune loi générale pour les mouvements de l'Océan.

Nous allons examiner bientôt comment tant de corps marins fossiles ont pu sortir de son lit; et nous osons croire qu'en nous conformant à des traditions respectables, nous dirons à ce sujet des choses dignes de l'attention des lecteurs. Pour revenir donc aux montagnes, telles que celles de granit, qui sont les plus élevées du globe, et dont la formation n'est pas attribuée à la mer, parce qu'elles ne contiennent aucun dépôt qui atteste son passage, les mêmes physiciens emploient

cident, est celui qui paraît le mieux établi. Cependant plusieurs observations contrarient cette opinion. Bridône a vu à l'île de Malte des chemins, jadis creusés dans le roc, maintenant ensevelis sous les eaux. Suivant Barral, l'ancien temple de Sérapis, près de Pouzzol, est de trois pieds au-dessous du niveau de la mer; enfin, Diquemare a observé qu'au Havre la butte sur laquelle on a placé le fanal est sans cesse dégradée par les flots, qui autrefois ne pouvaient l'atteindre. De tous ces faits contradictoires, on pourrait peut-être conclure avec Bernardin de Saint-Pierre, qu'il n'y a eu ni progrès, ni retraite, ni élévation; ou au moins que chacun de ces phénomènes peut s'expliquer par des causes locales. Parmi ces causes, la plus générale sans doute est celle de la décomposition de l'eau, soit par l'effet de la végétation, soit par l'action vitale des testacés et de tous les animaux marins à enveloppe pierreuse, soit enfin par les feux des volcans. Cette dernière opinion était celle de M. Patrin, et nous aurons occasion de la rappeler dans une note sur sa Théorie des Volcans, dont il devait sans doute l'idée première aux Études de la Nature. (*Note de l'Éditeur.*)

un autre système pour nous en expliquer l'origine. Ils supposent une terre primitive qui avait de hauteur celle où s'élèvent aujourd'hui les pics les plus élevés des Andes, du mont Taurus, des Alpes, etc., qui sont restés comme autant de témoins de l'existence de ce premier sol : ensuite ils emploient les neiges, les pluies, les vents et je ne sais quoi encore, à dégrader cet ancien continent jusqu'au rivage de la mer ; en sorte que nous n'habitons que le fond de cette énorme fondrière. Cette idée a quelque chose d'imposant ; d'abord, parce qu'elle fait peur ; de plus, parce qu'elle est conforme au tableau de ruine apparente que nous présente le globe : mais elle s'évanouit par une simple question. Que sont devenues les terres et les roches de cet effroyable déblai ?

Si l'on dit qu'elles se sont jetées dans la mer, il faut supposer, avant toute dégradation, l'existence du bassin de la mer ; et son excavation présenterait alors bien d'autres difficultés. Mais admettons-la. Comment ces ruines ne l'ont-elles pas comblé en partie ? Comment la mer ne s'est-elle pas débordée ? Comment est-il arrivé au contraire qu'elle ait abandonné des terrains si grands, que la plus grande partie des deux continents en est formée ? Ainsi nos systèmes ne peuvent rendre raison de l'escarpement des montagnes de granit par aucune dégradation, parce qu'ils ne savent où en placer les débris ; ni de la formation des

montagnes calcaires par les mouvements de l'Océan, parce que, dans son état actuel, il ne peut les couvrir. Au reste, ce n'est pas d'aujourd'hui que des philosophes ont considéré la terre comme un édifice qui dépérissait. Voici ce que dit de l'opinion de Polybe, le baron de Busbek, dans ses Lettres curieuses et agréables : « Polybe prétend
» avoir prouvé que l'entrée de la Mer-Noire se-
» rait dans la suite comblée par des bancs de sa-
» ble et par le limon que le Danube et le Borys-
» thène y entraîneraient; que l'on ne pourrait plus,
» par conséquent, entrer dans la Mer-Noire, et
» que les embarquements que l'on ferait pour y
» aller seraient totalement inutiles. Cependant la
» mer du Pont est aujourd'hui aussi navigable
» que du temps de Polybe.* »

Les baies, les golfes et les méditerranées ne sont pas plus des irruptions de l'Océan dans les terres, que les montagnes ne sont des productions du mouvement centrifuge. Ces prétendus désordres sont nécessaires à l'harmonie de toutes les parties de la terre. Qu'on suppose, par exemple, que le détroit de Gibraltar soit fermé, comme on dit qu'il l'était autrefois, et que la Méditerranée n'existe plus; que deviendront tant de fleuves de l'Europe, de l'Asie et de l'Afrique, qui sont entretenus par les vapeurs qui s'élèvent

* Lettre I, pag. 131.

de cette mer, et qui y rapportent leurs eaux dans une proportion admirable, comme les calculs de plusieurs savants l'ont très-bien démontré ? Les vents du nord, qui rafraîchissent constamment l'Égypte en été, et qui chassent les émanations de la Méditerranée jusqu'aux montagnes de l'Éthiopie, pour entretenir les sources du Nil, passant alors sur un espace sans eaux, porteraient l'aridité et la sécheresse sur toute la partie septentrionale de l'Afrique, et jusque dans l'intérieur de son continent. Il arriverait encore pis aux parties méridionales de l'Europe ; car les vents chauds et brûlants de l'Afrique, qui se chargent de tant de nuées pluvieuses en traversant la Méditerranée, venant à souffler sur le bassin desséché de cette mer, sans tempérer leur chaleur par aucune humidité, frapperaient d'une stérilité brûlante toute cette vaste partie de l'Europe qui s'étend depuis le détroit de Gibraltar jusqu'au Pont-Euxin, et assécheraient toutes les terres d'où coulent aujourd'hui une multitude de fleuves, tels que le Rhône, le Pô, le Danube, etc. Il ne suffit pas d'ailleurs de supposer que la mer s'est ouvert un passage dans le bassin de la Méditerranée, comme une rivière qui se répand dans une prairie, après avoir rompu ses digues ; il faut supposer encore que ce terrain inondé ait été plus bas que l'Océan, ce qui ne se rencontre nulle part dans aucune partie de la terre ferme, qui sont toutes au-dessus du niveau de la mer, à l'exception de celles qui ont été enlevées aux eaux par les travaux des hommes, comme on le voit en Hollande. Il faut de plus supposer qu'il se soit fait un affaissement latéral de la terre tout autour du bassin de la Méditerranée, pour régler les circuits, pentes, canaux et détours de tant de fleuves qui viennent s'y rendre de si loin, et que cet affaissement se soit fait avec des proportions admirables : car ces fleuves, partant souvent de la même montagne, arrivent par les mêmes pentes, à des distances fort différentes, sans que leur canal cesse d'être plein et que leurs eaux s'écoulent trop vite ou trop lentement, malgré la différence de leurs cours et de leurs niveaux. Ainsi ce n'est plus à une irruption de l'Océan qu'on doit attribuer la Méditerranée ; mais à un écroulement du globe, de plus de douze cents lieues de longueur sur plus de huit cents de largeur, qui s'est effectué avec des dispositions si heureuses et si favorables à la circulation de tant de fleuves latéraux, que si j'avais le temps de développer le cours d'un seul, on verrait combien cette dernière supposition est dénuée de tout fondement. Les tremblements de terre, à la vérité, produisent des écroulements, mais qui sont de peu d'étendue, et qui, loin de ménager des canaux aux fleuves, absorbent les cours des ruisseaux, et les changent quelquefois en étangs ou en mares. On peut appliquer ces hypothèses à tous les golfes, baies, grands lacs et méditerranées; et l'on verra que si ces eaux intérieures n'existaient pas, il ne resterait pas une fontaine dans la plus grande partie de la terre habitable.

Pour se former une idée de l'ordre de la nature, il faut perdre nos idées circonscrites d'ordre humain. Il faut renoncer aux plans de notre architecture, qui emploie fréquemment les lignes droites, afin que la faiblesse de notre vue puisse embrasser d'un coup-d'œil tout notre domaine; qui symétrise toutes nos distributions; qui met, dans nos maisons, des ailes à droite et des ailes à gauche, afin que toutes les parties de notre habitation soient à notre portée, lorsque nous en occupons le milieu; et qui nivelle, met à plomb, lisse et polit les pierres qu'elle y emploie, afin que nos monuments soient doux au toucher et à la vue. Les convenances de la nature ne sont pas celles d'un Sybarite, mais elles sont celles du genre humain et de tous les êtres. Quand la nature élève un rocher, elle y met des fentes, des anfractuosités, des carnes, des pitons. Elle le creuse et l'exaspère avec le ciseau du temps et des éléments; elle y plante des herbes, des arbres; elle y loge des animaux, et elle le place au sein des mers et au foyer des tempêtes, afin qu'il y offre des asyles aux habitants de l'air et des eaux.

Quand la nature a voulu de même creuser des bassins aux mers, elle n'en a ni arrondi, ni aligné les bords; mais elle y a ménagé des baies profondes et abritées des courants généraux de l'Océan, afin que, dans les tempêtes, les fleuves pussent s'y dégorger en sûreté; que les légions de poissons vinssent s'y réfugier en tout temps, y lécher les alluvions des terres qui s'y déchargent avec les eaux douces; qu'ils y frayassent, pour la plupart, en remontant jusque dans les rivières, où ils viennent chercher des abris et des pâtures pour leurs petits. C'est pour le maintien de ces convenances, que la nature a fortifié tous les rivages de longs bancs de sables, de rescifs, d'énormes rochers et d'îles, qui en sont placés à des distances convenables pour les protéger contre les fureurs de l'Océan.

Elle a employé des dispositions équivalentes pour les bassins des fleuves, comme nous en dirons quelque chose dans la suite de cette Étude, quoique le lieu ne nous permette que d'effleurer une matière si riche et si nouvelle en observations. Ainsi, elle ne fait point courir les eaux des fleuves en ligne droite, comme elles devraient couler à la longue par les lois de l'hydraulique, à cause de la tendance de leurs mouvements vers un seul point; mais elle les fait serpenter long-temps au sein des terres avant qu'elles se rendent à la mer. Pour régler le cours de ces fleuves, et l'accélérer ou le retarder, suivant le niveau des terres où ils coulent, elle y fait tomber des rivières latérales qui l'accélèrent dans un pays uni, lorsqu'elles forment un angle aigu avec la source de ces fleuves ; ou qui le retardent dans un pays élevé, en formant un angle droit et quelquefois obtus, avec la source de ces mêmes fleuves. Ces lois sont si certaines, qu'on peut juger, sur une simple carte, si les fleuves qui arrosent un pays sont lents ou rapides, et si ce pays est uni ou élevé, par l'angle que forment avec leurs cours les rivières confluentes. Ainsi, la plupart de celles qui se jettent dans le Rhône, forment avec ce fleuve rapide des angles droits, pour modérer son cours. Il y a de ces rivières confluentes qui sont de véritables digues, et qui traversent un fleuve de part en part ; en sorte que le fleuve traversé, qui est fort rapide au-dessus du confluent, coule fort lentement au-dessous. C'est ce qu'on peut observer sur plusieurs fleuves de l'Amérique, et notamment sur le Méchassipi. On peut conclure de ces simples perceptions, que je n'ai ici que le temps d'indiquer ; qu'il est aisé de retarder ou d'accélérer le cours d'un fleuve, en changeant simplement l'angle d'incidence de ses rivières confluentes. C'est ce que je présente, non comme un conseil, mais comme une spéculation très-curieuse ; car il est toujours dangereux à l'homme de déranger les plans de la nature.

Les fleuves, en se jetant dans la mer, apportent à leur tour, par les directions de leurs embouchures, du retardement ou de l'accélération aux cours des marées. Mais je ne m'engagerai pas plus avant dans l'étude de ces grandes et sublimes harmonies. Il me suffit d'en avoir dit assez, pour convaincre que le bassin des mers a été creusé exprès pour en recevoir les eaux.

Cependant, voici encore un raisonnement propre à lever, à ce sujet, toute espèce de doute. Si le bassin des mers avait été formé, comme on le suppose, par un abaissement des terres du globe; les rivages des mers, sous les eaux, auraient les mêmes pentes que le continent voisin. Or, c'est ce qui ne se trouve sur nulle côte. La pente du bassin de la mer est beaucoup plus rapide que celle des terres limitrophes, et n'en est point le prolongement. Par exemple, Paris est élevé au-dessus du niveau de la mer de 26 brasses environ, en comptant du bas du pont Notre-Dame. Ainsi, la Seine, depuis ce pont jusqu'à son embouchure dans la mer, n'a que 130 pieds de pente, dans une distance de quarante lieues, tandis qu'à compter depuis son embouchure, jusqu'à une lieue et demie en mer seulement, on trouve tout d'un coup 60 ou 80 brasses d'inclinaison, qui est la profondeur que les vaisseaux ont au mouillage de la rade du Havre-de-Grâce. Ces différences du niveau des terres au niveau du fond du bassin de la mer, dans le même alignement, se rencontrent sur toutes les côtes, du plus au moins. A la vérité, l'Anglais Dampier a observé que les mers ont beaucoup de profondeur le long des côtes élevées, et qu'elles en ont fort peu le long des côtes basses ; mais il y a toutefois cette notable différence, que le long des terres basses, le fond de la mer est beaucoup plus incliné que le sol du continent voisin, et que le long des terres hautes, on ne trouve quelquefois point de fond du tout. Ceci prouve donc évidemment que les bassins des mers ont été creusés exprès pour les contenir. La pente de leurs excavations a été réglée par des lois infiniment sages ; car si elle était la même que celle des terrains environnants, les flots de la mer, au moindre vent du large, s'étendraient à des distances considérables sur les terres voisines. C'est ce qui arrive en effet, lorsque, dans des tempêtes ou des marées extraordinaires, les flots surmontent leurs rivages accoutumés ; car alors, trouvant une pente faible et douce, en comparaison de celle de leur lit, ils s'étendent quelquefois à plusieurs lieues de distance dans le sein des terres. C'est ce qui arrive de temps en temps à l'île Formose, dont il est probable que les habitants ont détruit autrefois les digues naturelles, telles que les mangliers. C'est par une raison à-peu-près semblable, que la Hollande se trouve exposée aux inondations, parce qu'elle a empiété sur le lit même de la mer. C'est principalement sur le rivage de l'Océan qu'est placée cette borne invisible que l'auteur de la nature a prescrite à ses flots. C'est là où vous apercevez que vous êtes à l'intersection de deux plans différents, dont l'un termine la pente des terres, et l'autre commence celle de la mer.

On ne peut pas dire que ce sont les courants de la mer qui en ont creusé le bassin; car dans quel lieu en auraient-ils porté les terres? Ils ne peuvent rien élever au-dessus de leur niveau. On ne peut pas dire même que les canaux des fleuves aient été creusés par le cours de leurs propres eaux; car il y en a plusieurs qui passent par des routes souterraines, à travers des masses de roc vif, d'une dureté et d'une épaisseur impénétrables aux pioches et aux pics de nos ouvriers. D'ailleurs, ces fleuves auraient dû former, à leur embouchure dans la mer, des bancs de sable, et des langues de terre d'une grandeur proportionnée à la quantité de terre qu'ils auraient excavée en formant leurs lits; et la plupart, au contraire, comme nous l'avons observé, se déchargent au fond des baies creusées exprès pour les recevoir. Comment n'ont-ils pas rempli ces baies depuis qu'ils y apportent sans cesse les alluvions des terres? Comment le bassin de l'Océan ne s'est-il pas comblé lui-même, lui qui reçoit perpétuellement les dépouilles des végétaux, les sables, les roches et les débris des terres, qui rendent tout jaunes, à la moindre pluie, les fleuves qui s'y déchargent? Les eaux de l'Océan n'ont pas haussé d'un pouce depuis que les hommes observent, comme il est aisé de le prouver par l'état des plus anciens ports de mer de l'univers, qui sont encore, pour la plupart, au même niveau. Je n'ai pas le temps de parler ici des moyens dont la nature s'est servie pour la construction, la protection et le nettoiement de ce bassin ; ils nous donneraient de nouveaux sujets d'admiration. J'en ai dit assez, pour montrer que ce qui nous paraît dans la nature l'ouvrage de la ruine et du hasard, est souvent celui de l'intelligence la plus profonde. Non-seulement il ne tombe pas un cheveu de notre tête, ni un moineau d'un arbre; mais un caillou n'est pas roulé sur les rivages de la mer, sans la permission de Dieu, suivant l'expression sublime de Job:

Tempus posuit tenebris, et universorum finem ipse considerat, lapidem quoque caliginis et umbram mortis. (Cap. XXVIII, ⱴ 9.)

« Il a borné le temps des ténèbres, et il considère lui-même la fin de
» toutes choses; il voit jusqu'à la pierre ensevelie dans l'obscurité de la
» terre, et dans l'ombre de la mort. »

Il connaît aussi le moment où elle doit en sortir pour servir de monument aux nations.

Indépendamment des preuves géographiques innombrables qui attestent que l'Océan n'a, par ses irruptions, creusé aucune baie, ni détaché aucune partie du continent, il y en a encore qui peuvent se tirer des végétaux, des animaux et des hommes. Ce n'est pas ici le lieu de m'y arrêter ; mais je citerai, en passant, une observation végétale qui prouve, par exemple, que l'Angleterre n'a jamais été jointe au continent de l'Europe, comme on le suppose, et qu'elle en a toujours été séparée par la Manche ; c'est que César remarque, dans ses Commentaires, qu'il n'y avait, dans le temps qu'il y passa, ni hêtres, ni sapins, quoique ces arbres fussent fort communs dans les Gaules, le long de la Seine et du Rhin. Si donc ces fleuves avaient coulé autrefois sur l'Angleterre, ils y auraient porté les semences des végétaux qui croissaient à leurs sources et sur leurs rivages. Les hêtres et les sapins, qui réussissent fort bien aujourd'hui en Angleterre, n'auraient pas manqué d'y croître dans ce temps-là, d'autant qu'ils n'auraient pas changé de latitude, et qu'ils sont, comme nous le verrons ailleurs, du genre des arbres fluviatiles, dont les semences se ressèment par le moyen des eaux. D'ailleurs, d'où la Seine, le Rhin, la Tamise, et tant d'autres fleuves qui entretiennent leurs cours des émanations de la Manche, auraient-ils tiré leurs eaux ? La Tamise aurait donc coulé sur la France, ou la Seine sur l'Angleterre ; ou, pour mieux dire, les pays que ces fleuves arrosent aujourd'hui auraient été à sec.

Ce sont nos cartes qui, comme la plupart des instruments de nos sciences, nous induisent en erreur. En y voyant tant d'enfoncements et de découpures dans les côtes du continent, nous avons été portés à croire que c'étaient les courants de la mer qui les avaient dégradées. Nous venons de voir qu'ils n'ont pas produit cet effet : nous allons montrer, maintenant, qu'ils n'ont jamais pu le faire.

L'Anglais Dampier, qui n'est pas le premier voyageur qui ait fait le tour du globe, mais qui est, à mon gré, celui qui l'a le mieux observé, dit, dans son excellent Traité des Vents et des Marées :* « Que les baies n'ont presque point de » courants, ou, si elles en ont, ce ne sont que » des contre-courants qui vont d'une pointe à » l'autre. » Il cite en preuve plusieurs observations, et l'on en trouve beaucoup de semblables, éparses dans les autres voyageurs. Quoiqu'il n'ait traité que des courants entre les tropiques, et même avec un peu d'obscurité, nous allons généraliser ce principe, et l'appliquer aux principales baies des continents.

Je réduis à deux courants généraux ceux de l'Océan. Tous les deux viennent des pôles, et sont produits, à mon avis, par la fusion alternative de leurs glaces. Quoique ce ne soit pas ici le lieu d'en examiner la cause, elle me paraît si naturelle, si neuve et si curieuse à développer,

* Tome II, page 385.

que le lecteur ne sera pas fâché que je lui en donne, en passant, une idée.

Les pôles me paraissent être les sources de la mer, comme les montagnes à glaces sont les sources des principaux fleuves. Ce sont, ce me semble, les glaces et les neiges qui couvrent le nôtre, qui renouvellent, chaque année, les eaux de la mer comprises entre notre continent et celui de l'Amérique, dont les parties saillantes et rentrantes correspondent d'ailleurs entre elles comme les bords d'un fleuve. On peut d'abord remarquer, sur une mappemonde, que le bassin de l'Océan Atlantique va en s'étrécissant vers le nord, et en s'élargissant vers le midi ; et que la partie saillante de l'Afrique correspond à cette grande partie rentrante de l'Amérique, au fond de laquelle est situé le golfe du Mexique, comme la partie saillante de l'Amérique méridionale correspond au vaste golfe de Guinée ; en sorte que ce bassin a, dans sa configuration, les proportions, les sinuosités, la source et l'embouchure d'un canal fluviatile. Observons maintenant que les glaces et les neiges forment, au mois de janvier, sur notre hémisphère, une coupole dont l'arc a plus de deux mille lieues d'étendue sur les deux continents, et une épaisseur de quelques lignes en Espagne, de quelques pouces en France, de plusieurs pieds en Allemagne, de plusieurs toises en Russie, et de quelques centaines de pieds au-delà du soixantième degré ; comme celle des glaces que Henri Ellis et les autres navigateurs du Nord y ont rencontrées, en mer, au milieu même de l'été, et dont quelques-unes, suivant Ellis, avaient quinze à dix-huit cents pieds au-dessus de son niveau : car leur élévation doit aller probablement en croissant jusqu'au pôle, en suivant les mêmes proportions que celles qui couronnent nos montagnes à glaces; ce qui doit leur donner, sous le pôle même, une hauteur qu'on ne peut assigner. On entrevoit, par ce simple aperçu, quel amas énorme d'eau est fixé, par le froid de l'hiver, sur notre hémisphère, au-dessus du niveau de l'Océan. Il est si considérable, que je me crois fondé à attribuer à sa fusion périodique le mouvement général de notre mer, et celui de nos marées. On peut appliquer de même aux effets de la fusion des glaces du pôle austral, qui y sont encore en plus grand nombre, les mouvements de son Océan.

On n'a tiré jusqu'à présent aucune conséquence relative aux mouvements de la mer, de deux volumes de glaces aussi considérables, accumulés sur les pôles du monde. Ils doivent cependant apporter une augmentation bien sensible à ses eaux, lorsqu'ils y rentrent par l'action du soleil qui les fait fondre en partie chaque année, ou une grande diminution lorsqu'ils en ressortent, par l'effet des évaporations qui les fixent en glace sur les pôles, lorsque le soleil s'en éloigne. Voici à ce sujet quelques réflexions et observations, j'ose dire, très-intéressantes : j'en laisse le jugement au lecteur sans système et sans partialité. Je tâcherai de les abréger le plus que je pourrai, et j'espère qu'on me les pardonnera, au moins en faveur de leur nouveauté. Je vais déduire des simples effusions des glaces polaires, les mouvements généraux des mers, que l'on a attribués jusqu'ici à la gravitation ou à l'attraction du soleil et de la lune sur l'équateur.

On ne saurait nier, en premier lieu, que les courants et les marées ne viennent du pôle dans le voisinage du cercle polaire.

Frédéric Martens, qui, dans son voyage au Spitzberg, en 1671, s'avança jusqu'au 81ᵉ degré de latitude nord, dit positivement que les courants, dans les glaces, portent au midi. Il ajoute, d'ailleurs, qu'il ne peut rien dire d'assuré touchant le flux et reflux des marées. Notez bien ceci.

Henri Ellis observa avec étonnement, dans son voyage à la baie d'Hudson, en 1746 et 1747, que les marées y venaient du nord, et qu'elles avançaient au lieu de retarder, à mesure qu'il s'élevait en latitude. Il assure que ces effets, si contraires à leurs effets ordinaires sur nos rivages, où elles viennent du sud, prouvent que les marées de ces côtes ne viennent point de la Ligne, ni de l'Océan Atlantique. Il les attribue à une prétendue communication de la baie d'Hudson à la mer du Sud, communication qu'il cherchait avec beaucoup d'ardeur, et qui était l'objet de son voyage ; mais on est très-assuré aujourd'hui qu'elle n'existe point, par les tentatives infructueuses que le capitaine Cook a faites, en dernier lieu, pour la trouver, par la mer du Sud, au nord de la Californie, suivant le conseil qu'en avait donné long-temps auparavant le fameux marin Dampier, dont les lumières et les vues, pour le dire en passant, ont beaucoup servi au capitaine Cook dans toutes ses découvertes.

Ellis observa encore que le cours de ces marées septentrionales de l'Amérique était si violent au détroit de Wager, par le 65ᵉ degré 37′, qu'il faisait huit à dix lieues par heure. Il le compare à l'écluse d'un moulin. Il remarqua que la surface de l'eau y était douce, ce qui l'intrigua beaucoup, en affaiblissant l'espérance qu'il avait conçue d'une communication de cette baie avec la mer du Sud. Cependant, il n'en resta pas moins persuadé que ce passage existait, ainsi que font les hommes préoccupés de leurs opinions, qui se refusent à l'évidence même.

Le Hollandais Jean Hugues de Linschoten avait fait à-peu-près les mêmes remarques sur le cours des marées septentrionales de l'Europe, lorsqu'il fut au détroit de Waigats, par le 70ᵉ degré 20′. Dans les deux voyages que cet observateur exact fit vers ce détroit, en 1594 et en 1595, pour trouver un passage à la Chine par le nord de l'Europe, il réitéra ces observations : « Nous observâmes, » dit-il, encore une fois, au cours de la marée, ce » que nous avions déjà remarqué avec beaucoup » d'exactitude, qu'elle vient de l'est.* » Il observa aussi que les eaux y étaient saumaches ou à demi salées, ce qu'il attribue à la fusion d'une quantité prodigieuse de glaces flottantes qui lui fermèrent le passage au détroit de Waigats ; car la glace formée dans l'eau de la mer même est douce. Mais Linschoten ne tire pas plus de conséquence qu'Ellis de ces marées d'eaux à demi douces qui descendent du Nord ; et, plein de son objet, comme le voyageur Anglais, il les attribue à une mer qu'il suppose libre à l'est, au-delà du Waigats, par où il se proposait d'aller à la Chine.

Son compatriote, l'infortuné Guillaume Barents, qui fit les mêmes voyages dans la même flotte, sur un autre vaisseau, et qui finit ses jours sur les côtes septentrionales de la Nouvelle-Zemble, où il avait hiverné, trouva au nord et au sud de cette île un courant perpétuel de glaces qui venaient de l'est avec une rapidité qu'il compare, comme Ellis, à celle d'une écluse. Beaucoup de ces glaces avaient jusqu'à 36 brasses de profondeur dans l'eau, et 16 brasses d'élévation au-dessus. C'était au détroit de Waigats, dans les mois

* Voyages des Hollandais au Nord, tome IV, pag. 204.

de juillet et d'août. Il y trouva des pêcheurs Russes de Petzora, qui naviguaient, dans ces mers couvertes de rochers flottants de glaces, dans une barque d'écorces d'arbres cousues. Ces pauvres gens offrirent aux Hollandais des oies grasses, avec de grands témoignages d'amitié; car l'infortune est bien propre à rapprocher les hommes, dans tous les climats. Ils lui apprirent que ce même détroit de Waigats, qui dégorgeait tant de glaces, serait tout-à-fait fermé vers la fin d'octobre, et qu'on pourrait aller en Tartarie, sur les glaces, par la mer qu'ils nommaient de Marmare.

Il est certain que tous les effets que je viens de rapporter ne peuvent venir que des effusions des glaces qui environnent le pôle. Je remarquerai ici, en passant, que ces glaces qui s'écoulent, avec tant de rapidité, au nord de l'Amérique et de l'Europe, vers les mois de juillet et d'août, contribuent à nous donner nos grandes marées de l'équinoxe de septembre, et que lorsque leurs effusions s'arrêtent dans le mois d'octobre, comme celles du Waigats, c'est aussi le temps où nos marées commencent à diminuer.

On peut me demander à présent pourquoi les marées viennent du nord et de l'est au nord de l'Amérique et de l'Europe; et qu'elles viennent du sud sur nos côtes, et sur celles de l'Amérique, qui sont aux mêmes latitudes.

Il me suffirait d'en avoir dit assez pour prouver

que toutes les marées ne viennent pas de la pression ou de l'attraction du soleil et de la lune sur l'équateur; j'aurais démontré l'insuffisance de nos systèmes, qui les attribuent à ces causes : mais je vais remplacer ce que je viens de détruire, par d'autres observations, et prouver qu'il n'y a aucune marée, sur quelque rivage que ce soit, qui ne doive son origine aux effusions polaires.

Une observation de Dampier servira d'abord de base à mes raisonnements. Cet habile observateur distingue entre courants et marées : il pose pour principe, d'après beaucoup d'expériences qu'il rapporte dans son Traité des vents et des marées, que « les courants ne se font guère sentir qu'en » pleine mer, et les marées sur les côtes. » Ceci posé : les effusions polaires, qui sont des marées du nord ou de l'est pour ceux qui sont dans le voisinage du pôle ou des baies qui y communiquent, prennent leur cours général au milieu du canal de l'Océan Atlantique, attirées vers la Ligne par la diminution des eaux que le soleil y évapore continuellement. Elles produisent, par leur courant général, deux courants contraires ou remoux collatéraux, comme les fleuves en produisent de pareils sur leurs bords.

Je ne suppose point gratuitement l'existence de ces contre-courants ou remoux, à la manière de ceux qui font des systèmes, qui créent de nouvelles causes, à mesure que la nature leur présente de nouveaux effets. Ces remoux sont des réactions hydrauliques, dont la géométrie explique les lois, et dont on peut s'assurer par l'expérience. Si vous regardez couler un petit ruisseau, vous verrez souvent les pailles qui flottent le long de ses bords remonter contre son cours ; et lorsqu'elles arrivent aux points où les contre-courants croisent le courant général, vous les voyez agitées par ces deux puissances opposées, tournoyer et pirouetter long-temps, jusqu'à ce qu'elles soient à la fin entraînées par le courant général. Ces contre-courants sont encore plus sensibles lorsque ce ruisseau s'écoule dans un bassin qui n'a point lui-même d'écoulement ; car la réaction est alors si considérable dans toute la circonférence du bassin, que les contre-courants emmènent tous les corps qui y flottent, jusqu'à l'endroit même où le ruisseau se dégorge.

Ces contre-courants latéraux sont si sensibles sur les bords des fleuves, que les bateaux en profitent souvent pour remonter contre leurs cours. M. de Crèvecœur rapporte qu'il fit 422 milles en quatorze jours, en remontant l'Ohio le long de ses rivages, « à l'aide des remoux, qui ont tou-
» jours, dit-il, une vélocité égale au courant
» principal.* »

Ils sont presque aussi forts sur les bords des

---

* Lettre d'un Cultivateur américain, tome III, page 433.

lacs. Le père Charlevoix, qui a donné de judicieuses observations sur le Canada, dit que, lorsqu'il s'embarqua sur le lac Michigan, il fit huit bonnes lieues dans un jour, à l'aide de ces contre-courants latéraux, quoiqu'il eût le vent contraire. Il suppose, avec raison, que les rivières qui se jettent dans ce lac produisent, au milieu de ces eaux, de grands courants contraires; « mais ces
» grands courants, dit-il,* ne se font sentir qu'au
» milieu du canal, et produisent sur leurs bords
» des remoux ou contre-courants dont on pro-
» fite, quand on va terre à terre, comme sont
» obligés de faire ceux qui voyagent en canots
» d'écorces. »

Dampier est rempli d'observations sur ces contre-courants de la mer, qui sont très-communs, surtout dans les détroits des îles situées entre les tropiques. Il parle souvent des effets extraordinaires que produisent leurs rencontres avec les courants particuliers qui les occasionent; mais comme il n'a pas considéré les marées elles-mêmes comme des remoux du courant général de l'Océan Atlantique, et que je ne crois pas même qu'il ait soupçonné l'existence de son courant général, quoiqu'il ait parlé à fond des deux courants ou moussons de l'Océan Indien, nous allons rapporter quelques faits qui établissent les plus grandes

* Histoire de la Nouvelle-France, tome VI, page 2.

consonnances avec ceux qu'il a lui-même observés dans les mers des Indes et du Sud. Ces faits prouveront, de plus, d'une manière évidente, l'existence de ces effusions polaires : car, partout où ces effusions viennent à rencontrer, en allant au midi, leurs remoux qui remontent au nord, elles produisent par leur choc les marées les plus terribles, et qui ont les mouvements les plus opposés. Considérons-les seulement à leur point de départ au nord de l'Europe, où elles commencent à quitter nos côtes, pour s'étendre en pleine mer. Pontoppidan dit, dans son Histoire de Norwège, qu'il y a, au-dessus de Berghen, un endroit appelé *Malestrom*, très-redouté des marins, où la mer forme un tournoiement prodigieux de plusieurs milles de diamètre, et où quantité de vaisseaux ont été engloutis. James Beeverell dit positivement qu'il y a, dans les îles Orcades, deux marées opposées entre elles, l'une venant du nord-ouest, et l'autre du sud-est; qu'elles jettent leurs flots fumants jusqu'aux nues, et qu'elles semblent vouloir convertir le détroit qui les sépare en écume.9 Les Orcades sont placées un peu au-dessous de la latitude de Berghen, et dans le prolongement de la côte septentrionale de Norwège, c'est-à-dire, au confluent des effusions polaires et de leurs remoux.

Les autres îles de la mer sont dans de semblables positions, comme nous le pourrions prouver,

HEMISPHERE ATLANTIQUE

Avec son Canal, ses Glaces, ses Courans et ses Marées, dans les Mois de Janvier et Février.

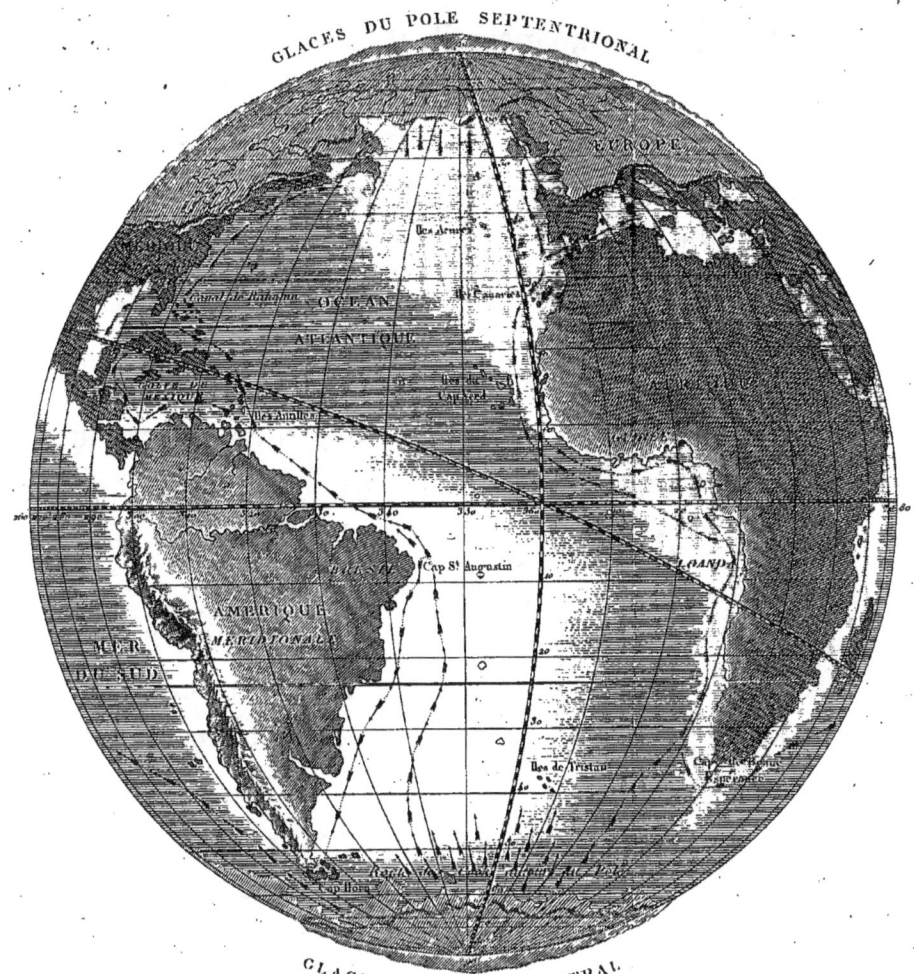

Tom. 1. Pag. 168. Voyez aussi l'Explication des Figures.

si le lieu nous le permettait. Par exemple, le canal de Bahama, qui court avec tant de rapidité au nord, entre le continent de l'Amérique et les îles Lucayes, produit autour de ces îles, par sa rencontre avec le courant général de cette mer, les marées les plus tumultueuses, et semblables à celles des Orcades.

Ces remoux du cours de l'Océan Atlantique occasionent donc nos marées d'Europe et d'Amérique, qui vont au nord sur nos côtes; tandis que son courant général va au sud, du moins pendant l'été. Je pourrais rapporter mille autres observations sur l'existence de ces courants contraires ; mais une seule, plus générale que celles que j'ai citées, me suffira par son importance et son authenticité, puisque c'est la première de toutes celles qui en ont été faites en Europe, et peut-être la seule : c'est celle de Christophe Colomb partant pour la découverte du Nouveau-Monde. Il mit à la voile aux Canaries, vers le commencement de septembre, et fit route à l'ouest. Il trouva, pendant les premiers jours de sa navigation, que les courants portaient au nord-est. Quand il fut à deux ou trois cents lieues de terre, il s'aperçut qu'ils se dirigeaient vers le sud, ce qui effraya beaucoup ses compagnons, qui croyaient que la mer se portait là vers un précipice. Enfin, aux approches des îles Lucayes, il retrouva les courants portant au Nord. On peut voir le journal de son voyage dans Herrera. Je pense que ce courant général, qui flue de notre pôle, en été, avec tant de rapidité, et qui est si violent vers sa source, comme l'ont éprouvé Ellis et Linschoten, traverse la ligne équinoxiale, d'autant qu'il n'y est point arrêté par les effusions du pôle austral, qui, dans cette saison, se couvre de glaces. Je présume, par cette même raison, qu'il va au-delà du Cap de Bonne-Espérance, d'où il se porte vers la zone torride, où il est attiré par le déplacement des eaux que le soleil y pompe chaque jour, et qu'étant dirigé vers l'orient par la position de l'Afrique et de l'Asie, il détermine l'Océan Indien à se porter du même côté, contre son mouvement ordinaire. Je le regarde donc comme le premier moteur de la mousson occidentale qui arrive dans les mers des Indes, au mois d'avril, et qui ne finit qu'en septembre.

Je pense aussi que le courant général qui part, pendant l'hiver, du pôle austral que le soleil échauffe alors de ses rayons, rétablit l'Océan Indien dans son mouvement naturel vers l'occident, qui est déterminé d'ailleurs de ce côté-là par les impulsions générales du vent d'est, qui souffle ordinairement dans la zone torride, lorsque rien n'en dérange le cours. Je présume aussi que ce courant pénètre à son tour dans notre Océan Atlantique, en dirige le mouvement vers le nord par la position de l'Amérique, et apporte plusieurs autres changements à nos marées. En effet, Froger dit, dans son Voyage à la mer du Sud, qu'au Brésil, les courants suivent le soleil : ils vont au sud quand il est au sud, et au nord quand il est au nord. Ceux qui ont éprouvé ces effusions polaires australes au-delà du cap Horn, ont reconnu que, dans l'été du pôle austral, les marées portent au nord, comme l'observa Guillaume Schouten, qui découvrit le détroit de Le Maire en janvier 1661 ; mais ceux, au contraire, qui y ont passé dans l'hiver de ce pays, ont trouvé que les marées portaient au sud, et venaient du nord, comme l'observa Fraisier, au mois de mai de l'an 1712. Il me semble maintenant qu'on peut expliquer, par ces effusions polaires, les principaux phénomènes de nos marées. On voit, par exemple, pourquoi celles du soir sont plus fortes, en été, que celles du matin ; parce que le soleil agit plus fortement, le jour que la nuit, sur les glaces de notre pôle qui sont sous notre méridien. Cet effet ressemble à l'intermittence de certaines fontaines qui coulent des montagnes à glaces, et fluent plus abondamment le soir que le matin. On voit encore pourquoi il arrive que nos marées du matin sont, en hiver, plus considérables que celles du soir ; et pourquoi l'ordre de nos marées change au bout de six mois, suivant la remarque de Bouguer, * qui trouve la chose

* Bouguer, Traité de la Navigation ; page 152.

étonnante, sans en donner aucune raison; puisque le soleil étant alors au pôle sud, les effets des marées doivent être opposés, comme les causes qui les produisent.

Mais voici des concordances, entre la mer et les pôles, encore plus étendues et plus frappantes. C'est aux solstices qu'arrivent les plus basses marées de l'année ; ce sont aussi les temps où il y a le plus de glaces sur les deux pôles, et par conséquent le moins d'eau dans la mer. En voici la raison. Le solstice d'hiver est, par rapport à nous, le temps du plus grand froid; il y a donc alors sur notre pôle et sur notre hémisphère le plus grand volume de glace possible. C'est, à la vérité, le solstice d'été pour le pôle sud; mais il y a peu de glaces fondues sur ce pôle, parce que l'action de la plus grande chaleur ne s'y fait sentir, comme chez nous, que lorsque la terre a une chaleur acquise, jointe à la chaleur actuelle du soleil, ce qui n'arrive que dans les six semaines qui suivent le solstice d'été, qui nous donnent à nous autres, dans notre été, les jours les plus chauds de l'année, que nous appelons jours caniculaires.

C'est aux équinoxes, au contraire, qu'arrivent les plus grandes marées. Ce sont aussi les temps où il y a le moins de glaces sur les deux pôles, et, par conséquent, le plus grand volume d'eau dans la mer. A l'équinoxe de septembre, la plus grande partie des glaces de notre pôle, qui a supporté toutes les chaleurs de l'été, est fondue, et celles du pôle sud commencent à fondre. Vous remarquerez encore que les marées de l'équinoxe de mars sont plus considérables que celles de septembre, parce que c'est la fin de l'été du pôle sud, qui a beaucoup plus de glaces que le nôtre, et qui donne par conséquent à l'Océan un plus grand volume d'eau. Il a plus de glaces, parce que le soleil est six jours de moins dans son hémisphère que dans le nôtre. Si l'on me demande maintenant pourquoi le soleil ne partage pas également sa chaleur et sa lumière aux deux pôles, j'en laisserai chercher la cause aux savants; mais j'en attribuerai la raison à la bonté divine, qui a voulu partager plus favorablement la partie du globe qui contient le plus grand espace de terre et le plus grand nombre d'habitants.

Je ne dirai rien de l'intermittence de ces effusions polaires, qui donnent sur nos côtes deux flux et deux reflux, à-peu-près dans le même temps que le soleil, faisant le tour du globe sur notre hémisphère, échauffe alternativement deux continents et deux mers, c'est-à-dire, dans l'espace de vingt-quatre heures, pendant lesquelles son influence agit deux fois, et est deux fois suspendue. Je ne parlerai pas non plus de leur retard, qui est de près de trois quarts d'heure d'une marée à l'autre, et qui semble réglé par les différents diamètres de la coupole polaire de glace, dont les bords, fondus par le soleil, diminuent et s'éloignent de nous chaque jour, et dont les effusions doivent, par conséquent mettre, plus de temps à venir à la Ligne, et à revenir de la Ligne à nous; ni des autres rapports que ces périodes du pôle ont avec les phases de la lune, sur-tout lorsqu'elle est pleine; car ses rayons ont une chaleur évaporante, comme l'ont démontré les dernières expériences faites à Rome et à Paris: il me faudrait rapporter une suite d'observations et de faits qui me meneraient trop loin.

Je m'engagerai encore bien moins à parler des marées du pôle austral, qui, dans l'été de ce pôle, en pleine mer, viennent immédiatement du sud et du sud-ouest par grosses houles, comme l'éprouva le Hollandais Abel Tasman, en janvier et février 1692; et de leur irrégularité sur les côtes de cet hémisphère, telle que sur celles de la Nouvelle-Hollande, où Dampier, dans le mois de janvier 1688, éprouva, à son grand étonnement, que la plus grande marée, qui venait de l'est-quart-nord, n'arriva que trois jours après la pleine lune, et où les gens de son équipage, consternés, crurent pendant plusieurs jours que leur vaisseau, qu'ils avaient échoué sur le rivage pour le radouber, y resterait, faute de pouvoir être remis à flot. * Je ne dirai rien de celles de la Nou-

* Voyage de Dampier, Traité des Vents et des Marées, pages 378 et 379.

velle-Guinée, où vers la fin d'avril, le même voyageur en rencontra, au contraire, plusieurs dans une seule nuit, qui s'étendaient, à l'opposite des nôtres, du nord au sud, et venaient de l'ouest par refrains très-rapides, tumultueux, et précédés de grandes houles qui ne brisaient pas ; ni du peu d'élévation de ces marées sur la côte du Brésil ; et dans la plupart des îles de la mer du Sud et des Indes Orientales, où elles ne montent qu'à 5, 6, 7 pieds, tandis qu'Ellis les a trouvées de 25 pieds à l'entrée de la baie de Hudson, et le chevalier Narbrough, de 20 pieds à l'entrée du détroit de Magellan. Leurs cours vers l'équateur, dans la mer du Sud ; leurs retardements et leurs accélérations sur ses rivages ; leurs directions, tantôt orientales, tantôt occidentales, suivant les moussons ; enfin, leurs ascensions, qui augmentent à mesure qu'on s'approche du pôle, et qui diminuent à mesure qu'on s'en éloigne, entre les tropiques mêmes, prouvent que leur foyer n'est point sous la Ligne. La cause de leurs mouvements ne dépend point de l'attraction ou de la pression du soleil et de la lune sur cette partie de l'Océan ; car ces forces y agiraient sans doute avec la plus grande énergie, dans des périodes aussi régulières que le cours de ces astres ; mais elle semble dépendre entièrement de la chaleur combinée de ces mêmes astres sur les pôles du monde, dont les effusions irrégulières, n'étant point resserrées dans l'hémisphère austral, comme dans le nôtre, par le canal de deux continents voisins, produisent, sur les rivages des mers Indiennes et Orientales, des expansions vagues et intermittentes.

Il suffit donc d'admettre ces effusions alternatives des glaces polaires, que l'on ne peut révoquer en doute, pour expliquer, avec la plus grande facilité, tous les phénomènes des marées et des courants de l'Océan. Ces phénomènes présentent, dans les journaux des voyageurs les plus éclairés, une obscurité perpétuelle et une multitude de contradictions, lorsque ces mêmes voyageurs veulent en rapporter les causes à la pression constante de la lune et du soleil sur l'équateur, sans avoir égard aux courants alternatifs des pôles qui se portent vers ce même équateur; à leurs contre-courants, qui, retournant vers les pôles, donnent les marées, et aux révolutions que l'hiver et l'été apportent à ces deux mouvements.

On a supposé, à la vérité, dans ces derniers temps, que la mer devait être libre de glaces sous les pôles, d'après cette étrange assertion, que la mer ne gelait que le long des terres; mais cette supposition a été faite par des hommes de cabinet, contre l'expérience des plus fameux navigateurs. Les tentatives du capitaine Cook vers le pôle austral, en ont démontré l'erreur. Ce hardi marin n'a jamais pu approcher, au mois de février, dans les jours caniculaires de cet hémisphère, de ce pôle où il n'y a aucune terre, plus près que le 71ᵉ degré, c'est-à-dire, à cinq cents lieues, quoiqu'il eût tourné, pendant l'été, tout autour de sa coupole de glace; encore cette distance ne faisait pas la moitié de l'amplitude de cette coupole, et il ne s'est avancé si loin qu'à la faveur d'une baie ouverte dans une partie de sa circonférence, qui avait par-tout ailleurs beaucoup plus d'étendue. Ces baies, ou ouvertures, ne se forment dans les glaces que par l'influence même des terres les plus voisines, où la nature a distribué des zones sablonneuses, pour accélérer la fusion des glaces polaires dans le temps convenable. Telles sont, pour le dire en passant, car je n'ai pas le temps de développer ici tous les plans de cette admirable architecture; telles sont, dis-je, ces longues bandes de sable qui coupent l'Amérique septentrionale, dans la terre Magellanique, et celles de la Tartarie, qui commencent en Afrique au Zara ou Désert, et viennent se terminer au nord de l'Asie. Les vents portent, en été, les particules ignées dont ces zones sont remplies, vers les pôles, où elles accélèrent l'action du soleil sur les glaces. Il est aisé de concevoir, indépendamment de l'expérience, que les sables multiplient la chaleur du soleil par les réflexions de leurs parties spéculaires et brillantes, et la conservent long-temps dans leurs interstices. Il est certain du moins que les plus grandes ouvertures des glaces polaires se rencontrent toujours dans la direction des vents chauds; et sous l'influence de ces terres sablonneuses, comme je pourrais le démontrer, si c'en était ici le lieu. Mais nous en pouvons voir des exemples sans sortir de notre continent, et même de nos jardins. En Russie, les rivières et les lacs dégèlent toujours par leurs rivages, et la fusion de leurs glaces s'accélère d'autant plus vite que les grèves sont plus sablonneuses, et qu'elles se rencontrent, par rapport à elles, dans la direction du vent du midi. Nous voyons les mêmes effets dans nos jardins, à la fin de l'hiver. La glace qui est sur le sable des allées, fond d'abord la première; ensuite, celle qui est sur la terre; et, en dernier lieu, celle qui est dans les bassins. La fusion de celle-ci commence par les bords, et elle est d'autant plus de temps à s'achever, que les bassins ont plus d'étendue; en sorte que la partie du milieu de la glace, qui est la plus éloignée de la terre, est aussi la dernière qui dégèle.

On ne peut donc pas douter que les pôles ne soient couverts d'une coupole de glaces, d'après l'expérience des marins, et d'après la raison naturelle. Nous avons jeté un coup-d'œil sur celle de notre pôle, qui le couvre, en hiver, dans une étendue de plus de deux mille lieues sur les continents. Il n'est pas aussi aisé de déterminer son élévation au centre et sous le pôle même; mais elle doit y être d'une hauteur prodigieuse.

L'astronomie nous en présente quelquefois dans les cieux une image si considérable, que la rotondité de la terre en paraît être notablement altérée.

Voici ce que je trouve, à ce sujet, dans l'Anglais Childrey.* Ce naturaliste suppose, comme moi, que la terre est couverte de glaces aux pôles, à une telle hauteur, que sa figure en est rendue sensiblement ovale. C'est ce qu'il prouve par deux observations astronomiques fort curieuses. « Ce qui m'oblige encore, dit-il, à em-
» brasser ce paradoxe, c'est qu'il sert admira-
» blement bien à résoudre une difficulté d'im-
» portance, qui a fort embarrassé Tycho-Brahé
» et Képler, touchant les éclipses centrales de
» la lune, qui se font proche de l'équateur,
» comme était celle que Tycho observa en l'an-
» née 1588, et celle que Képler observa en l'an-
» née 1624, de laquelle voici comme il parle :
» *Notandum est hanc lunæ eclipsim (instar il-*
» *lius quam Tycho, anno 1588, observavit tota-*
» *lem et proximam centrali), egregiè calculum*
» *fefellisse; nam non solùm mora totius lunæ in*
» *tenebris brevis fuit, sed et duratio reliqua multò*
» *magis; perindè quasi tellus elliptica esset, di-*
» *metientem breviorem habens sub æquatore, lon-*
» *giorem à polo uno ad alterum.* » C'est-à-dire :

---

* Histoire naturelle d'Angleterre, pages 246 et 247.

« Il faut remarquer que cette éclipse de lune (il
» entend parler de celle du 26 septembre 1624),
» pareille à celle que Tycho observa en l'année
» 1588, c'est-à-dire totale et quasi centrale, me
» trompa fort dans ma supputation ; car non-
» seulement la durée de son obscurité totale fut
» fort courte, mais le reste de la durée de de-
» vant et d'après l'obscurité totale le fut encore
» davantage ; comme si la terre était elliptique,
» et qu'elle eût un diamètre plus court sous l'é-
» quateur que d'un pôle à l'autre. »

Les débris, à demi fondus, qui se détachent tous les ans de la circonférence de cette coupole, et que l'on rencontre bien loin du pôle, flottants sur la mer, vers le 55e degré, sont si élevés, qu'Ellis, Cook, Martens, et les autres voyageurs du nord et du sud les plus exacts dans leurs récits, les représentent pour le moins aussi hauts que des vaisseaux à la voile. Ellis même, comme nous l'avons dit, n'hésite pas à leur donner 15 à 1800 pieds d'élévation. Ils disent unanimement que ces glaces jettent des lueurs qui les font apercevoir avant d'être sur l'horizon. Je remarquerai, en passant, que nos aurores boréales pourraient bien devoir leur origine à de pareilles réflexions des glaces polaires, dont peut-être un jour on déterminera l'élévation par l'étendue de ces mêmes lumières. Quoi qu'il en soit, Denis, gouverneur du Canada, en parlant des glaces

qui descendent du nord, tous les étés, sur le grand banc de Terre-Neuve, dit qu'elles sont plus hautes que les tours de Notre-Dame, et qu'on les voit de quinze à dix-huit lieues ; les navires en sentent le froid à pareille distance. « Elles sont,
» dit-il,* quelquefois en si grand nombre, étant
» toutes conduites du même vent, qu'il s'est
» trouvé des navires allant à terre pour le pois-
» son sec, qui en ont rencontré de cent cin-
» quante lieues de longueur et encore plus, qui
» les ont côtoyées un jour ou deux avec la nuit,
» bon frais, portant toutes voiles, sans en trou-
» ver le bout. Ils vont comme cela tout le long,
» pour trouver quelque ouverture à passer leur
» navire ; s'ils en rencontrent, ils y passent
» comme par un détroit, autrement il faut aller
» jusqu'au bout pour y passer; car les glaces bar-
» rent le chemin. Ces glaces-là ne fondent point,
» que lorsqu'elles attrapent les eaux chaudes vers
» le midi, ou bien qu'elles sont poussées par le
» vent du côté de la terre. Il en échoue jusqu'à
» 25 et 30 brasses d'eau ; jugez de leur hauteur,
» sans ce qui est sur l'eau. Des pêcheurs m'ont
» assuré en avoir vu une échouée sur le grand
» banc, à 45 brasses d'eau, qui avait bien dix
» lieues de tour. Il fallait qu'elle eût une grande

* Denis, Histoire naturelle de l'Amérique septentrionale, tome II, chap. I, pages 44 et 45.

» hauteur. Les navires n'approchent point de
» ces glaces-là; l'on appréhende qu'elles ne tour-
» nent d'un côté sur l'autre, à mesure qu'elles
» se déchargent du côté où elles ont plus de cha-
» leur. »

Nous observerons que ces glaces sont déjà plus d'à-moitié fondues lorsqu'elles arrivent sur le banc de Terre-Neuve, car en effet elles ne vont guère plus loin. C'est la chaleur de l'été qui les détache du nord, et elles ne font même tant de chemin au midi qu'à la faveur de leurs écoulements qui les entraînent vers la Ligne, où ils vont remplacer les eaux que le soleil y évapore. Ces glaces polaires, dont nos marins ne voient que les lisières et les débris, doivent avoir, à leur centre, une élévation proportionnée à leur étendue. Pour moi je considère les deux hémisphères de la terre comme deux montagnes qui sont jointes ensemble sous la Ligne, les pôles comme les sommets glacés de ces montagnes, et les mers comme des fleuves qui découlent de ces sommets. Si donc nous venons à nous représenter les proportions que les glaciers de la Suisse ont avec leurs montagnes et avec les fleuves qui en découlent, nous pourrons nous former une idée de celles que les glaciers des pôles ont avec le globe entier et avec l'Océan. Les Cordilières du Pérou, qui ne sont que des taupinières auprès des deux hémisphères, et dont les fleuves qui en sortent ne sont que des filets d'eau auprès de la mer, ont des lisières de glaces de vingt à trente lieues de largeur, hérissées à leur centre de pyramides de neige de 12 à 1500 toises d'élévation. Quelle doit donc être la hauteur, au centre, des deux coupoles des glaces polaires qui ont, en hiver, des bases de deux mille lieues de diamètre ! Je ne doute pas que leur épaisseur aux pôles n'y fasse paraître la terre ovale dans les éclipses centrales de lune, comme l'ont observé Tycho-Brahé et Képler.

Voici une autre conséquence que je tire de cette configuration. Si la hauteur des glaces polaires est capable d'altérer dans les cieux la forme du globe, leur poids doit être assez considérable pour influer sur son mouvement dans l'écliptique. Il y a en effet une concordance très-singulière entre le mouvement par lequel la terre présente alternativement ses deux pôles au soleil dans un an, et les effusions alternatives des glaces polaires qui arrivent dans le cours de la même année. Voici comme je conçois que ce mouvement de la terre est l'effet de ces effusions. En admettant, avec les astronomes, les lois de l'attraction parmi les astres, la terre doit certainement présenter au soleil, qui l'attire, la partie la plus pesante de son globe. Or cette partie la plus pesante doit être un de ses pôles, lorsqu'il est surchargé d'une coupole de glace d'une étendue de deux mille lieues, et d'une élévation supérieure à celle des continents. Mais comme la glace de ce pôle, que sa pesanteur incline vers le soleil, se fond à mesure qu'elle s'en approche verticalement, et qu'au contraire la glace du pôle opposé augmente à mesure qu'elle s'en éloigne, il doit arriver que le premier pôle devenant plus léger et le second plus pesant, le centre de gravité passe alternativement de l'un à l'autre ; et que de ce balancement réciproque doit naître ce mouvement du globe dans l'écliptique qui nous donne l'été et l'hiver.

Il s'ensuit, de cette pesanteur versatile, que notre hémisphère ayant plus de terres que l'hémisphère austral, et étant par conséquent plus pesant, il doit s'incliner plus long-temps vers le soleil ; et c'est ce qui arrive en effet, puisque nous avons cinq ou six jours d'été plus que d'hiver. Il s'ensuit encore que notre pôle ne peut perdre son centre de gravité, que lorsque le pôle opposé se charge d'un poids de glace supérieur au poids de notre continent et des glaces de notre hémisphère : et c'est ce qui arrive aussi ; car les glaces du pôle austral sont plus élevées et plus étendues que celles de notre pôle, puisque les marins n'ont pu pénétrer que jusqu'au 71e degré de latitude sud, tandis qu'ils ont navigué jusqu'au 82e degré de latitude nord. On peut entrevoir ici une des raisons pour lesquelles la nature a divisé ce globe en deux hémisphères, dont l'un renferme la plus grande partie des terres, et l'autre la plus grande partie des mers, afin que ce mouvement du globe eût à-la-fois de la constance et de la versatilité. On voit encore pourquoi le pôle austral est placé immédiatement au milieu des mers, sans qu'aucune terre l'avoisine, afin qu'il pût se charger d'un plus grand volume d'évaporations maritimes, et que ces évaporations, accumulées en glace autour de lui, pussent balancer le poids des continents dont notre hémisphère est surchargé.

On peut me faire ici une très-forte objection. C'est que, si les effusions polaires occasionaient le mouvement de la terre dans l'écliptique, il arriverait un moment où, ses deux pôles étant en équilibre, elle ne présenterait plus que son équateur au soleil.

J'avoue que je n'ai rien à répondre à cette difficulté, sinon qu'il faut recourir à une volonté immédiate de l'Auteur de la nature, qui détruit l'instant de cet équilibre, et qui rétablit le balancement de la terre sur ses pôles par des lois qui nous sont inconnues. Au reste, cet aveu n'affaiblit pas plus la vraisemblance de la cause hydraulique que j'y applique, que celle du principe d'attraction des corps célestes ; qui sert à l'expliquer, j'ose dire, avec bien moins de clarté. Cette attraction même interdirait bientôt à la terre toute espèce de mouvement, si elle agissait seule dans les astres. Si nous voulons être de bonne foi, c'est à l'aveu d'une intelligence supérieure à la nôtre qu'aboutissent toutes les causes mécaniques de nos systèmes les plus ingénieux. La volonté de Dieu est l'*ultimatum* de toutes les connaissances humaines.

Je tirerai cependant de cette objection des conséquences qui vont répandre un nouveau jour sur d'anciens effets des effusions polaires, et sur la manière dont elles ont pu occasioner le déluge.10

Si l'on suppose donc l'équilibre rétabli entre les pôles, et que la terre présentât constamment son équateur au soleil, il est très-vraisemblable qu'elle s'embraserait alors. En effet, dans cette hypothèse, les eaux qui sont sous l'équateur étant évaporées par l'action constante du soleil, se fixeraient irrévocablement en glaces sur les pôles, où elles recevraient sans effet les influences de cet astre, qui serait pour elles perpétuellement à l'horizon. Les continents étant alors desséchés sous la zone torride, et échauffés par une chaleur qui croîtrait de jour en jour, ne tarderaient pas à s'enflammer. Or, s'il est probable que la terre périrait par le feu, si le soleil n'en parcourait que l'équateur, il ne l'est pas moins qu'elle a dû périr par les eaux, lorsque le soleil en parcourait un méridien. Des moyens opposés produisent des effets contraires.

Nous venons de voir que les simples effusions alternatives d'une partie des glaces polaires étaient suffisantes pour renouveler toutes les eaux de l'Océan, opérer tous les phénomènes des marées, et produire le balancement de la terre dans l'écliptique. Nous les croyons capables d'inonder le globe en entier, si elles venaient à s'écouler toutes à-la-fois. Remarquez bien que la seule effusion d'une partie des glaces des Cordilières du Pérou, suffit, chaque année, pour faire déborder l'Amazone, l'Orénoque, et plusieurs autres grands fleuves du Nouveau-Monde, et pour inonder une partie du Brésil, de la Guiane et de la Terre-ferme d'Amérique ; que la fonte d'une partie des neiges des monts de la Lune, en Afrique, occasione, chaque année, les débordements du Sénégal, contribue à ceux du Nil, et inonde de grandes contrées dans la Guinée, et toute l'Egypte inférieure ; et que de semblables effets se reproduisent, tous les ans, par de pareilles causes, dans une partie considérable de l'Asie méridionale, dans les royaumes du Bengale, de Siam, du Pégu et de la Cochinchine, et sur les territoires qu'arrosent le Tigre, l'Euphrate et beaucoup d'autres fleuves de l'Asie, qui ont leurs sources dans les chaînes de montagnes toujours glacées du Taurus et de l'Imaüs. Qui doutera donc que l'effusion totale des glaces des deux pôles ne suffise pour surmonter les bassins de l'Océan, et submerger les deux continents en entier? L'élévation de ces deux coupoles de glaces polaires, aussi vastes que des océans, ne doit-elle pas surpasser de beaucoup la hauteur des terres les plus élevées, puisque les simples fragments de leurs extrémités, à demi dissouts, sont hauts comme les tours de Notre-Dame, et ont même jusqu'à quinze à dix-huit cents pieds de hauteur au-dessus de la mer? Le territoire de Paris, qui est à quarante lieues du rivage de la mer, n'a pas plus de vingt-deux toises d'élévation au-dessus du niveau des basses marées, et il n'en a pas dix-huit au-dessus des plus hautes. Une grande partie de l'ancien et du nouveau Monde en a beaucoup moins.

Pour moi, si j'ose le dire, j'attribue le déluge universel à l'effusion totale des glaces polaires, à laquelle on peut joindre celle des montagnes à glaces, comme celles des Cordilières et du Taurus, qui en ont des chaînes de douze à quinze cents lieues de longueur, sur vingt ou trente de largeur, et sur douze à quinze cents toises d'élévation. On peut y ajouter encore les eaux dispersées dans l'atmosphère en nuages et en vapeurs insensibles, qui ne laisseraient pas de former un volume d'eau très-considérable, si elles étaient rassemblées sur la terre.

Je suppose donc, qu'à l'époque de ce terrible événement, le soleil, sorti de l'écliptique, s'avança du midi au nord, [11] et parcourut un des méridiens qui passent par le milieu de l'Océan Atlantique et de la mer du Sud. Il n'échauffa dans cette route qu'une zone d'eau, tant fluide que gelée, qui, dans la plus grande partie de sa circonférence, a quatre mille cinq cents lieues de largeur. Il fit sortir de longues bandes de brouillards et de brumes, qui accompagnent la fonte de toutes les glaces, de la chaîne des Cordilières, des diverses branches des montagnes à glaces du Mexique, du Taurus et de l'Imaüs, qui courent, comme elles, nord et sud; des flancs de l'Atlas, des sommets de Ténériffe, du mont Jura, de l'Ida, du Liban, et de toutes les montagnes couvertes de neiges, qui se trouvèrent exposées à son influence directe. Bientôt il embrasa de ses feux verticaux la constellation de l'Ourse et celle de la Croix du sud; et aussitôt les vastes coupoles de glaces des pôles fumèrent de toutes parts. Toutes ces vapeurs, réunies à celles qui s'élevaient de l'Océan, couvrirent la terre d'une pluie universelle. L'action de la chaleur du soleil fut encore redoublée par celle des vents brûlants des zones sablonneuses de l'Afrique et de l'Asie, qui, soufflant, comme tous les vents, vers les parties de la terre où l'air était le plus raréfié, se précipitèrent, comme des béliers de feu, vers les pôles du monde, où le soleil agissait alors avec toute son énergie.

Bientôt des torrents innombrables jaillirent du pôle du nord, qui était alors le plus chargé de glaces, puisque le déluge commença le 17 février, qui est le temps de l'année où l'hiver a exercé tout son empire sur notre hémisphère. Ces torrents sortirent à-la-fois de toutes les portes du nord, des détroits de la mer d'Anadir, du golfe profond de Kamtschatka, de la mer Baltique, du détroit de Waigats, des écluses inconnues du Spitzberg et du Groenland, de la baie d'Hudson, et de celle de Baffin, qui est encore plus reculée. Leurs eaux mugissantes se précipitèrent en partie par le canal de l'Océan Atlantique, bouleversèrent le fond de son bassin, pénétrèrent au-delà de la Ligne, et leurs remoux collatéraux revenant sur leurs pas, repoussés et augmentés par les courants du pôle austral, qui s'écoulaient dans le même temps, étalèrent sur nos rivages la plus effroyable des marées. Ils roulèrent dans leurs flots une partie des dépouilles de l'Océan situé entre l'ancien et le nouveau Monde. Ils étendirent les larges coquillages qui pavent le fond des mers des îles des Antilles et du Cap-Vert, sur les plaines de la Normandie, et ils portèrent même ceux qui s'attachent aux rochers du détroit de Magellan, jusque dans les campagnes qu'arrose la Saône. Rencontrés par le courant général du pôle, ils formèrent, à leur confluent, d'horribles contre-marées qui conglomérèrent, dans leurs vastes entonnoirs, les sables, les cailloux et les corps marins, en masses de grès tourbillonnées, en collines irrégulières, en rochers pyramidaux, qui hérissent, en plusieurs endroits, le sol de la France et de l'Allemagne. Ces deux courants généraux des pôles, venant à se rencontrer entre les tropiques, soulevèrent, du fond des mers, de grands bancs de madrépores, et les jetèrent tout entiers sur les rivages des îles voisines, où ils subsistent encore.[12]

Ailleurs, leurs eaux, ralenties à l'extrémité de leur cours, s'épandirent au sein des terres en vastes nappes, et déposèrent, à plusieurs reprises, en couches horizontales, les débris et les glutens d'une infinité de poissons, d'oursins, de fucus, de coquillages, de coralloïdes; et ils en formèrent les lits de sable, les pâtes de marbre, de marne, de plâtre et de pierre calcaire, qui font aujourd'hui le sol d'une grande partie de l'Europe. Chaque couche de nos fossiles fut le résultat d'une marée universelle. Pendant que les effusions des glaces polaires couvraient les extrémités occidentales de notre continent des dépouilles de la mer, elles étalaient sur ses extrémités orientales celles de la terre même, et déposaient sur le sol de la Chine des lits de terre végétale, de trois à quatre cents pieds de profondeur. Ce fut alors que tous les plans de la nature furent renversés. Des îles entières de glaces flottantes, chargées d'ours blancs, vinrent s'échouer parmi les palmiers de la zone torride; et les éléphants de l'Afrique furent roulés jusque dans les sapins de la Sibérie, où l'on retrouve encore leurs grands ossements. Les vastes plaines de la terre, inondées par les eaux, n'offrirent plus de carrière aux agiles coursiers, et celles de la mer en fureur cessèrent d'être navigables aux vaisseaux. En vain l'homme crut trouver une retraite dans les hautes montagnes. Mille torrents s'écoulaient de leurs flancs, et mêlaient le bruit confus de leurs eaux aux gémissements des vents et aux roulements des tonnerres. Les noirs orages se rassemblaient autour de leurs sommets, et répandaient une nuit affreuse au milieu du jour. En vain il chercha dans les cieux le lieu où devait reparaître l'aurore; il n'aperçut autour de l'horizon que de longues files de nuages redoublés; de pâles éclairs sillonnaient leurs sombres et innombrables bataillons; et l'astre du jour, voilé par leurs ténébreuses clartés, jetait à peine assez de lumière pour laisser entrevoir dans le firmament son disque sanglant, parcourant de nouvelles constellations. Au désordre des cieux, l'homme désespéra du salut de la terre. Ne pouvant trouver en lui-même la dernière consolation de la vertu, celle de périr sans être coupable, il chercha au moins à finir ses derniers moments dans le sein de l'amour ou de l'amitié. Mais dans ce siècle criminel, où tous les sentiments naturels étaient éteints, l'ami repoussa son ami, la mère son enfant, l'époux son épouse. Tout fut englouti dans les eaux;

cités, palais, majestueuses pyramides, arcs de triomphe chargés des trophées des rois; et vous aussi, qui auriez dû survivre à la ruine même du monde, paisibles grottes, tranquilles bocages, humbles cabanes, asyles de l'innocence! Il ne resta sur la terre aucune trace de la gloire ou du bonheur des mortels, dans ces jours de vengeance où la nature détruisait ses propres monuments.

De pareils bouleversements, dont il reste encore une infinité de traces sur la surface et dans le sein de la terre, n'ont pu, en aucune manière, être produits par la simple action d'une pluie universelle.

Je sais que le texte de l'Écriture est formel à cet égard; mais les circonstances qu'elle y joint semblent admettre les moyens qui, suivant mon hypothèse, opérèrent cette terrible révolution.

Il est dit dans la Genèse, « qu'il plut sur toute » la terre, pendant quarante jours et quarante » nuits. » Cette pluie, comme nous l'avons dit, fut le résultat des vapeurs qui s'élevaient de la fonte des glaces, tant terrestres que maritimes, et de là zone d'eau que le soleil parcourait alors au méridien. Quant au terme de quarante jours, ce temps nous paraît suffisant à l'action verticale du soleil sur les glaces polaires, pour les mettre au niveau des mers, puisqu'il ne faut guère que trois semaines du voisinage du soleil au tropique du cancer, pour fondre une bonne partie de celles de notre pôle. Il ne faut même alors que quelques bouffées de vent de sud ou de sud-ouest pendant quelques jours, pour dégager de glaces la côte méridionale de la Nouvelle-Zemble, et déboucher le détroit de Waigats, ainsi que l'ont observé Martens, Barents, et d'autres navigateurs du Nord.

La Genèse dit de plus, « que les sources du » grand abyme des eaux furent rompues, et que » les cataractes du ciel furent ouvertes. » L'expression de « sources du grand abyme, » ne peut s'appliquer, à mon avis, qu'à une effusion des glaces polaires, qui sont les véritables sources de la mer, comme les effusions des glaces des montagnes sont les sources de tous les grands fleuves. L'expression de « cataractes du ciel, » désigne aussi, ce me semble, la résolution universelle des eaux répandues dans l'atmosphère, qui y sont soutenues par le froid, dont les foyers se détruisaient alors aux pôles.

La Genèse dit ensuite, « qu'après qu'il eut plu » pendant quarante jours, Dieu fit souffler un » vent qui fit disparaître les eaux qui couvraient » la terre. » Ce vent, sans doute, reporta vers les pôles les évaporations de l'Océan, qui s'y fixèrent de nouveau en glaces. La Genèse ajoute ensuite des circonstances qui semblent rapporter tous les effets de ce vent aux pôles du monde ; car elle dit : « Les sources de l'abyme furent fermées, » aussi bien que les cataractes du ciel, et les pluies

» du ciel furent arrêtées. Les eaux étant agitées
» de côté et d'autre, se retirèrent et commencè-
» rent à diminuer après cent cinquante jours.*

L'agitation de ces eaux « de côté et d'autre » convient parfaitement au mouvement des mers, de la Ligne aux pôles, qui devait se faire alors sans aucun obstacle, puisque le globe n'était plus qu'un globe aquatique, et que l'on peut supposer que son balancement annuel dans l'écliptique, dont les glaces polaires sont en même temps les ressorts et les contre-poids, était dégénéré alors en une titubation journalière, suite de son premier mouvement. Ces eaux se retirèrent donc de l'Océan, lorsqu'elles vinrent à se convertir de nouveau en glaces sur les pôles ; et il est remarquable que l'espace de « cent cinquante jours » qu'elles mirent à s'y fixer, est précisément le temps que chacun des pôles emploie chaque année à se charger de ses congélations ordinaires.

On trouve encore, à la suite du même récit, des expressions analogues aux mêmes causes. « Dieu dit ensuite à Noé : Tant que la terre du-
» rera, la semence et la moisson, le froid et le
» chaud, l'été et l'hiver, la nuit et le jour ne ces-
» seront point de s'entre-suivre.** » Il ne doit y avoir rien de superflu dans les paroles de l'Auteur de la nature, ainsi que dans ses ouvrages. Le

* Genèse, chap. VIII, ỳ 2 et 3.
** Ibid., ibid., ỳ 22.

déluge, comme nous l'avons dit, commença le dix-septième jour du second mois de l'année, qui était, chez les Hébreux comme chez nous, le mois de février. Les hommes avaient donc alors ensemencé les terres, et ils ne les moissonnèrent point. Le froid ne succéda point, cette année-là, au chaud, ni l'été à l'hiver, parce qu'il n'y eut ni hiver, ni froid, par la fusion générale des glaces polaires, qui en sont les foyers naturels; et la nuit, proprement dite, ne suivit point le jour, parce qu'il n'y eut point alors de nuit aux pôles, où il y en a alternativement une de six mois, parce que le soleil, parcourant un méridien, éclairait toute la terre, comme il arrive lorsqu'il est à l'équateur.

J'ajouterai à l'autorité de la Genèse un passage très-curieux du livre de Job,* qui décrit le déluge et les pôles du monde, avec les principaux caractères que je viens d'en présenter.

℣ 4. Ubi eras quando ponebam fundamenta terræ ? Indica mihi, si habes intelligentiam.

5. Quis posuit mensuras ejus, si nosti? vel quis tetendit super eam, lineam?

6. Super quo bases illius solidatæ sunt? aut quis demisit lapidem angularem ejus,

7. Cùm manè laudarent simul astra matutina, et jubilarent omnes filii Dei?

8. Quis conclusit ostiis 13 mare, quando erumpebat quasi de vulvâ procedens :

9. Cùm ponerem nubem vestimentum ejus, et caligine illud, quasi pannis infantiæ, obvolverem?

* Chap. xxxviii.

10. Circumdedi illud terminis meis, et posui vectem et ostia.

11. Et dixi : Usque huc venies, et non procedes ampliùs ; et hîc confringes tumentes fluctus tuos.

12. Numquid post ortum tuum præcepisti diluculo, et ostendisti 14 auroræ locum suum ?

13. Et tenuisti concutiens extrema terræ, et excussisti impios ex eâ ?

14. Restituetur ut lutum 15 signaculum, et stabit sicut vestimentum.

15. Auferetur ab impiis lux sua, et brachium excelsum confringetur.

16. Numquid ingressus es profunda maris, et in novissimis 16 abyssi deambulasti ?

17. Numquid apertæ sunt tibi portæ mortis, 17 et ostia tenebrosa vidisti ?

18. Numquid considerasti 18 latitudinem terræ ? Indica mihi, si nosti omnia.

19. In quâ viâ lux habitet, et tenebrarum quis locus sit.

20. Ut ducas unumquodque ad terminos suos, et intelligas semitas domûs ejus.

21. Sciebas tunc quòd nasciturus esses ? et numerum dierum tuorum noveras ?

22. Numquid ingressus es thesauros nivis, aut thesauros grandinis aspexisti ?

23. Quæ præparavi in tempus hostis, in diem pugnæ et belli ?

« Où étiez-vous quand je posais les fondements de la terre ? Dites-le-
» moi, si vous avez de l'intelligence. Savez-vous qui est-ce qui en a dé-
» terminé les mesures, ou qui en a réglé les niveaux ? Sur quoi ses bases
» sont-elles affermies, ou qui en a posé la pierre angulaire, lorsque les
» astres du matin me louaient tous ensemble, et que tous les enfants de
» Dieu étaient transportés de joie ? Qui a donné des portes à la mer
» pour la renfermer, lorsqu'elle se débordait sur la terre, en sortant
» comme du sein de sa mère, lorsque je lui donnai des nuages pour vê-
» tement, et que je l'enveloppai d'obscurité, comme on enveloppe un
» enfant de bandelettes ? Je l'ai resserrée dans des bornes qui me sont
» connues ; je lui ai donné une digue et des écluses, et je lui ai dit : Tu
» viendras jusque-là, tu ne passeras pas plus loin, ici se brisera l'or-
» gueil de tes flots. Est-ce vous qui, en ouvrant vos yeux à la lumière,
» avez ordonné au point du jour de luire, et qui avez montré à l'aurore
» le lieu où elle devait naître ? Est-ce vous qui, tenant dans vos mains
» les extrémités de la terre, l'avez ébranlée, et qui en avez secoué les

» impies? De petits monuments innombrables de cette ruine en reste-
» ront empreints à sa surface, dans l'argile, et subsisteront comme son
» vêtement. La lumière des impies leur sera ôtée, et leur bras élevé
» sera brisé. Avez-vous pénétré au fond de la mer, et vous êtes-vous
» promené sur les sources qui renouvellent l'abyme? Vous a-t-on ou-
» vert ces portes de la mort, et en avez-vous vu les dégorgeoirs téné-
» breux? Avez-vous observé où se termine la latitude de la terre? Si
» toutes ces choses vous sont connues, déclarez-le-moi. Dites-moi où
» habite la lumière, et quel est le lieu des ténèbres, afin que vous les
» conduisiez chacune à leur destination, quand vous saurez les routes de
» leurs demeures. Saviez-vous, lorsque ces choses existaient déjà, que
» vous deviez naître vous-même, et aviez-vous connu alors le nombre
» rapide de vos jours? Êtes-vous entré enfin dans les trésors de la neige,
» et avez-vous vu ces affreux réservoirs de grêle que j'ai préparés pour le
» temps de l'ennemi, et pour le jour de la guerre et du combat? »

J'ai cru que le lecteur ne trouverait pas mauvais que je m'écartasse un peu de mon sujet, pour lui présenter la concordance de mon hypothèse avec les traditions de l'Écriture sainte, et sur-tout avec celles, quoique un peu obscures, du livre peut-être le plus ancien qu'il y ait au monde. De savants théologiens croient que Job a écrit avant Moïse. Personne n'a peint la nature avec plus de sublimité.

On pourra de plus s'assurer de l'effet général des effusions polaires sur l'Océan, par les effets particuliers des effusions des glaces des montagnes sur les lacs et les rivières du continent. Je rapporterai ici quelques exemples de ces dernières; car l'esprit humain, par sa faiblesse naturelle, aime à particulariser tous les objets de ses études. Voilà pourquoi il saisit beaucoup plus vite les lois de la nature dans les petits objets, que dans les grands.

Addisson, dans ses Remarques sur le Voyage d'Italie, de Misson, page 322, dit qu'il y a dans le lac de Genève, en été, vers le soir, une espèce de flux et reflux, causé par la fonte des neiges, qui y tombent en plus grande quantité l'après-midi qu'à d'autres heures du jour. Il explique encore avec beaucoup de clarté, suivant sa coutume, par les effusions alternatives des neiges des montagnes de la Suisse, l'intermittence de quelques fontaines de ce pays, qui coulent seulement à certaines heures du jour.

Si cette digression n'était pas déjà trop longue, je ferais voir qu'il n'y a ni fontaine, ni lac, ni fleuve, sujets à des flux et reflux particuliers, qui ne les doivent à des montagnes à glaces placées à leurs sources. Je dirai seulement encore deux mots de ceux de l'Euripe, dont les mouvements fréquents et irréguliers ont tant embarrassé les philosophes de l'antiquité, et qu'il est si aisé d'expliquer par les effusions glaciales des montagnes voisines. On sait que l'Euripe est un détroit de l'Archipel qui sépare l'ancienne Béotie de l'île d'Eubée, aujourd'hui Négrépont. Environ au milieu de ce détroit, dans sa partie la plus resserrée, on voit les eaux affluer tantôt du nord, tantôt du midi, dix, douze, quatorze fois par jour, avec la rapidité d'un torrent. On ne saurait rapporter ces mouvements multipliés, et très-souvent inégaux, aux marées de l'Océan, qui sont à peine sensibles dans la Méditerranée. Un jésuite, cité par Spon,* tâche de les accorder avec les phases de la lune; mais en supposant que la table qu'il en donne soit juste, il resterait toujours à expliquer leur régularité et leur irrégularité. Il réfute Sénèque le tragique, qui n'attribue à l'Euripe que sept flux, pendant le jour seulement :

Dùm lassa Titan mergat Oceano juga.

Il ajoute de plus, je ne sais d'après qui, que, dans la Mer-Persique, le flux n'arrive jamais que la nuit, et que, sous le pôle arctique, au contraire, il se fait sentir deux fois le jour, sans qu'on en voie jamais la nuit. Il n'en est pas de même, dit-il, de l'Euripe. J'observerai, en passant, que sa remarque, à l'occasion du pôle, en la supposant vraie, confirme que ses deux flux diurnes sont des effets du soleil qui n'agit que pendant le jour sur les deux extrémités glacées des continents du Nouveau-Monde et de l'ancien. Quant à l'Euripe, la variété, le nombre et la précipitation de ses flux, prouvent qu'ils ont pareillement leur origine dans des montagnes à glaces, situées à différentes distances et sous divers aspects du soleil. Car, suivant ce même jésuite, l'île d'Eubée, qui

---

* Voyage en Grèce et au Levant, par Spon, t. II, pag. 340.

est d'un côté du détroit, a des montagnes couvertes de neiges six mois de l'année ; et nous savons pareillement que la Béotie, qui est de l'autre côté, a plusieurs montagnes aussi élevées, et quelques-unes même où la glace se conserve en tout temps, telle que celle du mont Oëta. Si ces flux et reflux de l'Euripe arrivent aussi fréquemment en hiver, ce que l'on ne dit pas, il faut en attribuer la cause aux pluies qui tombent dans cette saison sur les croupes de ces hautes montagnes collatérales.

Je mettrai le lecteur en état de se former une idée de ces causes peu apparentes des mouvements de l'Euripe, en transcrivant ici ce que Spon rapporte ailleurs* du lac de Livadie ou Copaïde, qui est dans son voisinage. Ce lac reçoit les premiers flux des effusions glaciales des montagnes de la Béotie, et les communique sans doute à l'Euripe, à travers les montagnes qui l'en séparent. « Il reçoit, dit-il, plusieurs petites rivières,
» le Cephissus et les autres qui arrosent cette belle
» plaine, qui a environ quinze lieues de tour, et
» est abondante en blés et en pâturages. Aussi
» était-ce autrefois un des quartiers les plus peu-
» plés de la Béotie. Mais l'eau de cet étang s'enfle
» quelquefois si fort par les pluies et les neiges
» fondues, qu'elle inonda une fois deux cents

---

* Voyage en Grèce et au Levant, par Spon, t. II, pag. 88 et 89.

» villages de la plaine. Elle serait même capable
» de se déborder réglément toutes les années, si
» la nature, aidée [19] peut-être de l'art, ne lui
» avait procuré une sortie par cinq grands ca-
» naux, sous la montagne voisine de l'Euripe,
» entre Négrepont et Talanda, par où l'eau du
» lac s'engouffre, et va se jeter dans la mer, de
» l'autre côté de la montagne. Les Grecs appel-
» lent ce lieu-là Catabathra. Strabon, parlant de
» cet étang, dit néanmoins qu'il n'y paraissait
» point de sortie de son temps ; si ce n'est que le
» Cephissus s'en faisait quelquefois une sous terre.
» Mais il ne faut que lire les changements qu'il
» rapporte de ce marais, pour ne pas s'étonner
» de celui-ci. M. Wheler, qui alla voir ce lieu-là,
» après mon départ de Grèce, dit que c'est une
» des choses les plus curieuses du pays, la mon-
» tagne ayant près de dix milles de large, et étant
» presque toute de rocher. »

Je ne doute pas qu'il n'y ait plusieurs objections à faire contre l'explication rapide que je
viens de donner du cours des marées, du mouvement de la terre dans l'écliptique, et du déluge
universel par les effusions des glaces polaires ;
mais, j'ose le répéter, ces causes physiques se
présentent avec plus de vraisemblance, de simplicité, et de conformité à la marche générale
de la nature, que les causes astronomiques si
éloignées de nous, par lesquelles on les explique.

C'est au lecteur impartial à me juger. S'il est en garde contre la nouveauté des systèmes qui n'ont pas encore de prôneurs, il ne doit pas l'être moins contre l'ancienneté de ceux qui en ont beaucoup.

Revenons maintenant à la forme du bassin de l'Océan. Deux courants principaux le traversent d'orient en occident et du nord au midi. Le premier, venant du pôle sud, donne le mouvement à la Mer des Indes, et, dirigé par l'étendue orientale de l'ancien continent, va d'orient en occident et d'occident en orient, dans le cours de la même année, formant, aux Indes, ce qu'on y appelle les moussons. C'est ce que nous avons déja dit; mais ce que nous n'avons pas encore observé, et qui mérite bien de l'être, c'est que toutes les baies, anses et méditerranées de l'Asie méridionale, telles que les golfes de Siam et de Bengale, le golfe Persique, la Mer-Rouge et une multitude d'autres, sont dirigées, par rapport à lui, nord et sud, en sorte qu'elles n'en sont point rencontrées. De même, le second courant, venant du pôle nord, donne un mouvement opposé à notre mer, et, renfermé entre le continent de l'Amérique et le nôtre, il va du nord au midi, et il revient du midi au nord, dans la même année, formant, comme celui des Indes, des moussons véritables, quoique non observées par nos marins. Toutes les baies et méditerranées de l'Europe, comme la Mer-Baltique, celle de la Manche, du golfe de Gascogne, la Méditerranée proprement dite, et toutes celles de l'Amérique orientale, comme la baie de Baffin, la baie d'Hudson, le golfe du Mexique, ainsi qu'une multitude d'autres, sont dirigées, par rapport à lui, est et ouest ; ou, pour parler avec plus de précision, les axes de toutes les ouvertures de la terre, dans l'ancien et le nouveau Monde, sont perpendiculaires aux axes de ces courants généraux, en sorte que leur embouchure seulement en est traversée, et que leur profondeur n'est point exposée aux impulsions des mouvements généraux de la mer. C'est à cause de la tranquillité des baies, que tant de vaisseaux y vont chercher des mouillages, et c'est pour cette raison que la nature a placé, dans leurs fonds, les embouchures de la plupart des fleuves, comme nous l'avons dit, afin que leurs eaux pussent se dégorger dans l'Océan, sans être répercutées par la direction de ses courants. Elle a employé même ces précautions en faveur des moindres rivières qui s'y jettent. Il n'y a point de marin expérimenté qui ne sache qu'il n'y a guère d'anse qui n'ait son petit ruisseau. Sans la sagesse de ces dispositions, les eaux destinées à arroser la terre, l'auraient souvent inondée.

La nature emploie encore d'autres moyens pour assurer le cours des fleuves, et sur-tout pour protéger leur embouchure. Les principaux sont les îles. Les îles présentent aux fleuves des canaux qui ont des directions différentes, afin que, si les vents ou les courants de la mer barraient un de leurs débouchés, leurs eaux pussent s'écouler par un autre. On peut remarquer qu'elle a multiplié les îles aux embouchures des fleuves les plus exposés à ces deux inconvénients, comme à celle de l'Amazone, toujours battue du vent d'est, et située à une des parties les plus saillantes de l'Amérique. Elles y sont en si grand nombre, et forment entre elles des canaux qui ont des cours si différents, qu'il y a telle de leurs ouvertures qui regarde le nord-est, et telle autre le sud-est, et que de la première à la dernière il y a plus de cent lieues de distance. Les îles fluviatiles ne sont pas formées, comme on le croit communément, par les alluvions des fleuves ; elles sont, au contraire, pour la plupart, fort exhaussées au-dessus du niveau de ces fleuves, et plusieurs d'entre elles ont des montagnes et des rivières qui leur sont propres. Ces îles élevées se trouvent encore fréquemment au confluent d'une rivière et d'un fleuve. Elles servent à faciliter leur communication, et à ouvrir un double passage au courant de la rivière. Toutes les fois donc que vous voyez des îles le long d'un fleuve, vous pouvez être certain qu'il y a quelque rivière ou ruisseau latéral dans le voisinage. Il y a, à la vérité, beaucoup de ces ruisseaux confluents qui ont été taris par les travaux imprudents des hommes, mais vous trouverez toujours, vis-à-vis des îles qui divisaient leur embouchure, une vallée correspondante où l'on retrouve leur ancien canal. Il y a aussi de ces îles au milieu du cours des fleuves, dans les lieux exposés aux vents. J'observerai, en passant, que nous nous écartons beaucoup des intentions de la nature, lorsque nous réunissons les îles d'une rivière au continent voisin; car ses eaux ne s'écoulent plus alors que par un seul canal, et lorsque les vents viennent à souffler dans sa direction, elles ne peuvent s'échapper ni à droite ni à gauche; elles se gonflent, se débordent, inondent les campagnes, renversent les ponts, et occasionent la plupart des ravages qui sont aujourd'hui si fréquents dans nos villes.

Ce ne sont donc point des baies ou des golfes qui se trouvent aux extrémités des courants de l'Océan; ce sont, au contraire, des îles. A l'extrémité du grand courant oriental de la mer des Indes se trouve l'île de Madagascar, qui protége l'Afrique contre sa violence. Les îles de la Terre-de-Feu défendent de même l'extrémité australe de l'Amérique, au confluent des mers orientales et occidentales du Sud. Les archipels nombreux de la mer des Indes et de celle du Sud se trouvent vers la Ligne, où aboutissent les deux courants généraux des mers australes et septentrionales. C'est encore avec les îles que la nature protége l'ouverture des baies et des méditerranées. L'Angleterre, l'Écosse et l'Irlande couvrent celle de la Baltique ; les îles de Welcom et de Bonne-Fortune, la baie d'Hudson ; l'île de Saint-Laurent, l'entrée de son golfe ; la chaîne des îles Antilles, le golfe du Mexique ; les îles du Japon, le double golfe formé par la presqu'île de Corée avec les terres voisines. Tous les courants portent dans les îles. La plupart d'entre elles sont, par cette raison, fameuses par leurs grosses mers et par leurs coups de vents : telles sont les Açores, les Bermudes, l'île de Tristan d'Acunha, etc. Ce n'est pas qu'elles en renferment les causes en elles-mêmes, mais c'est parce qu'elles sont placées aux foyers des révolutions de l'Océan et même de l'atmosphère, afin d'en affaiblir les effets. Elles sont dans des positions à-peu-près semblables à celles des caps, qui sont aussi tous célèbres par leurs tempêtes; comme le cap Finistère à l'extrémité de l'Europe, le cap de Bonne-Espérance à celle de l'Afrique, le cap Horn à celle de l'Amérique. C'est de là qu'est venu le proverbe marin *doubler le cap*, pour dire surmonter une grande difficulté. Ainsi l'Océan, au lieu de se porter dans les enfoncements du continent, se dirige, au contraire, sur les parties qui en sont les plus saillantes, et il les aurait bientôt détruites, si la nature ne les avait fortifiées d'une manière admirable.

L'Afrique occidentale est bordée d'un long banc de sable, où se brisent perpétuellement les flots de l'Océan Atlantique. Le Brésil, dans toute l'étendue de ses côtes, oppose aux vents perpétuels de l'est et aux courants de la mer une longue bande de rochers de plus de mille lieues de longueur, d'une vingtaine de pas de largeur à son sommet, et d'une épaisseur inconnue à sa base. Elle est distante du rivage d'une portée de mousquet. La mer la couvre entièrement quand elle est haute; et quand elle baisse, elle la découvre de la hauteur d'une pique. Cette digue est d'une seule pièce dans sa longueur, comme on l'a reconnu par différentes sondes; et il serait impossible d'aborder au Brésil avec nos vaisseaux, si elle n'était ouverte en plusieurs endroits, par où ils entrent et ils sortent. *

Allez du midi au nord, vous trouverez des précautions équivalentes. La côte de Norwège a une défense à-peu-près semblable à celle du Brésil. Pontoppidan dit que cette côte, qui a près de trois cents lieues de longueur, est le plus communément escarpée, angulaire et pendante; de sorte que la mer y a quelquefois jusqu'à trois cents brasses de profondeur près de terre. Cela n'empêche pas que la nature n'ait protégé ces rivages par une multitude d'îles grandes et petites. « Par

* *Voyez* Histoire des troubles du Brésil, par Pierre Moreau.

» un tel rempart, dit-il, qui consiste peut-être
» en un million ou plus de colonnes de pierres
» fondées au plus profond de la mer, dont les
» chapiteaux ne montent guère qu'à quelques
» brasses au-dessus des vagues, toute la Norwège
» est défendue à l'ouest tant contre les ennemis
» que contre la mer. » On trouve les ports de la côte, derrière ces espèces de brise-mers d'une construction si merveilleuse. Mais comme il est quelquefois à craindre, ajoute-t-il, que les vents et les courants, qui sont très-violents dans les détroits de ces rochers et de ces îles, et la difficulté d'ancrer à une si grande profondeur, ne brisent les vaisseaux avant qu'ils aient atteint un port, le gouvernement a fait sceller plusieurs centaines de grands anneaux de fer dans les rochers à plus de deux toises au-dessus de l'eau, afin que les vaisseaux puissent s'y amarrer.

La nature a varié à l'infini ces moyens de protection, sur-tout dans les îles qui protègent elles-mêmes le continent. Par exemple, elle a environné l'Ile-de-France d'un banc de madrépores, qui n'est ouvert qu'aux endroits où se dégorgent les rivières de cette île dans la mer. D'autres îles, comme plusieurs des Antilles, étaient défendues par des forêts de mangliers qui croissent dans l'eau de la mer, et brisent la violence des flots en cédant à leurs mouvements. C'est peut-être à la destruction de ces fortifications végétales, qu'il faut attribuer les irruptions de la mer, fréquentes aujourd'hui dans plusieurs îles, comme dans celle de Formose. Il y en a d'autres qui sont de roc tout pur, et qui s'élèvent du sein des flots, comme de gros moles; tel est le Maritimo, dans la Méditerranée : d'autres volcaniennes, comme l'île de Feu, près du Cap-Vert, et plusieurs autres semblables dans la mer du Sud, s'élèvent comme des pyramides avec des feux à leurs sommets, et servent de phare aux matelots, pendant la nuit par leurs feux, et le jour par leurs fumées. Les îles Maldives ont été également protégées contre l'Océan avec des précautions admirables. A la vérité elles sont plus exposées que beaucoup d'autres, car elles s'élèvent au milieu de ce grand courant de la mer des Indes, dont nous avons parlé, qui y passe et repasse deux fois par an. Elles sont d'ailleurs si basses, qu'on les voit presque à fleur d'eau ; et si petites et en si grand nombre, qu'on en compte douze mille, et qu'il y en a beaucoup où l'on peut aller en sautant d'un bord à l'autre. La nature les a d'abord réunies en atollons ou archipels séparés entre eux par des canaux profonds qui vont de l'est à l'ouest, et qui présentent plusieurs passages au courant général de la mer des Indes. Ces atollons sont au nombre de treize, et s'étendent, à la file les uns des autres, depuis le 8e degré de latitude septentrionale jusqu'au 4e de latitude méridionale, ce qui leur donne une longueur de

trois cents de nos lieues de vingt-cinq au degré. Mais laissons-en décrire l'architecture à l'intéressant et infortuné François Pyrard, qui y passa ses plus beaux jours dans l'esclavage, et qui nous en a laissé la meilleure description que nous en ayons, comme s'il fallait en tout genre que les choses les plus dignes de l'estime des hommes fussent les fruits de quelque malheur. « C'est une merveille,
» dit-il, de voir chacun de ces atollons environné
» d'un grand banc de pierre tout autour, n'y ayant
» point d'artifice humain qui puisse si bien fer-
» mer de murailles un espace de terre comme
» est cela. * Ces atollons sont quasi tous ronds ou
» en ovale, ayant chacun trente lieues de tour,
» les uns quelque peu plus, les autres quelque
» peu moins, et sont tous de suite, bout-à-bout,
» sans aucunement s'entre-toucher. Il y a entre
» deux des canaux de mer, les uns larges, les au-
» tres fort étroits. Étant au milieu d'un atollon,
» vous voyez autour de vous ce grand banc de
» pierres que j'ai dit qui environne et qui défend
» les îles contre l'impétuosité de la mer. Mais
» c'est chose effroyable, même aux plus hardis,
» d'approcher de ce banc, et de voir venir de bien
» loin les vagues se rompre avec fureur tout au-
» tour; car alors je vous assure, comme chose
» que j'ai vue une infinité de fois, que le fallin ou

* Voyage aux Maldives, chap. X.

» le bouillon est alors plus gros qu'une maison,
» et aussi blanc que du coton : tellement que vous
» voyez autour de vous comme une muraille
» fort blanche, principalement quand la mer est
» haute. » Pyrard observe de plus, que la plupart
des îles qui y sont renfermées, sont environnées
chacune en particulier d'un banc qui les défend
encore de la mer. Mais le courant de la mer des
Indes, qui passe dans les canaux parallèles de ces
atollons, est si violent, qu'il serait impossible aux
hommes de communiquer de l'un à l'autre, si la
Providence n'y avait pourvu d'une manière admirable. Elle a divisé chacun de ces atollons par
deux canaux particuliers qui les coupent en diagonales, et dont les extrémités viennent aboutir
aux extrémités des grands canaux parallèles qui
les séparent. En sorte que si vous voulez passer
d'un de ces archipels dans l'autre, lorsque le courant est à l'est, vous sortez de celui où vous êtes,
par le canal diagonal de l'est où l'eau est tranquille, et, vous abandonnant ensuite au courant
qui passe par le canal parallèle, vous allez aborder, en dérivant, à l'atollon opposé, où vous entrez par l'ouverture de son canal diagonal qui est
à l'ouest. Vous faites le contraire quand le courant
change six mois après. C'est par ces communications intérieures que les insulaires parcourent, en
toutes saisons, leurs îles du nord au midi, malgré
la violence des courants qui les traversent.

Chaque île a sa fortification, qui est proportionnée, si j'ose dire, au danger où elle est exposée de la part des flots de l'Océan. Il n'est pas besoin de se figurer des tempêtes pour se former une idée de leur fureur. La simple action du vent alisé, tout uniforme qu'elle est, suffit pour leur donner, à la longue, l'impulsion la plus violente. Chacun de ces flots, joignant à la vitesse constante qu'il reçoit à chaque instant du vent, une vitesse acquise par son mouvement particulier, formerait, au bout d'un long espace, un volume d'eau prodigieux, si sa course n'était retardée par des courants qui la croisent, par des calmes qui la ralentissent, mais sur-tout par les bancs, les écueils et les îles qui la brisent. On voit un effet sensible de cette vitesse accélérée des flots, sur les côtes du Chili et du Pérou, qui n'éprouvent cependant que le simple ressac des eaux de la mer du Sud. Leurs rivages sont inabordables dans toute leur étendue, si ce n'est au fond de quelque baie, ou derrière quelque île située près de la côte. Toutes les îles de cette vaste mer, si paisible qu'elle en porte le nom de Pacifique, sont inaccessibles du côté qui est opposé aux courants occasionés par les seuls vents alisés, à moins que quelques rescifs ou rochers n'y rompent l'impétuosité des flots. C'est alors un spectacle à-la-fois superbe et terrible de voir les gerbes épaisses d'écume qui s'élèvent sans cesse du sein de leurs noires anfractuosités, et d'entendre leurs bruits rauques, que les vents portent à plusieurs lieues de là, sur-tout pendant la nuit.

Les îles ne sont donc point des débris des continents. Leur position dans la mer, la manière dont elles y sont protégées, et leur longue durée, en sont des preuves suffisantes. Depuis le temps que l'Océan les bat en ruine, elles devraient être totalement détruites; cependant, Carybde et Scylla font toujours entendre aux extrémités de la Sicile leurs anciens mugissements. Ce n'est pas ici le lieu de dire quels moyens la nature emploie pour entretenir les îles et les réparer, ni les autres preuves végétales, animales et humaines qui attestent qu'elles ont existé, dès l'origine du globe, telles que nous les voyons aujourd'hui; il me suffit de donner une idée de leur construction, pour achever de convaincre qu'elles ne sont en rien l'ouvrage du hasard. Elles ont, comme les continents eux-mêmes, des montagnes, des pics, des lacs et des rivières, qui sont proportionnés à leur petitesse. Pour démontrer cette nouvelle vérité, il faudra encore dire quelque chose sur la distribution de la terre; mais je ne serai pas long, et je tâcherai de ne dire que ce qu'il faut pour me faire entendre.

On doit remarquer d'abord que les chaînes des montagnes, dans les deux continents, sont parallèles aux mers qui les avoisinent : en sorte que, si vous voyez le plan d'une de ces chaînes avec ses diverses branches, vous pouvez déterminer les rivages de la mer qui leur correspondent ; car, comme je viens de le dire, ces montagnes leur sont toujours parallèles. Vous pouvez de même, en voyant les sinuosités d'un rivage, déterminer celles des chaînes de montagnes qui sont dans l'intérieur d'un pays ; car les golfes d'une mer répondent toujours aux vallées des montagnes du continent latéral. Ces correspondances sont sensibles dans les deux grandes chaînes de l'ancien et du nouveau Monde. La longue chaîne du Taurus court est et ouest, comme l'Océan Indien, dont elle renferme les différents golfes par des branches qu'elle prolonge jusqu'aux extrémités de la plupart de leurs caps. Au contraire, la chaîne des Andes, en Amérique, court nord et sud, comme l'Océan Atlantique. Il y a encore ceci de digne de remarque, et j'ose dire d'admiration, c'est que ces chaînes de montagnes sont opposées aux vents réguliers qui traversent ces mers et qui leur en apportent les émanations, et que leur élévation est proportionnée à la distance où elles sont de ces rivages ; en sorte que, plus ces montagnes sont loin de la mer, plus elles sont élevées dans l'atmosphère. C'est par cette raison que la chaîne des Andes est placée le long de la mer du Sud, où elle reçoit les émanations de l'Océan Atlantique, que lui apporte le vent d'est, par-dessus le vaste continent d'Amérique. Plus l'Amérique est large, plus cette chaîne est élevée. Vers l'isthme de Panama, où il y a peu de continent, et partant peu de distance de la mer, elle n'a pas une grande élévation ; mais elle s'élève tout-à-coup, précisément dans la même proportion que le continent de l'Amérique s'élargit. Ses plus hautes montagnes regardent la partie la plus large de l'Amérique, et sont situées à la hauteur du cap Saint-Augustin. La situation et l'élévation de cette chaîne étaient également nécessaires à la fécondité de cette grande partie du Nouveau-Monde. Car, si cette chaîne, au lieu d'être le long de la mer du Sud, était le long des côtes du Brésil, elle intercepterait toutes les vapeurs apportées sur le continent par le vent d'est ; et si elle n'était pas élevée jusqu'à la région de l'atmosphère, où il ne peut monter aucune vapeur, à cause de la subtilité de l'air et de la rigueur du froid, tous les nuages apportés par les vents d'est passeraient au-delà, dans la mer du Sud. Dans l'une et l'autre supposition, la plupart des fleuves de l'Amérique méridionale resteraient à sec.

On peut appliquer le même raisonnement à la chaîne du Taurus : elle présente à la mer du Nord et à la mer de l'Inde un double ados, d'où coulent la plupart des fleuves de l'ancien continent, les uns au nord, les autres au midi. Ses branches ont la même disposition ; elles ne côtoient point les presqu'îles de l'Inde sur leurs bords ; mais elles les traversent au milieu, dans toute leur longueur ; car les vents de ces mers ne soufflent pas toujours d'un seul côté, comme le vent d'est dans l'Océan Atlantique ; mais ils soufflent six mois d'un côté et six mois de l'autre. Ainsi il était convenable de leur partager le terrain qu'ils devaient arroser.

Il me reste à ajouter encore quelques observations sur la configuration de ces montagnes, pour confirmer l'usage auquel la nature les destine. Elles sont surmontées, de distance en distance, par de longs pics, semblables à de hautes pyramides. Ces pics, comme on l'a fort bien observé, sont de granit, du moins pour la plupart. Je ne sais pas de quoi le granit est composé ; mais je sais bien que ces pics attirent les vapeurs de l'atmosphère, et les fixent autour d'eux en si grande quantité, que souvent ils disparaissent à la vue. C'est ce que j'ai remarqué une infinité de fois au pic de Piterboth, à l'Ile-de-France, où j'ai vu les nuages, chassés par le vent de sud-est, se détourner sensiblement de leur direction et se rassembler autour de lui ; de sorte qu'ils lui formaient quelquefois un chapeau fort épais qui en faisait disparaître le sommet. J'ai eu la curiosité d'examiner la nature du rocher dont il est composé. Au lieu d'être formé de grains, il est rempli de petits trous, comme les autres rochers de l'île ; il se fond au feu, et, quand il est fondu, on aperçoit à sa surface de petits grains de cuivre. On ne peut douter qu'il ne soit rempli de ce métal, et c'est peut-être au cuivre qu'il faut attribuer la vertu qu'il a d'attirer les nuages; car nous savons par expérience que ce métal, ainsi que le fer, a celle d'attirer le tonnerre. J'ignore de quelle matière les autres pics sont composés; mais il est remarquable que c'est au sommet des Andes et sur leurs croupes, que se trouvent les fameuses mines d'or et d'argent du Pérou et du Chili, et qu'en général, toutes les mines de fer et de cuivre sont à la source des rivières et sur les lieux élevés, où elles se manifestent souvent par les brouillards qui les environnent. Quoi qu'il en soit, que cette qualité attractive soit commune au granit et à d'autres natures de rochers, ou qu'elle dépende de quelque métal qui leur est amalgamé, je regarde tous les pics du monde comme de véritables aiguilles électriques.

Mais ce n'était pas assez que les nuages fussent fixés au sommet des montagnes; les fleuves qui y ont leurs sources n'auraient eu qu'un cours intermittent. La saison des pluies passée, les fleuves auraient cessé de couler. La nature, pour remédier à cet inconvénient, a ménagé, dans le voisinage de leurs pics, des lacs qui sont de vrais réservoirs ou châteaux-d'eau, pour fournir constamment et régulièrement à leurs dépenses. La plupart de ces lacs ont des profondeurs incroyables; ils servent encore à plusieurs usages, tels que de recevoir les fontes des neiges des montagnes voisines, qui s'écouleraient trop rapidement. Quand ils sont une fois pleins, il leur faut un temps considérable avant de s'épuiser. Ils existent, ou intérieurement, ou extérieurement, à la source de tous les courants d'eau réguliers; mais quand ils sont extérieurs, ils sont proportionnés, ou par leur étendue, ou par leur profondeur et par leurs dégorgeoirs, au volume du fleuve qui en doit sortir, ainsi que les pics qui sont dans le voisinage. Il faut que ces correspondances aient été connues de l'antiquité, car il me semble avoir vu des médailles fort anciennes, où des fleuves étaient représentés appuyés sur une urne, et couchés au pied d'une pyramide; ce qui désignait, peut-être, à-la-fois leur source et leur embouchure.

Si donc nous venons à appliquer ces dispositions générales de la nature à la configuration particulière des îles, nous verrons qu'elles ont, comme les continents, des montagnes dont les branches sont parallèles à leurs baies; que l'élévation de ces montagnes est correspondante à leur distance de la mer, et qu'elles ont des pics, des lacs et des rivières, qui sont proportionnés à l'étendue de leur terrain. Elles ont aussi leurs montagnes disposées, comme celles des conti-

nents, par rapport aux vents qui soufflent sur les mers qui les environnent. Celles qui sont dans la mer de l'Inde, comme les Moluques, ont leurs montagnes vers leur centre, en sorte qu'elles reçoivent l'influence alternative des deux moussons atmosphériques. Celles, au contraire, qui sont sous l'influence régulière des vents d'est, dans l'Océan Atlantique, comme les Antilles, ont leurs montagnes jetées à l'extrémité de l'île, qui est sous le vent, précisément comme les Andes par rapport à l'Amérique méridionale. La partie de l'île qui est au vent, est appelée, aux Antilles, « cabsterre, » comme qui dirait *caput terræ*; et celle qui est au-dessous du vent, « basse-terre ; quoi-
» que, pour l'ordinaire, dit le P. Du Tertre, *
» celle-ci soit plus haute et plus montagneuse
» que l'autre. »

L'île de Juan Fernandez, qui est dans la mer du Sud, mais fort au-delà des tropiques, par le 33ᵉ degré 40′ de latitude sud, a sa partie septentrionale formée de rochers très-hauts et très-escarpés, et sa partie méridionale plate et basse pour recevoir les influences du vent du sud, qui y souffle presque toute l'année. **

Les îles qui s'écartent de ces dispositions, et qui sont en bien petit nombre, ont des relations

---

* Histoire naturelle des Antilles, page 12.
** Voyez sa description dans le Voyage de l'amiral Anson.

éloignées plus merveilleuses, et certainement bien dignes d'être étudiées. Elles fournissent encore, par leurs végétaux et leurs animaux, d'autres preuves qu'elles sont de petits continents en abrégé; mais ce n'est pas ici le lieu de les rapporter. Si elles étaient, comme on le prétend, les restes d'un grand continent submergé, elles auraient conservé une partie de leur ancienne et vaste fabrique. On verrait s'élever, immédiatement du milieu de la mer, de grands pics, comme ceux des Andes, de 12 à 1500 toises de haut, sans montagnes qui les supportent. Ailleurs, on verrait ces pics supportés par d'énormes montagnes qui leur seraient proportionnées, et qui renfermeraient dans leurs enceintes de grands lacs, comme celui de Genève, d'où sortiraient des fleuves comme le Rhône, qui se précipiteraient tout d'un coup dans la mer, sans arroser aucune terre. Il n'y aurait, au pied de leurs croupes majestueuses, ni plaines, ni provinces, ni royaumes. Ces grandes ruines du continent au milieu de la mer, ressembleraient à ces énormes pyramides élevées dans les sables de l'Egypte, qui ne présentent au voyageur que de frivoles structures; ou bien à ces vastes palais des rois, renversés par le temps, où l'on aperçoit des tours, des colonnes, des arcs de triomphe, mais dont les parties habitables sont absolument détruites. Les sages travaux de la nature ne sont point inutiles et passagers comme les ouvrages des hommes. Chaque île a ses campagnes, ses vallées, ses collines, ses pyramides hydrauliques et ses naïades, qui sont proportionnées à son étendue.

Quelques îles, à la vérité, mais en bien petit nombre, ont des montagnes plus élevées que ne comporte leur territoire. Telle est celle de Ténériffe ; son pic est si haut, qu'il est couvert de glace une grande partie de l'année. Mais cette île a des montagnes peu élevées qui sont proportionnées à ses baies : celle de ses montagnes qui supporte le pic, s'élève au milieu des autres en forme de dôme, à-peu-près comme celui des Invalides au-dessus des bâtiments qui l'environnent. Je l'ai observée et dessinée moi-même en allant à l'Ile-de-France. Les montagnes inférieures appartiennent à l'île, et le pic à l'Afrique. Ce pic, couvert de glaces, est situé précisément vis-à-vis l'entrée du grand désert de sable appelé *Zara*, et il sert, sans doute, à en rafraîchir les rivages et l'atmosphère, par l'effusion de ses neiges, qui arrive au milieu de l'été. La nature a placé encore d'autres glaciers à l'entrée de ce désert brûlant, tel que le Mont-Atlas. Le Mont-Ida, en Crète, avec ses montagnes collatérales couvertes de neiges en tout temps, suivant l'observation de Tournefort, est situé précisément vis-à-vis le désert brûlant de Barca, qui côtoie l'Egypte du nord au sud. Ces observations nous donneront encore lieu de faire quelques réflexions sur les chaînes de montagnes à glaces et sur les zones de sables répandues sur la terre.

Je demande pardon au lecteur de ces digressions où je suis insensiblement entraîné; mais je les rendrai le plus courtes qu'il me sera possible, quoique je leur ôte une grande partie de leur clarté en les abrégeant.

Les montagnes à glaces paraissent principalement destinées à porter la fraîcheur sur les bords des mers situées entre les tropiques; et les zones de sables, au contraire, à accélérer, par leur chaleur, la fusion des glaces des pôles. Nous ne pouvons indiquer qu'en passant ces harmonies admirables; mais il suffit de considérer les journaux des navigateurs et les cartes géographiques, pour voir que la principale partie du continent de l'Afrique est située de sorte que c'est le vent du pôle nord qui souffle le plus constamment sur ses côtes, et que le rivage de l'Amérique méridionale s'avance au-delà de la Ligne, de manière qu'il est rafraîchi par le vent du pôle sud. Les vents alisés, qui règnent dans l'Océan Atlantique, participent toujours de ces deux pôles; celui qui est de notre côté tire beaucoup vers le nord, et celui qui est au-delà de la Ligne dépend beaucoup du pôle sud. Ces deux vents ne sont pas orientaux, comme on le croit communément, mais ils soufflent à-peu-près dans les directions du canal qui sépare l'Amérique de l'Afrique.

Ce sont les vents chauds de la zone torride qui soufflent à leur tour le plus constamment vers les pôles ; et il est bien remarquable que, comme la nature a mis des montagnes à glaces dans son voisinage, pour rafraîchir ses mers conjointement avec les glaces des pôles, comme le Taurus, l'Atlas, le pic de Ténériffe, le Mont-Ida, etc.; elle y a mis aussi une longue zone de sables pour augmenter la chaleur du vent de sud qui vient échauffer les mers du nord. Cette zone commence au-delà du Mont-Atlas, et ceint la terre en baudrier, s'étendant depuis la pointe la plus occidentale de l'Afrique jusqu'à l'extrémité la plus orientale de l'Asie, dans une distance réduite de plus de trois mille lieues. Quelques branches s'en détachent et s'avancent directement vers le nord. Nous avons déjà remarqué qu'une plage de sable est si chaude, même dans nos climats, par la réflexion multipliée de ses grains brillants, qu'on n'y voit jamais la neige s'y arrêter long-temps, au milieu même de nos hivers les plus rudes. Ceux qui ont traversé les sables d'Étampes, en été et en plein midi, savent à quel point la chaleur y est réverbérée. Elle est si ardente dans certains jours de l'été, qu'il y a une vingtaine d'années, quatre ou cinq paveurs qui travaillaient au grand chemin de cette ville, entre deux bancs de sable blanc, y furent suffoqués. Ainsi on peut conclure de ces aperçus que, sans les glaces du pôle et des montagnes du voisinage de la zone torride, une grande portion de l'Afrique et de l'Asie serait inhabitable, et que, sans les sables de l'Afrique et de l'Asie, les glaces de notre pôle ne fondraient jamais.

Chaque montagne à glaces a aussi, comme les pôles, sa zone sablonneuse, qui accélère la fusion de ses neiges. C'est ce qu'on peut remarquer dans la description de toutes les montagnes de cette espèce, comme du pic de Ténériffe, du mont Ararat, des Cordilières, etc. Non-seulement ces zones de sables entourent leurs bases, mais il y en a encore, au haut de ces montagnes, au pied de leurs pics ; il faut y marcher pendant plusieurs heures pour les traverser. Ces zones sablonneuses ont encore un autre usage, c'est de fournir à la réparation du territoire des montagnes : il en sort des tourbillons perpétuels de poussière, qui s'élèvent, en premier lieu, sur les rivages de la mer, où l'Océan forme les premiers dépôts de ses sables, qui s'y réduisent en poudre impalpable par le battement perpétuel des flots qui s'y brisent ; ensuite on retrouve ces tourbillons de poussière dans le voisinage des hautes montagnes. Les transports de ces sables se font des rivages de la mer dans l'intérieur du continent, en différentes saisons et de différentes manières. Les principaux arrivent aux équinoxes ; car alors les vents soufflent des mers sur les terres. Voyez ce que Corneille Le Bruyn dit d'un orage de sable qu'il essuya sur le rivage de la Mer-Caspienne. Ces transports de sable appartiennent à la révolution générale des saisons ; mais il y en a de journaliers pour l'intérieur des terres, qui sont très-sensibles vers les parties hautes des continents. Tous les voyageurs qui ont été à Pékin, conviennent qu'il n'est pas possible de sortir, une partie de l'année, dans les rues de cette ville, sans avoir le visage couvert d'un voile, à cause du sable dont l'air est rempli. Lorsque Isbrand-Ides arriva vers les frontières de la Chine, à la sortie des montagnes voisines de Xaixigar, c'est-à-dire, à cette partie de la crête la plus élevée du continent de l'Asie, d'où les fleuves prennent leurs cours, les uns au nord, les autres au midi, il observa une période régulière de ces émanations. « Tous les jours, dit-il,* régulièrement à midi, il » souffle un grand vent, qui dure deux heures, le- » quel, joint à la chaleur journalière du soleil, » sèche tellement la terre, qu'il s'en élève une » poussière presque insupportable. Je m'étais » déjà aperçu de ce changement d'air. Environ à » cinq milles au-dessus de Xaixigar, j'avais trouvé » le ciel nébuleux sur toute l'étendue des mon- » tagnes ; et lorsque je fus sur le point d'en sor- » tir, je le vis fort serein. Je remarquai même, à

* Voyage de Moscou à la Chine, chap. XI.

» l'endroit où elles finissaient, un arc de nuées qui
» régnait de l'ouest à l'est jusqu'aux montagnes
» d'Albase, et qui semblait faire une séparation
» de climat. » Ainsi les montagnes ont à-la-fois
des attractions nébuleuses et des attractions fossiles. Les premières fournissent de l'eau aux sources des fleuves qui en sortent, et les secondes, du sable à l'entretien de leur territoire et de leurs minéraux.

Les zones glacées et sablonneuses se retrouvent dans une autre harmonie sur le continent du Nouveau-Monde. Elles courent, comme ses mers, du nord au sud, tandis que celles de l'ancien sont dirigées suivant la longueur de l'Océan Indien, d'occident en orient.

Il est très-remarquable que l'influence des montagnes à glaces s'étend plus sur les mers que sur les terres. Nous avons vu celles des deux pôles se diriger dans le canal de l'Océan Atlantique. Les neiges qui couvrent la longue chaîne des Andes en Amérique, servent pareillement à rafraîchir toute la mer du Sud, par l'action du vent d'est, qui passe par dessus; mais, comme la partie de cette mer et de ses rivages, qui est à l'abri de ce vent, par la hauteur même des Andes, aurait été exposée à une chaleur excessive, la nature a fait faire un coude vers l'ouest, à la pointe la plus méridionale de l'Amérique, qui est couverte de montagnes à glaces, en sorte que le vent frais qui en sort perpétuellement, vient prendre en écharpe les rivages du Chili et du Pérou. Ce vent, qu'on appelle vent du Sud, y règne toute l'année, suivant le témoignage de tous les voyageurs. Il ne vient pas, en effet, du pôle sud ; car s'il en venait, jamais les vaisseaux ne pourraient doubler le cap Horn ; mais il vient de l'extrémité de la terre Magellanique, évidemment recourbée par rapport aux rivages de la mer du Sud. Les glaces des pôles renouvellent donc les eaux de la mer, comme les glaces des montagnes celles des grands fleuves. Ces effusions des glaces polaires se portent vers la Ligne, par l'action du soleil qui pompe sans cesse les eaux de la mer dans la zone torride, et détermine, par cette diminution de volume, les eaux des pôles à s'y porter. C'est la cause première du mouvement des mers méridionales, comme nous l'avons dit. Il paraît vraisemblable que les effusions polaires sont en proportion avec les évaporations de l'Océan. Mais, sans sortir de l'objet qui nous occupe, nous examinerons pourquoi la nature a pris encore plus de soin de rafraîchir les mers que les terres de la zone torride; car il est digne d'attention que, non-seulement les vents polaires qui y soufflent, mais la plupart des fleuves qui s'y jettent, ont leurs sources dans des montagnes à glaces, telles que le Zaïre, l'Amazone, l'Orénoque, etc.

La mer était destinée à recevoir, par les fleuves,

toutes les dépouilles des végétaux et des animaux de la terre ; et comme son cours est déterminé vers la Ligne, par la diminution journalière de ses eaux que le soleil y évapore continuellement, ses rivages, sous la zone torride, auraient été bientôt exposés à la putréfaction, si la nature n'avait employé ces divers moyens pour les rafraîchir. C'est, disent quelques philosophes, pour cette raison qu'elle y y est salée. Mais elle l'est aussi dans le nord, et même, suivant les expériences modernes de l'intéressant M. de Pagès, elle l'est davantage. Elle est la plus salée et la plus pesante qui soit au monde, écrivait le capitaine Wood, Anglais, en 1676. D'ailleurs, la salure de la mer ne préserve point ses eaux de corruption, comme on le croit communément. Tous ceux qui ont navigué savent que si l'on en remplit une bouteille, ou un tonneau, dans les pays chauds, elles ne tardent pas à se corrompre. L'eau de la mer n'est point une saumure ; c'est, au contraire, une véritable eau lixivielle qui dissout très-vite les corps morts. Quoiqu'elle soit salée, elle dessale plus vite que l'eau douce, comme l'éprouvent, tous les jours, les matelots, qui n'en emploient pas d'autre pour dessaler leurs viandes. Elle blanchit, sur ses rivages, tous les ossements des animaux, ainsi que les madrépores qui, étant dans un état de vie, sont bruns, roux et de toutes les couleurs ; mais qui, étant déracinés et mis dans l'eau de la mer sur le bord du rivage, deviennent, en peu de temps, blancs comme la neige. De plus, si vous pêchez dans la mer un crabe, ou un oursin, et que vous les fassiez sécher pour les conserver, sans les laver auparavant dans l'eau douce, toutes les pattes du crabe et toutes les pointes de l'oursin tomberont. Les charnières qui attachent leurs membres se dissolvent à mesure que l'eau marine, dont ils étaient mouillés, s'évapore. J'en ai fait moi-même l'expérience à mes dépens. L'eau de la mer n'est pas seulement imprégnée de sel, mais de bitume, et encore de quelque autre chose que nous ne connaissons pas; mais le sel y est dans une telle proportion, qu'il aide à la dissolution des cadavres qui y flottent, comme celui que nous mêlons à nos aliments aide à notre digestion. Si la nature en avait fait une saumure, l'Océan serait couvert de toutes les immondices de la terre, qui s'y conserveraient perpétuellement.

Ces observations nous indiqueront l'usage des volcans. Ils ne viennent point des feux intérieurs de la terre, mais ils doivent leur naissance et les matières qui les entretiennent aux eaux. On peut s'en convaincre, en remarquant qu'il n'y a pas un seul volcan dans l'intérieur des continents, si ce n'est dans le voisinage de quelque grand lac, comme celui du Mexique. Ils sont situés, pour la plupart, dans les îles à l'extrémité ou au confluent des courants de la mer, et dans le remou de leurs eaux. Voilà pourquoi ils sont en grand nombre vers la Ligne et le long de la mer du Sud, où le vent du sud, qui y souffle perpétuellement, ramène toutes les matières qui y nagent en dissolution. Une autre preuve qu'ils doivent leur entretien à la mer, c'est que, dans leurs irruptions, ils vomissent souvent des torrents d'eau salée. Newton attribuait leur origine et leur durée à des cavernes de soufre qui étaient dans l'intérieur de la terre; mais ce grand homme n'avait pas réfléchi à la position des volcans dans le voisinage des eaux, ni calculé la quantité prodigieuse de soufre qu'exigeraient le volume et la durée de leurs feux. Le seul Vésuve, qui brûle jour et nuit, depuis un temps immémorial, en aurait consommé une masse plus grande que le royaume de Naples. D'ailleurs, la nature ne fait rien en vain. A quoi serviraient de pareils magasins de soufre dans l'intérieur de la terre? On les retrouverait tout entiers dans les lieux où ils ne sont point embrasés. On ne trouve nulle part de mines de soufre, que dans le voisinage des volcans. Qu'est-ce qui les renouvellerait d'ailleurs, quand elles sont épuisées? Les provisions si constantes des volcans ne sont point dans la terre; elles sont dans la mer. Elles sont fournies par les huiles, les bitumes et les nitres des végétaux et des animaux, que les pluies et les fleuves charient de toutes parts dans l'Océan, où la dissolution de tous les corps est achevée par son eau lixivielle.

Il s'y joint des dissolutions métalliques, et surtout celles du fer, qui, comme on sait, abonde par toute la terre. Les volcans s'allument et s'entretiennent de toutes ces matières. Le chimiste Lémery a imité leurs effets par un mélange de limaille de fer, de soufre et de nitre humecté d'eau, qui s'enflamma de lui-même. Si la nature n'avait allumé ces vastes fourneaux sur les rivages de l'Océan, ses eaux seraient couvertes d'huiles végétales et animales, qui ne s'évaporeraient jamais, car elles résistent à l'action de l'air. On les y remarque souvent à leur couleur gorge de pigeon, lorsqu'elles sont dans quelque bassin tranquille. La nature purge les eaux par les feux des volcans, comme elle purifie l'air par ceux du tonnerre; et, comme les orages sont plus communs dans les pays chauds, elle y a multiplié, par la même raison, les volcans. * Elle brûle, sur

* Ces idées ont, sans doute, servi de bases à la belle théorie de M. Patrin. Ce savant minéralogiste avait observé, comme l'auteur des Études, que tous les volcans, sans exceptions, sont dans le voisinage de la mer, et qu'ils s'éteignent à mesure que les eaux s'en éloignent. C'est donc dans les eaux de la mer, dans le sel et les huiles dont elles sont surchargées, qu'il faut chercher les matières qui alimentent les volcans. La terre ne pourrait les fournir, car les laves vomies par l'Etna sont plus considérables que la Sicile entière; une grande partie de la surface du globe a été couverte de volcans; et s'il existait des vides proportionnés aux masses des laves qu'ils ont rejetées, la terre verrait chaque jour s'ouvrir de nouveaux gouf-

les rivages, les immondices de la mer, comme un jardinier brûle, à la fin de l'automne, les mauvaises herbes de son jardin. On trouve, à la vérité, des laves qui sont dans l'intérieur des terres ; mais une preuve qu'elles doivent leur origine aux eaux, c'est que les volcans qui les ont produites, se sont éteints quand les eaux leur ont manqué. Ces volcans s'y sont allumés, comme ceux d'aujourd'hui, par les fermentations végétales et animales, dont la terre fut couverte après le déluge, lorsque les dépouilles de tant de forêts et de tant d'animaux, dont les troncs et les ossements se trouvent encore dans nos carrières, nageaient à la surface de l'Océan, et formaient des dépôts monstrueux que les courants

fres. Les observations de l'auteur des Études, et la théorie de M. Patrin, lèvent toutes ces difficultés, et s'accordent avec les expériences les plus récentes de la physique. C'est entre les tropiques que les eaux de l'Océan sont le plus chargées de sel ; et c'est aussi entre les tropiques qu'existe le plus grand nombre de volcans. La simple province de Quito, au Pérou, en a seize ; et les îles de la vaste mer du Sud forment une zone volcanique, qui s'étend dans un espace de plus de 150 degrés de longitude. Ainsi, c'est à la décomposition du sel, de l'eau et de l'air, c'est aux différents gaz qui circulent dans le sein du globe, c'est à l'action de l'étincelle électrique, qui enflamme toutes ces matières, que les volcans doivent leur origine : ils sont comme les fontaines des émanations d'un fluide sans cesse renouvelé, et c'est la mer qu'on doit regarder comme leur source. (*Note de l'Éditeur.*)

accumulaient dans les bassins des montagnes. Sans doute ils s'y enflammèrent par le simple effet de la fermentation, comme nous voyons des meules de foin mouillé s'enflammer dans nos prairies. On ne peut douter de ces anciens incendies, dont les traditions se sont conservées dans l'antiquité, et qui suivent immédiatement celles du déluge. Dans la mythologie des anciens, l'histoire du serpent Python, né de la corruption des eaux, et celle de Phaéton qui embrasa la terre, suivent immédiatement l'histoire de Philémon et Baucis échappés aux eaux du déluge, et sont des allégories de la peste et des volcans qui furent les premiers résultats de la dissolution générale des animaux et des végétaux.

Il ne me reste plus qu'à détruire l'opinion de ceux qui font sortir la terre du soleil. Les principales preuves dont ils l'appuient, sont ses volcans, ses granits, les pierres vitrifiées répandues à sa surface, et son refroidissement progressif d'années en années. Je respecte le célèbre écrivain qui l'a mise en avant; mais j'ose dire que la grandeur des images que cette idée lui a présentées, a séduit son imagination.

Nous en avons dit assez sur les volcans, pour prouver qu'ils ne viennent point de l'intérieur de la terre. Quant aux granits, ils ne présentent, dans l'agrégation de leurs grains, aucun vestige de l'action du feu. J'ignore leur origine; mais

certainement on n'est pas fondé à la rapporter
à cet élément, parce qu'on ne peut l'attribuer à
l'action de l'eau, et parce qu'on n'y trouve pas
de coquilles. Comme cette assertion est dénuée
de preuves, elle n'a pas besoin de réfutation.
J'observerai cependant que les granits ne paraissent point être l'ouvrage du feu, en les comparant aux laves des volcans; la différence de leur
matière suppose des causes différentes dans leur
formation.

Les agates, les cailloux, et toutes les espèces
de silex, semblent avoir des analogies avec des
vitrifications, par leur demi-transparence, et
parce qu'on les trouve, pour l'ordinaire, dans
des lits de marne qui ressemblent à des bancs de
chaux éteinte; mais ces matières ne sont point
des productions du feu, car les laves n'en présentent jamais de semblables. J'ai ramassé, sur
des collines caillouteuses de la Basse-Normandie,
des coquilles d'huîtres très-entières, amalgamées
avec des cailloux noirs qu'on appelle bisets. Si
ces bisets eussent été vitrifiés par le feu, ils eussent calciné, ou au moins altéré les écailles
d'huîtres qui leur étaient adhérentes; mais elles
étaient aussi saines que si elles sortaient de l'eau.
Les falaises des bords de la mer, le long du pays
de Caux, sont formées de couches alternatives
de marne et de bisets, en sorte que, comme
elles sont coupées à pic, vous diriez d'une grande

muraille dont un architecte aurait réglé les assises, et avec d'autant plus d'apparence, que les gens du pays bâtissent leurs maisons des mêmes matières, disposées dans le même ordre. Ces bancs de marne ont de largeur depuis un pied jusqu'à deux, et les rangées de cailloux qui les séparent ont trois ou quatre pouces d'épaisseur. J'ai compté soixante-dix ou quatre-vingts de ces couches horizontales, depuis le niveau de la mer jusqu'à celui de la campagne. Les plus épaisses sont en bas, et les plus minces sont en haut, ce qui fait paraître, du rivage, ces falaises plus hautes qu'elles ne sont : comme si la nature eût voulu employer quelque perspective pour en augmenter l'élévation ; mais sans doute elle a été déterminée à cet arrangement par les raisons de solidité qu'on aperçoit dans tous ses ouvrages. Or, ces bancs de marne et de cailloux sont remplis de coquilles, qui n'ont éprouvé aucune altération du feu, et qui seraient parfaitement conservées, si le poids de cette énorme masse n'eût brisé les plus grandes. J'y ai vu tirer des fragments de celle qu'on appelle la tuilée, qu'on ne trouve vivante que dans les mers de l'Inde, et dont les débris, étant réunis, formaient une coquille beaucoup plus considérable que celles, de la même espèce, qui servent de bénitiers à Saint-Sulpice. J'y ai remarqué aussi un lit de cailloux qui se sont tous amalgamés, et qui forment une seule table; dont on aperçoit la coupe, d'environ un pouce d'épaisseur, sur plus de trente pieds de longueur. Sa profondeur dans la falaise m'est inconnue ; mais avec un peu d'art on pourrait l'en détacher, et en tirer la plus superbe table d'agate qu'il y ait au monde. Par-tout où l'on trouve de ces marnes et de ces cailloux, on y trouve des coquilles en grand nombre ; de sorte que, comme la marne a été évidemment formée par leurs débris, il me paraît très-vraisemblable que les cailloux l'ont été par la substance même des poissons qui y étaient renfermés. Cette opinion paraîtra moins extraordinaire, si l'on observe que beaucoup de cornes d'Ammon et d'univalves fossiles, qui, par leurs formes, ont résisté à la pression des terres, et qui, n'en ayant point été comprimées, n'ont pas mis dehors, comme les bivalves, la matière animale qu'elles renfermaient, la font voir au-dedans sous la forme de cristaux, dont on les trouve communément remplies, tandis que les bivalves en sont totalement privées. Je présume que les substances animales de ces dernières, confondues avec leurs débris, ont formé les différentes pâtes colorées des marbres, et leur ont donné la dureté et le poli dont ces marbres sont susceptibles. Cette matière se présente, même dans les coquillages vivants, avec les caractères de l'agate, comme on peut le voir dans plusieurs nacres, et, entre autres, dans le bouton demi-transparent et très-dur qui termine celui qu'on appelle la harpe. Enfin, cette substance lapidifique se trouve encore dans les animaux terrestres; car j'ai vu en Silésie, des œufs d'une espèce de bécasse qu'on y estime beaucoup, non-seulement parce qu'ils sont très-délicats à manger, mais parce que, lorsqu'ils sont secs, leur glaire devient dure comme un caillou, et susceptible d'un si beau poli, qu'on les taille et qu'on les monte en bagues.

Je pourrais m'étendre sur l'impossibilité géométrique que notre globe ait pu être détaché de celui du soleil par le passage d'une comète, parce qu'il aurait dû, suivant l'hypothèse même de cette impulsion, être entraîné dans la sphère d'attraction de la comète, ou être ramené dans celle du soleil. A la vérité, il est resté dans celle de cet astre; mais il n'est pas aisé de concevoir comment il ne s'en est pas rapproché davantage, et comment il s'en tient à-peu-près à trente-deux millions de lieues; sans qu'aucune comète l'empêche de retourner à l'endroit d'où il est parti. Le soleil, dit-on, a une force centrifuge. Le globe de la terre doit donc s'en écarter. Non, ajoute-t-on, parce que la terre tend toujours vers lui. Elle a donc perdu la force centrifuge qui devait adhérer à sa nature, comme étant une portion du soleil. Je pourrais m'étendre encore sur l'impossibilité physique que la terre puisse renfermer dans son sein tant de matières hétérogènes, sortant d'un corps aussi homogène que le soleil ; et faire voir qu'elles ne peuvent, en aucune façon, être considérées comme des débris de matières solaires et vitrifiables (si tant est que nous puissions avoir une idée des matières d'où sort la lumière), puisque quelques-uns de nos éléments terrestres, tels que l'eau et le feu, sont absolument incompatibles. Mais je m'en tiendrai au refroidissement qu'on attribue à la terre, parce que les témoignages dont on appuie cette opinion sont à la portée de tous les hommes, et importent à leur sécurité. Si la terre se refroidit, le soleil, d'où on la fait sortir, doit se refroidir à proportion, et l'affaiblissement mutuel de la chaleur, dans ces deux globes, doit se manifester de siècle en siècle, au moins à la surface de la terre, dans les évaporations des mers, dans la diminution des pluies, et sur-tout dans la destruction successive d'un grand nombre de plantes, qu'un simple affaiblissement de quelques degrés de chaleur fait périr aujourd'hui, lorsqu'on les change de climat. Cependant, il n'y a pas une seule plante de perdue de celles qui étaient connues de Circé, la plus ancienne des botanistes, dont Homère nous a en quelque sorte conservé l'herbier. Les plantes chantées par Orphée, existent encore avec leurs vertus. Il n'y en a pas même une seule qui ait perdu quelque chose de son attitude. La jalouse Clytie se tourne toujours vers le soleil; et le beau fils de Liriope, Narcisse, s'admire encore sur le bord des fontaines.

Tels sont les témoignages du règne végétal sur la constance de la température du globe; examinons ceux du genre humain. Il y a des habitants de la Suisse qui se sont aperçus, disent-ils, d'un accroissement progressif de glaces dans leurs montagnes. Je pourrais leur opposer d'autres observateurs modernes qui, pour faire leur cour à des princes du nord, prétendent, avec aussi peu de fondement, que le froid y a diminué, parce que ces princes y ont fait abattre des forêts; mais je m'en tiendrai au témoignage des anciens, qui, sur ce point, ne voulaient flatter personne. Si le refroidissement de la terre est sensible dans la vie d'un homme, il doit l'être bien davantage dans la vie du genre humain : or, toutes les températures décrites par les historiens les plus anciens, comme celle de l'Allemagne par Tacite, des Gaules par César, de la Grèce par Plutarque, de la Thrace par Xénophon, sont précisément les mêmes aujourd'hui que de leur temps. Le livre de l'arabe Job, que l'on croit être plus ancien que Moïse, lequel contient des connaissances de la nature beaucoup plus profondes qu'on ne le pense, et dont les plus communes nous étaient inconnues, il y a deux siècles, parle fréquemment de la chute des neiges dans son pays, qui était vers le 30e degré de latitude nord. Le Mont-Liban porte, dans la plus haute antiquité, le nom arabe de *Liban,* qui signifie blanc, à cause des neiges dont son sommet est couvert en tout temps. Homère rapporte qu'il neigeait à Ithaque quand Ulysse y arriva, ce qui l'obligea d'emprunter un manteau du bon Eumée. Si, depuis trois mille ans et davantage, le froid eût été, chaque année, en croissant dans tous ces climats, il devrait y être aujourd'hui aussi long et aussi rude que dans le Groenland. Mais le Liban et les hautes provinces de l'Asie ont conservé la même température. La petite île d'Ithaque se couvre encore en hiver de frimas; et elle porte, comme du temps de Télémaque, des lauriers et des oliviers.

ÉTUDE CINQUIÈME.

RÉPONSES AUX OBJECTIONS CONTRE LA PROVIDENCE
TIRÉES DES DÉSORDRES DU RÈGNE VÉGÉTAL.

La terre est, dit-on, un jardin fort mal ordonné. Des hommes d'esprit, qui n'ont point voyagé, se sont plu à nous la peindre sortant des mains de la nature, comme si les géants y eussent combattu. Ils nous ont représenté ses fleuves vaguant çà et là, ses marais fangeux, les arbres de ses forêts renversés, ses campagnes couvertes de roches, de ronces et d'épines, tous ses chemins rendus impraticables, toutes ses cultures devenues l'effort du génie. J'avoue que ces tableaux, quoique pittoresques, m'ont quelquefois attristé, parce qu'ils me donnaient de la méfiance de l'Auteur de la nature. On avait beau supposer d'ailleurs que l'homme était comblé de ses bienfaits, il avait oublié un de nos premiers besoins, en négligeant de prendre soin de notre habitation.

Mais en y réfléchissant, il m'a paru que non-seulement la nature avait fait un jardin magnifique du monde entier, mais encore qu'elle en avait, pour ainsi dire, placé plusieurs les uns sur les autres, pour embellir le même sol de ses plus charmantes harmonies.

Dans nos climats tempérés, on voit se développer, dès les premiers jours d'avril, au milieu des sombres forêts, les réseaux de la pervenche, et ceux de l'*anémone nemorosa*, qui recouvrent d'un long tapis vert et lustré les mousses et les feuilles desséchées par l'année précédente. Cependant, à l'orée des bois, on voit déjà fleurir les primevères, les violettes et les marguerites, qui bientôt disparaissent en partie, pour faire place, en mai, à la hyacinthe bleue, à la croisette jaune qui sent le miel; au muguet parfumé, si aimé des amants; au genêt doré, au bassinet doré et vernissé, et aux trèfles rouges et blancs, si bien alliés aux graminées. Bientôt les orties blanches et jaunes, les fleurs du fraisier, celles du sceau de Salomon, sont remplacées par les coquelicots et les bleuets, qui éclosent dans des oppositions ravissantes; les églantiers épanouissent leurs guirlandes fraîches et variées, les fraises se colorent, les chèvrefeuilles parfument les airs; on voit ensuite les vipérines d'un bleu pourpré, les bouillons blancs avec leurs longues quenouilles de fleurs soufrées et odorantes, les scabieuses battues des vents, les *casuarina*, les champignons, et les *asclepias* qui fleurissent encore bien avant dans l'hiver, où végètent des mousses de la plus tendre verdure.

Toutes ces fleurs paraissent successivement sur

la même scène. Le gazon, dont la couleur est uniforme, sert de fond à ce riche tableau. Quand ces plantes ont fleuri et donné leurs graines, la plupart s'enfoncent et se cachent pour renaître avec d'autres printemps. Il y en a qui durent toute l'année, comme la pâquerette et le pissenlit; d'autres s'épanouissent pendant cinq jours, après lesquels elles disparaissent entièrement : ce sont les éphémères de la végétation.

Les agréments de nos forêts ne le cèdent pas à ceux de nos champs. Si les bois ne renouvellent point leurs arbres avec les saisons, chaque espèce présente, dans le cours de l'année, les progrès de la prairie. D'abord les buissons donnent leurs fleurs; les chèvrefeuilles déroulent leur tendre verdure; l'aubépine parfumée se couronne de nombreux bouquets; les ronces laissent pendre leurs grappes d'un bleu mourant; les merisiers sauvages embaument les airs, et semblent couverts de neige au milieu du printemps; les néfliers donnent leurs larges fleurs aux extrémités d'un rameau cotonneux; les ormes se couvrent de fruits; les hêtres développent leurs superbes feuillages, et enfin le chêne majestueux se couvre le dernier de ces feuilles épaisses qui doivent résister à l'hiver.

Comme dans les vertes prairies les fleurs se détachent du fond par l'éclat de leurs couleurs, de même les rameaux fleuris des arbrisseaux se détachent du feuillage des grands arbres. L'hiver présente de nouveaux accords; car alors les fruits noirs du troêne, la mûre d'un bleu sombre, le fruit de corail de l'églantier, la baie du mirtille, brillent souvent au sein des neiges, et offrent aux petits oiseaux leur nourriture et un asyle pendant la saison rigoureuse. Mais comment exprimer les ravissantes harmonies des vents qui agitent le sommet des graminées, et changent la prairie en une mer de verdure et de fleurs; et celles des forêts, où les chênes antiques agitent leurs sommets vénérables; le bouleau, ses feuilles pendantes; et les sombres sapins, leurs longues flèches toujours vertes. Du sein de ces forêts s'échappent de doux murmures, et s'exhalent mille parfums qui influent sur les qualités de l'air. Le matin, au lever de l'aurore, tout est chargé de gouttes de rosée qui argentent les flancs des collines et les bords des ruisseaux; tout se meut au gré des vents; de longs rayons de soleil dorent les cimes des arbres et traversent les forêts. Cependant des êtres d'un autre ordre, des nuées de papillons peints de mille couleurs, volent sans bruit sur les fleurs; ici l'abeille et le bourdon murmurent; là des oiseaux font leurs nids; les airs retentissent de mille chansons d'amour. Les notes monotones du coucou et de la tourterelle servent de basse aux ravissants concerts du rossignol et aux accords vifs et gais de la fauvette. La prairie a aussi ses oiseaux : les cailles, qui couvent sous les herbes ; les alouettes, qui s'élèvent vers le ciel, au-dessus de leurs nids. On entend de tous côtés les accents maternels ; on respire l'amour dans les vallons, dans les bois, dans les prés. Oh ! qu'il est doux alors de quitter les cités, qui ne retentissent que du bruit des marteaux des ouvriers et de celui des lourdes charrettes, ou des carrosses qui menacent l'homme de pied ; pour errer dans les bois, sur les collines, au fond des vallons, sur des pelouses plus douces que les tapis de la Savonnerie, et qu'embellissent chaque jour de nouvelles fleurs et de nouveaux parfums.

Mais si nous considérons la nature dans les autres climats, nous verrons que les inondations des fleuves, telles que celles de l'Amazone, de l'Orénoque et de quantité d'autres, sont périodiques : elles fument les terres qu'elles submergent. On sait d'ailleurs que les bords de ces fleuves étaient peuplés de nations, avant les établissements des Européens : elles tiraient beaucoup d'utilité de leurs débordements, soit par l'abondance des pêches, soit par les engrais de leurs champs. Loin de les considérer comme des convulsions de la nature, elles les regardaient comme des bénédictions du ciel, ainsi que les Egyptiens considéraient les inondations du Nil. Était-ce donc un spectacle si déplaisant pour elles, de voir leurs profondes forêts coupées de longues allées d'eau, qu'elles pouvaient parcourir sans peine, en tout sens, dans leurs pirogues, et dont elles recueillaient les fruits avec la plus grande facilité? Quelques peuplades même, comme celles de l'Orénoque, déterminées par ces avantages, avaient pris l'usage étrange d'habiter le sommet des arbres, et de chercher sous leur feuillage, comme les oiseaux, des logements, des vivres et des forteresses. Quoi qu'il en soit, la plupart d'entre elles n'habitaient que les bords des fleuves, et les préféraient aux vastes déserts qui les environnaient, et qui n'étaient point exposés aux inondations.

Nous ne voyons l'ordre que là où nous voyons notre blé. L'habitude où nous sommes de resserrer dans des digues le canal de nos rivières, de sabler nos grands chemins, d'aligner les allées de nos jardins, de tracer leurs bassins au cordeau, d'équarrir nos parterres, et même nos arbres, nous accoutume à considérer tout ce qui s'écarte de notre équerre, comme livré à la confusion. Mais c'est dans les lieux où nous avons mis la main, que l'on voit souvent un véritable désordre. Nous faisons jaillir des jets d'eau sur des montagnes; nous plantons des peupliers et des tilleuls sur des rochers; nous mettons des vignobles dans des vallées, et des prairies sur des collines. Pour peu que ces travaux soient négligés, tous ces petits nivellements sont bientôt confondus sous le niveau général des continents, et toutes ces cultures humaines disparaissent sous celles de la nature. Les pièces d'eau se changent en marais, les murs de charmilles se hérissent, tous les berceaux s'obstruent, toutes les avenues se ferment : les végétaux naturels à chaque sol déclarent la guerre aux végétaux étrangers ; les chardons étoilés et les vigoureux verbascum étouffent, sous leurs larges feuilles, les gazons anglais ; des foules épaisses de graminées et de trèfles se réunissent autour des arbres de Judée ; les ronces de chien y grimpent avec leurs crochets, comme si elles y montaient à l'assaut ; des touffes d'orties s'emparent de l'urne des naïades, et des forêts de roseaux, des forges de Vulcain ; des plaques verdâtres de mnium rongent les visages des Vénus, sans respecter leur beauté. Les arbres mêmes assiégent le château ; les cerisiers sauvages, les ormes, les érables montent sur ses combles, enfoncent leurs longs pivots dans ses frontons élevés, et dominent enfin sur ses coupoles orgueilleuses. Les ruines d'un parc ne sont pas moins dignes des réflexions du sage, que celles des empires : elles montrent également combien le pouvoir de l'homme est faible, quand il lutte contre celui de la nature.

Je n'ai pas eu le bonheur, comme les premiers marins qui découvrirent des îles inhabitées, de voir des terres sortir, pour ainsi dire, de ses mains ; mais j'en ai vu des portions assez peu altérées, pour être persuadé que rien alors ne devait égaler leurs beautés virginales. Elles ont influé sur les premières relations qui en ont été faites, et elles y ont répandu une fraîcheur, un coloris, et je ne sais quelle grace naïve qui les distinguera toujours avantageusement, malgré leur simplicité, des descriptions savantes qu'on en a faites dans les derniers temps. C'est à l'influence de ces premiers aspects que j'attribue les grands talents des premiers écrivains qui ont parlé de la nature, et l'enthousiasme sublime dont Homère et Orphée ont rempli leurs poésies. Parmi les modernes, l'historien de l'amiral Anson, Cook, Banks, Solander et quelques autres, nous ont décrit plusieurs de ces sites naturels dans les îles de Tinian, de Masso, de Juan Fernandès et de Taïti, qui ont ravi tous les gens de goût, quoique ces îles eussent été dégradées en partie par les Indiens et par les Espagnols.

Je n'ai vu que des pays fréquentés par les Européens et désolés par la guerre ou par l'esclavage; mais je me rappellerai toujours avec plaisir deux de ces sites, l'un en-deçà du tropique du capricorne, l'autre au-delà du 60ᵉ degré nord. Malgré mon insuffisance, je vais essayer d'en tracer une esquisse, afin de donner au moins une idée de la manière dont la nature dispose ses plans dans des climats aussi opposés.

Le premier était une partie, alors inhabitée, de

l'Ile-de-France, de quatorze lieues d'étendue, qui m'en parut la plus belle portion, quoique les noirs Marrons, qui s'y réfugient, y eussent coupé, sur les rivages de la mer, des lataniers avec lesquels ils fabriquent des ajoupa, et dans les montagnes, des palmistes dont ils mangent les sommités, et des lianes dont ils font des filets pour la pêche. Ils dégradent aussi les bords des ruisseaux en y fouillant les ognons des nymphæa dont ils vivent, et ceux même de la mer, dont ils mangent sans exception toutes les espèces de coquillages, qu'ils laissent çà et là sur les rivages par grands amas brûlés. Malgré ces désordres, cette portion de l'île avait conservé des traits de son antique beauté. Elle est exposée au vent perpétuel du sud-est, qui empêche les forêts qui la couvrent de s'étendre jusqu'au bord de la mer ; mais une large lisière de gazon d'un beau vert gris, qui l'environne, en facilite la communication tout autour, et s'harmonie, d'un côté, avec la verdure des bois, et, de l'autre, avec l'azur des flots. La vue se trouve ainsi partagée en deux aspects, l'un terrestre et l'autre maritime. Celui de la terre présente des collines qui fuient, les unes derrière les autres, en amphithéâtre, et dont les contours, couverts d'arbres en pyramides, se profilent avec majesté sur la voûte des cieux. Au-dessus de ces forêts, s'élève comme une seconde forêt de palmistes, qui balancent au-dessus des vallées solitaires leurs longues colonnes couronnées d'un panache de palmes et surmontées d'une lance. Les montagnes de l'intérieur présentent au loin des plateaux de rochers, garnis de grands arbres et de lianes pendantes qui flottent, comme des draperies, au gré des vents. Elles sont surmontées de hauts pitons, autour desquels se rassemblent sans cesse des nuées pluvieuses; et lorsque les rayons du soleil les éclairent, on voit les couleurs de l'arc-en-ciel se peindre sur leurs escarpements, et les eaux des pluies couler sur leurs flancs bruns, en nappes brillantes de cristal ou en longs filets d'argent. Aucun obstacle n'empêche de parcourir les bords qui tapissent leurs flancs et leurs bases; car les ruisseaux qui descendent des montagnes présentent, le long de leurs rives, des lisières de sable, ou de larges plateaux de roches qu'ils ont dépouillés de leurs terres. De plus, ils fraient un libre passage depuis leurs sources jusqu'à leurs embouchures, en détruisant les arbres qui croîtraient dans leurs lits, et en fertilisant ceux qui naissent sur leurs bords; et ils ménagent au-dessus d'eux, dans tout leur cours, de grandes voûtes de verdure qui fuient en perspective, et qu'on aperçoit des bords de la mer. Des lianes s'entrelacent dans les cintres de ces voûtes, assurent leurs arcades contre les vents, et les décorent de la manière la plus agréable, en opposant à leurs feuillages d'autres feuillages, et à leur verdure des guirlandes de fleurs brillantes ou de gousses colorées. Si quelque arbre tombe de vétusté, la nature, qui hâte par-tout la destruction de tous les êtres inutiles, couvre son tronc de capillaires du plus beau vert, et d'agarics ondés de jaune, d'aurore et de pourpre, qui se nourrissent de ses débris. Du côté de la mer, le gazon qui termine l'île est parsemé çà et là de bosquets de lataniers, dont les palmes, faites en éventail et attachées à des queues souples, rayonnent en l'air comme des soleils de verdure. Ces lataniers s'avancent jusque dans la mer sur les caps de l'île, avec les oiseaux de terre qui les habitent, tandis que de petites baies, où nagent une multitude d'oiseaux de marine, et qui sont, pour ainsi dire, pavées de madrépores couleur de fleur de pêcher, de roches noires couvertes de nérites couleur de rose, et de toutes sortes de coquillages, pénètrent dans l'île, et réfléchissent, comme des miroirs, tous les objets de la terre et des cieux. Vous croiriez y voir les oiseaux voler dans l'eau et les poissons nager dans les arbres, et vous diriez du mariage de la Terre et de l'Océan qui entrelacent et confondent leurs domaines. Dans la plupart même des îles inhabitées, situées entre les tropiques, on a trouvé, lorsqu'on en a fait la découverte, les bancs de sable qui les environnent remplis de tortues qui y venaient faire leur ponte, et de flamants couleur de rose qui ressemblent, sur leurs nids, à des brandons de feu. Elles étaient encore bordées de mangliers couverts d'huîtres, qui opposaient leurs feuillages flottants à la violence des flots, et de cocotiers chargés de fruits, qui, s'avançant jusque dans la mer, le long des rescifs, présentaient aux navigateurs l'aspect d'une ville avec ses remparts et ses avenues, et leur annonçaient de loin les asyles qui leur étaient préparés par le dieu des mers. Ces divers genres de beauté ont dû être communs à l'Ile-de-France comme à beaucoup d'autres îles, et ils auront sans doute été détruits par les besoins des premiers marins qui y ont abordé. Tel est le tableau bien imparfait d'un pays dont les anciens philosophes jugeaient le climat inhabitable, et dont les philosophes modernes regardent le sol comme une écume de l'Océan ou des volcans.

Le second lieu agreste que j'ai vu, était dans la Finlande russe, lorsque j'étais employé, en 1764, à la visite de ses places avec les généraux du corps du génie, dans lequel je servais. Nous voyagions entre la Suède et la Russie, dans des pays si peu fréquentés, que les sapins avaient poussé dans le grand chemin de démarcation qui sépare leur territoire. Il était impossible d'y passer en voiture, et il fallut y envoyer des paysans pour les couper, afin que nos équipages pussent nous suivre. Cependant nous pouvions pénétrer par-tout à pied et souvent à cheval, quoiqu'il nous fallût visiter les détours, les sommets et les plus petits recoins d'un grand nombre de rochers, pour en examiner les défenses naturelles, et que la Finlande en soit si couverte, que les anciens géographes lui ont donné le surnom de *Lapidosa*. Non-seulement ces rochers y sont répandus en grands blocs à la surface de la terre, mais les vallées et les collines tout entières y sont, en beaucoup d'endroits, formées d'une seule pièce de roc vif. Ce roc est un granit tendre qui s'exfolie, et dont les débris fertilisent les plantes, en même temps que ses grandes masses les abritent contre les vents du nord, et réfléchissent sur elles les rayons du soleil par leurs courbures et par les particules de mica dont il est rempli. Les fonds de ces vallées étaient tapissés de longues lisières de prairies qui facilitent par-tout la communication. Aux endroits où elles étaient de roc tout pur, comme à leur naissance, elles étaient couvertes d'une plante appelée *Kloukva*, qui se plaît sur les rochers. Elle sort de leurs fentes, et ne s'élève guère à plus d'un pied et demi de hauteur; mais elle trace de tous côtés, et s'étend fort loin. Ses feuilles et sa verdure ressemblent à celles du buis, et ses rameaux sont parsemés de fruits rouges, bons à manger, semblables à des fraises. Des sapins, des bouleaux et des sorbiers végétaient à merveille sur les flancs de ces collines, quoique souvent ils y trouvassent à peine assez de terre pour y enfoncer leurs racines. Les sommets de la plupart de ces collines de roc étaient arrondis en forme de calotte, et rendus tout luisants par des eaux qui suintaient à travers de longues fêlures qui les sillonnaient. Plusieurs de ces calottes étaient toutes nues, et si glissantes, qu'à peine pouvait-on y marcher. Elles étaient couronnées, tout autour, d'une large ceinture de mousses d'un vert d'émeraude, d'où sortait çà et là une multitude infinie de champignons de toutes les formes et de toutes les couleurs. Il y en avait de faits comme de gros étuis, couleur d'écarlate, piquetés de points blancs; d'autres de couleur d'orange, formés en parasols; d'autres, jaunes comme du safran, et alongés comme des œufs. Il y en avait du plus beau blanc et si bien tournés en rond, qu'on les eût pris pour des dames d'ivoire. Ces mousses et ces champignons se répandaient le long des filets d'eau qui coulaient des sommets de ces collines de roc, s'étendaient en longs rayons jusqu'à travers les bois dont leurs flancs étaient couverts, et venaient border leurs lisières en se confondant avec une multitude de fraisiers et de framboisiers. La nature, pour dédommager ce pays de la rareté des fleurs apparentes qu'il produit en petit nombre, en a donné les parfums à plusieurs plantes, telles qu'au calamus-aromaticus; au bouleau, qui exhale au printemps une forte odeur de rose; et au sapin, dont les pommes sont odorantes. Elle a répandu de même les couleurs les plus agréables et les plus

brillantes des fleurs sur les végétations les plus communes, telles que sur les cônes du mélèse, qui sont d'un beau violet, sur les baies écarlates du sorbier, sur les mousses, les champignons, et même sur les choux-raves. Voici ce que dit, à l'occasion de ces derniers végétaux, l'exact Corneille Le Bruyn, dans son Voyage à Archangel :* « Pen-
» dant le séjour que nous fîmes (chez les Samoïè-
» des), on nous apporta plusieurs sortes de na-
» vets de différentes couleurs, d'une beauté sur-
» prenante. Il y en avait de violets, comme les
» prunes parmi nous ; de gris, de blancs et de
» jaunâtres, tous tracés d'un rouge semblable au
» vermillon ou à la plus belle laque, et aussi
» agréables à la vue qu'un œillet. J'en peignis
» quelques-uns à l'eau sur du papier, et en en-
» voyai en Hollande, dans une boîte remplie de
» sable sec, à un de mes amis, amateur de ces
» sortes de curiosités. Je portai ceux que j'avais
» peints à Archangel, où l'on ne pouvait croire
» qu'ils fussent d'après nature, jusqu'à ce que
» j'eusse produit les navets mêmes : marque qu'on
» n'y fait guère d'attention à ce que la nature y
» peut former de rare et de curieux. »

Je pense que ces navets sont des choux-raves, dont les raves croissent au-dessus de la terre. Du moins je le présume, par le dessin même qu'en

---

* Tome III, pag. 21.

donne Corneille Le Bruyn, et parce que j'en ai vu de pareils en Finlande ; ils ont un goût supérieur à celui de nos choux, et semblable à celui des culs d'artichaut. J'ai rapporté ces témoignages d'un peintre, et d'un peintre hollandais, sur la beauté de ces couleurs, pour détruire le préjugé où l'on est, que ce n'est qu'aux Indes où le soleil colore magnifiquement les végétaux. * Mais rien n'égale, à mon avis, le beau vert des plantes du Nord, au printemps. J'y ai souvent admiré celui des bouleaux, des gazons, et des mousses, dont quelques-unes sont glacées de vio-

* Ces faits sont appuyés par une observation très-singulière, que je rapporterai ici, quoique je l'aie déjà consignée dans un autre ouvrage. Le savant M. Patrin, qui voyagea sept ans dans les déserts de la Sibérie, ne racontait jamais sans enthousiasme qu'un jour, en descendant les sommets glacés du Mont-Altaï, comme il était parvenu au dernier gradin qui domine une plaine arrosée par le fleuve de l'Ob, il fut frappé du spectacle le plus majestueux qu'il eût jamais vu. Il quittait des rochers arides, aussi anciens que le monde; il était encore environné des frimats et des neiges de l'hiver : tout-à-coup une plaine immense s'ouvre devant lui ; elle resplendit des couleurs les plus vives, trois espèces de végétaux en couvrent la surface, on n'y voit point de verdure ; c'est la fleur pourpre de l'iris de Sibérie qui forme le fond de ce tapis magnifique ; il est bordé, dans toute son étendue, avec des groupes d'hémérocales à fleurs d'or, et d'anémones à fleurs de narcisse, d'un éclat argenté. Nulle colline ne borne cette riche plaine; elle se déroule jusqu'à l'horizon, et semble unir le ciel et la terre par ses guirlandes éclatantes. (*Note de l'Éditeur.*)

let et de pourpre. Les sombres sapins même se festonnent alors du vert le plus tendre ; et lorsqu'ils viennent à jeter, de l'extrémité de leurs rameaux, des touffes jaunes d'étamines, ils paraissent comme de vastes pyramides toutes chargées de lampions. Nous ne trouvions nul obstacle à marcher dans leurs forêts. Quelquefois nous y rencontrions des bouleaux renversés et tout vermoulus ; mais en mettant les pieds sur leur écorce, elle nous supportait comme un cuir épais. Le bois de ces bouleaux pourrit fort vite, et leur écorce, qu'aucune humidité ne peut corrompre, est entraînée, à la fonte des neiges, dans les lacs, sur lesquels elle surnage tout d'une pièce. Quant aux sapins, lorsqu'ils tombent, l'humidité et les mousses les détruisent en fort peu de temps. Ce pays est entrecoupé de grands lacs qui présentent par-tout de nouveaux moyens de communication, en pénétrant par leurs longs golfes dans les terres, et offrent un nouveau genre de beauté, en réfléchissant dans leurs eaux tranquilles, les orifices des vallées, les collines moussues, et les sapins inclinés sur les promontoires de leurs rivages.

Il serait difficile de rendre le bon accueil que nous recevions dans les habitations solitaires de ces lieux. Leurs maîtres s'efforçaient, par toutes sortes de moyens, de nous y retenir plusieurs jours. Ils envoyaient, à dix et quinze lieues de là, inviter leurs amis et leurs parents pour nous tenir compagnie. Les jours et les nuits se passaient en danses et en festins. Dans les villes, les principaux habitants nous traitaient tour-à-tour. C'est au milieu de ces fêtes hospitalières que nous avons parcouru les villes de la pauvre Finlande, Wibourg, Villemanstrand, Frédériksham, Nislot, etc. Le château de cette dernière est situé sur un rocher, au dégorgement du lac Kiemen, qui l'environne de deux cataractes. De ses plates-formes, on aperçoit la vaste étendue de ce lac. Nous dînâmes dans une de ses quatre tours, dans une petite chambre éclairée par des fenêtres qui ressemblaient à des meurtrières. C'était la même chambre où vécut long-temps l'infortuné Ivan, qui descendit du trône de Russie à l'âge de deux ans et demi. Mais ce n'est pas ici le lieu de m'étendre sur l'influence que les idées morales peuvent répandre sur les paysages.

Les plantes ne sont donc pas jetées au hasard sur la terre; et, quoiqu'on n'ait encore rien dit sur leur ordonnance en général dans les divers climats, cette simple esquisse suffit pour faire voir qu'il y a de l'ordre dans leur ensemble. Si nous examinons de même, superficiellement, leur développement, leur attitude et leur grandeur, nous verrons qu'il y a autant d'harmonie dans l'agrégation de leurs parties, que dans celle de leurs espèces. Elles ne peuvent, en aucune manière, être considérées comme des productions mécaniques du chaud et du froid, de la sécheresse et de l'humidité. Les systèmes de nos sciences nous ont ramenés précisément aux opinions qui jetèrent les peuples barbares dans l'idolâtrie, comme si la fin de nos lumières devait être le commencement et le retour de nos ténèbres. Voici ce que leur reproche l'auteur du livre de la Sagesse : *Aut ignem, aut spiritum, aut citatum aërem, aut gyrum stellarum, aut nimiam aquam, aut solem et lunam rectores orbis terrarum Deos putaverunt.* * « Ils se sont imaginé » que le feu, ou le vent, ou l'air le plus subtil, » ou l'influence des étoiles, ou la mer, ou le » soleil et la lune, régissaient la terre et en » étaient les Dieux. »

Toutes ces causes physiques réunies n'ont pas ordonné le port d'une seule mousse. Pour nous en convaincre, commençons par examiner la circulation des plantes. On a posé, comme un principe certain, que leurs sèves montaient par leur bois et redescendaient par leurs écorces. Je n'opposerai aux expériences qu'on en a rapportées, qu'un grand marronnier des Tuileries, voisin de la terrasse des Feuillants, qui, depuis plus de vingt ans, n'a point d'écorce autour de son pied, et qui cependant est plein de vigueur. Plusieurs

---

* Sapientiæ, cap. XII, ⅄ 12.

ormes des boulevards sont dans le même cas. D'un autre côté, on voit de vieux saules caverneux qui n'ont point du tout de bois. D'ailleurs, comment peut-on appliquer ce principe à la végétation d'une multitude de plantes, dont les unes n'ont que des tubes, et d'autres n'ont point du tout d'écorce, et ne sont revêtues que de pellicules sèches?

Il n'y a pas plus de vérité à supposer qu'elles s'élèvent en ligne perpendiculaire, et qu'elles sont déterminées à cette direction par l'action des colonnes de l'air. Quelques-unes, à la vérité, la suivent, comme le sapin, l'épi de blé, le roseau. Mais un bien plus grand nombre s'en écarte, tels que les volubiles, les vignes, les lianes, les haricots, etc... D'autres montent verticalement, et étant parvenues à une certaine hauteur, en plein air, sans éprouver aucun obstacle, se fourchent en plusieurs tiges, et étendent horizontalement leurs branches, comme les pommiers ; ou les inclinent vers la terre, comme les sapins ; ou les creusent en forme de coupe, comme les sassafras ; ou les arrondissent en tête de champignon, comme les pins ; ou les dressent en obélisque, comme les peupliers ; ou les tournent en laine de quenouille, comme les cyprès ; ou les laissent flotter au gré des vents, comme les bouleaux. Toutes ces attitudes se voient sous le même rumb de vent. Il y en a même qui adoptent des formes auxquelles l'art des jardiniers aurait bien de la peine à les assujettir. Tel est le badamier des Indes, qui croît en pyramide, comme le sapin, et la porte divisée par étages, comme un roi d'échecs. Il y a des plantes très-vigoureuses, qui, loin de suivre la ligne verticale, s'en écartent au moment même où elles sortent de la terre. Telle est la fausse patate des Indes, qui aime à se traîner sur le sable des rivages des pays chauds, dont elle couvre des arpents entiers. Tel est encore le rotin de la Chine, qui croît souvent aux mêmes endroits. Ces plantes ne rampent point par faiblesse. Les scions du rotin sont si forts, qu'on en fait, à la Chine, des câbles pour les vaisseaux ; et lorsqu'ils sont sur la terre, les cerfs s'y prennent tout vivants, sans pouvoir s'en dépêtrer. Ce sont des filets dressés par la nature. Je ne finirais pas, si je voulais parcourir ici les différents ports des végétaux ; ce que j'en ai dit suffit pour montrer qu'il n'y en a aucun qui soit dirigé par la colonne verticale de l'air. On a été induit à cette erreur, parce qu'on a supposé qu'ils cherchaient le plus grand volume d'air, et cette erreur de physique en a produit une autre en géométrie ; car, dans cette supposition, ils devraient se jeter tous à l'horizon, parce que la colonne d'air y est beaucoup plus considérable qu'au zénith. Il faut de même supprimer les conséquences qu'on en a tirées, et qu'on a posées comme des principes de jurisprudence pour le partage des terres, dans des livres vantés de mathématiques, tel que celui-ci, « qu'il ne croît pas » plus de bois ni plus d'herbes sur la pente d'une » montagne, qu'il n'en croîtrait sur sa base. » Il n'y a pas de bûcheron ni de faneur qui ne vous démontre le contraire par l'expérience.

Les plantes, dit-on, sont des corps mécaniques. Essayez de faire un corps aussi mince, aussi tendre, aussi fragile que celui d'une feuille, qui résiste des années entières aux vents, aux pluies, à la gelée et au soleil le plus ardent. Un esprit de vie, indépendant de toutes les latitudes, régit les plantes, les conserve et les reproduit. Elles réparent leurs blessures, et elles recouvrent leurs plaies de nouvelles écorces. Les pyramides de l'Égypte s'en vont en poudre, et les graminées du temps des Pharaons subsistent encore. Que de tombeaux grecs et romains, dont les pierres étaient ancrées de fer, ont disparu ! Il n'est resté, autour de leurs ruines, que les cyprès qui les ombrageaient. C'est le soleil, dit-on, qui donne l'existence aux végétaux, et qui l'entretient. Mais ce grand agent de la nature, tout puissant qu'il est, n'est pas même la cause unique et déterminante de leur développement. Si la chaleur invite la plupart de ceux de nos climats à ouvrir leurs fleurs, elle en oblige d'autres à les fermer. Tels sont, dans ceux-ci, la belle-de-nuit du Pérou, et l'arbre-triste des Moluques, qui ne fleurissent que la nuit. Son éloignement même de notre hémisphère n'y détruit point la puissance de la nature. C'est alors que végètent la plupart des mousses qui tapissent les rochers d'un vert d'émeraude, et que les troncs des arbres se couvrent, dans les lieux humides, de plantes imperceptibles à la vue, appelées mnium et lichen, qui les font paraître au milieu des glaces, comme des colonnes de bronze vert. Ces végétations, au plus fort de l'hiver, détruisent tous nos raisonnements sur les effets universels de la chaleur, puisque des plantes d'une organisation si délicate, semblent avoir besoin, pour se développer, de la plus douce température. La chute même des feuilles, que nous regardons comme un effet de l'absence du soleil, n'est point occasionée par le froid. Si les palmiers les conservent toute l'année dans le midi, les sapins les gardent, au nord, en tout temps. A la vérité, les bouleaux, les mélèzes et plusieurs autres espèces d'arbres les perdent, dans le nord, à l'entrée de l'hiver ; mais ce dépouillement arrive aussi à d'autres arbres dans le midi. Ce sont, dit-on, les résines qui conservent, dans le nord, celles des sapins ; mais le mélèze, qui est résineux, y laisse tomber les siennes ; et le filaria, le lierre, l'alaterne et plusieurs autres espèces, qui ne le sont point, les gardent chez nous toute l'année. Sans recourir à ces causes mécaniques, dont les effets se contredisent toujours, dès qu'on veut les généraliser, pourquoi ne pas reconnaître, dans ces variétés de la végétation, la constance d'une Providence ? Elle a mis, au midi, des arbres toujours verts, et leur a donné un large feuillage pour abriter les animaux de la chaleur. Elle y est encore venue au secours des animaux en les couvrant de robes à poil ras, afin de les vêtir à la légère ; et elle a tapissé la terre qu'ils habitent, de fougères et de lianes vertes, afin de les tenir fraîchement. Elle n'a pas oublié les besoins des animaux du nord : elle a donné à ceux-ci pour toits les sapins toujours verts, dont les pyramides hautes et touffues écartent les neiges de leurs pieds, et dont les branches sont si garnies de longues mousses grises, qu'à peine on en aperçoit le tronc ; pour litières, les mousses même de la terre, qui y ont en plusieurs endroits plus d'un pied d'épaisseur, et les feuilles molles et sèches de beaucoup d'arbres, qui tombent précisément à l'entrée de la mauvaise saison ; enfin, pour provisions, les fruits de ces mêmes arbres, qui sont alors en pleine maturité. Elle y ajoute çà et là les grappes rouges des sorbiers, qui, brillant au loin sur la blancheur des neiges, invitent les oiseaux à recourir à ces asyles ; en sorte que les perdrix, les coqs de bruyère, les oiseaux de neige, les lièvres, les écureuils, trouvent souvent, à l'abri du même sapin, de quoi se loger, se nourrir et se tenir fort chaudement.

Mais un des plus grands bienfaits de la Providence envers les animaux du nord, est de les avoir revêtus de robes fourrées, de poils longs et épais, qui croissent précisément en hiver, et qui tombent en été. Les naturalistes, qui regardent les poils des animaux comme des espèces de végétations, ne manquent pas d'expliquer leurs accroissements par la chaleur. Ils confirment leur système par l'exemple de la barbe et des cheveux de l'homme, qui croissent rapidement en été. Mais je leur demande pourquoi, dans les pays froids, les chevaux, qui y sont ras en été, se couvrent en hiver d'un poil long et frisé comme la laine des moutons? A cela ils répondent que c'est la chaleur intérieure de leur corps, augmentée par l'action extérieure du froid, qui produit cette merveille. Fort bien. Je pourrais leur objecter que le froid ne produit pas cet effet sur la barbe et sur les cheveux de l'homme, puisqu'il retarde leur accroissement; que de plus, sur les animaux revêtus en hiver par la Providence, les poils sont beaucoup plus longs et plus épais aux endroits de leur corps qui ont le moins de chaleur naturelle, tels qu'à la queue, qui est très-touffue dans les chevaux, les martres, les renards et les loups, et que ces poils sont courts et rares aux endroits où elle est la plus grande, comme au ventre. Leur dos, leurs oreilles, et souvent même leurs pattes, sont les parties de leur corps les plus couvertes de poils. Mais je me contente de leur proposer cette dernière objection : la chaleur extérieure et intérieure d'un lion d'Afrique doit être au moins aussi ardente que celle d'un loup de Sibérie ; pourquoi le premier est-il à poil ras, tandis que le second est velu jusqu'aux yeux ?

Le froid, que nous regardons comme un des plus grands obstacles de la végétation, est aussi nécessaire à certaines plantes, que la chaleur l'est à d'autres.

Si celles du midi ne sauraient croître au nord, celles du nord ne réussissent pas mieux au midi. Les Hollandais ont fait de vaines tentatives pour élever des sapins au cap de Bonne-Espérance, afin d'avoir des mâtures de vaisseaux, qui se vendent très-cher aux Indes. Plusieurs habitants ont fait à l'Ile-de-France des essais inutiles pour y faire croître la lavande, la marguerite des prés, la violette, et d'autres herbes de nos climats tempérés. Alexandre, qui transplantait les nations à son gré, ne put jamais venir à bout de faire venir le lierre de la Grèce dans le territoire de Babylone,* quoiqu'il eût grande envie de jouer aux Indes le personnage de Bacchus avec tout son costume. Je crois cependant qu'on pourrait venir à bout de ces transmigrations végétales, en employant, au midi, des glacières pour les plantes du nord,

* Voyez Plutarque et Pline.

comme on emploie, dans le nord, des poêles pour les plantes du midi. Je ne pense pas qu'il y ait un seul endroit sur le globe, où, avec un peu d'industrie, on ne puisse se procurer de la glace comme on s'y procure du sel. Je n'ai trouvé nulle part de température aussi chaude que celle de l'île de Malte, quoique j'aie passé deux fois la Ligne, et que j'aie vécu à l'Ile-de-France, où le soleil monte deux fois par an au zénith. Le sol de Malte est formé de collines de pierres blanches, qui réfléchissent les rayons du soleil avec tant de force, que la vue en est sensiblement affectée; et quand le vent d'Afrique, appelé siroco, qui part des sables du Zara, pour aller fondre les glaces du nord, vient à passer sur cette île, l'air y est aussi chaud que l'haleine d'un four. Je me rappelle que, dans ces jours-là, il y avait un Neptune de bronze sur le bord de la mer, dont le métal devenait si brûlant, qu'à peine on y pouvait tenir la main. Cependant, on apportait dans l'île de la neige du mont Etna, qui est à soixante lieues de là; on la conservait pendant des mois entiers dans des souterrains, sur de la paille, et elle ne valait que deux liards la livre; encore y était-elle affermée. Puisqu'on peut avoir de la neige à Malte dans la canicule, je crois qu'on peut s'en procurer dans tous les pays du monde. D'ailleurs la nature, comme nous l'avons vu, a multiplié les montagnes à glaces dans le voisinage des pays chauds. On pourra peut-être me reprocher d'indiquer ici des moyens d'accroître le luxe : mais, puisque le peuple ne vit plus que du luxe des riches, celui-ci peut tourner au moins au profit des sciences naturelles.

Il s'en faut beaucoup que le froid soit l'ennemi de toutes les plantes, puisque ce n'est que dans le nord que l'on trouve les forêts les plus élevées et les plus étendues qu'il y ait sur la terre. Ce n'est qu'au pied des neiges éternelles du Mont-Liban, que le cèdre, le roi des végétaux, s'élève dans toute sa majesté. Le sapin, qui est après lui l'arbre le plus grand de nos forêts, ne vient à une hauteur prodigieuse que dans les montagnes à glaces, et dans les climats froids de la Norwège et de la Russie. Pline dit que la plus grande pièce de bois qu'on eût vue à Rome jusqu'à son temps, était une poutre de sapin de cent vingt pieds de long, et de deux pieds d'équarrissage aux deux bouts, que Tibère avait fait venir des froides montagnes de la Valteline du côté du Piémont, et que Néron employa à son amphithéâtre. « Jugez, dit-il, quelle devait être la longueur de l'arbre entier, par ce qu'on en avait coupé. » Cependant, comme je crois que Pline parle de pieds romains, qui sont de la même grandeur que ceux du Rhin, il faut diminuer cette dimension d'un douzième à-peu-près. Il cite encore le mât de sapin du vaisseau qui apporta d'Egypte l'obélisque que Caligula fit met-

tré au Vatican; ce mât avait quatre brasses de tour.
Je ne sais d'où on l'avait tiré. Pour moi, j'ai vu
en Russie des sapins, auprès desquels ceux de nos
climats tempérés ne sont que des avortons. J'en
ai vu, entre autres, deux tronçons, entre Pétersbourg et Moscou, qui surpassaient en grosseur les
plus gros mâts de nos vaisseaux de guerre, quoique ceux-ci soient faits de plusieurs pièces. Ils
étaient coupés du même arbre, et servaient de
montants à la porte de la basse-cour d'un paysan.
Les bateaux qui apportent du lac de Ladoga des
provisions à Pétersbourg, ne sont guère moins
grands que ceux qui remontent de Rouen à Paris.
Ils sont construits de planches de sapin de deux
à trois pouces d'épaisseur, quelquefois de deux
pieds de large, et qui ont de longueur toute celle
du bateau. Les charpentiers russes des cantons où
on les bâtit, ne font d'un arbre qu'une seule
planche, le bois y étant si commun, qu'ils ne se
donnent pas la peine de le scier. Avant que j'eusse
voyagé dans les pays du nord, je me figurais, d'a-
près les lois de notre physique, que la terre devait y être dépouillée de végétaux par la rigueur
du froid. Je fus fort étonné d'y voir les plus
grands arbres que j'eusse vus de ma vie, et placés
si près les uns des autres, qu'un écureuil pourrait parcourir une bonne partie de la Russie sans
mettre pied à terre, en sautant de branches en
branches. Cette forêt de sapins couvre la Finlande,

l'Ingrie, l'Estonie, tout l'espace compris entre Pétersbourg et Moscou, et de là s'étend sur une grande partie de la Pologne, où les chênes commencent à paraître, comme je l'ai observé moi-même en traversant ces pays. Mais ce que j'en ai vu, n'en est que la moindre partie, puisqu'on sait qu'elle s'étend depuis la Norwège jusqu'au Kamtschatka, quelques déserts sablonneux exceptés ; et depuis Breslau jusqu'aux bords de la Mer-Glaciale.

Je terminerai cet article par réfuter une erreur dont j'ai parlé dans l'Etude précédente, qui est que le froid a diminué dans le Nord, parce qu'on y a abattu des forêts. Comme elle a été mise en avant par quelques-uns de nos écrivains les plus célèbres, et répétée ensuite, comme c'est l'usage, par la foule des autres, il est important de la détruire, parce qu'elle est très-nuisible à l'économie rurale. Je l'ai adoptée long-temps, sur la foi historique ; et ce ne sont point des livres qui m'en ont fait revenir, ce sont des paysans.

Un jour d'été, sur les deux heures après midi, étant sur le point de traverser la forêt d'Ivry, je vis des bergers avec leurs troupeaux, qui s'en tenaient à quelque distance, en se reposant à l'ombre de quelques arbres épars dans la campagne. Je leur demandai pourquoi ils n'entraient pas dans la forêt pour se mettre, eux et leurs troupeaux, à couvert de la chaleur? Ils me répondirent qu'il y faisait trop chaud, et qu'ils n'y menaient leurs moutons que le matin et le soir. Cependant, comme je désirais parcourir en plein jour les bois où Henri IV avait chassé, et arriver de bonne heure à Anet, pour y voir la maison de plaisance de Henri II, et le tombeau de Diane de Poitiers, sa maîtresse, j'engageai l'enfant d'un de ces bergers à me servir de guide, ce qui lui fut fort aisé ; car le chemin qui mène à Anet, traverse la forêt en ligne droite; et il est si peu fréquenté de ce côté-là, que je le trouvai couvert, en beaucoup d'endroits, de gazons et de fraisiers. J'éprouvai, pendant tout le temps que j'y marchai, une chaleur étouffante et beaucoup plus forte que celle qui régnait dans la campagne. Je ne commençai même à respirer, que quand j'en fus tout-à-fait sorti, et que je fus éloigné des bords de la forêt de plus de trois portées de fusil. Au reste, ces bergers, cette solitude, ce silence des bois, me parurent plus augustes, mêlés au souvenir de Henri IV, que les attributs de chasse en bronze, et les chiffres de Henri II entrelacés avec les croissants de Diane, qui surmontent, de toutes parts, les dômes du château d'Anet. Ce château royal, chargé de trophées antiques d'amour, me donna d'abord un sentiment profond de plaisir et de mélancolie ; ensuite il m'en inspira de tristesse, quand je me rappelai que cet amour ne fut pas légitime ; mais il me remplit à la fin de vénération et de respect, quand j'appris que, par une de ces révolutions si ordinaires aux monuments des hommes, il était habité par le vertueux duc de Penthièvre.

J'ai depuis réfléchi sur ce que m'avaient dit ces bergers, sur la chaleur des bois, et sur celle que j'y avais éprouvée moi-même ; et j'ai remarqué, en effet, qu'au printemps toutes les plantes sont plus précoces dans leur voisinage, et qu'on trouve des violettes en fleur sur leurs lisières, bien avant qu'on en cueille dans les plaines et sur les collines découvertes. Les forêts mettent donc les terres à l'abri du froid, dans le nord ; mais ce qu'il y a d'admirable, c'est qu'elles les mettent à l'abri de la chaleur, dans les pays chauds. Ces deux effets opposés viennent uniquement des formes et des dispositions différentes de leurs feuilles. Dans le nord, celles des sapins, des mélèzes, des pins, des cèdres, des genévriers, sont petites, lustrées et vernissées ; leur finesse, leur vernis et la multitude de leurs plans réfléchissent la chaleur autour d'elles en mille manières : elles produisent à-peu-près les mêmes effets que les poils des animaux du nord, dont la fourrure est d'autant plus chaude, que leurs poils sont fins et lustrés. D'ailleurs, les feuilles de plusieurs espèces, comme celles des sapins et des bouleaux, sont suspendues perpendiculairement à leurs rameaux par de longues queues mobiles, en sorte qu'au moindre vent, elles réfléchissent autour d'elles les rayons du soleil, comme des miroirs. Au midi, au contraire, les palmiers, les talipots, les cocotiers, les bananiers, portent de grandes feuilles qui, du côté de la terre, sont plutôt mattes que lustrées, et qui, en s'étendant horizontalement, forment au-dessous d'elles de grandes ombres, où il n'y a aucune réflexion de chaleur. Je conviens cependant que le défrichement des forêts dissipe les fraîcheurs occasionées par l'humidité ; mais il augmente les froids secs et âpres du nord, comme on l'a éprouvé dans les hautes montagnes de la Norwège, qui étaient autrefois cultivées, et qui sont aujourd'hui inhabitables, parce qu'on les a totalement dépouillées de leurs bois. Ces mêmes défrichements augmentent aussi la chaleur dans les pays chauds, comme je l'ai observé à l'Ile-de-France, sur plusieurs côtes qui sont devenues si arides depuis qu'on n'y a laissé aucun arbre, qu'elles sont aujourd'hui sans culture. L'herbe même qui y pousse pendant la saison des pluies, est en peu de temps rôtie par le soleil. Ce qu'il y a de pis, c'est qu'il est résulté de la sécheresse de ces côtes, le desséchement de quantité de ruisseaux ; car les arbres plantés sur les hauteurs y attirent l'humidité de l'air, et l'y fixent, comme nous le verrons dans l'étude des plantes. De plus, en détruisant les arbres qui sont sur les hauteurs, on ôte aux vallons leurs engrais naturels, et aux campagnes les palissades qui les abritent des grands vents. * Ces vents désolent tellement les cultures en quelques endroits, qu'on n'y peut rien faire croître. J'attribue à ce dernier incon-

* Il suffit de jeter les yeux sur la France, depuis la destruction de nos forêts, pour apprécier toute la justesse de cette observation : la seule vallée de Montmorency en offre un exemple frappant. Ses sources ont presque toutes disparu avec les bois qui couronnaient ses coteaux nord; et la diminution des eaux qui la fertilisent ne tardera pas à lui faire perdre les épithètes de *riche* et de *belle*, que Jean-Jacques Rousseau lui a prodiguées. Suivant un excellent observateur, les eaux de l'étang de Montmorency sont considérablement diminuées, et seraient même taries sans les forêts du coteau sud qui les alimentent encore. Ces forêts une fois abattues, on n'aura ni sources, ni ruisseaux, ni cerisiers, ni poissons, ni moulin; à place de tout cela, on aura quelques hectares d'un sol sec et aride.

L'influence que des bouquets de bois exercent sur la fertilité d'une vallée, les grandes masses des forêts l'exercent sur le climat des plus vastes contrées. C'est ainsi que les forêts de la Guiane attirent une si prodigieuse quantité d'eau, que ses habitants, pour éviter les inondations, sont obligés d'établir, pendant six mois, leurs demeures au sommet des arbres, tandis qu'aucun nuage, aucune vapeur, ne vient rafraîchir les champs dépouillés de l'Égypte, de la Lybie et de l'Arabie. On peut consulter, sur cet important phénomène, l'excellente Histoire naturelle de l'air, de l'abbé Richard; les Harmonies hydro-végétales, de Rauch, et les Époques de la Nature, de Buffon. (*Note de l'Éditeur.*)

vénient la stérilité des landes de Bretagne. En vain on a essayé de leur rendre leur ancienne fécondité : on n'en viendra point à bout, si on ne commence par leur rendre leurs abris et leur température, en y ressemant des forêts. Mais il faut que les paysans qui les cultivent soient heureux. La prospérité d'une terre dépend, avant toutes choses, de celle de ses habitants.

ÉTUDE SIXIÈME.

RÉPONSES AUX OBJECTIONS CONTRE LA PROVIDENCE,
TIRÉES DES DÉSORDRES DU RÈGNE ANIMAL.

Nous continuerons de parler de la fécondité des terres du Nord, pour détruire le préjugé qui n'attribue le principe de la vie dans les plantes et dans les animaux, qu'à la chaleur du midi. Je pourrais m'étendre sur les chasses nombreuses d'élans, de rennes, d'oiseaux aquatiques, de francolins, de lièvres, d'ours blancs, de loups, de renards, de martres, d'hermines, de castors, etc., que les habitants des terres septentrionales font tous les ans, et dont les seules pelleteries, qu'ils n'emploient pas à leurs usages, leur produisent une branche considérable de commerce par toute l'Europe. Mais je m'arrêterai seulement à leurs pêches, parce que ces présents des eaux sont offerts à toutes les nations, et ne sont nulle part aussi abondants que dans le Nord.

On tire des rivières et des lacs du Nord une multitude prodigieuse de poissons. Jean Schæffer, historien exact de Laponie, dit * qu'on prend,

---

* Histoire de Laponie, par Jean Schæffer.

chaque année, à Tornéo, jusqu'à treize cents barques de saumons; que les brochets y sont si grands, qu'il y en a de la longueur d'un homme, et qu'on en sale, chaque année, de quoi nourrir quatre royaumes du Nord. Mais ces pêches abondantes n'approchent pas encore de celles de ses mers. * C'est dans leur sein qu'on prend ces monstrueuses baleines, qui ont, pour l'ordinaire, soixante pieds de longueur, vingt pieds de largeur au corps et à la queue, dix-huit pieds de hauteur, et qui donnent jusqu'à cent trente barriques d'huile. Leur lard a deux pieds d'épaisseur, et on est obligé de se servir de couteaux de six pieds de long pour le découper. Il sort tous les ans, des mers du Nord, une multitude innombrable de poissons qui enrichissent tous les pêcheurs de l'Europe; tels sont les morues, les anchois, les esturgeons, les dorches, les maquereaux, les sardines, les harengs, les chiens de mer, les belugas, les phoques, les marsouins, les chevaux marins, les souffleurs, les licornes de mer, les poissons à scie, etc.... Ils y sont tous d'une taille plus considérable que dans les latitudes tempérées, et divisés en un plus grand nombre d'espèces. On en compte jusqu'à douze dans celle des baleines; et les plies ou flétants y pèsent jusqu'à quatre cents livres. Je ne m'arrêterai qu'à ceux des poissons qui nous sont les plus

* Voyez Frédéric Martens, de Hambourg.

connus, tels que les harengs. C'est un fait certain qu'il en sort, tous les ans, une quantité plus que suffisante pour nourrir tous les habitants de l'Europe.

Nous avons des mémoires qui prouvent que la pêche s'en faisait dès l'an 1168, dans le détroit du Sund, entre les îles de Schonen et de Séeland. Philippe de Mézières, gouverneur de Charles VI, rapporte, dans le *Songe du vieux Pélerin,* qu'en 1389, aux mois de septembre et d'octobre, il y avait une quantité si prodigieuse de harengs dans ce détroit, que, « dans l'espace de plusieurs lieues
» on pouvait, dit-il, les tailler à l'épée ; et c'est
» commune renommée, qu'ils sont quarante mille
» bateaux qui ne font autre chose, en deux mois,
» que pêcher le hareng, et en chacun bateau il y
» a au moins six personnes et jusqu'à dix ; et de
» plus, il y a cinq cents grosses et moyennes nefs
» qui ne font que recueillir et saler les harengs
» en caque. » Il fait monter le nombre des pêcheurs à trois cents mille hommes de la Prusse et de l'Allemagne. En 1610, les Hollandais, qui pêchent ce poisson encore plus au nord où il est meilleur, y employaient trois mille bateaux, cinquante mille pêcheurs, sans compter neuf mille autres vaisseaux qui l'encaquent et l'apportent en Hollande, et cent cinquante mille hommes, soit sur terre, soit sur mer, occupés à le transporter, à l'apprêter et à le vendre. Ils en tiraient alors

de revenu deux millions six cent cinquante-neuf mille livres sterlings.* J'ai vu moi-même à Amsterdam, en 1762, la joie du peuple, qui met des banderoles et des pavillons aux boutiques où l'on vend ce poisson à son arrivée : il y en a dans toutes les rues. J'y ai ouï dire que la compagnie formée pour la pêche du hareng, était plus riche, et faisait vivre plus de monde que la compagnie des Indes. Les Danois, les Norwégiens, les Suédois, les Hambourgeois, les Anglais, les Irlandais et quelques négocians de nos ports, comme de ce-

* Ceux qui méditent sur la richesse des nations n'ont point assez examiné l'influence que peut exercer sur elles la simple culture d'une plante, ou la pêche d'un poisson. C'est aux harengs que la Hollande doit presque toute sa puissance ; et peut-être que, pour changer la balance politique de l'Europe, il eût suffi qu'un petit poisson fût de moins dans la mer. Les Hollandais ont attribué, par reconnaissance, l'invention de l'art de saler et de caquer le hareng à un de leurs compatriotes, nommé Beuckelz; mais la gloire qu'ils en veulent tirer n'est qu'une gloire usurpée, puisqu'en 1337, c'est-à-dire, plusieurs années avant la naissance de ce pilote, Philippe VI, roi de France, avait rendu une ordonnance dans laquelle il est question de harengs *salés et caqués*. Or, ces mots *salés et caqués*, placés dans cette ordonnance, sans explication, sans définition, prouvent que ce procédé industriel était déjà très-connu en France dès l'année 1337, c'est-à-dire, trois ans avant la naissance de l'inventeur hollandais. Voyez, à ce sujet, le premier volume de l'Histoire des Pêches, de Noël, et le Recueil des Ordonnances de nos rois, tome II, pages 319 et 424, et tome XII, page 41. (*Note de l'Éditeur.*)

lui de Dieppe, envoient des vaisseaux à cette pêche, mais en trop petit nombre pour une manne aussi aisée à recueillir.

En 1782, à l'embouchure de la Gothela, petite rivière qui baigne les murs de Gothembourg, on en a salé cent trente-neuf mille tonneaux, enfumé trois mille sept cents, et extrait deux mille huit cent quarante-cinq tonneaux d'huile de ceux qui ne pouvaient être conservés. La Gazette de France,[*] qui rapporte cette pêche, remarque que, jusqu'en 1752, ces poissons avaient été soixante-douze ans sans y paraître. J'attribue leur éloignement de cette côte, à quelque combat naval qui les en aura éloignés par le bruit de l'artillerie, comme il arrive aux tortues de l'île de l'Ascension d'abandonner la rade pendant plusieurs semaines, lorsque les vaisseaux qui y passent tirent du canon. C'est peut-être aussi quelque incendie de forêts qui aura détruit le végétal qui les attirait sur la côte. Le bon évêque de Berghen, Pontoppidan, le Fénélon de la Norwège, qui mettait dans ses sermons populaires des traits d'histoire naturelle tout entiers, comme d'excellents morceaux de théologie, rapporte [**] que, lorsque les harengs côtoient les rivages de la Norwège, « les baleines, » qui les poursuivent en grand nombre, et qui

---

[*] Vendredi 11 octobre 1782.
[**] Pontoppidan, Histoire naturelle de la Norwège.

» lancent en l'air leurs jets d'eau, font paraître
» la mer au loin comme si elle était couverte de
» cheminées fumantes. Les harengs poursuivis se
» jettent le long du rivage dans les enfoncements
» et dans les criques, où l'eau, auparavant tran-
» quille, forme des lames et des vagues considé-
» rables par-tout où ils se sauvent. Ils s'y retirent
» en si grand nombre, qu'on peut les prendre à
» pleine corbeille, et que même les paysans les
» attrapent à la main. » Cependant, ce que tous
ces pêcheurs réunis en pêchent, n'est qu'une très-
petite partie de leur colonne qui côtoie l'Allemagne, la France, l'Espagne, et s'avance jusqu'au détroit de Gibraltar; dévorée, chemin faisant, par une multitude innombrable d'autres poissons et d'oiseaux de mer qui la suivent nuit et jour, jusqu'à ce qu'elle se perde sur les rivages de l'Afrique, ou qu'elle retourne, selon d'autres, dans les climats du nord.

Pour moi, je ne crois pas plus que les harengs retournent dans les mers du nord, que les fruits ne remontent aux arbres d'où ils sont tombés. La nature est si magnifique dans les festins qu'elle prépare aux hommes, qu'elle ne leur présente jamais deux fois le même mets. Je présume, d'après une observation du P. Lamberti, missionnaire en Mingrélie, que ces poissons achèvent de circuire l'Europe en entrant dans la Méditerranée, et que le terme de leur émigration est à l'extrémité de la Mer-Noire; avec d'autant plus de fondement, que les sardines, qui partent des mêmes lieux, suivent la même route, comme le prouvent les pêches abondantes qu'en font les Provençaux sur leurs côtes et sur celles d'Italie.

» L'on voit, dit le P. Lamberti, * quelquefois dans
» la Mer-Noire, beaucoup de harengs, et ces an-
» nées-là les habitants en tirent un présage que
» la pêche de l'esturgeon doit être fort abon-
» dante ; et ils en font un jugement contraire
» quand il n'en paraît point. L'on en vit en
» 1642 une si grande quantité, que la mer les
» ayant jetés sur la plage qui est entre Trébi-
» sonde et le pays des Abcasses, elle s'en trouva
» toute couverte et bordée d'une digue de ha-
» rengs, qui avait bien trois palmes de haut. Ceux
» du pays appréhendaient que l'air ne s'empestât
» de la corruption de ces poissons; mais l'on vit
» en même temps la côte pleine de corneilles et
» de corbeaux qui les délivrèrent de cette crainte
» en mangeant ces poissons. Ceux du pays disent
» que la même chose est arrivée autrefois, mais
» non pas en aussi grande quantité. »

Ce nombre prodigieux de harengs a certainement de quoi étonner ; mais l'admiration redoublera si l'on considère que cette colonne n'est pas la moitié de celle qui sort du nord tous les ans.

* Relation de Mingrélie, collection de Thévenot.

Elle se partage à la hauteur de l'Islande, et tandis qu'une partie vient répandre l'abondance sur les côtes de l'Europe, l'autre va la porter sur celles de l'Amérique. Anderson dit que les harengs sont si abondants sur les côtes de l'Islande, qu'une chaloupe peut à peine les traverser à la rame. Ils y sont accompagnés d'une multitude prodigieuse de sardines et de morues, ce qui rend le poisson si commun dans cette île, que les habitants le font sécher et le réduisent en farine avec les arêtes, pour en nourrir leurs bœufs et leurs chevaux. Le père Rale, jésuite, missionnaire en Amérique, en parlant des Sauvages qui sont entre l'Acadie et la Nouvelle-Angleterre, dit, * « qu'ils se ren-
» dent en un certain temps à une rivière peu
» éloignée, où, pendant un mois, les poissons
» montent en si grande quantité, qu'on en rem-
» plirait cinquante mille barriques en un jour, si
» l'on pouvait suffire à ce travail. Ce sont des
» espèces de gros harengs, fort agréables au goût
» quand ils sont frais. Ils sont pressés les uns sur
» les autres à un pied d'épaisseur, et on les puise
» comme l'eau. Les Sauvages les font sécher
» pendant huit ou dix jours, et ils en vivent pen-
» dant tout le temps qu'ils ensemencent leurs
» terres. » Ce témoignage est confirmé par un grand nombre d'autres, et en particulier par un

---

* Lettres édifiantes, tome XXIII, page 199.

Anglais, né en Amérique, et qui a écrit l'histoire de la Virginie. « Au printemps, dit-il,* les ha-
» rengs montent en si grande foule dans les
» ruisseaux et les gués des rivières, qu'il est pres-
» que impossible d'y passer à cheval sans marcher
» sur ces poissons..... De-là vient que, dans cette
» saison de l'année, les endroits des rivières où
» l'eau est douce, sont empuantis par le poisson
» qu'il y a. Outre les harengs, on voit une infi-
» nité d'aloses, de rougets, d'esturgeons, et quel-
» que peu de lamproies qui passent de la mer
» dans les rivières. »

Il paraît qu'une autre colonne de ces poissons sort du pôle nord, à l'est de notre continent, et passe par le canal qui sépare l'Amérique de l'Asie. Car un missionnaire dit que les habitants de la terre d'Yesso vont vendre au Japon, entre autres poissons secs,** des harengs. Les Espagnols, qui ont tenté des découvertes au nord de la Californie, en ont trouvé tous les peuples ichthyophages et ne s'appliquant à aucune culture. Quoiqu'ils n'y aient abordé qu'au milieu de l'été, où la pêche de ces poissons ne s'y faisait peut-être pas encore, ils y trouvèrent une abondance prodigieuse de sardines, dont la patrie et les émigrations sont les mêmes ; car on en prend une grande quantité

* Histoire de la Virginie, page 202.
** Histoire ecclésiastique du Japon, par le P. F. Solier, liv. XIX, chap. XI.

de petites à Archangel. J'en ai mangé en Russie; chez M. le maréchal Munich, qui les appelait des anchois du Nord. Mais comme les mers septentrionales qui séparent l'Amérique de l'Asie nous sont inconnues, je ne suivrai pas ce poisson plus loin. J'observerai toutefois que plus de la moitié de ces harengs sont remplis d'œufs, et que, s'ils venaient tous à éclore, pendant trois ou quatre générations seulement, l'Océan entier ne serait pas capable de les contenir. Ils ont, à vue d'œil, au moins autant d'œufs que les carpes. M. Petit, célèbre démonstrateur en anatomie, et fameux médecin, a trouvé que les deux paquets d'œufs d'une carpe de dix-huit pouces de longueur, pesaient huit onces deux gros, qui font quatre mille sept cent cinquante-deux grains, et qu'il fallait le poids de soixante-douze de ces œufs pour faire le poids d'un grain, ce qui fait trois cent quarante-deux mille cent quarante-quatre œufs compris dans les huit onces deux gros. Je me suis un peu étendu au sujet de ces poissons, non pas pour l'avantage de notre commerce, qui, avec ses offices, ses priviléges, ses exclusions, rend rare tout ce qu'il entreprend; mais à cause de la subsistance du peuple, réduit, en beaucoup d'endroits, à ne manger que du pain, tandis que la Providence donne à l'Europe, d'une main si libérale, les poissons peut-être les plus friands de la mer. [20] Il n'en faut pas juger par ceux qu'on apporte à Paris dans l'arrière-saison, et qu'on a pêchés à peu de distance de nos côtes ; mais par ceux qu'on pêche dans le Nord, connus en Hollande sous le nom de harengs-pecs, qui sont épais, longs, gras, ayant un goût de noisette, si délicats et si fondants, qu'on ne peut les faire cuire, et qu'on les mange crus et salés comme des anchois.

Le pôle austral n'est pas moins poissonneux que le pôle septentrional. Les peuples qui l'avoisinent, tels que les habitants des îles de la Géorgie, de la Nouvelle-Zélande, du détroit de Le Maire, de la Terre-de-Feu et du détroit de Magellan, sont ichthyophages, et n'exercent aucune sorte d'agriculture. Le véridique chevalier Narbrught dit, dans son Journal à la mer du Sud, que le port Désiré, qui est par le 47e degré 48' de latitude sud, est si rempli de pingouins, de veaux marins et de lions marins, que tout vaisseau qui y touchera, y trouvera des provisions en abondance. Tous ces animaux, qui y sont fort gras, ne vivent que de poissons. Quand il fut dans le détroit de Magellan, il prit, d'un seul coup de filet, plus de cinq cents gros poissons, semblables à des mulets, aussi longs que la jambe d'un homme ; des éperlans de vingt pouces de longueur ; une grande quantité de poissons semblables aux anchois ; enfin, ils en trouvèrent tant de toutes sortes, qu'ils ne mangèrent autre chose pendant tout le temps qu'ils y restèrent. Les moules à belles nacres, connues dans nos cabinets sous le nom de moules de Magellan, y sont d'une grandeur prodigieuse et excellentes à manger. Les lépas, de même, y sont très-grands. Il faut, dit-il, qu'il y ait sur ces rivages une infinité de poissons, pour nourrir les veaux marins, les pingouins et les autres oiseaux qui ne vivent que de poissons, et qui sont tous également gras, quoiqu'ils soient innombrables. Ils tuèrent un jour quatre cents lions marins en une demi-heure. Il y en avait de dix-huit pieds de long : ceux qui en ont quatorze sont par milliers. Leur chair est aussi belle et aussi blanche que celle d'agneau, et très-bonne à manger fraîche; mais elle est bien meilleure quand on l'a tenue dans le sel. Sur quoi j'observerai qu'il n'y a que les poissons des pays froids, qui prennent bien le sel, et qui conservent, dans cet état, une partie de leur saveur. Il semble que la nature ait voulu faire participer, par ce moyen, tous les peuples de la terre à l'abondance des pêches qui sortent des zones glaciales.

La côte occidentale de l'Amérique, dans cette même latitude, n'est pas moins poissonneuse. « Dans toute la côte de la mer, dit le Péruvien « Garcillasso de la Véga,[*] depuis Aréquipa jusqu'à » Tarapaca, où il y a plus de deux cents lieues

---

[*] Histoire des Incas, liv. v, chap. III.

» de longueur, ils n'emploient d'autres fientes
» pour fumer les terres, que la fiente de certains
» oiseaux appelés passereaux marins, dont il y a
» des troupes si nombreuses, qu'on ne saurait
» les voir sans en être étonné. Ils se tiennent dans
» les îles désertes de la côte ; et, à force d'y fien-
» ter, ils les blanchissent d'une telle manière,
» qu'on les prendrait, de loin, pour quelques
» montagnes couvertes de neige. Les Incas ré-
» servaient ces îles pour en disposer en faveur
» de telle province qu'ils jugeraient à propos. »
Or cette fiente provenait des poissons dont vivent ces oiseaux. « En d'autres pays de la même
» côte, dit-il,* dans les contrées d'Atica, d'Ati-
» tipa, de Villacori, de Malla et de Chilca, on
» engraisse les terres avec les têtes de sardines
» qu'on y sème en abondance. On les enterre à
» une petite distance les unes des autres, après
» y avoir mis dedans deux ou trois grains de
» maïs. En certaine saison de l'année, la mer
» jette sur le rivage une si grande quantité de
» sardines vives, qu'ils en ont de reste pour leur
» provision et pour engraisser leurs champs ; jus-
» que-là même que s'ils les voulaient ramasser
» toutes, ils en pourraient charger plusieurs na-
» vires. »

On voit que la côte du Pérou est à-peu-près le

---

* Histoire des Incas, liv. v, chap. III.

terme de l'émigration des sardines qui sortent du pôle sud, comme les côtes de la Mer-Noire sont le terme de celle des harengs qui sortent du pôle nord. Le développement de ces deux routes, des sardines australiennes et des harengs septentrionaux, est à-peu-près de la même longueur, et leurs destinées sont, à la fin, semblables. On croirait que quelques néréides sont chargées, tous les ans, de conduire, depuis les pôles, ces flottes innombrables de poissons, pour fournir à la subsistance des habitants des zones tempérées, et que, quand elles sont arrivées au terme de leurs courses, dans les pays chauds où les fruits abondent, elles vident sur le rivage ce qui reste dans leurs filets.

Il ne me sera pas aussi facile, je l'avoue, de rapporter à la bienfaisance de la nature, les guerres que se font, entre eux, les animaux. Pourquoi y a-t-il des bêtes carnassières ? Quand je ne résoudrais pas cette difficulté, il ne faudrait pas accuser la nature de cruauté, parce que je manquerais de lumières. Elle a ordonné ce que nous connaissons, avec tant de sagesse, que nous en devons conclure que la même sagesse règne dans ce que nous ne connaissons pas. Je me hasarderai cependant à dire mon sentiment et à répondre à cette question, d'autant que cela me donnera lieu de mettre en avant quelques observations que je crois neuves et dignes d'attention.

D'abord, les bêtes de proie sont nécessaires. Que deviendraient les cadavres de tant d'animaux qui périssent dans les eaux et sur la terre qu'ils souilleraient de leur infection? A la vérité, plusieurs espèces de bêtes carnassières dévorent les animaux tout vivans. Mais que savons-nous si elles ne transgressent pas leurs lois naturelles? L'homme à peine sait son histoire; comment pourrait-il savoir celle des bêtes? Le capitaine Cook a observé, dans une île déserte de l'Océan austral, que les lions marins, les veaux marins, les ours blancs, les nilgauts, les aigles et les vautours, vivaient pêle-mêle, sans qu'aucune troupe cherchât en rien à nuire aux autres. J'ai observé la même paix parmi les fous et les frégates de l'île de l'Ascension. Mais, dans le fond, on ne doit pas leur savoir beaucoup de gré de leur modération. C'étaient corsaires contre corsaires. Ils s'accordaient entre eux pour vivre aux dépens des poissons qu'ils avalaient tout vivans.

Remontons au grand principe de la nature. Elle n'a rien fait en vain. Elle destine peu d'animaux à mourir de vieillesse, et je crois même qu'il n'y a que l'homme à qui elle ait donné de parcourir la carrière entière de la vie, parce qu'il n'y a que lui dont la vieillesse soit utile à ses semblables. A quoi serviraient, parmi les bêtes, des vieillards sans réflexion, à des postérités qui naissent avec toute leur expérience? D'un autre côté, comment des pères décrépits trouveraient-ils des secours parmi des enfants qui les quittent, dès qu'ils savent nager, voler ou marcher ? La vieillesse serait pour eux un poids, dont les bêtes féroces les délivrent. D'ailleurs, de leurs générations sans obstacles naîtraient des postérités sans fin, auxquelles le globe ne suffirait pas. La conservation des individus entraînerait la destruction des espèces. Les animaux pouvaient toujours vivre, dira-t-on, dans une proportion convenable aux lieux qu'ils habitent. Mais il fallait dès lors qu'ils cessassent de multiplier ; et adieu les amours, les nids, les alliances, les prévoyances, et toutes les harmonies qui règnent parmi eux. Tout ce qui naît doit mourir. Mais la nature, en les dévouant à la mort, en ôte ce qui peut en rendre l'instant cruel. C'est d'ordinaire pendant la nuit et au milieu du sommeil, qu'ils succombent aux griffes et aux dents de leurs ennemis. Vingt blessures portées à-la-fois aux sources de la vie, ne leur laissent pas le temps de songer qu'ils la perdent. Ils ne joignent à ce moment fatal aucun des sentiments qui le rendent si amer à la plupart des hommes, les regrets du passé et les inquiétudes de l'avenir. Leurs ames insouciantes s'envolent dans les ombres de la nuit, au milieu d'une vie innocente, et souvent dans les illusions de leurs amours.

Des compensations inconnues adoucissent peut-être encore ce dernier passage. Au moins, j'observerai, comme une chose digne de la plus grande considération, que les espèces d'animaux, dont la vie est prodiguée au soutien de celle des autres, comme celle des insectes, ne paraissent susceptibles d'aucune sensibilité. Si on arrache la jambe d'une mouche, elle va et vient comme si elle n'avait rien perdu. Après le retranchement d'un membre aussi considérable, il n'y a ni évanouissement, ni convulsion, ni cri, ni aucun symptôme de douleur. Des enfants cruels s'amusent à leur enfoncer de longues pailles dans l'anus; elles s'élèvent en l'air, ainsi empalées, elles marchent et font leurs mouvements ordinaires sans paraître s'en soucier. D'autres prennent des hannetons, leur rompent une grosse jambe, leur passent dans les nerfs et les cartilages de la cuisse une forte épingle, et les attachent avec une bande de papier à un bâton. Ces insectes étourdis volent, en bourdonnant, tout autour du bâton, sans se lasser et sans paraître éprouver la moindre souffrance. Réaumur coupa, un jour, la corne charnue et musculeuse d'une grosse chenille, qui continua de manger comme si rien ne lui fût arrivé. Peut-on penser que des êtres, si tranquilles entre les mains des enfants et des philosophes, éprouvent quelque sentiment de douleur quand ils sont gobés en l'air par les oiseaux ?

Je peux étendre ces observations plus loin.

C'est que les poissons de la classe de ceux qui n'ont ni os ni sang, et qui forment le plus grand nombre des habitants de la mer, paraissent également insensibles. J'ai vu, entre les tropiques, un thon, à qui un de nos matelots avait enlevé un lopin de chair de la nuque, d'un coup de harpon qui se rebroussa contre sa tête, suivre notre vaisseau pendant plusieurs semaines, sans qu'aucun de ses compagnons le surpassât à nager ou à faire des culbutes. J'ai vu des requins, percés de balles de fusils, revenir mordre à l'hameçon dont ils s'étaient déja échappés une fois, la gueule toute déchirée. On trouvera encore une plus grande analogie entre les poissons et les insectes, si l'on considère que les uns et les autres n'ont ni os ni sang, qu'ils ont une chair imprégnée d'une eau gluante, et qui paraît encore être la même dans les uns et les autres, en ce qu'elle jette la même odeur lorsqu'on la brûle ; qu'ils ne respirent point par la bouche, mais par les côtés, les insectes par les trachées, les poissons par les ouïes ; qu'ils n'ont point d'organe auditif, mais qu'ils entendent par le frémissement que leur corps éprouve par la commotion de l'élément fluide où ils vivent ; qu'ils voient de tous côtés l'horizon par la situation de leurs yeux; qu'ils accourent également à la lumière; qu'ils ont la même avidité, et sont, pour la plupart, carnivores ; que dans ces deux genres, les femelles sont plus grosses que les mâles; qu'elles jettent leurs œufs en nombre infini, sans les couver; que la plupart des poissons passent, en naissant, par l'état d'insecte, sortant de leurs œufs en forme de vers, et quelques-uns même en celle de grenouille, comme une espèce de poisson de Surinam; que les uns et les autres sont revêtus d'écailles; que plusieurs poissons ont des barbillons et des antennes, comme les insectes; que les uns et les autres renferment, dans leurs catégories, une variété incroyable de formes, qui n'appartient qu'à eux; enfin, que leurs constitutions, leurs métamorphoses, leurs mœurs, leur fécondité, étant les mêmes, on est tenté d'admettre, entre ces deux grandes classes, la même insensibilité.

Pour les animaux qui ont du sang, quoiqu'en ait dit Malebranche, ils sont sensibles. Ils manifestent la douleur par les mêmes signes que nous. Mais la nature les a remparés de cuirs épais, de longs poils, de plumages, qui les abritent contre les atteintes du dehors. D'ailleurs ils ne sont guère exposés aux mauvais traitements, qu'entre les mains des hommes méchants.

Passons maintenant à la génération des animaux. Nous avons vu que les plus grandes et les plus nombreuses espèces du globe, dans le règne animal et végétal naissaient dans le nord, indépendamment de la chaleur du soleil. Voyons si celle de la fermentation a plus de puissance au midi. Des Egyptiens ont dit à Hérodote que quelques espèces d'animaux s'étaient formées des vases fermentées de l'Océan et du Nil. Quelque respect que je porte aux anciens, je récuse leur autorité en physique. La plupart de leurs philosophes ressemblaient assez aux nôtres; ils observaient fort peu, et ils raisonnaient beaucoup. Si quelques-uns, pour tranquilliser des princes voluptueux, ont avancé que tout sortait de la corruption et y rentrait, d'autres, de meilleure foi, les ont réfutés, même dès ce temps-là. Non-seulement la corruption ne produit aucun corps vivant; mais elle leur est funeste, sur-tout à ceux qui ont du sang, et principalement à l'homme. Il n'y a d'air malsain, que là où il y a corruption. Comment aurait-elle pu engendrer, dans les animaux, des pieds assortis de molettes, d'ongles, de doigts; des peaux velues, de tant de sortes de poils et de plumages; des mâchoires palissadées de dents taillées, les unes pour couper, d'autres pour moudre; des têtes ornées d'yeux, et des yeux défendus de paupières pour les garantir du soleil? Comment aurait-elle pu rassembler ces membres épars, les lier de nerfs et de muscles, les soutenir d'ossements avec des pivots et des charnières; les nourrir de veines pleines d'un sang qui circule, soit que l'animal marche, soit qu'il se repose; les couvrir de peaux si convenablement fourrées de poils pour les climats qu'ils habitent; ensuite les faire mouvoir par l'action combinée d'un cœur et d'un cerveau, et donner à toutes ces machines, nées dans le même lieu, formées du même limon, des appétits et des instincts si différents ? Comment leur eût-elle inspiré le sentiment d'eux-mêmes, et allumé en eux le désir de se reproduire par d'autres voies que celle qui leur avait donné l'existence ? La corruption, loin de leur donner la vie, eût dû la leur ôter, puisqu'elle fait naître des tubercules, enflamme les yeux, dissout le sang, et produit une infinité de maladies dans la plupart des animaux qui en respirent les émanations. [21] La fermentation de quelque matière que ce soit, n'a pu former aucun animal, pas même l'œuf d'où il est sorti. On trouve dans les voiries de nos grandes villes, où tant de matières fermentent, des molécules organiques de toute espèce, des corps entiers d'animaux, du sang, des plantes, de l'ammoniac, des huiles, des flegmes, des esprits, des minéraux, des matières plus hétérogènes et plus combinées par les caprices des hommes en société, que les flots de l'Océan n'en ont accumulé et confondu sur ses rivages : cependant, on n'y a jamais trouvé aucun corps organisé. Qu'on ne dise pas que la chaleur nécessaire à leur développement y manque ; il y en a de tous les degrés, depuis la glace jusqu'au feu. Les sels s'y cristallisent, et les soufres s'y forment. On a recueilli dans Paris même, il y a quelques années, du soufre formé par la nature, dans d'anciennes voiries du temps de Charles IX. Nous voyons tous les jours que la fermentation peut croître dans du fumier, au point que le feu y prenne. Sa chaleur modérée est même si favorable au développement des germes, qu'on s'en est servi pour faire éclore des poulets. Mais les combinaisons de toutes ces matières n'y ont jamais rien produit de vivant ni d'organisé. Que dis-je? les premiers travaux de la nature que nous voulons expliquer, sont couverts de tant de mystères, qu'un œuf, tant soit peu ouvert, cesse d'être fécond. Le moindre contact de l'air extérieur suffit pour y détruire les premiers linéaments de la vie. Ce ne sont donc ni les matières, ni les degrés de chaleur qui manquent à l'homme pour imiter la nature dans la prétendue création des êtres ; et cette puissance, toujours jeune et active, ne s'est point affaiblie, puisqu'elle a toujours le pouvoir de les reproduire, qui n'est pas moins grand que celui de leur donner l'existence.

La sagesse avec laquelle elle a ordonné leurs proportions, n'est pas moins digne d'admiration. Si on vient à examiner les animaux, on n'en trouvera aucun de défectueux dans ses membres, si l'on a égard à ses mœurs et aux lieux où il est destiné à vivre. Le long et gros bec du toucan, et sa langue faite en plume, étaient nécessaires à un oiseau qui cherche les insectes éparpillés dans les sables humides des rivages de l'Amérique. Il lui fallait à-la-fois une longue pioche pour y fouiller, une large cuiller pour les ramasser, et une langue frangée de nerfs délicats pour y sentir sa nourriture. Il fallait de longues jambes et de longs cous aux hérons, aux grues, aux flamants et aux autres oiseaux qui marchent dans les marais, et qui cherchent de la proie au fond de leurs eaux. Chaque animal a les pieds et la gueule, ou le bec, formés d'une manière admirable pour le sol qu'il doit parcourir, et pour les aliments dont il doit vivre. C'est de leurs configurations que les naturalistes tirent les caractères qui distinguent les bêtes de proie de celles qui sont frugivores. Ces organes n'ont jamais manqué aux besoins des animaux, et ils sont eux-mêmes indélébiles comme leurs instincts. J'ai vu, dans des campagnes, des canards élevés loin des eaux, depuis plusieurs générations, qui avaient conservé à leurs pieds les larges membranes de leur espèce, et qui, aux approches des pluies, battaient des ailes, jetaient des cris, appelaient les nuées, et semblaient se plaindre au ciel de l'injustice de l'homme qui les privait de leur élément. Aucun animal n'a manqué d'un membre nécessaire, ou n'en a reçu d'inutiles. Des philosophes ont regardé les ergots appendices des pieds du porc comme superflus, parce qu'ils ne portent point à terre; mais cet animal, destiné à vivre dans les lieux marécageux où il aime à se vautrer, et à faire avec son boutoir des fouilles profondes, s'y fût souvent enfoncé par sa gloutonnerie, si la nature n'eût disposé au-dessus de ses pieds deux ergots en saillie, qui lui donnent les moyens de s'en retirer. Le bœuf, qui fréquente les bords marécageux des fleuves, en a d'à-peu-près semblables. L'hippopotame, qui vit dans les eaux et sur les rivages du Nil, a le pied fourchu, et au-dessus du paturon deux petites cornes qui plient contre terre quand il marche, de sorte qu'il laisse sur le sable une empreinte qu'on dirait être celle de quatre griffes. On peut voir la description de cet amphibie à la fin des Voyages de Dampier.

Comment des hommes éclairés ont-ils pu méconnaître l'usage de ces membres accessoires, dont les paysans de quelques-unes de nos provinces imitent la forme dans les échasses, qu'ils appellent par cette ressemblance même *pieds de porc*, et dont ils se servent pour traverser les endroits marécageux? Ces mêmes paysans ont imité pareillement celle des ergots pointus et écartés du pied de la chèvre, qui lui servent à gravir les rochers, en se servant de ces pieux ferrés à deux pointes, qui retiennent dans la pente des montagnes, les derrières de leurs lourdes charrettes. La nature, qui varie ses moyens comme les obstacles, a donné les ergots appendices au pied du porc, par les mêmes raisons qu'elle a revêtu le rhinocéros d'une peau plissée de plusieurs plis, au milieu de la zone torride. On croirait ce lourd animal couvert d'un triple manteau : mais, destiné à vivre dans les marais fangeux de l'Inde, où il fouille avec la corne de son museau les longues racines des bambous, il y eût enfoncé par son poids énorme, s'il n'avait l'étrange faculté d'étendre, en se gonflant, les plis multipliés de sa peau, et de se rendre plus léger en occupant un plus grand volume. Ce qui nous paraît, au premier coup-d'œil, une défectuosité dans les animaux, est, à coup sûr, une compensation merveilleuse de la Providence ; et ce serait souvent une exception à ses lois générales, si elle en avait d'autres que l'utilité et le bonheur des êtres. C'est ainsi qu'elle a donné à l'éléphant une trompe qui lui sert, comme une main, à grimper sur les plus rudes montagnes, où il se plaît à vivre, et à cueillir l'herbe des champs et les feuillages des arbres, auxquels la grosseur de son cou ne lui permettrait pas d'atteindre.

Elle a varié à l'infini, parmi les animaux, les moyens de se défendre comme ceux de subsister. On ne peut pas supposer que ceux qui marchent lentement, ou qui jettent des cris, souffrent habituellement ; car comment des races de malades auraient-elles pu se perpétuer, et devenir même une des plus répandues du globe ? Le slugard, ou paresseux, se trouve en Afrique ; en Asie et en

Amérique.* Sa lenteur n'est pas plus une paralysie, que la lenteur de la tortue et du limaçon; les cris qu'il jette quand on l'approche, ne sont point des cris de douleur.** Mais parmi les ani-

* Les paresseux ne se trouvent que dans le Nouveau-Monde. L'auteur a été sans doute induit en erreur par Séba ou par Vosmaër, qui ont confondu le loris, genre de quadrupède de la famille du *makis*, avec le *paresseux*, genre de quadrupède de l'ordre des tartigrades. Ce dernier genre renferme trois espèces distinctes, l'*aï*, l'*unau* et le *kouri*, mais elles sont toutes trois de l'Amérique. (*Note de l'Éditeur.*)

** Cette observation est très-juste, et le cri de l'aï, qui est exprimé par son nom, n'a même rien d'horrible : c'est donc mal-à-propos que Linnée l'a qualifié de *clamor horrendus*. L'aï met un jour à faire cinquante pas, et deux jours à grimper sur un arbre. Souvent il s'accroche aux branches, et y demeure suspendu, la tête en bas, semblable à une excroissance de l'écorce : c'est par ce moyen qu'il échappe aux recherches des nègres et des chasseurs. Ainsi sa couleur est une prévoyance de la nature, qui, en le privant de vitesse, ne l'a cependant point abandonné. Par un autre acte de la même prévoyance, l'aï a été revêtu d'une fourrure impénétrable à l'humidité. Le poil en est épais, serré, uni, sec, de sorte que l'eau glisse sur sa surface sans jamais la mouiller. Si l'on observe que l'aï végète dans un climat où il pleut, par averses, pendant huit mois de l'année, et que tous les moyens de chercher ou de se construire un abri lui ont été refusés, on ne peut trop admirer la sagesse de la Providence, qui lui a donné un manteau pour la pluie, comme elle a donné un toit d'écaille à la tortue, qui, ayant la même lenteur, avait les mêmes besoins. C'est ainsi que, pour nous servir d'une expression de Buffon, la nature, dans ses productions les plus négligées, paraît plus en mère qu'en marâtre. (*Idem.*)

maux, les uns étant destinés à parcourir la terre, d'autres à vivre à poste fixe, leurs défenses sont variées comme leurs mœurs. Les uns échappent à leurs ennemis par la fuite, d'autres les repoussent par des sifflements, des figures hideuses, des odeurs infectes, ou des voix lamentables. Il y en a qui disparaissent à leur vue, comme le limaçon, qui est de la couleur des murailles ou de l'écorce des arbres où il se réfugie; d'autres, par une magie admirable, prennent, à leur volonté, la couleur des objets qui les environnent, comme le caméléon. Oh! que l'imagination des hommes est stérile auprès de l'intelligence de la nature! Ils n'ont rien produit, dans quelque genre que ce soit, qu'ils n'en aient trouvé le modèle dans ses ouvrages. Le génie même, dont ils font tant de bruit, ce génie créateur que nos beaux esprits croient apporter en venant au monde, et perfectionner dans les cercles ou dans les livres, n'est autre chose que l'art de l'observer. On ne peut pas même sortir des routes de la nature pour s'égarer. On n'est sage que de sa sagesse : on n'est fou qu'en en dérangeant les plans. Le burin de Callot, si fertile en monstres, n'a composé tant de démons affreux, que des membres mal assortis de différents animaux, de becs de chats-huants, de gueules de crocodiles, de carcasses de chevaux, d'ailes de chauve-souris, de griffes et d'ergots qu'il a joints à la figure humaine pour rendre ses contrastes plus odieux. Les femmes même, qui, par de plus doux caprices, s'exercent à broder sur leurs étoffes des fleurs de fantaisie, sont obligées d'en prendre les modèles dans nos jardins. Examinez sur leurs robes, les folâtres jeux de leur imagination : vous y verrez des œillets sur les feuillages d'un myrte, des roses sur des roseaux, des grenades sur la tige d'une herbe. La nature seule ne produit que des accords raisonnables, et n'assortit, dans les animaux et dans les fleurs, que des parties convenables aux lieux, à l'air, aux éléments et aux usages auxquels elle les destine. Jamais on n'a vu sortir aucune race de monstres de ses sublimes pensées.

J'ai entendu plusieurs fois annoncer, dans nos foires, des monstres vivants; mais jamais je n'ai pu parvenir à en voir un seul, quelque peine que je me sois donnée. Un jour on afficha, à la foire de Saint-Ovide, une vache à trois yeux, et une brebis à six pattes. Je fus curieux de voir ces animaux, et d'examiner l'usage qu'ils faisaient d'organes et de membres qui me paraissaient leur être superflus. Comment, me disais-je, la nature a-t-elle pu poser le corps d'une brebis sur six pattes, lorsque quatre étaient suffisantes pour la porter ? Cependant je vins à me rappeler que la mouche, qui est bien plus légère qu'une brebis, en avait six ; et j'avoue que cette réflexion m'embarrassa. Mais ayant observé, un jour, une mouche qui s'était reposée sur mon papier, je remarquai qu'elle était fort occupée à se brosser alternativement la tête et les ailes avec les deux pattes de devant et avec celles de derrière. Je vis alors évidemment qu'elle avait besoin de six pattes, afin d'être soutenue par quatre, lorsqu'elle en emploie deux à se brosser, sur-tout sur un plan perpendiculaire. L'ayant prise et considérée au microscope, je vis avec admiration, que ses deux pattes du milieu n'avaient point de brosses, et que les quatre autres en avaient. Je remarquai encore que son corps était couvert de grains de poussière, qui s'y attachent dans l'atmosphère où elle vole, et que ses brosses étaient doublés, garnies de poils fins, entre lesquels elle faisait sortir et rentrer, à volonté, deux griffes semblables à celles d'un chat, mais incomparablement plus aiguës. Ces griffes servent aux mouches à s'accrocher sur les corps les plus polis, comme sur le verre des vitres, où on les voit monter et descendre sans glisser. J'étais très-curieux de voir comment la nature avait attaché deux nouvelles pattes au corps d'une brebis, et comment elle avait formé, pour les faire mouvoir, de nouvelles veines, de nouveaux nerfs et de nouveaux muscles avec leurs insertions. Le troisième œil de la vache m'embarrassait encore davantage. Je fus donc, comme les autres badauds, porter mon argent pour satisfaire ma curiosité. J'en vis sortir en foule, de la loge de ces animaux, très-émerveillés de les avoir vus. Enfin je parvins, comme eux, au bonheur de les contempler. Les deux pattes superflues de la brebis n'étaient que des peaux desséchées, découpées comme des courroies, et pendantes à sa poitrine sans toucher à terre, et sans pouvoir lui être d'aucun usage. Le troisième œil prétendu de la vache était une espèce de plaie ovale au milieu du front, sans orbite, sans prunelle, sans paupière, et sans aucune membrane qui présentât quelque partie organisée d'un œil. Je me retirai, sans examiner si ces accidents étaient naturels ou artificiels ; car, en vérité, la chose n'en valait pas la peine. Les monstres que l'on conserve dans des bocaux d'esprit-de-vin, tels que les petits cochons qui ont des trompes d'éléphants, et les enfants accouplés et à deux têtes, que l'on montre dans nos cabinets avec une mystérieuse philosophie, prouvent bien moins le travail de la nature que son interruption. Aucun de ces êtres n'a pu parvenir à un développement parfait, et loin de témoigner que l'intelligence qui les a produits s'égarait, ils attestent, au contraire, l'immuabilité de sa sagesse, puisqu'elle les a rejetés de son plan en leur refusant la vie.

Il y a, dans la conduite de la nature envers l'homme, une bonté bien digne d'admiration ; c'est qu'en lui défendant, d'une part, d'altérer la régularité de ses lois pour satisfaire ses caprices, de l'autre, elle lui permet souvent d'en déranger le cours pour subvenir à ses besoins. Par exemple, elle fait naître, de l'accouplement de l'âne et de la jument, le mulet, qui est si utile dans les montagnes; et elle prive cet animal du pouvoir de se reproduire, afin de conserver les espèces primitives, qui sont d'une utilité plus générale. On peut reconnaître, dans la plupart de ses ouvrages, ces condescendances maternelles et ces prévoyances, si j'ose le dire, royales. Elles se manifestent sur-tout dans les productions de nos jardins. On les trouve dans celles de nos fleurs qui ont des surabondances de corolles, comme dans la rose double, qui ne se reproduit point de graines, et que, pour cette raison, quelques botanistes ont osé qualifier de monstre, quoiqu'elle soit la plus belle des fleurs, au sentiment de tous les peuples. Des naturalistes ont cru qu'elle sortait des lois de la nature, parce qu'elle s'écartait de leurs systèmes; comme si la première des lois qui gouvernent le monde, n'avait pas pour objet le bonheur de l'homme! Mais si les roses et les fleurs qui ont une surabondance de corolles, sont des monstres, les fruits qui ont une surabondance de chairs fondantes et de pâtes sucrées, inutiles au développement de leurs graines, comme les pommes, les poires, les melons, et les fruits qui n'ont pas même de semences, comme les ananas, les bananes, le fruit à pain, sont donc des monstres aussi. Les racines qui deviennent si charnues dans nos jardins, et qui se tournent en gros pivots, en glandes succulentes, en bulbes farineuses et inutiles au développement de leurs tiges, sont encore des monstres. La nature ne nourrit l'homme, en partie, que de cette surabondance végétale; elle ne l'accorde qu'à ses travaux. Quelque fertile que soit un terrain, les végétaux des mêmes espèces que ceux de nos jardins y croissent sauvages, et s'y jettent en feuilles et en branches. S'ils portent du fruit, la chair en est toujours maigre, et la semence ou le noyau fort gros. N'est-ce donc pas une véritable complaisance de la part de la nature, de transformer, sous la main de l'homme, en aliments, les mêmes sucs qui se convertiraient, dans les forêts, en hautes tiges et en fortes racines? Sans sa condescendance, en vain l'homme dirait à la sève des arbres : « Vous vous rendrez dans les » fruits, et vous n'irez point au-delà. » Il aurait beau, dans la terre la plus féconde, mutiler, étêter, ébourgeonner, l'amandier n'y couvrira point son amande d'une pulpe charnue et fondante, comme celle de la pêche. C'est la nature qui fait, de temps en temps, présent à l'homme des variétés utiles et agréables qu'elle tire du même genre. Tous nos arbres fruitiers sortent originairement des forêts, et aucun ne s'y perpétue dans son espèce. La poire appelée Saint-Germain, a été trouvée dans la forêt de Saint-Germain avec la saveur que nous lui connaissons. La nature l'a choisie, comme les autres fruits de nos vergers, sur la table des animaux, pour la placer sur celle de l'homme; et, afin que nous ne pussions douter de son bienfait et de son origine, elle a voulu que ses semences ne reproduisissent que des sauvageons. Ah! si elle suspendait ses lois particulières de bienfaisance dans les jardins de nos mécréants, pour y rétablir ses prétendues lois générales, quel serait leur étonnement de ne retrouver dans leurs potagers et dans leurs vergers, que quelques misérables daucus, de petites roses de chien, des poires rêches et des fruits agrestes, tels qu'elle les produit dans les montagnes pour l'âpre palais des sangliers! A la vérité, ils y trouveraient des tiges d'arbre bien hautes et bien vigoureuses. Leurs vergers croîtraient au double, et leurs fruits diminueraient de moitié.

La même métamorphose arriverait dans les animaux de leurs métairies. La poule, qui pond des œufs beaucoup trop gros par rapport à sa taille, et pendant neuf mois de suite, contre toutes les lois de l'incubation des oiseaux, rentrerait dans l'ordre, et n'en donnerait tout au plus qu'une vingtaine dans le cours d'une année. Le porc perdrait de même son lard superflu. La vache, qui fournit, dans les riches prairies de la Normandie, jusqu'à vingt-quatre bouteilles de lait par jour, n'en laisserait couler que ce qui suffit à son veau.

Ils répondent à cela, que ces surabondances d'œufs, de lard et de crême, dans nos animaux domestiques, sont des effets de la nourriture qu'on leur prodigue. Mais ni la jument ne donne autant de lait que la vache, ni la cane ne pond autant d'œufs que la poule, ni l'âne ne se couvre de lard comme le porc, quoique ces animaux soient nourris aussi plantureusement les uns que les autres. D'ailleurs, la jument, la chèvre, la brebis, l'ânesse, n'ont que deux mamelles, tandis que la vache en a quatre. La vache s'écarte, à cet égard, d'une manière bien remarquable des lois générales de la nature, qui a proportionné, dans toutes les espèces, le nombre des mamelles des mères à celui de leurs petits; elle a quatre mamelles, quoiqu'elle ne porte qu'un veau et bien rarement deux, parce que ces deux mamelles superflues étaient destinées à être les nourrices du genre humain. La truie, à la vérité, n'en a que douze, et elle nourrit jusqu'à quinze petits. Ici la proportion paraît défectueuse. Mais si la première a plus de mamelles qu'il n'en faut à sa famille, et si la seconde n'en a pas assez pour la sienne, c'est que l'une devait donner à l'homme la surabondance de son lait, et l'autre celle de ses petits. Par tout pays, le porc est la viande du pauvre, à moins que la religion, comme en Turquie, ou la politique, comme dans les îles de la mer du Sud, ne le prive de ce bienfait de la nature. Nous observerons, avec Pline, que de toutes les chairs c'est la plus savoureuse. On y distingue, dit-il, jusqu'à cinquante goûts différents. Elle sert, dans les cuisines, de nos riches à donner du goût à tous les aliments. Par tout pays, comme nous l'avons dit, ce qu'il y a de meilleur, est ce qu'il y a de plus commun.

N'est-il pas étrange que, lorsque tant de plantes et tant d'animaux nous présentent de si belles proportions, des convenances si admirables avec nos besoins, et des preuves si évidentes d'une bienveillance divine, on recueille des fœtus informes, des porcs avec de longs groins, comme si c'étaient de petits éléphants nés dans nos basses-cours, pour les mettre en parade dans nos cabinets destinés à étudier la nature? Ceux qui les gardent comme des choses précieuses, et qui en tirent des conséquences et des doutes sur l'intelligence de son auteur, ne sont-ils pas d'aussi mauvais goût et d'aussi mauvaise foi, que ceux qui, dans l'atelier d'un fondeur, ramasseraient les figures estropiées par quelque accident, les bouffissures et les moles de métal, et les montreraient comme une preuve de l'ignorance de l'artiste? Les anciens brûlaient les monstres; les modernes les conservent. Ils ressemblent à ces mauvais enfants qui épient leur mère pour la surprendre en défaut, afin d'en conclure pour eux-mêmes le droit de s'égarer. Oh! si la terre était en effet livrée au désordre, et qu'après une infinité de combinaisons, il parût enfin, au milieu des monstres qui la couvriraient, un seul corps bien proportionné et convenable aux besoins des hommes, quelle joie ne serait-ce pas pour des êtres sensibles et malheureux, de soupçonner quelque part une intelligence qui s'intéresserait à leurs destinées !

ÉTUDE SEPTIÈME.

RÉPONSES AUX OBJECTIONS CONTRE LA PROVIDENCE,
TIRÉES DES MAUX DU GENRE HUMAIN.

Les arguments qu'on tire des variétés du genre humain et des fléaux réunis sur lui par la nature, par les gouvernements et par les religions, tendent à prouver que les hommes n'ont ni la même origine, ni de supériorité naturelle au-dessus des bêtes, et qu'il n'y a point d'espoir pour leurs vertus, ni de providence pour leurs besoins. Nous examinerons successivement ces maux, en commençant par ceux de la nature, dont nous ferons voir la nécessité et l'utilité; et nous démontrerons que les maux politiques ne naissent que des écarts de la loi naturelle, et qu'ils sont eux-mêmes des preuves de l'existence d'une Providence.

Nous commencerons ce sujet intéressant par répondre aux objections tirées des variétés de l'espèce humaine. A la vérité, il y a des hommes noirs et blancs, de cuivrés et de cendrés. Il y en a qui ont de la barbe, et d'autres qui n'en ont presque point; mais ces prétendus caractères ne sont que des accidents, comme nous l'avons dit ailleurs. Des chevaux blancs, bais ou noirs, à poil frisé comme ceux de Tartarie, ou à poil ras comme ceux de Naples, sont certainement des animaux de la même espèce. Les *Albinos,* ou Nègres blancs, sont des espèces de lépreux ; et ils ne forment pas plus une race particulière de Nègres, que ceux qui sortent, parmi nous, d'avoir la petite-vérole, ne forment une race d'Européens mouchetés. Quoiqu'il n'entre pas dans mon plan de substituer ici toutes les convenances naturelles à toutes les inculpations de notre mauvaise physique, et que j'aie réservé, dans cet ouvrage, quelques Études pour m'occuper principalement de cet objet suivant mes faibles lumières, j'observerai cependant ici que la couleur noire est un bienfait de la Providence envers les peuples du midi. La couleur blanche réfléchit le plus les rayons du soleil, et la noire les réfléchit le moins: Ainsi, la première redouble sa chaleur, et la seconde l'affaiblit; c'est ce que l'expérience démontre de mille manières. La nature s'est servie, entre autres moyens, de l'effet opposé de ces couleurs, pour multiplier ou pour affaiblir, sur la terre, la chaleur de l'astre du jour. Plus on avance vers le midi, plus les hommes et les animaux sont noirs; et plus on va vers le nord, plus les uns et les autres sont blancs. * Lorsque le so-

* Nous ajouterons ici quelques observations à celles de l'au-

leil même s'éloigne des parties septentrionales, beaucoup d'animaux, qui y étaient, en été, de différentes couleurs, commencent à blanchir : tels sont les écureuils, les loups, les lièvres......; et ceux des parties méridionales dont il s'approche, se revêtissent alors de teintes plus foncées : tels sont, dans les oiseaux, la veuve, le cardi-

teur, sur la couleur noire des habitants des contrées brûlantes de la terre. Si l'on admet, d'après une loi de physique très-connue, que les surfaces noires absorbent le calorique, on doit admettre qu'en vertu de la même propriété, elles le laissent échapper. Une fois ces deux points accordés, et ils sont de la plus rigoureuse vérité, voici comment on peut se rendre raison de l'usage des couleurs de la peau. La chaleur de toutes les contrées habitées n'est pas supérieure à 32° (Réaumur), c'est-à-dire qu'elle est un peu plus faible que celle de l'homme. Bien loin donc de ressentir les ardeurs du jour, le Nègre, par la tendance qu'a le calorique à se mettre en équilibre, doit céder une partie de sa chaleur à l'atmosphère : elle passe de son individu dans l'air, à la faveur de la couleur noire de son tissu muqueux. Chez nous, au contraire, la couleur blanche est une barrière qui retient le calorique dans notre sein, et nous garde contre les frimats. Voilà pourquoi les Nègres souffrent moins facilement le froid que les Européens. Mais ce qui donne plus de probabilité à cet usage des couleurs, c'est l'identité des phénomènes que présentent les animaux de toutes les contrées. Dans les pays chauds, la Guinée, par exemple, les chiens, les oiseaux, etc., sont noirs comme l'homme; tandis que, dans le Nord, les animaux perdent cette couleur : ne pouvant recevoir de chaleur de l'atmosphère, il était nécessaire qu'ils conservassent celle qui est le produit de leur organisation. (*Note de l'Éditeur.*)

nal, etc., qui sont beaucoup plus fortement colorés lorsque le soleil s'approche de la Ligne, que quand il s'en éloigne. C'est donc par des convenances de climat, que la nature a rendu noirs les peuples de la zone torride, comme elle a blanchi ceux des zones glaciales. Elle a donné encore un autre préservatif contre la chaleur, aux Nègres qui habitent l'Afrique, qui est la partie la plus chaude du globe, principalement à cause de cette large zone de sable qui la traverse, et dont nous avons indiqué l'utilité. Elle a coiffé ces peuples insouciants et sans industrie, d'une chevelure plus crépue qu'un tissu de laine, qui abrite très-bien leur tête des ardeurs du soleil. Ils en reconnaissent si bien la commodité, qu'ils ne lui en substituent pas d'autres ; et il n'y a pas de nation parmi lesquelles les coiffures artificielles, comme les bonnets, turbans, chapeaux, etc., soient plus rares, que parmi les Nègres. Ils ne se servent même de celles-ci, qui leur sont étrangères, que comme d'objets de vanité et de luxe ; et je ne leur en connais point qui appartiennent proprement à leur nation. Les peuples de la presqu'île de l'Inde sont aussi noirs qu'eux ; mais leurs turbans donnent à leurs cheveux, qui, sans leur coiffure, seraient peut-être crépus, la facilité de croître et de se développer. Les peuples de l'Amérique, qui habitent sous la Ligne, ne sont pas noirs, à la vérité ; ils sont simplement cuivrés.

J'attribue cet affaiblissement de la teinte noire à plusieurs causes qui sont particulières à leur pays. La première, en ce qu'ils se frottent de rocou, qui garantit la surface de leur peau des impressions trop vives du soleil. La seconde, en ce qu'ils habitent un pays couvert de forêts, et traversé par le plus grand fleuve du monde, qui le couvre de vapeurs. La troisième, parce que leur territoire s'élève insensiblement depuis les rivages du Brésil, jusqu'aux montagnes du Pérou; ce qui, lui donnant plus d'élévation dans l'atmosphère, lui procure aussi plus de fraîcheur. La quatrième enfin, parce que les vents d'est, qui y soufflent jour et nuit, le rafraîchissent perpétuellement. Enfin, les couleurs de tous ces peuples sont tellement des effets de leurs climats; que les descendants des Européens qui y sont établis, en prennent les teintes au bout de quelques générations. C'est ce qu'on peut voir évidemment aux Indes, chez les descendants des Mogols, peuples venus du nord de l'Asie, dont le nom signifie *blancs*, et qui sont aujourd'hui aussi noirs que les peuples qu'ils ont conquis.

La grandeur de la taille ne caractérise pas plus les espèces, dans quelque genre que ce soit, que la différence des couleurs. Un pommier nain et un grand pommier sortent des mêmes greffes. Cependant, la nature l'a rendue invariable dans la seule espèce humaine, parce que des variétés de grandeur eussent détruit, dans l'ordre physique, les proportions de l'homme avec l'universalité de ses ouvrages, et qu'elles eussent entraîné, dans l'ordre moral, des conséquences encore plus dangereuses, en asservissant, sans retour, les plus petites espèces d'hommes aux plus grandes.

Il n'y a point de races de nains, ni de géants. Ceux que l'on montre aux foires, sont de petits hommes raccourcis, ou de grands hommes efflanqués sans proportion et sans vigueur. Ils ne se reproduisent ni dans leur petitesse, ni dans leur grandeur, quelques tentatives que plusieurs princes aient faites pour y réussir, entre autres, le feu roi de Prusse Frédéric 1er. D'ailleurs, sortent-ils assez des proportions de l'espèce humaine, pour être appelés des nains ou des géants? Y a-t-il seulement entre eux la même différence qu'entre un petit cheval de Sardaigne et un grand cheval brabançon, qu'entre un épagneul et un de ces grands chiens danois qui courent devant nos carrosses? Toutes les nations ont été et sont encore de la même taille, à peu de différence près. J'ai vu des momies d'Égypte, et des corps de guanches des îles Canaries, enveloppés dans leurs peaux. J'ai vu tirer à Malte, d'un tombeau creusé dans le roc vif, le squelette d'un Carthaginois, dont tous les os étaient violets, et qui reposait là, peut-être, depuis le règne de Didon. Tous ces corps étaient de la grandeur commune. Des voyageurs éclairés, et sans enthousiasme, ont réduit à une taille peu différente de la nôtre, la taille prétendue gigantesque des Patagons. Je sais bien que j'ai déjà allégué ailleurs ces mêmes raisons ; mais on ne saurait trop les répéter, parce qu'elles détruisent, sans retour, les prétendues influences du climat, qui sont devenues les principes de notre physique ; et qui plus est, de notre morale.

Il y a eu, dit-on, autrefois de véritables géants. Cela est possible ; mais cette vérité nous est devenue inconcevable, comme toutes celles dont la nature ne nous offre plus de témoignages. S'il existait des Polyphêmes de la hauteur d'une tour, ils enfonceraient, en marchant, la plupart des terrains. Comment leurs gros et longs doigts pourraient-ils traire les petites chèvres, moissonner les blés, faucher les prairies, cueillir les fruits des vergers ? La plupart de nos aliments échapperaient à leur vue, comme à leurs mains. D'un autre côté, s'il y avait des races de nains, comment pourraient-elles abattre les forêts pour cultiver la terre ? Elles se perdraient dans les herbes. Chaque ruisseau serait pour elles un fleuve, et chaque caillou un rocher. Les oiseaux de proie les enleveraient dans leurs serres, à moins qu'elles ne fissent la guerre à leurs œufs, comme Homère dit que les Pygmées la faisaient aux œufs des grues. Dans ces deux hypothèses, tous les rapports de l'ordre naturel sont rompus, et ces discordances entraînent nécessairement la ruine de l'ordre social. Supposons qu'une nation de géants existât avec notre industrie et nos passions féroces; mettons à sa tête un Tamerlan : que deviendraient nos polygones et nos armées devant leur artillerie et leurs baïonnettes?

Autant la nature a affecté de variétés dans les espèces d'animaux du même genre, quoiqu'ils habitassent le même sol, et qu'ils vécussent des mêmes aliments, autant elle a observé d'uniformité dans l'espèce humaine, malgré la différence des climats et des nourritures. On a pris dans quelques individus humains, un prolongement accidentel du coccyx pour un caractère naturel, et on n'a pas manqué d'en conclure une nouvelle espèce d'hommes à queue. Les passions des bêtes peuvent dégrader l'homme ; mais jamais leurs queues, leurs pieds fourchus et leurs cornes n'ont déshonoré sa noble figure. On essaie en vain de le rapprocher de la classe des animaux par des passages insensibles. S'il y avait quelque race d'hommes avec des formes d'animal, ou quelque animal doué de la raison humaine, on les montrerait en public. On en verrait en Europe, surtout aujourd'hui, que la terre est parcourue par tant de voyageurs éclairés, et que, je ne dis pas des princes, mais des joueurs de marionnettes; font apporter vivants dans nos foires les zèbres si sauvages, les éléphants si lourds, les tigres, les lions, les ours blancs, et jusqu'à des crocodiles qu'on a montrés publiquement à Londres. En vain on suppose des analogies entre la femme de l'homme et la femelle de l'orang-outang, dans la situation et la configuration du sein, dans les purgations périodiques du sexe, dans l'attitude, et même dans une sorte de pudeur. Quoique la femelle de l'orang-outang passe sa vie dans les forêts, certainement Allegrain, comme je l'ai dit, n'a point été prendre sur elle le modèle de sa Diane que l'on voit à Lucienne. Il y a une bien plus grande différence encore de la raison de l'homme à celle des bêtes, qu'il n'y en a entre leurs formes ; et il faut avoir égaré la sienne pour avancer, comme l'a fait un célèbre écrivain, qu'il y a plus de distance de l'intelligence de Newton à celle de tel homme, que de celle de cet homme à l'instinct d'un animal. Nous l'avons déjà dit, le plus stupide des hommes fera usage du feu et de l'agriculture, dont le plus intelligent des animaux ne pourra jamais se servir ; mais ce que nous n'avons pas dit, c'est que l'usage si simple du feu et de l'agriculture l'emporte, de beaucoup, sur toutes les découvertes de Newton.

L'agriculture est l'art de la nature, et le feu est son premier agent. Il résulte de l'expérience, que les hommes ont acquis, par cet art et par cet élément, une plénitude d'intelligence dont toutes leurs autres combinaisons ne sont, pour ainsi dire, que des conséquences. Nos sciences et nos arts découlent, pour la plupart, de ces deux sources, et ils ne mettent pas plus de différence entre les esprits des hommes, qu'il n'y en a entre les habits et les meubles des Européens et ceux des Sauvages. Comme ils conviennent parfaitement aux besoins des uns et des autres, ils n'établissent point de différence réelle entre les intelligences qui les ont imaginés. L'importance que nous mettons à nos talents, ne vient pas de leur utilité, mais de notre orgueil. Il y aurait bien de quoi le rabattre, si nous considérions que les animaux, qui ne font usage ni de l'agriculture, ni du feu, atteignent à la plupart des objets de nos arts et de nos sciences, et même les surpassent. Je ne parle pas de ceux qui maçonnent, qui filent, qui fabriquent du papier, de la toile, des ruches, et qui exercent une multitude d'autres métiers qui ne nous sont pas même connus. Mais la torpille se défendait de ses ennemis avec le coup électrique, avant que les académies fissent des expériences sur l'électricité; et le lépas connaissait le pouvoir de la pression de l'air, s'attachait aux roches marines en formant le vide avec sa coquille pyramidale, avant qu'elles eussent des machines pneumatiques. Les cailles, qui partent d'Europe, chaque année, pour passer en Afrique, connaissent si parfaitement l'équinoxe d'automne, que le jour de leur arrivée à Malte, où elles se reposent pendant vingt-quatre heures, est marqué sur les almanachs du pays vers le 22 septembre, et varie, chaque année, comme l'équinoxe. Les cygnes et les canards sauvages ont des notions très-sûres de la latitude où ils doivent s'arrêter, quand tous les ans ils remontent, au printemps, aux extrémités du nord, et qu'ils reconnaissent, sans boussole et sans octant, les lieux où l'année précédente ils ont fait leurs nids. Les frégates qui volent à plusieurs centaines de lieues de distance, d'orient en occident entre les tropiques, au-dessus des vastes mers où l'on n'aperçoit aucune terre, et qui retrouvent, le soir, le rocher à fleur d'eau d'où elles sont parties le matin, ont des moyens de déterminer leur position en longitude, qui sont encore inconnus de nos astronomes.

L'homme doit, dit-on, son intelligence à ses mains : mais le singe, l'ennemi né de toute industrie, a des mains. Le slugard ou paresseux en a pareillement, et elles auraient dû lui inspirer l'idée de se fortifier, de se creuser au moins des retraites dans la terre pour lui et pour sa postérité, exposée à mille accidents par la lenteur de sa démarche. Il y a quantité d'animaux qui ont des outils bien plus ingénieux que des mains, et qui n'en sont pas plus intelligents. Le cousin a une trompe, qui est à-la-fois un pieu propre à enfoncer dans la chair des animaux, et une pompe par où il aspire leur sang. Cette trompe renferme encore une longue scie, dont il découpe les petits vaisseaux sanguins au fond de la plaie qu'il a ouverte. Il a de plus des ailes pour se transporter où il veut, un corselet d'yeux autour de sa petite tête pour apercevoir tous les objets qui sont autour de lui, des griffes si aiguës qu'il se promène sur le verre poli et à-plomb, des pieds garnis de brosses pour se nettoyer, un panache sur son front, et l'équivalent d'une trompette dont il sonne ses victoires. Il habite l'air, la terre, et l'eau où il naît en forme de ver, et où il dépose ses œufs avant de mourir. Avec tous ces avantages, il est souvent la proie d'insectes plus petits et plus mal organisés que lui. La fourmi, qui rampe, et qui n'a pour tous outils que des pinces, lui est non-seulement redoutable, mais elle l'est à de bien plus gros animaux, et même à des quadrupèdes. Elle connaît ce que peuvent les forces réunies de la multitude : elle forme des républiques ; elle amasse des provisions ; * elle construit des villes souterraines ;

---

* On a long-temps attribué à ces insectes une prévoyance qui leur serait bien inutile, puisqu'ils restent engourdis pendant tout l'hiver. Les fourmis n'ont point de grenier, comme le croyait le bon La Fontaine; mais la perte de cette erreur ne mérite pas nos regrets, et de nouvelles observations nous ont dévoilé de nouveaux prodiges. S'il faut en croire M. Hubert, de Genève, la nature a donné aux fourmis la faculté de se communiquer leurs idées par le seul attouchement des antennes : c'est ainsi qu'elles s'entr'aident dans leurs travaux, se

elle forme ses attaques en corps d'armée ; elle s'avance par colonnes, et elle force quelquefois,

secourent dans les dangers, et retrouvent leur route lorsqu'elles sont égarées. Tantôt leurs habitations, leurs mœurs, leurs gouvernements, leurs amitiés, offrent les tableaux les plus délicieux ; c'est l'idéal de nos institutions : tantôt la scène change; ces cités si heureuses, si florissantes, se déclarent la guerre, les armées s'avancent, le champ de bataille est jonché de morts; et lorsque le spectacle de tant de fureur rappelle la fureur des hommes, on est surpris de n'apercevoir que de faibles insectes se disputant un espace de quelques pouces, et croyant peut-être que ce globe n'est pas assez vaste pour deux fourmilières. Mais, à ces scènes de désolation, l'historien des fourmis fait succéder le spectacle paisible des champs : il nous montre ces petits guerriers, renonçant aux conquêtes, et vivant, comme des peuples pasteurs, dans leurs retraites champêtres. Depuis long-temps on avait remarqué que les fourmis sont très-friandes du miel que les pucerons recueillent sur les végétaux ; mais les découvertes de M. Hubert ont singulièrement ajouté à l'intérêt de cette observation. Il a vu les fourmis transporter, élever, nourrir, dans leurs habitations, ces petits insectes qui leur fournissaient du miel. Les fourmilières sont plus ou moins riches, selon qu'elles ont plus ou moins de pucerons : c'est leur bétail, ce sont leurs vaches, leurs chèvres, leurs abeilles. Quelques fourmis, plus ingénieuses et plus prévoyantes encore, bâtissent avec de la terre, autour des tiges des plantes, des maisonnettes et des étables destinées aux pucerons qu'elles y réunissent.

Nous ne pouvons donner plus d'étendue à cette note; mais on peut consulter l'ouvrage intitulé : Recherches sur les Fourmis indigènes, de M. Hubert ; et l'Histoire naturelle des Fourmis, de Latreille. (*Note de l'Éditeur.*)

dans les pays chauds, l'homme même de lui abandonner ses habitations. Bien loin que l'intelligence d'aucun animal dépende de ses membres, leur perfection est souvent, au contraire, en raison inverse de sa sagacité, et paraît être une compensation de la nature envers lui. Attribuer l'intelligence de l'homme à ses mains, c'est faire dériver la cause des moyens, et les talents de l'outil. C'est comme si l'on disait que Le Sueur a dû l'heureuse naïveté de ses tableaux à un pinceau de poil de martre zibeline; et Virgile, l'harmonie de ses vers à une plume de cygne de Mantoue.

Il est encore plus étrange de dire que la raison des hommes dépende du climat, parce qu'il y a entre eux quelques variétés d'usages et de coutumes. Les Turcs se coiffent de turbans, et nous de chapeaux; ils portent des robes, et nous des habits écourtés. En Portugal, dit Montaigne, ils boivent la fondrée des vins, et nous la jetons. Les autres exemples que je pourrais citer sont de la même importance. Je réponds à cela, que nous agirions comme ces peuples, si nous étions dans leur pays, et qu'ils feraient comme nous, s'ils étaient dans le nôtre. Les turbans et les robes conviennent aux pays chauds, où il faut rafraîchir la tête et le corps, en renfermant dans la coiffure et dans les habits un grand volume d'air. De ce besoin, est venu l'usage des turbans chez les Turcs, les Persans et les Indiens; des mitres des Arabes; des bonnets en pain de sucre des Chinois et des Siamois ; et celui des robes larges et flottantes que portent la plupart des peuples du Midi. C'est par un besoin contraire que les peuples du Nord, comme les Polonais, les Russes et les Tartares, portent des bonnets fourrés et des robes étroites. Il nous faut à nous, dans nos climats pluvieux, trois gouttières sur la tête, et des habits écourtés pour les boues. Les Portugais boivent la fondrée des vins : aussi ferions-nous des vins de Portugal ; car dans les vins de liqueur, comme ceux des pays chauds, le plus sucré est au fond du tonneau ; et dans les nôtres, qui sont spiritueux, il n'y a que de la lie ; le meilleur est au-dessus. J'ai vu en Pologne, où l'on boit beaucoup de vin de Hongrie, servir de préférence le fond de la bouteille. Ainsi, les variétés même des usages des nations prouvent la constance de la raison humaine.

Le climat n'altère pas plus la morale des hommes, qui est la raison par excellence. Je conviens cependant que le grand chaud et le grand froid influent sur les passions. J'ai remarqué même que les jours les plus chauds de l'été, et les plus froids de l'hiver, étaient les jours de l'année où se commettaient le plus de crimes. La canicule, dit le peuple, est un temps de malheur. Il en pourrait dire autant du mois de janvier. * Je crois que c'est

* Cette observation est appuyée par un fait très-singu-

d'après ces observations, que les anciens législateurs avaient établi, dans ces temps de crise, des fêtes propres à dissiper la mélancolie des hommes, telles que les Saturnales chez les Romains, et les fêtes des Rois chez les Gaulois. Chez chaque peuple, des fêtes suivant son goût : chez ceux-là, des images de république ; chez nous, de monarchie. Mais j'ai remarqué aussi, que ces temps féconds en crimes sont ceux des plus grandes actions. Cette effervescence des saisons agit sur nos sens, comme celle du vin. Elle nous donne une grande impulsion, mais indifférente au bien et au mal. D'ailleurs, la nature a mis dans notre ame deux puissances qui se balancent toujours dans la même proportion. Lorsque le sens physique de l'amour nous abaisse, le sentiment moral de l'ambition

---

lier. On lit dans l'historien de Thou, que le froid apportait une grande altération dans le tempérament de Henri III ; ce prince s'abandonnait alors à une mélancolie profonde, dormait peu, travaillait sans relâche, tourmentait ses ministres, et décidait les affaires en homme qui se laisse dominer par une humeur austère, ce qui ne lui arrivait jamais dans les autres temps de l'année. Après ces observations générales, M. de Thou ajoute que, s'étant arrêté chez le chancelier de Chiverni, en se rendant à Blois, où était la cour, le chancelier lui dit que, si, pendant la gelée, le duc de Guise continuait de chagriner le roi, ce prince le *ferait expédier sans forme de procès.* Effectivement, ce duc fut tué la surveille de Noël, par un temps très-froid, et peu de jours après la conversation du chancelier de Chiverni et du président de Thou. (*Note de l'Éditeur.*)

nous élève. L'équilibre nécessaire à l'empire de la vertu subsiste, et il n'est rompu que dans ceux chez lesquels il a été détruit par les habitudes de la société, et plus souvent encore par celles de l'éducation. Alors, la passion dominante n'ayant plus de contre-poids, se rend la maîtresse de toutes nos facultés ; mais c'est la faute de la société, qui en porte la punition, et non pas celle de la nature.

Je remarquerai cependant que ces mêmes saisons n'influent sur les passions de l'homme, qu'en agissant sur son moral, et non pas sur son physique. Quoique cette réflexion ait l'air d'un paradoxe, je l'appuierai d'une observation fort remarquable. Si la chaleur d'un climat peut agir sur le corps humain, c'est certainement lorsqu'il est dans le sein de sa mère ; car elle agit alors sur celui de tous les animaux, dont elle hâte le développement. Le P. Du Tertre, dans son excellente histoire des Antilles, dit que, dans ces îles, tous les animaux de l'Europe portent moins long-temps que dans les climats tempérés, et que les œufs de poule n'y sont pas plus de temps à éclore que des graines d'oranger, vingt-trois jours. Pline avait observé, en Italie, qu'ils éclosent en dix-neuf jours en été, et en vingt-cinq en hiver. Par tout pays, la température du climat accélère ou retarde le développement de toutes les plantes et la portée de tous les animaux, excepté la naissance de l'homme : remarquez bien ceci. « Aux îles Antilles, dit le P. Du Tertre, les » femmes blanches ou négresses portent leur en- » fant neuf mois, comme en France. » J'ai fait la même remarque dans tous les pays où j'ai voyagé, à l'Ile-de-France, sous le tropique du capricorne, et au fond de la Finlande russe. Cette observation est très-importante. Elle prouve que le corps de l'homme n'est pas soumis, à cet égard, aux mêmes lois que le reste des animaux. Elle manifeste dans la nature une intention morale, qui conserve l'équilibre dans la population des nations, lequel aurait été dérangé, si la femme eût accouché plus souvent dans les pays chauds que dans les pays froids. Cette intention se manifeste encore dans l'admirable proportion avec laquelle les deux sexes viennent au monde en nombre à-peu-près égal, et dans la différence même qui se trouve, d'un pays à l'autre, entre le nombre des mâles et des femelles : car elle est compensée du nord au midi; en sorte que s'il y a un peu plus de femmes au midi, il y a un peu plus d'hommes au nord; comme si la nature voulait inviter les peuples les plus éloignés à se rapprocher par des mariages.

Le climat influe sur le moral, mais il ne le détermine pas; et quoique cette détermination supposée soit regardée, dans beaucoup de livres modernes, comme la base fondamentale de la légis-

lation des peuples, il n'y a pas d'opinion philosophique mieux réfutée par tous les témoignages de l'histoire. « C'est, dit-on, dans les hautes
» montagnes que la liberté a choisi son asyle ;
» c'est du Nord que sont sortis les fiers conqué-
» rants du monde. C'est au contraire dans les
» plaines méridionales de l'Asie que règnent le
» despotisme, l'esclavage, et tous les vices poli-
» tiques et moraux qui dérivent de la perte de
» la liberté. » Faut-il donc que nous réglions à notre baromètre et à notre thermomètre les vertus et le bonheur des nations? Nous n'avons pas besoin de sortir de l'Europe, pour y trouver une multitude de montagnes monarchiques, telles que celles de la Savoie, une partie des Alpes, des Apennins, et les Pyrénées tout entières. Nous verrons, au contraire, dans ses plaines, plusieurs républiques, telles que celles de Hollande, de Venise, de Pologne, et de l'Angleterre même. D'ailleurs, chacun de ces territoires a éprouvé, tour-à-tour, diverses sortes de gouvernements. Ni le froid, ni l'âpreté du sol, ne donnent aux hommes l'énergie de la liberté, et encore moins l'injuste ambition d'entreprendre sur celle d'autrui. Les paysans de la Russie, de la Pologne et des froides montagnes de la Bohême, sont esclaves depuis bien des siècles; tandis que les Angrias et les Marattes sont libres et tyrans dans le midi de l'Inde. Il y a plusieurs républiques sur la

côte septentrionale de l'Afrique, où il fait très-chaud. Les Turcs, qui ont envahi la plus belle portion de l'Europe, sont venus du doux climat de l'Asie. On cite la timidité des Siamois et de la plupart des Asiatiques ; mais elle vient, chez ces peuples, de la multitude de leurs tyrans, plutôt que de la chaleur de leur pays. Les Macassars, qui habitent l'île Célèbes, située presque sous la Ligne, ont un courage si intrépide, que le brave comte de Forbin rapporte qu'un bien petit nombre d'entre eux mit en fuite, avec de simples poignards, tout ce qu'il y avait de Siamois et de Français sous ses ordres à Bancok, bien que les premiers fussent en fort grand nombre, et que les autres fussent armés de fusils et de baïonnettes.

Si du courage nous passons à l'amour, nous verrons que le climat n'y détermine pas davantage les hommes. Je m'en rapporte, sur les excès de cette passion, aux témoignages des voyageurs, pour savoir qui l'emporte, à cet égard, des peuples du midi ou de ceux du nord. Partout, pays l'amour est une zone torride pour le cœur de l'homme. Nous observerons que ces répartitions de l'amour aux peuples du midi, et du courage aux peuples du nord, ont été imaginées par nos philosophes, comme des effets du climat, seulement pour les peuples étrangers: car ils réunissent ces deux qualités, comme des effets du même tempérament, dans ceux de nos héros à qui ils veulent faire leur cour. A leur avis, un Français grand homme en amour, est aussi un grand homme à la guerre; mais il n'en est pas de même des autres nations. Un Asiatique avec son sérail, est un efféminé; et un Russe, ou tel autre habitant du nord, dont les cours font des pensions, est un dieu Mars. Mais toutes ces distinctions de tempérament, fondées sur les climats, et injurieuses au genre humain, se détruisent par cette simple question : Les tourterelles de Russie sont-elles moins amoureuses que celles de l'Asie, et les tigres de l'Asie sont-ils moins féroces que les ours blancs de la Nouvelle-Zemble?

Sans aller chercher parmi les hommes des objets de comparaison hors des mêmes lieux, nous trouverons plus de diversité en mœurs, en opinions, en vêtements, en physionomie même, entre un acteur de l'Opéra et un capucin, qu'il n'y en a entre un Suédois et un Chinois. Quelle différence des Grecs babillards, flatteurs, trompeurs, si attachés à la vie, aux Turcs silencieux, fiers, sincères, et toujours dévoués à la mort! Cependant, ces hommes si opposés naissent dans les mêmes villes, respirent le même air, vivent des mêmes aliments. Leur race, dit-on, n'est pas la même; car l'orgueil attribue parmi nous un grand pouvoir aux effets du sang. Mais la plupart de ces janissaires, si redoutables aux timides Grecs, sont souvent leurs propres enfants, qu'ils sont forcés de donner en tribut, et qui passent dans la suite dans ce premier corps de la milice ottomane. Les bayadères de l'Inde, si voluptueuses, et ses pénitents si austères, ne sont-ils pas de la même nation, et souvent de la même famille ? Je demande, moi, où l'on a jamais vu l'inclination au vice ou à la vertu se communiquer avec le sang ? Pompée, si généreux, était fils de Strabon, noté d'infamie par le peuple romain, à cause de son avarice. Le cruel Domitien était frère du bon Titus. Caligula, et Agrippine, mère de Néron, étaient à la vérité frère et sœur; mais ils étaient enfants de Germanicus, l'espérance des Romains. Le barbare Commode était fils du divin Marc-Aurèle. Quelle distance il y a souvent d'un homme à lui-même, de sa jeunesse à son âge mûr; de Néron appelé le père de la patrie, lorsqu'il monta sur le trône, à Néron qui en fut déclaré l'ennemi avant sa mort; de Titus, surnommé dans sa jeunesse un second Néron, à Titus mourant honoré des larmes du sénat, du peuple et des étrangers, et appelé d'une commune voix les délices du genre humain ! Ce n'est donc pas le climat qui forme la morale des hommes, c'est l'opinion, c'est l'éducation; et tel est leur pouvoir, qu'elles triomphent non-seulement des latitudes, mais même des tempéraments. César si ambitieux, si débauché, et Caton si vertueux, étaient tous deux d'une faible santé.

Le lieu, le climat, la nation, la famille, le tempérament, ne déterminent donc nulle part les hommes au vice ou à la vertu. Par-tout ils sont libres d'en faire le choix.

Avant de parler des maux qu'ils se sont faits à eux-mêmes, voyons ceux que leur a faits la nature. Il y a, dit-on, des bêtes de proie. Elles sont fort nécessaires. Sans elles, la terre serait infectée de cadavres. Il périt chaque année, de mort naturelle, au moins la vingtième partie des quadrupèdes, la dixième des oiseaux, et un nombre infini d'insectes, dont la plupart des espèces ne vivent qu'un an. Il y a même des insectes qui ne vivent que quelques heures, tels que l'éphémère. Comme les eaux des pluies entraînent toutes ces dépouilles aux fleuves, et de là aux mers, c'est aussi sur leurs rivages que la nature a rassemblé les animaux qui devaient les consommer. La plupart des bêtes féroces descendent, la nuit, des montagnes pour y diriger leurs chasses : il y en a même plusieurs classes qui ne sont créées que pour ces lieux-là; tels sont les amphibies, comme les ours blancs, les loutres, les crocodiles. C'est sur-tout dans les pays chauds, où les effets de la corruption sont le plus rapides et le plus dangereux, que la nature a multiplié les bêtes carnassières. Les tribus des lions, des tigres, des léopards, des panthères, des civettes, des onces, des chakals, des hyènes, des condors, etc. viennent y renforcer celles des loups, des renards, des martres, des loutres, des vautours, des corbeaux, etc. Des légions de crabes dévorants sont nichées dans leurs sables ; les caïmans et les crocodiles sont en embuscade dans leurs roseaux ; des coquillages d'espèces innombrables, armés d'outils propres à sucer, à percer, à limer et à broyer, hérissent les rochers et pavent les lisières de leurs mers; des nuées d'oiseaux de marine volent à grands cris au-dessus de leurs écueils, ou voguent tout autour au gré des lames, pour y chercher de la proie; les murènes, les bécunes, les carangues, et toutes les espèces de poissons cartilagineux qui ne vivent que de chair, tels que les hygiennes, les longs requins, les larges raies, les pantoufliers, les polypes armés de ventouses, et toutes les variétés des chiens de mer, y nagent en foule, sans cesse occupés à dévorer les débris des corps qui y abordent. La nature appelle encore les insectes pour en hâter la destruction. Les guêpes, armées de ciseaux, en découpent les chairs, les mouches en pompent les liqueurs, les vers marins en dépècent les os. Ceux-ci, sur les rivages méridionaux, et sur-tout à l'embouchure des rivières, sont en si grand nombre et armés de tarières si redoutables, qu'ils peuvent dévorer un vaisseau de guerre en moins de temps qu'on n'en a mis à le construire, et qu'ils ont forcé, dans ces derniers temps, les puissances maritimes de couvrir de cuivre les carènes des escadres, pour les préserver de leurs attaques. Les débris de tous ces corps, après avoir servi de pâture aux tribus innombrables des autres poissons, dont les uns ont les becs faits en cuiller, et d'autres en chalumeau, pour ramasser jusqu'aux miettes de cette vaste table, enfin réduits par tant de digestions, en flegmes, en huiles, en bitumes, et joints aux pulpes des végétaux qui descendent de toutes parts dans l'Océan, reproduiraient dans ses eaux un nouveau chaos de putréfaction, si les courants n'en portaient aux volcans la dissolution, que leurs feux achèvent de décomposer, et de rendre aux éléments. C'est pour cette raison, comme nous l'avons déjà indiqué, que les volcans ne sont nombreux que dans les pays chauds; qu'ils sont tous dans le voisinage de la mer ou des grands lacs; qu'ils sont situés à l'extrémité de leurs courants, et ne doivent qu'à l'épuration des eaux les soufres et les bitumes qui donnent un entretien perpétuel à leurs foyers. *

Les animaux de proie ne sont point à craindre pour l'homme. D'abord, la plupart ne sortent que la nuit. Ils ont des caractères saillants qui les annoncent, avant même qu'on puisse les apercevoir. Les uns ont de fortes odeurs de musc, comme la martre, la civette, le crocodile; d'autres, des

* Voyez la note sur les volcans, page 232.

voix perçantes, qui se font entendre la nuit de fort loin, comme les loups et les chakals; d'autres ont des couleurs tranchées, qui s'aperçoivent à de grandes distances sur la couleur fauve de leur peau; telles sont les raies obscures du tigre, et les taches foncées du léopard. Tous ont des yeux qui étincellent dans les ténèbres. La nature a rendu même une partie de ces signes communs aux insectes carnivores et sanguisorbes; telles sont les guêpes à fond jaune annelées de noir comme les tigres, et les cousins mouchetés de blanc sur un fond sombre, qui annoncent leurs approches par un bourdonnement aigu. Ceux même qui attaquent le corps humain, ont des indices remarquables. Ils ont, ou des odeurs fortes, comme la punaise; ou des oppositions de couleur sur les lieux où ils s'attachent, comme les insectes blancs sur les cheveux, où la noirceur des puces sur la blancheur de la peau.

Bien des écrivains se sont récriés sur la cruauté des bêtes féroces, comme si nos villes étaient sujettes à être envahies par les loups, ou que les lions de l'Afrique fissent de temps en temps des incursions sur ses colonies européennes. Elles fuient toutes le voisinage de l'homme; et, comme je l'ai dit, la plupart ne sortent que la nuit. Ces habitudes sont attestées unanimement par les naturalistes, les chasseurs et les voyageurs. Lorsque j'étais au cap de Bonne-Espérance, M. de

Tolback, qui en était gouverneur, me dit que les lions étaient communs autrefois dans ce pays; mais que depuis que les Hollandais s'y étaient établis, il fallait aller à cinquante ou soixante lieues dans les terres pour en trouver. Après tout, que nous importe leur férocité ? Quand nous n'aurions pas des armes auxquelles elles ne peuvent résister, et une industrie supérieure à toutes leurs ruses, la nature nous a donné des chiens qui suffisent pour les combattre ; et elle a proportionné d'une manière admirable leurs espèces à celles des animaux les plus redoutables. Dans les pays où il y a des lions, il y a des races de chiens capables de les combattre corps à corps. Je citerai, d'après la traduction gauloise, mais savante de Dupinet, ce que rapporte Pline d'un chien de cette espèce, qui fut donné à Alexandre, par un roi d'Albanie.* « Soudain le roi Alexandre lui fit bailler
» un lion, lequel fut incontinent mis en pièces
» par ce chien. Après cela, il fit lâcher un élé-
» phant où il prit le plus grand plaisir qu'il eut
» oncques; car le chien, du commencement se hé-
» rissonnant, commença à tourner et japper contre
» l'éléphant, puis le vint assaillir sautant deçà et
» delà, avec les plus grandes ruses qu'on pour-
» rait imaginer; maintenant l'assaillant; mainte-
» nant se couchant deçà et delà, de sorte qu'il fit

---

* Histoire naturelle de Pline, liv. VIII, chap. XL.

» tant tourner et virer l'éléphant, qu'il le con-
» traignit tomber, faisant trembler la terre du
» saut qu'il print, et le tua. » Je doute que ce
chien descendît de la même race que les bichons.

Les animaux redoutables aux hommes sont plus à craindre par leur petitesse que par leur grandeur ; cependant, il n'en est aucun qui ne tourne à son utilité. Les serpents, les cent-pieds, les scorpions, les crapauds, n'habitent guère que les lieux humides et malsains, dont ils nous éloignent plus par leurs figures hideuses, que par leurs poisons. Les serpents véritablement dangereux ont des signes qui les annoncent de loin ; tels sont les grelots du serpent à sonnettes. Peu de gens périssent par leurs blessures, si ce ne sont quelques imprudents. D'ailleurs, nos porcs et nos volailles les mangent sans en éprouver aucune incommodité. Les canards, sur-tout, en sont très-avides, ainsi que de la plupart des plantes vénéneuses. Ceux du royaume de Pont acquéraient par ces aliments, qui y sont communs, tant de vertus, que Mithridate employait leur sang dans ses fameux contre-poisons.

Il y a, à la vérité, des insectes nuisibles qui rongent nos fruits, nos grains, et même nos personnes. Mais si les chenilles, les hannetons et les sauterelles ravagent nos campagnes, c'est que nous détruisons les oiseaux de nos bocages qui les mangent, ou parce qu'en transportant des arbres des pays étrangers dans le nôtre, tels que les marronniers d'Inde, les ébéniers, etc., nous avons transporté avec eux les œufs des insectes qu'ils nourrissent, sans apporter les oiseaux du même climat qui les mangent. Chaque pays a les siens, qui en préservent ses plantes. J'en ai vu un au cap de Bonne-Espérance, appelé l'ami du jardinier, continuellement occupé à prendre des vers et des chenilles, qu'il accrochait aux épines des buissons. J'ai vu aussi à l'Ile-de-France une espèce de sansonnet appelé Martin, qui vient des Indes, et qui ne vit que de sauterelles et des insectes qui incommodent les bestiaux. * Si l'on naturalisait ces oiseaux

---

* Le respect que les nations portent à certains oiseaux, est un hommage indirect qu'elles rendent à la Providence. L'ibis, qui dévore les serpents, avait des temples en Égypte; le Hollandais révère la cigogne, qui tue les reptiles; nos villageois accueillent l'hirondelle, qui vient partager leurs toits de chaume; et les paysans de Russie, de Pologne et de Sibérie, suspendent à leurs portes les nids d'une espèce de mésange, qui les délivre des chenilles et des moucherons. Chaque climat a ses oiseaux bienfaiteurs. Le *secrétaire* détruit les serpents du cap de Bonne-Espérance, et le moucherotte, les insectes de la Nouvelle-Zélande. Les *demoiselles de Numidie* vont fouiller dans les marais, pour y chercher les vers et les crapauds; et les fourmis de la Guiane sont la proie de l'oiseau qui y porte leur nom.

Les vautours, les aigles, les corbeaux, ne sont pas moins utiles. Leur odorat est si exquis, que les Anciens ont écrit qu'après la bataille de Pharsale, des légions de vautours passèrent d'Afrique en Grèce, attirés par l'odeur des cadavres.

Telle est l'utilité des oiseaux dans l'ordre de la nature; mais

en Europe, il n'y a point de découverte dans les sciences qui fût aussi utile aux hommes. Mais nos oiseaux de bocage suffisent encore pour nettoyer nos campagnes, pourvu qu'on défende aux oiseleurs d'en prendre, comme ils font, des volées entières dans leurs filets, non pas pour les mettre en cage, mais souvent pour les manger. Il y a quelques années qu'on s'avisa en Prusse d'en proscrire les moineaux, comme nuisibles à l'agriculture. Chaque paysan y fut taxé à une capitation annuelle de douze têtes de ces oiseaux, dont on faisait du salpêtre; car, dans ce pays, rien n'est perdu. A la seconde ou à la troisième année, on s'aperçut que les moissons étaient dévorées par les insectes, et on fut obligé de faire revenir bien vite des moineaux des pays voisins, pour en repeupler le royaume. À la vérité, ces oiseaux mangent quelques grains de blé quand les insectes leur manquent; mais ceux-ci, entre autres les charançons, en consomment des boisseaux et des greniers entiers. Cependant, quand on pourrait éteindre la race des insectes, il faudrait bien s'en garder; car

l'homme a su profiter de leur instinct, en se choisissant des serviteurs parmi eux. On ne lit point sans admiration ce que les voyageurs racontent du jacana et de l'agami. Gardiens des troupeaux, ces oiseaux les conduisent au pâturage, et les ramènent fidèlement chaque soir. D'autres oiseaux, comme le faucon, nous apportent leur proie, ou, comme le leu-tze des Chinois, vont pêcher au profit de leurs maîtres. (*Note de l'Éditeur.*)

on détruirait avec elle celles de la plupart des oiseaux de nos campagnes, qui n'ont pas d'autres pâtures à donner à leurs petits, lorsqu'ils sont dans le nid.

Quant aux animaux qui viennent manger les blés dans les greniers et les laines dans les magasins, tels que sont les rats, les souris, les charançons et les teignes, je trouve que les premiers sont utiles, en ce qu'ils nettoient la terre d'excréments humains dont ils vivent en grande partie. D'ailleurs, la nature a donné à l'homme le chat, qui en préserve l'intérieur de sa maison. Elle a doué cet animal, non-seulement d'une légèreté, d'une patience et d'une sagacité merveilleuses, mais encore d'un esprit de domesticité convenable à cet office. Il ne s'attache qu'à la maison : si son maître en déménage, il y revient seul pendant la nuit. Il diffère à cet égard essentiellement du chien, qui ne s'attache qu'à l'homme même. Le chat a l'affection d'un courtisan, et le chien celle d'un ami ; le premier tient à la possession, et le second à la personne. Les charançons et les teignes font, à la vérité, quelquefois de grands dommages dans les blés et dans les laines. Quelques écrivains ont dit que les poules suffisaient pour en nettoyer les greniers : cela est possible. Nous avons d'ailleurs l'araignée et l'hirondelle qui les détruisent dans la saison où ils volent. Je ne considérerai ici que leur utilité politique. A la vue de ces gros magasins, où des monopoleurs ramassent la nourriture et les habillements d'une province entière, ne doit-on pas bénir la main qui a créé l'insecte qui les force de les vendre? Si les grains étaient aussi inaltérables que l'or et l'argent, ils seraient bientôt aussi rares. Voyez sous combien de portes et de serrures sont renfermés ces métaux! Les peuples seraient privés à la fin de leur subsistance, si elle était incorruptible comme ce qui en est le signe. Les charançons et les teignes forcent d'abord l'avare d'employer beaucoup de bras pour remuer et pour vanner ses grains, en attendant qu'ils l'obligent à s'en défaire tout-à-fait. Que de pauvres iraient nus, si les teignes ne dévoraient les laines des riches! Ce qu'il y a d'admirable, c'est que les matières qui servent au luxe ne sont point sujettes à dépérir par les insectes, comme celles qui servent aux premiers besoins de la vie. On peut garder sans risque le café, la soie et le coton même pendant des siècles; mais aux Indes, où ces choses sont de première nécessité, il y a des insectes qui les détruisent très-promptement, entre autres le coton. Les insectes qui attaquent le corps humain, obligent également les riches à employer ceux qui n'ont rien, à entretenir, comme domestiques, la propreté autour d'eux. Les Incas du Pérou exigeaient même ce tribut des pauvres : car, par tous pays, ces insectes s'attachent à l'homme, quoiqu'on ait dit qu'ils ne passaient pas la Ligne. D'ailleurs, ces animaux sont plus fâcheux que nuisibles : ils tirent le mauvais sang. Comme ils ne foisonnent que dans les grandes chaleurs, ils nous invitent à recourir aux bains, qui sont si salutaires et si négligés parmi nous, parce qu'étant chers, ils sont des objets de luxe. Après tout, la nature a mis près de nous d'autres insectes qui les détruisent; ce sont les araignées. [22] J'ai ouï dire à un vieil officier, qu'étant fort incommodé des punaises à l'hôtel des Invalides, il laissa les araignées se multiplier autour de son lit, et qu'elles le délivrèrent de cette vermine. Il est vrai que ce remède paraîtra à bien des personnes pire que le mal. Mais je crois qu'on en peut trouver de plus agréables dans les parfums et dans les essences huileuses; du moins j'ai remarqué que l'odeur de plusieurs plantes aromatiques chasse ces vilains animaux.

Pour les autres fléaux de la nature, l'homme ne les éprouve que parce qu'il s'écarte de ses lois. Si les orages détruisent quelquefois ses vergers et ses moissons, c'est qu'il les place souvent dans des lieux où la nature ne les a pas destinés à croître. Les orages ne ravagent guère que les cultures de l'homme : ils ne font aucun tort aux forêts et aux prairies naturelles. D'ailleurs, ils ont leur utilité. Les tonnerres rafraîchissent l'air. Les grêles, qui les accompagnent quelquefois, détruisent beaucoup d'insectes, et elles ne sont fréquentes que dans les saisons où ils éclosent et se multiplient, au printemps et en été. Sans les ouragans de la zone torride, les fourmis et les sauterelles rendraient inhabitables les îles situées entre les tropiques. Nous avons déjà parlé de la nécessité et de l'utilité des volcans, dont les feux purifient les eaux de la mer, comme ceux du tonnerre purifient l'air. Les tremblements de terre viennent de la même cause. D'ailleurs, la nature nous prévient de leurs effets, et des lieux où sont placés leurs foyers. Les habitants de Lisbonne savent bien que leur ville a été détruite plusieurs fois par leurs secousses, et qu'il n'y faut pas bâtir en pierre. On n'en a rien à craindre dans des maisons de bois. Naples et Portici n'ignorent pas le sort d'Herculanum. Après tout, les tremblements de terre ne sont point universels; ils sont locaux et périodiques. Pline a observé que les Gaules n'y étaient pas sujettes; mais il y a bien d'autres pays qui n'y sont pas exposés. Ils ne se font guère sentir que dans le voisinage des volcans, sur les bords des mers ou des grands lacs, et seulement dans quelques portions de leurs rivages.

Les maladies épidémiques de l'homme, et les épizooties des animaux viennent des eaux corrompues. Les médecins qui en ont recherché les causes, les attribuent tantôt à la corruption de l'air, tantôt à la rouille des herbes, tantôt aux brouillards; mais toutes ces causes ne sont que des effets de la corruption des eaux, d'où s'élèvent des exhalaisons putrides qui infectent l'air, les herbes et les animaux. On doit l'attribuer presque toujours aux travaux imprudents des hommes. Les lieux les plus malsains de la terre, autant que je puis me le rappeler, sont, en Asie, les bords du Gange, d'où sortent, chaque année, des fièvres mortelles qui, en 1771, coûtèrent, au Bengale, la vie à plus d'un million d'hommes. Elles ont pour foyer les rizières, qui sont des marais artificiels formés le long du Gange pour y faire croître le riz. Après la récolte de ce grain, les racines et les pailles de ce végétal qu'on y laisse, y pourrissent et les changent en des bourbiers infects, d'où s'exhalent des vapeurs pestilentielles. C'est à cause de ces inconvénients que l'on en a défendu la culture en plusieurs endroits de l'Europe, sur-tout en Russie, aux environs d'Otschakof, où on le cultivait autrefois. En Afrique, l'air de l'île de Madagascar est corrompu par la même cause, pendant six mois de l'année, et y sera toujours un obstacle invincible aux établissements des Européens. Toutes les colonies françaises qu'on y a établies, y ont péri successivement par la corruption de l'air; et j'y aurais moi-même perdu la vie, si la Providence divine, par des moyens que je ne pouvais prévoir, n'avait mis empêchement au voyage et au séjour que j'y devais faire. C'est des anciens canaux envasés de l'Egypte, que sortent perpétuellement la lèpre et la peste. En Europe, les anciens marais salants de Brouage, où l'eau de la mer ne vient plus, et dans lesquels les eaux des pluies séjournent, parce qu'elles y sont arrêtées par les digues et par les fossés des vieilles salines, sont devenus des sources constantes d'épizooties. Ces mêmes maladies, les fièvres putrides et bilieuses, et le scorbut, de terre sortent, tous les ans, des canaux de la Hollande, qui se putréfient en été, à tel point, que j'ai vu, à Amsterdam, les canaux couverts de poissons morts, et qu'il n'était pas possible de traverser certaines rues sans se boucher le nez avec son mouchoir. A la vérité on en fait écouler les eaux par des moulins à vent qui les pompent et les jettent par-dessus les digues, dans les endroits où les canaux sont au-dessous du niveau de la mer; mais ces machines n'y sont pas assez multipliées. Le mauvais air de Rome, en été, vient de ses anciens aqueducs, dont les eaux se sont répandues parmi les ruines, ou qui ont inondé des plaines dont les niveaux ont été interrompus par les travaux des Romains. Les fièvres pourprées, les dyssenteries, les petites-véroles, si communes dans nos campagnes après les chaleurs de l'été, ou dans des printemps chauds et humides, viennent, pour la plupart, des mares des paysans, dans lesquelles les feuilles et les herbes se putréfient. Beaucoup de maladies de nos villes sortent des voiries qui sont placées dans le voisinage, et des cimetières situés autour de nos églises et jusque dans le sanctuaire. Je ne crois pas qu'il y eût un seul lieu de malsain sur la terre, si les hommes n'y avaient mis la main. On cite la malignité de l'air de Saint-Domingue, de la Martinique, de Porto-Bello, et de plusieurs autres endroits de l'Amérique, comme un effet naturel du climat. Mais ces lieux ont été habités par des Sauvages qui, de tout temps, ont entrepris de détourner des rivières et de barrer des ruisseaux. Ces travaux font même une partie essentielle de leur défense. Ils imitent les castors dans les fortifications de leurs villages, en s'entourant de terrains inondés. Cependant la nature prévoyante n'a placé ces animaux que dans les latitudes froides, où, à son imitation, ils forment des lacs qui en adoucissent l'air; et elle a mis des eaux courantes dans les latitudes chaudes, parce que les lacs s'y changeraient bientôt, par les évaporations, en marais putrides. Les lacs qu'elle y a creusés sont tous situés dans des montagnes, aux sources des fleuves et dans une atmosphère fraîche. Je suis d'autant plus porté à attribuer aux Sauvages la corruption de l'air, si meurtrière dans quelques-unes des Antilles, que toutes les îles que l'on a trouvées sans habitants étaient très-saines; telles que les îles de France, de Bourbon, de Sainte-Hélène, etc.

Comme la corruption de l'air nous intéresse particulièrement, je hasarderai ici, en passant, quelques moyens simples d'y remédier. Le premier, est d'en détruire les causes, en substituant à l'usage des mares, dans nos campagnes, celui des citernes, dont les eaux sont si salubres quand elles sont bien faites. On s'en sert universellement dans toute l'Asie. Il faut aussi s'abstenir de jeter des cadavres et des dépouilles d'animaux dans les voiries de nos villes, mais les porter aux rivières, qui en deviendront plus poissonneuses. Si les villes manquent de rivières qui puissent les emporter, ou si ce moyen présente de trop grands inconvénients, il faut au moins avoir l'attention de ne placer les voiries qu'au nord et au nord-est de nos villes, afin de leur éviter, sur-tout pendant l'été, les fétides bouffées que les vents de sud et de sud-ouest y apportent. Le second est de s'abstenir de creuser des canaux. On voit les maladies qui en sont résultées en Egypte, aux environs de Rome, etc., dès qu'on a négligé de les entretenir. D'ailleurs, leurs avantages sont très-problématiques. A voir les médailles qu'on a frappées chez nous pour celui de Languedoc, ne semblait-il pas que le détroit de Gibraltar allait devenir superflu à la navigation de la France? Je suppose qu'il soit de quelque utilité au commerce intérieur du pays, a-t-on balancé le mal qu'il a fait à ses campagnes? Tant de ruisseaux et de fontaines détournés et recueillis de tous côtés pour former un canal de navigation, n'ont-ils pas cessé d'arroser une grande étendue de terre? et peut-on regarder comme utile au commerce ce qui est nuisible à l'agriculture? Les canaux ne conviennent que dans les marais. C'est le troisième moyen qui peut contribuer à y établir la salubrité de l'air. Les travaux qu'on a entrepris en France pour dessécher les marais, nous ont toujours coûté beaucoup de monde, et souvent, par cette raison, sont restés imparfaits. Je n'en trouve point d'autre cause que la précipitation de ces sortes d'ouvrages, et l'ensemble qu'on a voulu y mettre. L'ingénieur donne son plan, l'entrepreneur son devis, le ministre son approbation, le prince de l'argent, l'intendant de la province des paysans; tout concourt à-la-fois, excepté la nature. Du sein des terres pourries, s'élèvent des émanations putrides qui ont bientôt répandu la mortalité parmi les ouvriers. Pour remédier à ces inconvénients, je proposerai quelques observations que je crois vraies. Tout terrain entièrement couvert d'eau n'est jamais malsain : il ne le devient que lorsque l'eau qui le couvre s'évapore, et qu'il expose à l'air les vases de son fond et de ses rivages. On détruirait d'une manière aussi sûre la putridité d'un marais en le changeant en lac qu'en terre ferme. C'est sa situation qui doit déterminer l'un ou l'autre procédé. S'il est dans un fond, sans pente et sans écoulement, il faut suivre l'indication de la nature, et le couvrir d'eau. Si elle ne suffit pas pour l'inonder entièrement, il faut le couper de fosses profondes, et en jeter les déblais sur les terres voisines. On aura à la fois des canaux toujours pleins d'eau, et des îles asséchées qui seront très-fertiles et très-saines. Quant à la saison de ces travaux, il faut choisir le printemps et l'automne, avoir grande attention à ne placer les travailleurs qu'au-dessus du vent, et suppléer, par des machines, à la nécessité où ils sont souvent de plonger dans les boues et dans les vases pour les emporter.

Il m'a toujours paru inconcevable qu'en France, où il y a un si grand nombre de sages établissements, il y eût des ministres pour les affaires étrangères, la guerre, la marine, la finance, le commerce, les manufactures, le clergé, les bâtiments, l'équitation, etc....., et qu'il n'y en eût pas pour l'agriculture. Cela vient, je crois, du mépris qu'on y fait des paysans. Tous les hommes cependant sont solidaires les uns pour les autres; et, indépendamment de la taille et de la configuration uniforme du genre humain, je ne voudrais pas d'autres preuves qu'ils viennent d'une seule origine. C'est de la mare d'un pauvre homme, dont on a détourné le ruisseau, que sortira l'épidémie qui emportera la famille du château voisin.° L'Égypte se venge, par la peste qui sort de ses canaux, de l'oppression des Turcs qui empêchent ses habitants de les entretenir. L'Amérique, tombée sous les coups des Européens, exhale de son sein mille maladies funestes à l'Europe. Elle entraîne avec elle l'Espagnol mourant sur ses ruines. Ainsi le Centaure laissa à Déjanire sa robe empoisonnée du sang de l'hydre, comme un présent qui devait être funeste à son vainqueur. Ainsi les maux dont on accable les hommes, passent des étables aux palais, de la Ligne aux pôles, des siècles passés aux futurs; et leurs longs effets sont des voix formidables qui crient aux puissances: « Apprenez à être justes, et à ne pas op- ». primer les malheureux. »

Non-seulement les éléments, mais la raison elle-même se corrompt dans le sein des misérables. Que d'erreurs, de craintes, de superstitions, de querelles, sont sorties des plus bas étages de la société, et ont troublé le bonheur des trônes! Plus les hommes sont opprimés, plus leurs oppresseurs sont malheureux, et plus la nation qu'ils composent est faible; car la force que les tyrans emploient pour se conserver au-dedans, n'est jamais exercée qu'aux dépens de celle qu'ils pourraient employer à se maintenir au-dehors.

D'abord, du sein de la misère sortent les prostitutions, les vols, les assassinats, les incendies, les brigandages, les révoltes, et une multitude d'autres maux physiques qui, par tout pays, sont les fléaux de la tyrannie. Mais ceux de l'opinion sont bien plus terribles. Un homme en veut subjuguer un autre, moins pour s'emparer de son bien, que pour en être admiré et même adoré. Tel est le dernier terme que se propose l'ambition. Dans quelque état qu'il l'ait réduit, eût-il à sa discrétion sa fortune, ses travaux, sa femme, sa personne, il n'a rien s'il n'a son hommage. Ce n'était pas assez à Aman d'avoir la vie et les biens des Juifs; il voulait voir Mardochée à ses pieds. Les oppresseurs font ainsi les opprimés les arbitres de leur bonheur; et ceux-ci, pour l'ordinaire, leur rendant injustice pour injustice, les environnent de faux rapports, de terreurs religieuses, de médisances, de calomnies, qui font naître parmi eux les soupçons, les craintes, les jalousies, les haines, les procès, les duels, et enfin les guerres civiles, qui finissent par les détruire.

Examinons, dans quelques gouvernements anciens et modernes, cette réaction de maux; nous la verrons s'étendre à proportion du mal qu'on y a fait au genre humain. A cette balance redoutable, nous reconnaîtrons l'existence d'une justice suprême.

Sans avoir égard à leurs divisions communes [23] en démocratie, en aristocratie, et en monarchie, qui ne sont, au fond, que des formes politiques qui ne décident ni de leur bonheur ni de leur puissance, nous ne nous arrêterons qu'à leur constitution morale. Tout gouvernement, quel qu'il soit, est heureux au-dedans et puissant au-dehors, lorsqu'il donne à tous ses sujets le droit naturel de parvenir à la fortune et aux honneurs; et le contraire arrive, lorsqu'il réserve à une classe particulière de citoyens, les biens qui doivent être communs à tous. Il ne suffit pas de prescrire au peuple des limites, et de l'y contenir par des fantômes effrayants: il force bientôt ceux qui les font mouvoir de trembler plus que lui. Quand la politique humaine attache sa chaîne au pied d'un esclave, la justice divine en rive l'autre bout au cou du tyran.

Il y a eu peu de républiques plus également ordonnées que celle de Lacédémone. On y vit fleurir la vertu et le bonheur pendant cinq cents ans. Malgré son peu d'étendue, elle donna la loi à la Grèce et aux côtes septentrionales de l'Asie; mais, comme Lycurgue n'avait compris, dans son plan, ni les peuples qu'elle devait s'assujettir, ni même les Ilotes qui labouraient la terre pour elle, ce fut par eux qu'entrèrent les troubles qui l'agitèrent, et qui finirent par la renverser.

Dans la république romaine, il y eut encore plus d'égalité, et partant plus de bonheur et de puissance. A la vérité elle était divisée en patriciens et en plébéiens; mais, comme ceux-ci parvenaient à toutes les dignités militaires, que d'ailleurs ils obtinrent le tribunat, dont le pouvoir égala et surpassa même celui des consuls, la plus grande harmonie régna entre les deux ordres. On ne peut voir, sans attendrissement, la déférence et le respect que les plébéiens portaient aux patriciens, dans les beaux jours de la république. Ils choisissaient parmi eux leurs patrons, ils les accompagnaient en foule lorsqu'ils allaient au sénat : quand ils étaient pauvres, ils se cotisaient entre eux pour doter leurs filles. Les patriciens, d'un autre côté, s'intéressaient à toutes les affaires des plébéiens ; ils plaidaient leurs causes dans le sénat; ils leur faisaient porter leurs noms, les adoptaient dans leurs familles, et leur donnaient leurs filles en mariage, quand ils se distinguaient par leurs vertus. Ces alliances avec des familles du peuple ne furent pas dédaignées même des empereurs. Auguste donna en mariage Julie, sa fille unique, au plébéien Agrippa. La vertu régna dans Rome, et jamais on ne lui éleva de plus dignes autels sur la terre. On en peut juger par les récompenses qu'on y accordait aux bonnes actions. Un homme criminel était condamné à mourir de faim en prison ; sa fille vint l'y trouver et l'y nourrit de son lait. Le sénat, instruit de cet acte de l'amour filial, ordonna que le père fût rendu à la fille, et qu'à la place de la prison on élevât un temple à la Piété.

Lorsqu'on menait un coupable au supplice, il était absout si une vestale venait à passer. La peine due au crime disparaissait en présence d'une personne vertueuse. Si, dans une bataille, un Romain en sauvait un autre des mains de l'ennemi, on lui donnait la couronne civique. Cette couronne n'était que de feuilles de chêne, et elle était même la seule des couronnes militaires qui n'eût pas d'or; mais elle donnait le droit de s'asseoir aux spectacles dans le banc le plus voisin de celui des sénateurs, qui se levaient tous, par honneur, à l'arrivée de celui qui la portait. C'était, dit Pline, la plus illustre des couronnes, et elle donnait plus de priviléges que des couronnes murales, obsidionales et navales, parce qu'il y a plus de gloire à sauver un seul citoyen qu'à prendre des villes et qu'à gagner des batailles. Elle était la même, par cette raison, soit qu'on eût sauvé le général de l'armée ou un simple soldat; mais on ne l'eût pas obtenue pour avoir délivré un roi allié des Romains, qui serait venu à leur secours. Rome, dans la distribution de ses récompenses, ne distinguait que le citoyen. Avec ces sentiments patriotiques, elle conquit la terre; mais elle ne fut juste que pour son peuple, et ce fut par ses injustices envers les autres hommes qu'elle devint faible et malheureuse. Ses conquêtes la remplirent d'esclaves, qui, sous Spartacus, la mirent à deux doigts de sa perte, et qui la décidèrent enfin par les armes de la corruption, plus dangereuses que celles de la guerre. Ce furent les vices et les flatteries des Grecs et des Asiatiques, esclaves à Rome, qui y formèrent les Catilina, les César, les Néron; et, tandis que leur voix corrompait les maîtres du monde, celle des Goths, des Cimbres, des Teutons, des Gaulois, des Allobroges, des Vandales, compagnons de leur sort, appelait du nord et de l'orient ceux de leurs compatriotes qui la renversèrent.

Les gouvernements modernes nous présentent les mêmes réactions d'équité et de bonheur, d'injustice et d'infortune. En Hollande, où le peuple peut parvenir à tout, l'abondance est dans l'état, l'ordre dans les villes, la fidélité dans les mariages, la tranquillité dans tous les esprits; les querelles et les procès y sont rares, parce que tout le monde y est content. Il y a peu de nations en Europe dont le territoire soit aussi petit, et il n'y en a point qui ait étendu sa puissance aussi loin: ses richesses sont immenses; elle a soutenu seule la guerre contre l'Espagne dans sa splendeur, et ensuite contre la France et l'Angleterre réunies : son commerce s'étend par toute la terre; elle possède de puissantes colonies en Amérique, de riches comptoirs en Afrique, des royaumes formidables en Asie. Mais si l'on remonte à la source des maux et des guerres qu'elle a soufferts depuis deux siècles, on verra qu'ils ne viennent que des injustices de quelques-uns de ses établissements dans ce pays-là. Son bonheur et sa puissance ne sont point dus à sa forme républicaine, mais à cette communauté de biens qu'elle présente indistinctement à tous ses sujets, et qui produit les mêmes effets dans les gouvernements despotiques dont on nous fait de si terribles tableaux.

Parmi les Turcs, comme parmi les Hollandais, il n'y a ni querelles, ni médisances, ni vols, ni prostitutions dans les villes. On ne trouverait peut-être pas même dans tout leur empire une seule femme turque faisant le métier de courtisane. Il n'y a dans les esprits ni inquiétude, ni jalousie. Chacun d'eux voit sans envie, dans ses chefs, un bonheur où il peut atteindre, et est prêt à périr pour sa religion et pour son gouvernement. Leur force n'est pas moindre au-dehors que leur union est grande au-dedans. Avec quelque mépris que nos historiens parlent de leur ignorance et de leur stupidité, ils ont envahi les plus belles portions de l'Asie, de l'Afrique, de l'Europe, et même l'empire des Grecs, si savants et si spirituels, parce que le sentiment de patriotisme qui les unit, est supérieur à tout l'esprit et à toutes les tactiques du monde. Ils éprouvent cependant des convulsions par les révoltes des peuples conquis; mais les plus dangereuses viennent de leurs plus faibles ennemis, de ces Grecs mêmes dont ils pillent impunément les biens, et dont ils enlèvent chaque année des tributs d'enfants pour le sérail. Ce sont ces enfants d'où sortent, par une providence réagissante, la plupart des janissaires, des agas, des bachas, des visirs, qui oppriment les Turcs à leur tour, et qui se rendent redoutables même à leurs sultans.

C'est cette même communauté d'espérances et de fortunes présentées à toutes les conditions, qui a donné tant d'énergie à la Prusse, dont nos écrivains ont si fort vanté la police au-dedans, et les victoires au-dehors; quoique le gouvernement en soit encore plus despotique que celui de la Turquie, puisque le prince y est à-la-fois maître absolu du temporel et du spirituel.

Au contraire, la république de Venise, si connue par ses courtisanes, par les inquiétudes et par les espionnages de son gouvernement, est d'une faiblesse extrême au-dehors, quoiqu'elle soit plus ancienne, dans une situation plus heureuse, et sous un plus beau ciel que celle de Hollande. Venise est une puissance maritime à peine connue aujourd'hui dans la Méditerranée, tandis que la Hollande vivifie toute la terre par son commerce; parce que la première a restreint les droits de l'humanité à une classe de nobles, et que la seconde les a étendus à tout son peuple.

C'est encore par une suite de ce partage injuste que Malte, avec le plus beau port de la Méditerranée, située entre l'Afrique et l'Europe, dans le voisinage de l'Asie, et remplie d'une jeune noblesse pleine de courage, ne sera jamais que la dernière puissance de l'Europe ; parce que son peuple y est nul.

Nous observerons ici que l'hérédité de la noblesse dans un état, ôte à-la-fois l'émulation aux nobles et aux roturiers. Elle l'ôte aux premiers, qui n'en ont pas besoin, parce que, par leur seule naissance, ils parviennent à tout ; et aux seconds, parce que, ne pouvant prétendre à rien, elle leur devient inutile. C'est là le vice politique qui a ruiné la puissance du Portugal et celle de l'Espagne ; et non pas l'esprit monastique, comme tant d'écrivains l'ont avancé. Les moines étaient tout-puissants du temps de Ferdinand et d'Isabelle. Ce fut un moine qui décida à la cour le départ de Christophe Colomb pour la découverte d'un nouveau monde, dont la conquête quadrupla en Espagne le nombre des gentilshommes. Il ne passait pas en Amérique un soldat espagnol qui ne s'y donnât pour noble, et qui, retournant en Espagne avec un peu d'argent, ne s'y établît sur ce pied-là. La même chose arriva parmi les Portugais qui firent des conquêtes en Asie. L'ordre militaire, chez ces deux nations, fit alors des prodiges, parce que la carrière de l'ambition était ouverte au peuple dans les armes. Mais depuis qu'elle lui est fermée par le nombre prodigieux de gentilshommes dont ces deux états sont remplis, il s'est jeté du côté de l'ordre monastique, et lui a donné la puissance tribunitive.

Quelque admirable que paraisse aux spéculations de nos politiques le triple nœud qui forme le gouvernement de l'Angleterre, c'est aux agitations de ses trois puissances qu'on doit attribuer les querelles perpétuelles qui en troublent le bonheur, et la vénalité qui l'a enfin corrompue. Le peuple, à la vérité, forme une chambre dans son parlement; mais le droit d'y entrer comme député n'étant réservé qu'aux seuls possesseurs de terres, doit en bannir bien des têtes sages, et y en admettre beaucoup qui ne le sont guère. Alcibiade et Catilina y auraient joué de grands rôles; mais Socrate, le juste Aristide; Épaminondas, qui donna l'empire de la Grèce à Thèbes; Attilius-Régulus, qui fut choisi dictateur à la charrue; Ménénius-Agrippa, qui pacifia les différends du sénat et du peuple, n'auraient pu y avoir de séance, attendu qu'ils n'avaient pas en fonds de terres cent livres sterlings de revenu. L'Angleterre se détruirait par sa propre constitution, si elle n'ouvrait à tous ses citoyens une carrière commune dans sa marine. Tous les ordres de l'état concourent à ce point de réunion, et lui donnent une telle pondération, qu'il fixe leur équilibre politique. Qui détruirait la marine en Angleterre, en détruirait le gouvernement. Ce concours unanime de toute la nation vers un seul art, lui a acquis le plus grand degré de perfection où il soit jamais parvenu chez aucun peuple, et en fait l'unique instrument de sa puissance.

Si nous parcourons les autres états qui portent le nom de républiques, nous y verrons les maux au-dedans, et la faiblesse au-dehors, croître à proportion de l'inégalité de leurs citoyens. La Pologne a réservé aux seuls nobles toute l'autorité, et a laissé son peuple dans le plus odieux esclavage; en sorte que la guerre, qui établit entre les citoyens d'une même nation une communauté de dangers, n'établit entre ceux-ci aucune communauté de récompenses. Son histoire ne présente qu'une longue suite de querelles de palatinat à palatinat, de ville à ville, de famille à famille, qui l'ont rendue fort malheureuse dans tous les temps. Le plus grand nombre des nobles même y est si misérable, qu'il est obligé, pour vivre, de servir les grands dans les plus vils emplois, comme autrefois les nôtres parmi nous dans le gouvernement féodal, et comme encore aujourd'hui ceux du Japon; car par-tout où les paysans sont esclaves, les gentilshommes sont domestiques. Enfin il est arrivé, de nos jours, à la Pologne, le malheur qu'elle aurait éprouvé il y a long-temps, si les royaumes qui l'environnent n'avaient pas eu alors les mêmes défauts dans leur constitution; elle a été envahie par ses voisins, malgré ses longues discussions politiques, comme l'empire des Grecs le fut par les Turcs, lorsque quelques prêtres s'y étant emparés de tout, ne les occupaient plus que de subtilités théologiques.

Au Japon, les maux des nobles y sont proportionnés à leur tyrannie. Ils formèrent d'abord un gouvernement féodal, si aisé à renverser, comme tous ceux de cette nature, que le premier d'entre eux qui s'en voulut faire le souverain, en vint à bout par une seule bataille. Il leur ôta le pouvoir de décider leurs querelles par des guerres civiles; mais il leur laissa tous leurs autres priviléges; celui de maltraiter les paysans qui y sont serfs, le droit de vie et de mort sur tous ceux qui sont à leurs gages, et même sur leurs femmes. Le peuple qui, dans l'extrême misère, n'a guère, pour subsister, d'autre moyen que d'effrayer ou de corrompre ses tyrans, produit au Japon une multitude incroyable de bonzes de toutes les sectes, qui y ont élevé des temples sur toutes les montagnes; de comédiens et de farceurs qui ont des théâtres à tous les carrefours des villes, et de courtisanes qui y sont en si grand nombre, qu'on en trouve sur toutes les routes et à toutes les auberges où l'on arrive. Mais ce même peuple met à si haut prix la considération que les nobles exigent de lui, que pour peu qu'ils se regardent entre eux de travers, il faut qu'ils se battent; et si l'insulte est un peu grave; il faut que l'offensé et l'agresseur s'ouvrent le ventre, sous peine d'infamie. C'est à cette haine pour ses tyrans qu'il faut attribuer le singulier attachement qu'il témoigna pour la religion chrétienne, qu'il croyait devoir effacer, par sa morale, des différences si odieuses entre les hommes ; et c'est aux préjugés populaires qu'il faut rapporter, dans les nobles japonais, le mépris qu'ils marquent, en mille occasions, pour une vie rendue si versatile par l'opinion d'autrui.

Une sage égalité, proportionnée aux lumières et aux talents de tous ses sujets, a rendu longtemps la Chine la portion la plus heureuse de la terre ; mais le goût des voluptés y ayant, à la fin, corrompu les mœurs, l'argent qui les procure, est devenu le premier mobile du gouvernement. La vénalité y a divisé la nation en deux grandes classes, de riches et de pauvres. Les anciens degrés qui élevaient les hommes à tous les emplois, subsistent encore ; mais il n'y a que les riches qui y montent. Ce vaste et populeux empire n'ayant plus de patriotisme que dans quelques vaines cérémonies, a été plusieurs fois envahi par les Tartares, qui y ont été appelés par les malheurs des peuples.

On regarde, en général, les nègres comme l'espèce d'hommes la plus infortunée qu'il y ait au monde. En effet, il semble que quelque destinée les condamne à l'esclavage. On croit reconnaître en eux l'effet de cette ancienne malédic-

tion: * « Que Chanaan soit maudit! qu'il soit, à
» l'égard de ses frères, l'esclave des esclaves ! »
Ils la confirment eux-mêmes par leurs traditions.
Selon le hollandais Bosman, « les nègres de la
» Guinée disent que Dieu, ayant créé des noirs
» et des blancs, leur proposa deux dons, savoir,
» ou de posséder l'or, ou de savoir lire et écrire;
» et, comme Dieu donna le choix aux noirs, ils
» choisirent l'or, et laissèrent aux blancs la con-
» naissance des lettres : ce que Dieu leur accorda.
» Mais qu'étant irrité de cette convoitise qu'ils
» avaient pour l'or, il résolut en même temps
» que les blancs domineraient éternellement sur
» eux, et qu'ils seraient obligés de leur servir
» d'esclaves.** 24 » Ce n'est pas que je veuille appuyer par des autorités sacrées, ni par celle que
ces infortunés fournissent eux-mêmes, la tyrannie que nous exerçons à leur égard. Si la malé-
diction d'un père a pu avoir tant d'influence sur
sa postérité, la bénédiction de Dieu, qui, par notre religion, s'étend sur eux comme sur nous,
les rétablit dans toute la liberté de la loi naturelle. Le texte de l'Evangile, qui nous ordonne
de regarder tous les hommes comme nos frères,
parle pour eux comme pour nos compatriotes.
Si c'en était ici le lieu, je ferais voir comme la

---

* Genèse, chap. IX, ⁊ 25.
** Bosman, Voyage de Guinée, lettre x.

Providence fait observer, en leur faveur, les lois de la justice universelle, en rendant leurs tyrans, dans nos colonies, cent fois plus misérables qu'eux. D'ailleurs, combien de guerres les traites de l'Afrique n'ont-elles pas fait naître parmi les puissances maritimes de l'Europe! Combien de maladies et d'abâtardissements de races les nègres n'ont-ils pas occasionés parmi nous! Mais je ne m'arrêterai qu'à leur condition dans leur pays, et à celle de leurs compatriotes qui abusent sur eux de leur pouvoir. Je ne sache pas qu'il y ait jamais eu chez eux une seule république, si ce n'est quelque petite aristocratie le long de la côte occidentale d'Afrique, telle que celle de Fantim. Ils ont une multitude de petits rois qui les vendent quand bon leur semble. Mais d'un autre côté, le sort de ces rois est rendu si déplorable par les prêtres, les fétiches, les grigris, les révolutions subites, l'indigence même d'aliments, qu'il y a fort peu de nos matelots qui voulussent changer d'état avec eux. D'ailleurs, les nègres échappent à la plupart de leurs maux par leur insouciance et la mobilité de leur imagination. Ils dansent au milieu de la famine comme au sein de l'abondance, dans les fers comme en liberté. Si une patte de poulet leur fait peur, un petit morceau de papier blanc les rassure. Chaque jour ils font et défont leurs dieux à leur fantaisie.

Ce n'est point dans la stupide Afrique, mais

aux Indes, dont l'antique sagesse est si renommée, que les maux du genre humain sont portés à leur comble. Les Brames, autrefois appelés Brachmanes, qui en sont les prêtres, y ont divisé la nation en plusieurs castes, dont ils ont voué quelques-unes à l'opprobre, comme celle des Parias. On peut bien croire qu'ils ont rendu la leur sacrée. Personne n'est digne de les toucher, de manger avec eux, encore moins d'y contracter aucune alliance. Ils ont étayé cette grandeur imaginaire de superstitions incroyables. C'est de leurs mains que sort ce nombre infini de dieux de formes monstrueuses, qui ont effrayé toutes les imaginations de l'Asie. Le peuple, par une réaction naturelle d'opinions, les rend à leur tour les plus misérables de tous les hommes. Il les oblige, afin de conserver leur réputation, de se laver de la tête aux pieds au moindre attouchement, de jeûner souvent et rigoureusement, de faire, devant leurs idoles si redoutables, des pénitences horribles; et comme il ne peut s'allier à leur sang, il force, par le pouvoir des préjugés sur les tyrans, leurs veuves de se brûler vives avec le corps de leurs maris. N'est ce donc pas un sort bien affreux, pour des hommes qui passent pour sages, et qui donnent la loi à leur nation, de voir périr par cet horrible genre de supplice, leurs amies, leurs parentes, leurs filles, leurs sœurs et leurs mères? Des voyageurs ont vanté leurs lumières; mais n'est-ce pas une odieuse alternative pour des hommes éclairés, ou d'effrayer perpétuellement des ignorants par des opinions qui, à la longue, subjuguent même ceux qui les prêchent; ou, s'ils sont assez heureux pour conserver leur raison, d'en faire un usage honteux et coupable, en l'employant à débiter des mensonges? Comment peuvent-ils s'estimer les uns les autres? Comment peuvent-ils rentrer en eux-mêmes, et lever les yeux vers cette divinité dont ils ont, dit-on, de si sublimes idées, et dont ils présentent au peuple de si effroyables images? Quel que soit, pour leur ambition, le triste fruit de leur politique, elle a entraîné les malheurs de ce vaste empire, situé dans la plus belle région de la terre. Sa milice est formée de nobles appelés Naïres, qui tiennent le second rang dans l'état. Les Brames, pour se maintenir par la force, autant que par la ruse, les ont associés à une partie de leurs priviléges. Voici ce que dit Gauthier Schouten, de l'indifférence que porte le peuple aux Naïres dans les malheurs qui leur arrivent. Après un rude combat, où les Hollandais tuèrent beaucoup de ceux qui avaient embrassé le parti des Portugais : « Il » ne fut fait, dit-il,* aucun outrage ni insulte » aux gens de métier, paysans, pêcheurs, ou au- » tres habitants malabares, non pas même dans

---

* Voyage aux Indes Orientales, tome I, page 307.

» la fureur du combat. Aussi ne s'en étaient-ils
» point fui. Il y en avait beaucoup de postés en
» divers endroits, pour être spectateurs de l'ac-
» tion, et ils ne parurent nullement s'intéresser à
» la perte des Naïres. » J'ai vu la même apathie
chez les peuples dont la noblesse forme une nation à part, entre autres, en Pologne. Le peuple
des Indes fait partager à ses Naïres, comme à ses
Brames, les maux de l'opinion. Ceux-là ne peuvent contracter de mariages légitimes. Plusieurs
d'entre eux, connus sous le nom d'Amoques,
sont obligés de se dévouer dans les combats, ou
à la mort de leurs rois. Ils sont les victimes de
leur honneur injuste, comme les Brames le sont
de leur religion inhumaine. Leur courage, qui
n'est qu'un esprit de corps, loin d'être utile à
leur pays, lui est souvent funeste. Dans tous les
temps, il a été désolé par leurs guerres intestines ;
et il est si faible au-dehors, que des poignées
d'Européens s'y sont établis par-tout où ils ont
voulu. A la fin de l'avant-dernière guerre en 1762,
un Anglais proposa au parlement d'Angleterre
d'en faire la conquête, et de payer les dettes de
sa nation avec les richesses qu'il se proposait d'y
enlever, si on voulait l'y transporter avec une
armée de cinq mille Européens. Son projet n'é-
tonna aucun de ceux de ses compatriotes qui connaissaient la faiblesse de ce pays-là ; et il ne fut
rejeté, dit-on, que parce qu'il était injuste.

En France, le peuple ne parvint à rien dans le gouvernement, depuis Jules-César, qui est le premier des écrivains qui ait fait cette observation, et qui n'est pas le dernier politique qui en ait profité pour s'en rendre aisément le maître, jusqu'au cardinal de Richelieu qui abattit le pouvoir féodal. Dans ce long intervalle, notre histoire n'offre qu'une suite de dissensions, de guerres civiles, de mauvaises mœurs, d'assassinats, de lois gothiques, de coutumes barbares, et est très-peu intéressante à lire, quoi qu'en dise le président Hénault, qui la compare à l'histoire romaine. Ce n'est pas seulement parce que les fables des Romains sont plus ingénieuses que les nôtres ; mais c'est que, dans notre histoire, on ne voit point l'histoire d'un peuple, mais seulement celle de quelque grande maison. Il faut cependant en excepter les vies de quelques bons rois, telles que celles de saint Louis, de Charles v, de Henri iv, et de quelques gens de bien qui intéressent, par cela même qu'ils se sont intéressés pour la nation. Par-tout ailleurs vous ne voyez pas que le gouvernement s'en occupât : il ne songeait qu'aux intérêts des nobles. Elle fut tour-à-tour subjuguée par les Romains, les Francs, les Goths, les Alains et les Normands. La facilité avec laquelle elle se fit chrétienne, prouve qu'elle chercha dans la religion une protection contre les maux de l'esclavage. C'est à ce sentiment de confiance que le clergé a dû le premier rang qu'il a obtenu dans l'état : mais bientôt le clergé dégénéra de son premier esprit, et, loin de songer à détruire la tyrannie, il se rangea du côté des tyrans; il adopta toutes leurs coutumes, il se revêtit de leurs titres, s'appliqua leurs droits et leurs revenus, et se servit même de leurs armes pour défendre des intérêts si étrangers à sa morale. Beaucoup d'églises avaient des chevaliers, et des champions qui se battaient pour elles en duel.

Il ne faut pas attribuer à la religion les maux occasionés par l'avarice et par l'ambition de ses ministres. Elle nous apprend elle-même à connaître leurs défauts, et elle nous ordonne de nous en méfier. Les plus grands saints, entre autres saint Jérôme,* les leur ont reprochés avec plus de force que ne l'ont fait les philosophes modernes. On a beaucoup écrit, dans ces derniers temps, contre la religion, pour affaiblir le pouvoir des prêtres; mais par-tout où elle est tombée, leur puissance s'est augmentée. C'est la religion elle-même qui les contient. Voyez, dans l'Archipel et ailleurs, combien de superstitions frauduleuses et lucratives les papas et caloyers grecs ont substituées à l'esprit de l'évangile ! Quelques reproches d'ailleurs qu'on puisse faire aux nôtres, ils peuvent répondre qu'ils ont été, dans tous les

* Voyez ses Lettres.

temps, les enfants de leur siècle comme leurs compatriotes. Les nobles, les magistrats, les militaires, les rois mêmes des temps passés, ne valaient pas mieux. On les accuse de porter par-tout l'esprit d'intolérance, et de vouloir être les maîtres en prêchant l'humilité. Mais la plupart d'entre eux, repoussés par le monde, portent dans leurs corps cet esprit d'intolérance du monde, dont ils ont été la victime ; et leur ambition n'est bien souvent qu'une suite de cette ambition universelle que l'éducation nationale et les préjugés de la société inspirent à tous les membres de l'État. Sans vouloir faire leur apologie, et encore moins leur satyre, ni celle d'aucun corps, dont je n'ai voulu découvrir les maux, qu'afin de leur indiquer les remèdes qui me semblent être à leur portée, je me bornerai ici à quelques réflexions sur la religion, qui est, dès cette vie même, le fléau des méchants, et la consolation des gens de bien.

Le monde regarde aujourd'hui la religion comme le partage du peuple, et comme un moyen politique imaginé pour le contenir. Il lui met en opposition la philosophie de Socrate, d'Épictète, de Marc-Aurèle ; comme si la morale de ces sages était moins austère que celle de Jésus-Christ ; et comme si les biens qu'il s'en promet étaient plus assurés que ceux de l'Évangile ! Quelle connaissance profonde du cœur de l'homme, quelle convenance admirable avec ses besoins, quels traits touchants de sensibilité sont renfermés dans ce livre divin ! Je laisse à part ses mystères. Nous en avons pris, dit-on, une partie dans Platon. Mais Platon lui-même les avait tirés de l'Égypte, où il avait voyagé, et les Égyptiens les devaient, comme nous, aux patriarches. Ces mystères, après tout, ne sont pas plus incompréhensibles que ceux de la nature, et que celui de notre propre existence. D'ailleurs, nous contribuons dans leur examen à nous égarer. Nous voulons remonter à leurs sources, et nous ne pouvons que sentir leurs effets. Toute cause surnaturelle est également impénétrable à l'homme. L'homme n'est lui-même qu'un effet, qu'un résultat passager, qu'une combinaison d'un moment. Il ne peut juger des choses divines suivant leur nature, mais suivant la sienne, et par les seules convenances qu'elles ont avec ses besoins. Si nous nous servons de ces témoignages de notre faiblesse, et de ces indications de notre cœur pour étudier la religion, nous verrons qu'il n'y en a point sur la terre qui convienne autant aux besoins du genre humain. Je ne parle pas de l'antiquité de ses traditions. Les poëtes de la plupart des nations, entre autres Ovide, ont chanté la création, le bonheur de l'âge d'or, l'indiscrète curiosité de la première femme, les malheurs sortis de la boîte de Pandore, et le déluge universel, comme s'ils avaient pris ces histoires dans la Genèse. On objecte à la nouveauté du monde l'ancienneté et la multiplicité de quelques laves dans les volcans ; mais ces observations ont-elles été bien faites ? Les volcans ont dû couler plus fréquemment dans les premiers temps, lorsque la terre était plus couverte de forêts, et que l'Océan, chargé de ses dépouilles végétales, fournissait plus abondamment à leurs foyers. D'ailleurs, comme je l'ai dit dans le cours de cet ouvrage, nous ne saurions distinguer ce qui est vieux et ce qui est moderne, dans la fabrique du monde. La création a dû y manifester l'empreinte des siècles dès sa naissance. Si on le suppose éternel, et abandonné aux simples lois du mouvement, il y a long-temps qu'il ne devrait plus avoir la moindre colline à sa surface. L'action des pluies, des vents et de la pesanteur, aurait mis toutes les terres au niveau des mers. Ce n'est point dans les ouvrages de Dieu, mais dans ceux des hommes, que nous pouvons distinguer des époques. Tous nos monuments nous annoncent la nouveauté de la terre que nous habitons. Si elle était, je ne dis pas éternelle, mais seulement un peu ancienne, nous trouverions des ouvrages de l'industrie humaine bien plus vieux que de trois à quatre mille ans, comme tous ceux que nous connaissons. Nous avons des matières que le temps n'altère point sensiblement. J'ai vu, chez le savant comte de Caylus, des anneaux d'or constellés, ou talismans égyptiens, aussi entiers que s'ils sortaient des mains de l'ouvrier. Les Sauvages, qui ne connaissent pas le fer, connaissent l'or, et le recherchent autant pour sa durée que pour son éclat. Au lieu donc de ne trouver que des antiquités de trois ou quatre mille ans, comme sont celles des nations les plus anciennes, nous en devrions voir de soixante, de cent, de deux cent mille ans. Lucrèce, qui attribuait la création du monde aux atomes, par une physique inintelligible, avoue qu'il est tout nouveau :

> Præterea, si nulla fuit genitalis origo
> Terraï et cœli, semperque æterna fuère,
> Cur suprà bellum Thebanum et funera Trojæ
> Non alias alii quoque res cecinere poetæ ?
> DE RERUM NATURA, lib. v, v. 325.

« Si le ciel et la terre n'ont eu aucune origine, et s'ils sont éternels, » pourquoi n'y a-t-il pas des poëtes qui aient chanté d'autres guerres » avant la guerre de Thèbes et la ruine de Troie ? »

La terre est remplie de nos traditions religieuses : elles servent de fondement à la religion des Turcs, des Persans et des Arabes; elles s'étendent dans la plus grande partie de l'Afrique; nous les retrouvons dans l'Inde, dont tous les peuples et tous les arts sont originairement sortis; nous les y démêlons dans l'antique et ténébreuse religion des Brames, * dans l'histoire de Brama ou d'Abraham, de sa femme Saraï ou Sara,

---

* Voyez Abraham Rogers, Mœurs des Braminés.

dans les incarnations de Wistnou ou de Christnou ; enfin elles sont éparses jusque chez les sauvages errants de l'Amérique. Je ne parle pas des monuments de notre religion, aussi étendus que ses traditions, dont l'un, inexplicable par les lois de notre physique, prouve un déluge universel par les débris des corps marins qui sont répandus sur la surface du globe ; l'autre, incompréhensible aux lois de notre politique, atteste la réprobation des Juifs, dispersés dans toutes les régions, haïs, méprisés, persécutés, sans gouvernement, sans territoire, et cependant toujours nombreux, toujours subsistants, et toujours fidèles à leur loi. En vain on a voulu trouver des ressemblances de leur sort avec celui de plusieurs autres peuples, comme les Arméniens, les Guèbres et les Banians. Mais ces peuples-là ne sortent guère de l'Asie ; ils sont en petit nombre ; ils ne sont ni haïs, ni persécutés des autres nations ; ils ont une patrie ; enfin ils n'ont point conservé la religion de leurs ancêtres. Des écrivains illustres ont fait valoir ces preuves surnaturelles d'une justice divine. Je me bornerai à en rapporter d'autres plus touchantes par leur convenance avec la nature et avec nos besoins.

On a attaqué la morale de l'Évangile, parce que Jésus-Christ, dans la contrée des Géraséniens, fit passer une légion de démons dans un troupeau de deux mille porcs, qui furent se précipiter dans la mer. Pourquoi, dit-on, ruiner les maîtres de ces animaux ? Jésus-Christ a fait en cela un acte de législateur : ceux qui élevaient ces porcs étaient Juifs; ils péchaient donc contre leur loi, qui déclare ces animaux immondes. Autre objection contre Moïse. Pourquoi ces animaux sont-ils immondes ? Parce qu'ils sont sujets à la lèpre dans le climat de la Judée. Nos esprits forts triomphent ici. La loi de Moïse, disent-ils, était donc relative au climat; ce n'était donc qu'une loi politique. Je répondrai à cela que si je trouvais dans l'ancien ou le nouveau Testament quelque usage qui ne fût pas relatif aux lois de la nature, je m'en étonnerais bien davantage. C'est le caractère d'une religion divinement inspirée, de convenir parfaitement au bonheur des hommes, et aux lois précédemment établies par l'Auteur de la nature. C'est par ce défaut de convenance qu'on peut distinguer toutes les fausses religions. Au reste, la loi de Moïse, par ses privations, ne devait être que la loi d'un peuple particulier; et la nôtre, par son universalité, devait s'étendre à tout le genre humain.

Le paganisme, le judaïsme, le mahométisme, ont tous défendu l'usage de quelque espèce d'animal, en sorte que, si une de ces religions était universelle, elle entraînerait ou sa destruction totale, ou sa multiplication à l'infini; ce qui contrarie évidemment le plan de la création. Les Juifs et les Turcs proscrivent le porc; les Indiens du

Gange révèrent la vache et le paon. Il n'y a point d'animal qui ne serve de fétiche à quelque Nègre, ou de manitou à quelque Sauvage. La religion chrétienne permet, seule, l'usage nécessaire de tous les animaux, et elle ne prescrit particulièrement l'abstinence de ceux de la terre, que dans la saison où ils se multiplient et où ceux de la mer abondent sur les rivages, au commencement du printemps. Toutes les religions ont rempli leurs temples de carnage, et ont immolé à Dieu la vie des bêtes. Les Brames mêmes, si pitoyables envers elles, offrent à leurs idoles le sang et la vie des hommes : les Turcs immolent des chameaux et des moutons. Notre religion, plus pure, quand on n'aurait égard qu'à la matière de son sacrifice, présente en hommage à Dieu le pain et le vin, qui sont les plus doux présents qu'il ait faits à l'homme. Nous observerons même que la vigne, qui croît depuis la Ligne jusqu'au-delà du cinquante-deuxième degré de latitude nord, et depuis l'Angleterre jusqu'au Japon, est le plus répandu de tous les arbres fruitiers; que le blé est presque la seule des plantes alimentaires qui vienne dans tous les climats ; et que la liqueur de l'une et la farine de l'autre peuvent se conserver pendant des siècles et se transporter par toute la terre. Toutes les religions ont accordé aux hommes la pluralité des femmes dans le mariage : la nôtre n'en a permis qu'une, bien avant que nos politiques eussent observé que les deux sexes naissaient en nombre égal. Toutes se sont glorifiées de leurs généalogies; et, regardant avec mépris la plupart des nations, elles se sont permis, quand elles l'ont pu, de les réduire en esclavage : la nôtre seule a protégé la liberté de tous les hommes, et elle les a rappelés à une même fin, comme à une même origine. La religion des Indiens promet dans ce monde des plaisirs; celle des Juifs, des richesses; celle des Turcs, des victoires : la nôtre nous ordonne des vertus, et elle n'en promet la récompense que dans le ciel. Elle seule a connu que nos passions infinies étaient d'institution divine. Elle n'a pas borné, dans le cœur humain, l'amour à une femme et à des enfants, mais elle l'étend à tous les hommes : elle n'y a pas circonscrit l'ambition à la gloire d'un parti ou d'une nation, mais elle l'a dirigée vers le ciel et à l'immortalité : elle a voulu que nos passions servissent d'ailes à nos vertus. 25 Bien loin qu'elle nous lie sur la terre pour nous rendre malheureux, c'est elle qui y rompt les chaînes qui nous y tiennent captifs. Que de maux elle y a adoucis ! que de larmes elle y a essuyées ! que d'espérances elle a fait naître quand il n'y avait plus rien à espérer ! que de repentirs ouverts au crime ! que d'appuis donnés à l'innocence ! Ah ! lorsque ses autels s'élevèrent au milieu de nos forêts ensanglantées par les couteaux des Druides, que les opprimés vinrent en foule y chercher des asyles, que des ennemis irréconciliables s'y embrassèrent en pleurant, les tyrans, émus, sentirent, du haut des tours, les armes tomber de leurs mains. Ils n'avaient connu que l'empire de la terreur, et ils voyaient naître celui de la charité. Les amants y accoururent pour y jurer de s'aimer, et de s'aimer encore au-delà du tombeau. Elle ne donnait pas un jour à la haine, et elle promettait l'éternité aux amours. Ah! si cette religion ne fut faite que pour le bonheur des misérables, elle fut donc faite pour celui du genre humain!

Il n'y a que la religion qui donne à nos passions un grand caractère. Elle répand des charmes ineffables sur l'innocence, et donne une majesté divine à la douleur. Il y a quelques années que j'étais à Dieppe, vers l'équinoxe de septembre; et un coup de vent s'étant élevé, comme c'est l'ordinaire dans ce temps-là, j'en fus voir l'effet sur le bord de la mer. Il pouvait être midi; plusieurs grands bateaux étaient sortis, le matin, du port pour aller à la pêche. Pendant que je considérais leurs manœuvres, j'aperçus une troupe de jeunes paysannes, jolies comme le sont la plupart des Cauchoises, qui sortaient de la ville avec leurs longues coiffures blanches, que le vent faisait voltiger autour de leur visage. Elles s'avancèrent en folâtrant jusqu'à l'extrémité de la jetée, que des ondées d'écumes marines couvraient de temps en temps. Une d'entre elles se tenait à l'écart, triste et rêveuse. Elle regardait au loin les bateaux, dont quelques-uns s'apercevaient à peine au milieu d'un horizon fort noir. Ses compagnes d'abord se mirent à la railler, pour tâcher de la distraire. « Est-ce que tu as là-bas ton bon ami? » lui disaient-elles. Mais comme elles la voyaient toujours sérieuse, elles lui crièrent : « Allons, » ne restons pas là ! pourquoi t'affliges-tu ? Re- » viens, reviens avec nous. » Et elles reprirent le chemin de la ville. Cette jeune fille les suivit lentement sans leur répondre ; et quand elles furent à-peu-près hors de sa vue, derrière des monceaux de galets qui sont sur le chemin, elle s'approcha d'un grand calvaire qui est au milieu de la jetée, tira quelque argent de sa poche, le mit dans le tronc qui était au pied ; puis elle s'agenouilla, et fit sa prière, les mains jointes et les yeux levés au ciel. Les vagues qui assourdissaient en brisant sur la côte ; le vent qui agitait les grosses lanternes du crucifix, le danger sur la mer, l'inquiétude sur la terre, la confiance dans le ciel, donnaient à l'amour de cette pauvre paysanne une étendue et une majesté que le palais des grands ne saurait donner à leurs passions.

Elle ne tarda pas à se tranquilliser, car tous les bateaux rentrèrent dans l'après-midi, sans avoir éprouvé aucun dommage.

Quoi qu'on ait dit de l'ambition de l'église ro-

maine, elle est venue souvent au secours des peuples malheureux. En voici un exemple pris au hasard, et que je soumets au jugement du lecteur. C'est au sujet du commerce des esclaves d'Afrique, embrassé sans scrupule par toutes les puissances chrétiennes et maritimes de l'Europe, et blâmé par la cour de Rome. « Dans la seconde
» année de sa mission, Merolla se trouva seul à
» Sogno, par la mort du supérieur général, dont
» le père Joseph Busseto alla remplir la place au
» couvent d'Agola. Vers le même temps, les
» missionnaires capucins reçurent une lettre du
» cardinal Cibo, au nom du sacré collége. Elle
» contenait des plaintes amères sur la continua-
» tion de la vente des esclaves, et des instances
» pour faire cesser enfin cet odieux usage. Mais
» ils virent peu d'apparence de pouvoir exécuter
» les ordres du saint-siége, parce que le com-
» merce du pays consiste uniquement en ivoire
» et dans la traite des esclaves. * » Tous les efforts des missionnaires n'aboutirent qu'à exclure les Anglais de ce commerce.

La terre serait un paradis, si la religion chrétienne y était observée. C'est elle qui a aboli l'esclavage dans la plus grande partie de l'Europe. Elle tira, en France, de grandes possessions des

---

* Extrait de l'Histoire générale des Voyages, par l'abbé Prévot, livre XII, page 186; Merolla, année 1633.

mains des Iarles et des Barons, et elle y détruisit une partie de leurs droits inhumains par les terreurs d'une autre vie. Mais le peuple opposa encore un autre boulevard à ses tyrans, ce fut le pouvoir des femmes.

Nos historiens remarquent bien l'influence que quelques femmes ont eue sous certains règnes, et jamais celle du sexe en général. Ils n'écrivent point l'histoire de la nation, mais celle des princes. Les femmes ne sont rien pour eux, si elles ne sont qualifiées. Ce fut cependant de cette faible portion de la société que la Providence fit sortir, de temps en temps, ses principaux défenseurs. Je ne parle pas de celles qui ont repoussé, même par les armes, les ennemis du dehors, telles qu'une Jeanne d'Arc, à qui Rome et la Grèce eussent élevé des autels; je parle de celles qui ont défendu la nation des ennemis du dedans, encore plus redoutables que ceux du dehors; de celles qui sont fortes de leur faiblesse, et qui n'ont rien à craindre, parce qu'elles n'ont rien à espérer. Depuis le trône jusqu'à la houlette, il n'y a peut-être point de pays en Europe où les femmes soient aussi maltraitées par les lois, qu'en France; et il n'y en a point où elles aient plus de pouvoir. Je crois que c'est le seul royaume de l'Europe où elles ne peuvent jamais régner. Dans mon pays, un père peut marier ses filles sans leur donner d'autre dot qu'un chapeau de roses:

à sa mort, elles n'ont toutes ensemble qu'une portion de cadet. Ce droit injuste est commun au paysan comme au gentilhomme. Dans le reste du royaume, si elles sont plus riches, elles ne sont pas plus heureuses. Elles sont vendues plutôt que données en mariage. De cent filles qui s'y marient, il n'y en a pas une qui y épouse son amant. Leur sort y était encore plus malheureux autrefois. César dit dans ses Commentaires, « que le » mari avait puissance de vie et de mort sur sa » femme, ainsi que sur ses enfants ; que lorsqu'un » noble mourait, ses parents s'assemblaient : s'il » y avait quelque soupçon contre sa femme, on » la mettait à la torture comme une esclave ; et » si on la trouvait criminelle, on la brûlait, après » lui avoir fait souffrir de cruels supplices. * » Ce qu'il y a d'étrange, c'est que dès ce temps-là, et même auparavant, elles jouissaient du plus grand pouvoir. Voici ce qu'en dit le bon Plutarque dans le style du bon Amyot. « Avant que les » Gaulois passassent les montagnes des Alpes, » qu'ils eussent occupé cette partie de l'Italie où » ils habitent maintenant, une grande et violente » sédition s'émeut entre eux, qui passa jusques » à une guerre civile : mais leurs femmes, ainsi » que les deux armées furent prêtes à s'entre-

* Guerre des Gaules, livre VI, page 168, traduction de d'Ablancourt.

» choquer, se jetèrent au milieu des armes ; et
» prenant leurs différends en mains, les accor-
» dèrent, et jugèrent avec si grande équité, et si
» au contentement de toutes les deux parties,
» qu'il s'en engendra une amitié et bienveillance
» très-grande réciproquement entre eux tous,
» non-seulement de ville à ville, mais aussi de
» maison à maison : tellement que depuis ce
» temps-là, ils ont toujours continué de consulter
» des affaires, tant de la guerre que de la paix,
» avec leurs femmes, et de pacifier les querelles
» et différends qu'ils avaient avec leurs voisins
» et alliés, par le moyen d'elles : et partant en
» la composition qu'ils firent avec Annibal, quand
» il passa par les Gaules, entre autres articles,
» ils y mirent que s'il advenait que les Gaulois
» prétendissent que les Carthaginois leur tinssent
» quelque tort, les capitaines et gouverneurs
» carthaginois qui étaient en Espagne en se-
» raient les juges ; et si au contraire les Cartha-
» ginois voulaient dire que les Gaulois leur eus-
» sent fait quelque tort, les femmes des Gaulois
» en jugeraient. * » Ces deux autorités paraî-
tront difficiles à concilier, à qui ne fait pas attention à la réaction des choses humaines. Le pouvoir
des femmes venait de leur oppression. Le peuple,

---

* Plutarque, tome II, in-fol. ; les vertueux Faits des Femmes, pages 233 et 234.

aussi opprimé qu'elles, leur donna sa confiance, comme elles l'avaient donnée au peuple. C'étaient deux malheureux qui s'étaient rapprochés, et qui avaient mis leur misère en commun. Elles jugeaient d'autant mieux, qu'elles n'avaient rien à gagner ni à perdre. C'est aux femmes qu'il faut attribuer l'esprit de galanterie, l'insouciance, la gaieté, et sur-tout le goût pour la raillerie, qui ont, de tout temps, caractérisé notre nation. Avec une simple chanson, elles ont fait trembler plus d'une fois nos tyrans. Leurs vaudevilles y ont mis bien des bannières en campagne, et encore plus en déroute. C'est par elles que le ridicule a acquis tant de force en France, qu'il y est devenu l'arme la plus terrible qu'on y puisse employer, quoique ce ne soit que l'arme des faibles; parce que les femmes s'en saisissent d'abord, et que, dans le préjugé national, leur estime étant le premier des biens, il s'ensuit que leur mépris est le plus grand malheur du monde.

Enfin, le cardinal de Richelieu ayant rendu aux rois la puissance législative, il ôta bien par-là aux nobles le pouvoir de se nuire par des guerres civiles ; mais il ne put abolir parmi eux la fureur des duels, parce que la racine de ce préjugé est dans le peuple, et que les édits ne peuvent rien sur ses opinions quand il est opprimé. L'édit du prince défend à un gentilhomme d'aller sur le pré, et l'opinion de son valet l'y contraint. Les nobles se sont arrogé tout l'honneur national, mais le peuple leur en détermine l'objet, et leur en distribue la mesure. Louis XIV, cependant, rendit au peuple une partie de sa liberté naturelle par son despotisme même. Comme il ne vit guère que lui dans le monde, tout le monde lui parut à-peu-près égal. Il voulut qu'il fût permis à tous ses sujets de travailler pour sa gloire, et il les récompensa à proportion que leurs travaux y avaient du rapport. Le désir de plaire au prince rapprocha les conditions. On vit alors une foule d'hommes célèbres se distinguer dans toutes les classes. Mais les malheurs de ce grand roi, et peut-être sa politique, l'ayant forcé de recourir à la vénalité des charges, dont le fatal exemple lui avait été donné par ses prédécesseurs, et qui s'est étendue, après lui, jusqu'aux plus vils emplois, il acheva bien d'ôter par-là à la noblesse son ancienne prépondérance; mais il fit naître dans la nation une puissance bien plus dangereuse : ce fut celle de l'or. Celle-là y a subjugué toutes les autres, même celle des femmes. [26]

D'abord la noblesse ayant conservé une partie de ses priviléges dans les campagnes, les bourgeois qui ont quelque fortune ne veulent point y habiter, pour n'être point exposés, d'une part, à ses incartades, et pour n'être pas confondus, de l'autre, avec les paysans, en payant la taille et en tirant à la milice. Ils aiment mieux demeurer dans les petites villes, où une multitude de charges et de rentes financières les font subsister dans l'oisiveté et dans l'ennui, que de vivifier des terres qui avilissent leurs cultivateurs. Il arrive de là que les petites propriétés rurales ont peu de valeur, et que, chaque année, elles s'agrègent aux grandes. Les riches, qui en font l'acquisition, parent aux inconvénients qui les accompagnent, ou par leur noblesse personnelle, ou en en acquérant les priviléges pour de l'argent. Je sais bien qu'un parti fameux, il y a quelques années, a beaucoup vanté les grands propriétaires, parce que, disait-il, ils labourent à meilleur marché que les petits : mais, sans considérer s'ils en vendent le blé moins cher, et toutes les autres conséquences du PRODUIT NET, dont on a voulu faire l'unique objet de l'agriculture, et même de la morale, on ne peut douter que, si un certain nombre de familles riches acquérait, chaque année, les terres qui sont à sa bienséance, cette marche économique deviendrait bientôt funeste à l'état. Je me suis étonné, bien des fois, qu'il n'y eût point en France de loi qui mît des bornes aux grandes propriétés. Les Romains avaient des censeurs qui fixèrent d'abord, pour chaque particulier, l'étendue de sa possession à sept arpents, comme suffisante pour la subsistance d'une famille. Ils entendaient par arpent, ce qu'un joug de bœufs pouvait labourer dans un jour. Dans le luxe de Rome, on la régla à cinq cents; mais cette loi, malgré son indulgence, fut bientôt enfreinte, et son infraction entraîna la perte de la république. « Les » grands parcs et les grands domaines, dit Pline,* » ont ruiné notre Italie et les provinces que les » Romains ont conquises; car, ce qui causa les » victoires que Néron (le consul) obtint en Afri- » que, vint de ce que six hommes tenaient en » propriété près de la moitié de la Numidie, » quand Néron les défit. » Plutarque disait que, de son temps, sous Trajan, on n'aurait pas levé trois mille soldats dans la Grèce, qui avait fourni autrefois des armées si nombreuses, et qu'on y voyageait quelquefois tout un jour sans rencontrer d'autres personnes que quelques bergers le long des chemins. C'est que les terres de la Grèce étaient presque toutes tombées en partage à de grands propriétaires. Les conquérants ont toujours trouvé une faible résistance dans les pays divisés en grandes propriétés. Nous en avons des exemples dans tous les siècles, depuis l'invasion du Bas-Empire, faite par les Turcs, jusqu'à celle de la Pologne, arrivée de nos jours. Les grandes propriétés ôtent à-la-fois le patriotisme à ceux qui ont tout, et à ceux qui n'ont rien. « Les » gerbes, disait Xénophon, donnent à ceux qui

---

* Histoire naturelle, liv. XVIII, chap. III et VI.

» les font croître le courage de les défendre.
» Elles sont dans les champs comme un prix au
» milieu d'un jeu pour le vainqueur. »

Tel est le danger auquel des possessions trop inégales exposent un état au-dehors ; voyons le mal qu'elles font au-dedans. J'ai ouï raconter à une personne très-digne de foi, qu'un ancien contrôleur-général s'étant retiré dans la province où il était né, y acheta une terre considérable. Il y avait aux environs une cinquantaine de fiefs qui pouvaient rapporter depuis quinze cents livres jusqu'à deux mille livres de rente. Leurs possesseurs étaient de bons gentilshommes qui donnaient, de père en fils, à la patrie, de braves officiers et des mères de famille respectables. Le contrôleur-général, désirant agrandir sa terre, les invita dans son château, les traita splendidement, leur fit goûter le luxe de Paris, et finit par leur offrir le double de la valeur de leurs fonds, s'ils voulaient s'en défaire. Tous acceptèrent son offre, croyant doubler leurs revenus, et dans l'espérance, non moins trompeuse pour un gentilhomme campagnard, de s'acquérir un protecteur puissant à la cour. Mais la difficulté de placer convenablement leur argent, le goût de la dépense inspiré par des sommes qu'ils n'avaient jamais vues rassemblées dans leurs coffres, enfin les voyages à Paris, réduisirent bientôt à rien le prix de leurs patrimoines. Toutes ces familles honorables disparurent d'abord du pays; et trente ans après, un de leurs descendants, qui comptait dans ses ancêtres une longue suite de capitaines de cavalerie et de chevaliers de Saint-Louis, parcourait à pied leurs anciens domaines, sollicitant, pour vivre, une place de garde de sel.

Voilà le mal que les grandes propriétés font aux citoyens : celui qu'elles font à la terre n'est pas moindre. J'étais, il y a quelques années, en Normandie, chez un gentilhomme aisé, qui fait valoir lui-même un grand pâturage situé à mi-côte sur un assez mauvais fonds. Il me promena tout autour de son vaste enclos, jusqu'à un espace considérable qui n'était couvert que de mousses, de prêles et de chardons. On n'y voyait pas un brin de bonne herbe. A la vérité, ce terrain était à-la-fois ferrugineux et marécageux. On l'avait coupé de plusieurs tranchées pour en faire écouler les eaux; mais c'était en vain, rien n'y pouvait croître. Immédiatement au-dessous, il y avait une suite de petites métairies, dont le fonds était couvert de gazons frais, planté de pommiers chargés de fruits, et entouré de grands aunes. Quelques vaches paissaient sous ces vergers, tandis que des paysannes filaient en chantant à la porte de leurs maisons. Ces voix champêtres, qui se répétaient de distance en distance sous ces bocages, donnaient à ce petit hameau un air vivant, qui augmentait encore la nudité et la triste soli-

tude de la lande où nous étions. Je demandai à son possesseur pourquoi des terrains si voisins étaient de rapports si différents. « Ils sont de
» même nature, me dit-il, et il y avait autrefois
» sur le lieu où nous sommes, de petites maisons
» semblables à celles que vous voyez là. J'en ai
» fait l'acquisition, mais à ma perte. Leurs habi-
» tants ayant du loisir et peu de terre à soigner,
» l'émoussaient, l'échardonnaient, le fumaient ;
» l'herbe y venait. Voulaient-ils y planter ? ils y
» creusaient des trous, ils en ôtaient les pierres,
» et ils les remplissaient de bonne terre qu'ils
» allaient chercher au fond des fossés et le long
» des chemins. Leurs arbres prenaient racine, et
» prospéraient. Mais tous ces soins me coûteraient
» beaucoup de temps et de dépenses. Je n'en ti-
» rerais jamais l'intérêt de mon argent. » Il faut remarquer que ce mauvais économe, mais bon gentilhomme dans toute la force du terme, faisait l'aumône à la plupart de ces anciens métayers qui n'avaient plus de quoi vivre. Ainsi, voilà encore du terrain et des hommes rendus inutiles par les grandes propriétés. Ce n'est point dans les grands domaines, mais dans les bras des cultivateurs, que le père des hommes verse les fruits de la terre.

Il me serait possible de démontrer que les grandes propriétés sont les causes principales de la multitude de pauvres qu'il y a dans le royaume, par la raison même qui leur a mérité tant d'éloges de plusieurs de nos écrivains, qui est, qu'elles épargnent aux hommes les travaux de l'agriculture. Il y a beaucoup d'endroits où l'on n'a aucun ouvrage à donner aux paysans pendant une grande partie de l'année ; mais je ne m'arrêterai qu'à leur misère, qui semble croître avec la richesse de chaque canton.

Le pays de Caux est le pays le plus fertile que je connaisse au monde. Ce qu'on appelle la grande agriculture y est portée à sa perfection. L'épaisseur de son humus, qui a, en quelques endroits, cinq à six pieds de profondeur, les engrais que lui fournissent le fond de marne sur lequel il est élevé, et celui des plantes marines de ses rivages qu'on répand à sa surface, concourent à le couvrir de superbes végétaux. Les blés, les arbres, les bestiaux, les femmes et les hommes, y sont plus beaux et plus robustes que par-tout ailleurs : mais comme les lois y ont donné, dans toutes les familles, les deux tiers des biens de campagne aux aînés, on y voit, d'un côté, la plus grande abondance, et, de l'autre, une indigence extrême. Je traversais un jour ce pays ; j'admirais ses campagnes si bien labourées, et si vastes que la vue n'en atteint pas le terme. Leurs longs sillons de blés qui suivent les ondulations de la plaine, et qui ne se terminent qu'aux villages et aux châteaux entourés d'arbres de haute futaie, me les faisaient paraître semblables à une mer de verdure, d'où

s'élevaient çà et là quelques îles à l'horizon. C'était au mois de mars, au petit point du jour. Il soufflait un vent de nord-est, très-froid. J'aperçus quelque chose de rouge qui courait au loin à travers les champs, et qui se dirigeait vers la grande route, environ un quart de lieue devant moi. Je hâtai mon pas, et j'arrivai assez à temps pour voir que c'étaient deux petites filles en corsets rouges et en sabots, qui traversaient, avec bien de la peine, le fossé du grand chemin. La plus grande, qui pouvait avoir six à sept ans, pleurait amèrement. Mon enfant, lui dis-je, pourquoi pleurez-vous, et où allez-vous si matin? « Mon-
» sieur, me répondit-elle, ma mère est malade.
» Il n'y a point de bouillon dans notre paroisse.
» Nous allons à ce clocher tout là-bas, chez un
» autre curé, pour lui en demander. Je pleure,
» parce que ma petite sœur ne peut plus mar-
» cher. » En disant ces mots, elle s'essuyait les yeux avec un morceau de serpillière qui lui servait de jupon. Pendant qu'elle levait cette guenille jusqu'à son visage, j'aperçus qu'elle n'avait pas même de chemise. La misère de ces enfants si pauvres, au milieu de ces campagnes si riches, me pénétra de douleur; mais je ne pouvais leur donner qu'un bien faible secours. J'allais voir moi-même une autre espèce de misérables.

Le nombre en est si grand dans les meilleurs cantons de cette province, qu'il y égale le quart, et même le tiers des habitants dans chaque paroisse. Il y augmente tous les ans. Je tiens ces observations de mon expérience, et du témoignage de plusieurs curés dignes de foi. Quelques seigneurs y font distribuer du pain, toutes les semaines, à la plupart de leurs paysans, pour les aider à vivre. Économistes, songez que la Normandie est la plus riche de nos provinces, et étendez vos calculs et vos proportions au reste du royaume ! Substituez la morale financière à celle de l'évangile : pour moi, je ne veux pas d'autre preuve de la supériorité de la religion sur les raisonnements de la philosophie, et de la bonté du cœur national sur les grandes vues de notre politique ; c'est que, malgré la défectuosité de nos lois, et nos erreurs en tout genre, l'état se soutient encore, parce que la charité et l'humanité y viennent presque par-tout au secours du gouvernement.

La Picardie, la Bretagne et d'autres provinces, sont incomparablement plus à plaindre que la Normandie. S'il y a vingt-un millions d'hommes en France, comme on le prétend, il y a donc au moins sept millions de pauvres. Cette proportion ne diminue pas dans les villes, comme on peut le voir par le nombre des enfants-trouvés à Paris, qui monte, année commune, à six ou sept mille, tandis que celui des autres enfants qui n'ont pas été abandonnés par leurs parents, n'y va pas à plus de quatorze ou quinze mille. On peut bien juger que, dans ces derniers, il y en a encore beaucoup qui appartiennent à des familles indigentes. Les autres, à la vérité, sont en partie les fruits du libertinage ; mais le désordre des mœurs prouve également la misère du peuple, et même plus fortement, puisqu'elle le contraint de renoncer à-la-fois, et à la vertu et aux premiers sentiments de la nature.

L'esprit de finance a occasioné ces maux dans le peuple, en lui enlevant la plupart des moyens de subsister ; mais, ce qu'il y a de pis, c'est qu'il a corrompu sa morale. Il n'estime et il ne loue plus que ceux qui font fortune. S'il porte encore quelque respect aux talents et aux vertus, c'est qu'il les regarde comme des moyens de s'enrichir. Ce qu'on appelle même la bonne compagnie ne pense guère autrement. Mais je voudrais bien savoir s'il y a quelque moyen honnête de faire fortune, pour un homme sans argent, dans un pays où tout est vénal. Il faut au moins intriguer, plaire à un parti, se faire des protecteurs et des prôneurs ; et, pour cela, il faut être de mauvaise foi, corrompre, flatter, tromper, épouser les passions d'autrui, bonnes ou mauvaises, se dévoyer enfin par quelque endroit. J'ai vu des gens parvenir dans toutes sortes d'états ; mais, j'ose le dire publiquement, quelques louanges qu'on ait données à leur mérite, et quoique plusieurs d'entre eux en eussent en effet, je n'ai vu les plus honnêtes s'élever et se maintenir qu'aux dépens de quelque vertu.

Voyons maintenant les réactions de ces maux. Le peuple balance à l'ordinaire les vices de ses oppresseurs par les siens. Il oppose corruption à corruption. Il fait sortir de son sein une multitude prodigieuse de farceurs, de comédiens, d'ouvriers de luxe, de gens de lettres même, qui, pour flatter les riches et échapper à l'indigence, étendent le désordre des mœurs et des opinions jusqu'aux extrémités de l'Europe. C'est sur-tout dans la classe de ses célibataires qu'il leur oppose sa plus forte digue. Comme ceux-ci sont très-nombreux, et qu'ils comprennent non-seulement la jeunesse des deux sexes, qui, chez nous, se marie tard, mais encore une infinité d'hommes qui, par état ou par défaut de fortune, sont privés, comme elle, des honneurs de la société et des premiers plaisirs de la nature, ils forment un corps redoutable qui dispose de toutes les réputations, et qui trouble la paix de tous les mariages. Ce sont eux qui, pour prix d'un dîner, distribuent cette foule d'anecdotes en bien ou en mal, qui déterminent en tout genre l'opinion publique. Il ne dépend pas d'un homme riche d'avoir une jolie femme, et d'en jouir en paix ; ils l'obligent, sous peine du ridicule, c'est-à-dire, sous la plus grande des peines pour un Français, d'en faire le centre de toutes les sociétés, de la promener à tous les spectacles, et d'adopter les mœurs qui leur conviennent, quelque contraires qu'elles soient à la nature et au bonheur conjugal. Pendant qu'en corps d'armée, ils disposent de la réputation et des plaisirs des riches, deux de leurs colonnes attaquent de front leur fortune par deux chemins différents. L'une s'occupe à les effrayer, et l'autre à les séduire.

Je n'arrêterai pas ici mes réflexions sur le pouvoir et les richesses qu'ont acquis peu-à-peu plusieurs ordres religieux, mais sur leur nombre en général. Il y a des politiques qui prétendent que la France serait trop peuplée s'il n'y avait pas de couvents. La Hollande et l'Angleterre, qui n'en ont point, sont-elles trop peuplées? C'est connaître d'ailleurs bien peu les ressources de la nature. Plus la terre a d'habitants, plus elle rapporte. La France nourrirait peut-être quatre fois plus de peuple qu'elle n'en contient, si elle était, comme la Chine, divisée en un grand nombre de petites propriétés. Il ne faut pas juger de sa fertilité par ses grands domaines. Ces vastes terres désertes ne rapportent que de deux ans l'un, ou tout au plus deux sur trois. Mais de combien de récoltes et d'hommes se couvrent les petites cultures! Voyez, aux environs de Paris, le pré de Saint-Gervais. Le fond, en général, en est médiocre; et cependant il n'y a aucune espèce de végétal de nos climats, que l'industrie de ses cultivateurs ne lui fasse produire. On y voit à-la-fois des pièces de blés, des prairies, des légumes, des carrés de fleurs, des arbres à fruits et de haute futaie. J'y ai vu, dans le même champ, des cerisiers au milieu des pommes de terre, des vignes qui grimpaient sur les cerisiers, et de grands noyers qui s'élevaient au-dessus des vignes; quatre récoltes l'une sur l'autre, dans la terre, sur la terre et dans l'air. On n'y voit point de haies qui y partagent les possessions, non plus que si c'était au temps de l'âge d'or. Souvent un jeune paysan, avec un panier et une échelle, monté sur un arbre fruitier, vous présente l'image de Vertumne; tandis qu'une jeune fille, qui chante dans quelque détour de vallon, pour en être aperçue, vous rappelle celle de Pomone. Si des préjugés cruels ont frappé de stérilité et de solitude une grande partie de la France, et ne la réservent désormais qu'à un petit nombre de propriétaires, pourquoi, au lieu de fondateurs d'ordres, ne s'élève-t-il pas, parmi nous, des fondateurs de colonies, comme chez les Égyptiens et chez les Grecs? La France n'aura-t-elle jamais ses Inachus et ses Danaüs? Pourquoi forçons-nous les peuples de l'Afrique de cultiver nos terres en Amérique, tandis que nos paysans manquent chez nous de travail? Que n'y transportons-nous nos familles les plus misérables tout entières, enfants, vieillards, amants, cousines, les cloches même et les saints de chaque village, afin qu'elles retrouvent dans ces terres lointaines les amours et les illusions de la patrie ? Ah! si dans ces pays, où les cultures sont si faciles, on avait appelé la liberté et l'égalité, les cabanes du Nouveau - Monde seraient aujourd'hui préférables aux palais de l'ancien. Ne reparaîtra-t-il jamais, dans quelque coin de la terre, une nouvelle Arcadie ? Lorsque je me suis cru quelque crédit auprès des hommes puissants, j'ai tenté de l'employer à des projets de cette nature ; mais je n'en ai pas rencontré un seul qui s'occupât fortement du bonheur des hommes. J'ai essayé d'en tracer au moins le plan pour le laisser à d'autres ; mais les nuages du malheur ont obscurci ma propre vie, et je n'ai pu être heureux, même en songe.

Des politiques ont regardé la guerre même comme nécessaire à un état, parce qu'elle y détruit, disent-ils, la surabondance des hommes. En général ils connaissent fort peu la nature. Indépendamment des ressources des petites propriétés, qui multiplient par-tout les fruits de la terre, on peut assurer qu'il n'y a aucun pays qui n'ait à sa portée des moyens d'émigration, surtout depuis la découverte du Nouveau-Monde. De plus, il n'y a pas un seul état, même parmi les plus peuplés, qui n'ait quantité de terres incultes dans son territoire. La Chine et le Bengale sont, je pense, les pays du monde où il y a le plus d'habitants : cependant, la Chine a quantité de déserts au milieu de ses provinces, parce que

l'avarice porte leurs cultivateurs dans le voisinage des grands fleuves et dans les villes, pour s'y livrer au commerce. Plusieurs voyageurs éclairés en ont fait l'observation. Voici ce que dit des déserts du Bengale, le bon Hollandais Gautier Schouten : « Du côté du sud, le long des côtes de
» la mer, à l'embouchure du Gange, il y a une
» assez grande partie qui est inculte et déserte,
» par la paresse et l'oisiveté des habitants; et
» aussi par la crainte qu'ils ont des courses de
» ceux d'Aracan, et des crocodiles et autres
» monstres qui dévorent les hommes; et qui se
» tiennent dans les déserts, le long des ruis-
» seaux, des rivières, des marais, et dans les
» cavernes. * » Bien faibles obstacles, sans doute, pour une nation dont les pères vendent quelquefois leurs enfants, faute de moyens pour les nourrir ! Le médecin Bernier remarque aussi, dans son voyage du Mogol, qu'il trouva quantité d'îles très-fertiles et désertes à l'embouchure du Gange.

C'est, en général, au grand nombre d'hommes célibataires qu'il faut attribuer celui des filles du monde, qui, par tout pays, leur est proportionné. Ce mal est encore l'effet d'une réaction naturelle. Les deux sexes naissent et meurent en nombre égal, chaque homme vient au monde et

---

* Gautier Schouten, Voyage aux Indes Orientales, tome II, page 154.

en part avec sa femme. Tout homme donc qui se voue au célibat, y voue nécessairement une fille. L'ordre ecclésiastique enlève aux femmes la plupart de leurs maris, et l'ordre social les moyens de subsister. Nos manufactures et nos machines, si industrieuses, leur ont ôté presque tous les arts qui les faisaient vivre. Je ne parle pas de celles qui fabriquent les bas, les tapisseries, les étoffes, etc., qui occupaient autrefois tant de mères de famille, et qui n'emploient plus aujourd'hui que des gens de métier; mais il y a des tailleurs, des cordonniers et des coiffeurs pour femmes. Il y a des hommes qui sont marchands de modes, de linge, de gaze, de mousseline, de fleurs artificielles. Les hommes ne rougissent pas de prendre pour eux les métiers commodes, et de laisser les plus rudes aux femmes. Parmi celles-ci, on trouve des marchandes de bœufs et de porcs qui courent les foires à cheval: il y en a qui vendent de la brique et qui naviguent dans des bateaux, toutes brûlées du soleil; d'autres, qui travaillent dans les carrières. On en voit des multitudes dans Paris, porter d'énormes paquets de linge sur le dos, des porteuses d'eau, des décrotteuses sur les quais; d'autres qui sont attelées, comme des chevaux, à de petites charrettes. Ainsi les sexes se dénaturent, les hommes s'efféminent, et les femmes s'hommassent. A la vérité, le plus grand nombre d'entre elles trouve plus aisé de tirer parti de ses charmes, que de ses forces. Mais que de désordres les filles du monde occasionent chaque jour! Combien d'infidélités dans les mariages, de vols dans les familles, de querelles, de batteries, de duels, dont elles sont la cause! A peine la nuit paraît, qu'elles inondent toutes les rues; elles parcourent toutes les promenades, et elles se portent à tous les carrefours. D'autres, connues sous le nom, déjà considéré dans le peuple, de « filles entretenues, » roulent aux spectacles en superbes équipages. Elles président aux bals et aux fêtes de la moyenne bourgeoisie. C'est en partie, pour elles qu'on élève dans les faubourgs, au milieu des jardins anglais, une multitude de palais voûtés à l'égyptienne. Il n'en est point qui ne s'occupe à détruire quelque fortune. Ainsi, Dieu punit les oppresseurs d'un peuple, par les mains des opprimés. Pendant que les riches croient partager en paix sa subsistance, des hommes sortis de son sein les dépouillent à leur tour, par les inquiétudes de l'opinion: s'ils leur échappent, les filles du monde s'en emparent; et au défaut des pères, elles sont bien sûres au moins de se dédommager sur les enfants.

On a essayé, depuis quelques années, d'encourager à la vertu, par des fêtes appelées ROSIÈRES, les pauvres filles de nos campagnes; car pour celles qui sont riches, et pour les bourgeoises, le respect qu'elles doivent à leur fortune, ne leur permet pas de se mettre sur la ligne des paysannes, au pied même des autels. Mais vous qui donnez des couronnes à la vertu, ne craignez-vous pas de la flétrir? Savez-vous bien que, chez les peuples qui l'ont honorée véritablement, il n'y avait que le prince ou la patrie qui osât la couronner? Le proconsul Apronius refusa de donner la couronne civique à un soldat qui l'avait méritée; il regardait ce privilége comme n'appartenant qu'à l'empereur. Tibère la lui donna, et il se plaignit qu'Apronius ne l'eût pas fait en qualité de proconsul.* Savez-vous bien comment les Romains honoraient la virginité? Ils faisaient porter devant les vestales les masses des préteurs. Nous avons vu ailleurs que leur seule présence délivrait le criminel qu'on menait au supplice, pourvu toutefois qu'elles affirmassent qu'elles ne s'étaient pas trouvées sur son chemin de propos délibéré. Elles avaient un banc particulier dans les fêtes publiques; et plusieurs impératrices demandèrent, comme le comble de l'honneur, le privilége d'y être assises. Et des bourgeois de Paris couronnent nos vestales champêtres! Grand et généreux effort! ils donnent, à la campagne, des roses à la vertu indigente; et ils couvrent, à la ville, le vice de diamants.

D'un autre côté, les punitions du crime ne me

---

* Annales de Tacite, liv. III, année VI.

paraissent pas mieux ordonnées que les récompenses de la vertu. On n'entend crier dans nos carrefours, que ces mots terribles, ARRÊT QUI CONDAMNE, et jamais ARRÊT QUI RÉCOMPENSE. On réprime le crime par des punitions infâmes. Une de leurs simples flétrissures empire un coupable au lieu de le corriger, et détermine souvent toute sa famille au vice. Où voulez-vous d'abord que se réfugie un homme fouetté, marqué et banni ? La nécessité en a fait un voleur ; la rage en fera un assassin. Ses parens, déshonorés, abandonnent le pays, et deviennent vagabonds. Ses sœurs se livrent à la prostitution. On regarde ces effets de la crainte que le bourreau inspire au peuple, comme des préjugés qui lui sont salutaires. Mais ils produisent, à mon avis, un bien grand mal. Le peuple les étend aux actions les plus indifférentes, et en augmente le poids de sa misère. J'en ai vu un exemple sur un vaisseau où j'étais passager : c'était en revenant de l'Ile-de-France. Je remarquai qu'aucun des matelots ne voulait manger avec le cuisinier du vaisseau ; ils daignaient même à peine lui parler. J'en demandai la raison au capitaine ; il me dit, qu'étant au Pégu, il y avait environ six mois, il y avait laissé cet homme à terre pour y garder un magasin que les gens du pays lui avaient prêté. Ces gens, à l'entrée de la nuit, en fermèrent la porte à la clef, et l'emportèrent chez eux. Le gardien qui était dedans, ne pouvant sortir pour satisfaire à ses besoins naturels, fut obligé de se soulager dans un coin. Par malheur, ce magasin était un temple. Le matin venu, les gens du pays lui en ouvrirent la porte ; mais, s'apercevant que ce lieu était souillé, ils se jetèrent à grands cris sur le malheureux gardien, le lièrent, et le mirent entre les mains des bourreaux, qui l'allaient pendre, si lui, capitaine du vaisseau, secondé d'un évêque portugais et du frère du roi, n'y fussent accourus pour le tirer de leurs mains. Depuis ce moment, les matelots regardaient leur compatriote comme déshonoré, pour avoir, disaient-ils, passé par les mains du bourreau. Ce préjugé ne fut ni chez les Grecs, ni chez les Romains. Il ne se trouve point chez les Turcs, les Russes et les Chinois. Il ne vient point du sentiment de l'honneur, ni même de la honte du crime ; il ne tient qu'au genre du supplice. Une tête tranchée pour crime de trahison et de perfidie, ou une tête cassée pour crime de désertion, ne déshonore point la famille d'un coupable. Le peuple, avili, ne méprise que ce qui lui est propre, et il est sans pitié dans ses jugements, parce qu'il est malheureux.

Ainsi la misère du peuple est la principale source de nos maladies physiques et morales. Il y en a une autre qui n'est pas moins féconde en maux, c'est l'éducation des enfants. Cette partie de la politique a fixé, dans l'antiquité, l'attention des plus grands législateurs. Les Perses, les Égyptiens et les Chinois, en firent la base de leurs gouvernements. Ce fut sur elle que Lycurgue posa les fondements de sa république. On peut même dire que là où il n'y a point d'éducation nationale, il n'y a point de législation durable. Chez nous, l'éducation n'a aucun rapport avec la constitution de l'état. Nos écrivains les plus célèbres, tels que Montaigne, Fénélon, J.-J. Rousseau, ont bien senti les défauts de notre police à cet égard; mais, désespérant peut-être de les réformer, ils ont mieux aimé proposer des plans d'éducation particulière et domestique, que de réparer l'ancien, et de l'assortir à toutes les inconséquences de notre société. Pour moi qui ne remonte à l'origine de nos maux qu'afin d'en disculper la nature, et que quelque heureux génie puisse y apporter un jour quelque remède, je me trouve encore engagé à examiner l'influence de l'éducation sur notre bonheur particulier, et sur celui de la patrie en général.

L'homme est le seul être sensible qui forme sa raison d'observations continuelles. Son éducation commence avec sa vie, et ne finit qu'à sa mort. Ses jours s'écouleraient dans une perpétuelle incertitude, si la nouveauté des objets, et la flexibilité de son cerveau dans l'enfance, ne donnaient aux impressions du premier âge un caractère ineffaçable : c'est alors que se forment les goûts et les observations qui dirigent toute notre vie. Nos premières affections sont encore les dernières. Elles nous accompagnent au milieu des événements dont nos jours sont mêlés ; elles reparaissent dans la vieillesse, et nous rappellent alors les époques de l'enfance avec encore plus de force que celles de l'âge viril. Les premières habitudes influent même sur les animaux, jusqu'à détruire en eux l'instinct naturel. Lycurgue en montra un exemple frappant aux Lacédémoniens, dans deux chiens de chasse, pris de la même litée, dans l'un desquels l'éducation avait tout-à-fait triomphé de la nature. Mais j'en connais de plus forts parmi les hommes, en ce que les premières habitudes y triomphent quelquefois de l'ambition. Il y a plusieurs de ces exemples dans l'histoire ; cependant j'en choisirai un qui n'y est pas, et qui est, en apparence, peu important, mais qui m'intéresse, parce qu'il rappelle à mon souvenir des hommes qui m'ont été chers.

Lorsque j'étais au service de Russie, j'allais souvent dîner chez son excellence M. de Villebois, [27] grand-maître de l'artillerie, et général du corps du génie où je servais. J'avais remarqué qu'on lui présentait toujours sur une assiette je ne sais quoi de gris, et de semblable, pour la forme, à de petits cailloux. Il mangeait de ce mets avec fort bon appétit, et il n'en offrait à personne ; quoique sa

table fût honorablement servie, et qu'il n'y eût pas un seul plat qui n'y fût présenté au moindre convive. Il s'aperçut un jour que je regardais son assiette favorite avec attention. Il me demanda, en riant, si j'en voulais goûter : j'acceptai son offre, et je trouvai que c'étaient de petits blocs de lait caillé, salés et parsemés de grains d'anis; mais si durs et si coriaces, que j'avais toutes les peines du monde à y mordre, et qu'il me fut impossible d'en avaler. « Ce sont, me dit le grand-maître,
» des fromages de mon pays. C'est un goût de
» l'enfance. J'ai été élevé parmi nos paysans à
» manger de ces gros laitages. Quand je voyage,
» et que je suis loin des villes, aux approches d'un
» village, je fais aller devant moi mes gens et mon
» équipage; et mon plaisir alors est d'entrer tout
» seul, bien enveloppé dans mon manteau, chez
» le premier paysan, et d'y manger une terrine
» de lait caillé avec du pain bis. A ma dernière
» tournée en Livonie, il m'arriva, à cette occa-
» sion, une aventure qui m'amusa beaucoup.
» Pendant que je déjeûnais ainsi, je vis entrer
» dans la maison un homme qui chantait, et qui
» portait un paquet sur son épaule. Il s'assit au-
» près de moi, et dit à l'hôte de lui donner un
» déjeûner semblable au mien. Je demandai à ce
» voyageur si gai d'où il venait, et où il allait. Il
» me dit : Je suis matelot, je viens des grandes
» Indes. J'ai débarqué à Riga, et je m'en retourne

» à Herland mon pays, d'où il y a trois ans que
» je suis parti. J'y resterai jusqu'à ce que j'aie
» mangé les cent écus que voilà, me dit-il, en me
» montrant un sac de cuir qu'il faisait sonner. Je
» le questionnai sur les pays qu'il avait vus, et il
» me répondit avec beaucoup de bon sens. Mais,
» lui dis-je, quand vous aurez mangé vos cent
» écus, que ferez-vous? Je m'en retournerai, ré-
» pondit-il, en Hollande, me rembarquer pour
» les grandes Indes, afin d'en gagner d'autres,
» et revenir me divertir à Herland mon pays, en
» Franconie. La bonne humeur et l'insouciance
» de cet homme me plurent tout-à-fait, continua
» le grand-maître. En vérité, j'enviais son sort. »

La sage nature, en donnant tant de force aux habitudes du premier âge, a voulu faire dépendre notre bonheur de ceux à qui il importe le plus de le faire, c'est-à-dire, de nos parents; puisque c'est des affections qu'ils nous inspirent alors, que dépend celle que nous leur porterons un jour. Mais, parmi nous, dès qu'un enfant est né, on le livre à une nourrice mercenaire. Le premier lien qui devait l'attacher à ses parents, est rompu avant d'être formé. Un jour viendra peut-être où il verra sortir leur pompe funèbre de la maison paternelle avec la même indifférence qu'ils en ont vu sortir son berceau. On l'y rappelle, à la vérité, dans l'âge où les graces, l'innocence et le besoin d'aimer devraient l'y fixer pour toujours; mais on ne lui en fait goûter les douceurs, que pour lui en faire sentir aussitôt la privation. On l'envoie aux écoles ; on l'éloigne dans des pensions. C'est là qu'il répandra des larmes que n'essuiera plus une main maternelle ; c'est là qu'il formera des amitiés étrangères, pleines de regrets ou de repentirs, et qu'il éteindra les affections naturelles, de frère, de sœur, de père, de mère, qui sont les plus fortes et les plus douces chaînes dont la nature nous attache à la patrie.

Après avoir fait cette première violence à son jeune cœur, on en fait éprouver d'autres à sa raison. On charge sa tendre mémoire d'ablatifs, de conjonctifs, de conjugaisons. On sacrifie la fleur de la vie humaine à la métaphysique d'une langue morte. Quel est le Français qui pourrait supporter le tourment d'apprendre ainsi la sienne? et s'il s'en est trouvé qui en aient eu la laborieuse patience, l'ont-ils parlée mieux que leurs compatriotes? Qui écrit le mieux, d'une femme de la cour ou d'un grammairien ? Montaigne, si plein des beautés antiques de la langue latine, et qui a donné tant d'énergie à la nôtre, se félicite « de » n'avoir jamais su ce que c'était que des vo- » catifs. » Apprendre à parler par les règles de la grammaire, c'est apprendre à marcher par les lois de l'équilibre. C'est l'usage qui enseigne la grammaire d'une langue, et ce sont les passions qui en apprennent la rhétorique. Ce n'est que dans l'âge et dans les lieux où elles se développent, qu'on sent les beautés de Virgile et d'Horace, que nos plus fameux traducteurs de collége n'ont jamais soupçonnées. Je me rappelle qu'étant écolier, je fus long-temps étourdi, comme les autres enfants, par un chaos de termes barbares, et que, quand je venais à entrevoir dans mes auteurs quelque trait d'esprit qui éclairait ma raison, ou quelque sentiment qui allait à mon cœur, j'en baisais mon livre de joie. Je m'étonnais de trouver le sens commun dans les anciens. Je pensais qu'il y avait autant de différence de leur raison à la mienne, qu'il y en avait dans la construction de nos deux langages. J'ai vu plusieurs de mes camarades si rebutés des auteurs latins par ces explications de collége, que, long-temps après en être sortis, ils ne pouvaient en entendre parler. Mais quand ils ont été formés par l'expérience du monde et des passions, ils en ont senti alors les beautés, et en ont fait leurs délices. C'est ainsi qu'on abrutit, parmi nous, les enfants ; qu'on contraint leur âge, plein de feu et de mouvement, par une vie triste, sédentaire et spéculative, qui influe sur leur tempérament par une infinité de maladies. Mais tout ceci n'est encore que de l'ennui et des maux physiques. On leur inspire des vices ; on leur donne de l'ambition sous le nom d'émulation.

Des deux passions qui meuvent le cœur humain, qui sont l'amour et l'ambition, l'ambition est la plus durable et la plus dangereuse. Elle meurt la dernière dans les vieillards, et on lui donne l'essor la première dans les enfants. Il vaudrait beaucoup mieux leur apprendre à diriger leur amour vers quelque objet digne d'être aimé. La plupart d'entre eux sont destinés à éprouver un jour cette douce passion. La nature, d'ailleurs, en a fait le plus puissant lien des sociétés. Si leur âge, ou plutôt, si nos mœurs financières s'y opposent, on devrait la détourner vers l'amitié, et former parmi eux, comme Platon dans sa république, ou Pélopidas à Thèbes, des bataillons d'amis toujours prêts à se dévouer pour la patrie. [28] Mais l'ambition ne s'élève qu'aux dépens d'autrui. Quelque beau nom qu'on lui donne, elle est l'ennemie de toute vertu. Elle est la source des vices les plus dangereux ; de la jalousie ; de la haine, de l'intolérance et de la cruauté ; car chacun cherche à la satisfaire à sa manière. Elle est interdite à tous les hommes par la nature et par la religion, et à la plupart des sujets par le gouvernement. Dans nos colléges, on élève à l'empire un écolier qui sera destiné toute sa vie à vendre du poivre. On y exerce, au moins pendant sept ans, les jeunes gens qui sont les espérances d'une nation, à faire des vers, à être les premiers en amplification, les premiers en babil. Pour un qui réussit dans cette futile occupation, que de milliers y perdent leur santé et leur latin !

C'est l'émulation qui donne les talents, dit-on. Il serait aisé de prouver que les écrivains les plus célèbres dans tous les genres, n'ont jamais été élevés dans les colléges, depuis Homère qui ne savait que sa langue, jusqu'à J.-J. Rousseau qui savait à peine le latin. Que d'écoliers ont brillé dans la routine des classes, et se sont éclipsés dans la vaste sphère des lettres! L'Italie est pleine de colléges et d'académies : s'y trouve-t-il aujourd'hui quelque homme bien fameux? N'y voit-on pas, au contraire, les talents, distraits par les sociétés inégales, les jalousies, les brigues, les tracasseries, et par toutes les inquiétudes de l'ambition, s'y affaiblir et s'y corrompre? Je crois y entrevoir encore une autre raison de leur décadence; c'est qu'on n'y étudie que des méthodes, ce que les peintres appellent des manières. Cette étude, en nous fixant sur les pas d'un maître, nous éloigne de la nature qui est la source de tous les talents. Considérez quels sont en France les arts qui y excellent, vous verrez que ce sont ceux pour lesquels il n'y a ni école publique, ni prix, ni académie; tels que les marchandes de modes, les bijoutiers, les perruquiers, les cuisiniers, etc. Nous avons, à la vérité, des hommes célèbres dans les arts libéraux et dans les sciences; mais ces hommes avaient acquis leurs talents avant d'entrer aux académies. D'ailleurs, peut-on dire qu'ils égalent ceux des siècles précédents, qui ont paru avant qu'elles existassent ? Après tout, quand les talents se formeraient dans les colléges, ils n'en seraient pas moins nuisibles à la nation ; car il vaut mieux qu'elle ait des vertus que des talents, et des hommes heureux que des hommes célèbres. Un éclat trompeur couvre les vices de ceux qui réussissent dans nos écoles. Mais dans la multitude qui ne réussit jamais, les jalousies secrètes, les médisances sourdes, les basses flatteries et tous les vices d'une ambition négative fermentent déjà, et sont tout prêts à se répandre avec elle dans le monde.

Pendant qu'on déprave le cœur des enfants, on altère leur raison. Ces deux désordres vont toujours de concert. D'abord, on les rend inconséquents. Le régent leur apprend que Jupiter, Minerve et Apollon, sont des dieux ; le prêtre de la paroisse, que ce sont des démons. 29 L'un, que Virgile, qui a si bien parlé de la Providence, est au moins dans les Champs-Elysées, et qu'il jouit, dans ce monde, de l'estime de tous les gens de bien ; l'autre, qu'il est païen, et qu'il est damné. L'évangile leur tient encore un autre langage ; il leur apprend à être les derniers, et le collége, à être les premiers ; la vertu, à descendre, et les talents à monter. Ce qu'il y a d'étrange, c'est que ces contradictions, sur-tout dans les provinces, sortent souvent de la même bouche, et que le même ecclésiastique fait la classe le matin, et le catéchisme le soir. Je sais bien comment elles s'arrangent dans la tête du régent; mais elles doivent bouleverser celle des disciples, qui ne sont pas payés pour les entendre, comme l'autre pour les débiter. C'est bien pis, lorsqu'ils viennent à prendre des sujets de frayeur, là où ils n'en devaient trouver que de consolation; lorsqu'on leur applique, dans l'âge de l'innocence, les malédictions prononcées par Jésus-Christ contre les pharisiens, les docteurs et les autres tyrans du peuple juif; ou qu'on effraie leurs tendres organes par quelques images monstrueuses, si communes dans nos églises. J'ai connu un jeune homme qui, dans son enfance, fut si effrayé du dragon de sainte Marguerite, dont son précepteur l'avait menacé dans l'église de son village, qu'il en tomba malade de peur, et qu'il croyait toujours le voir sur le chevet de son lit, prêt à le dévorer. Il fallut que son père, pour le rassurer, mît l'épée à la main, et feignît de l'avoir tué. On chassa, à notre manière, son erreur par une autre. Quand il fut grand, le premier usage qu'il fit de sa raison, fut de penser que ceux qui étaient destinés à la former, l'avaient égarée deux fois.

Après avoir élevé un enfant au-dessus de ses égaux par le titre d'empereur, et même au-dessus de tout le genre humain par celui d'enfant de l'église, on l'avilit par des punitions cruelles et honteuses. « Entre autres choses, dit Montai-

» gne,* cette police de la plupart de nos colléges
» m'a toujours desplu. Ont eût failli, à l'adventure,
» moins dommageablement, s'inclinant vers l'in-
» dulgence. C'est une vraie géole de jeunesse
» captive. On la rend desbauchée, l'en punissant
» avant qu'elle le soit. Arrivez-y sur le point de
» leur office, vous n'oyez que cris, et d'enfants
» suppliciés, et de maîtres enivrés en leur co-
» lère. Quelle manière, pour éveiller l'appétit
» envers leur leçon, à ces tendres ames et crain-
» tives, de les guider d'une trogne effroyable,
» les mains armées de fouets! Inique et perni-
» cieuse forme! Joint à ce que Quintilian en a
» très-bien remarqué, que cette impérieuse au-
» torité tire des suites périlleuses, et nommé-
» ment à notre façon de châtiment. Combien
» leurs classes seroient plus décemment jon-
» chées de fleurs et de feuillées, que de tronçons
» d'osiers sanglants! J'y ferois pourtraire la Joie,
» l'Allégresse, et Flora, et les Graces, comme
» fit, en son école, le philosophe Speusyppus. Où
» est leur profit, que là aussi fût leur ébat. 30 »
J'en ai vu au collége, demi-pâmés de douleur,
recevoir dans leurs petites mains jusqu'à douze
férules. J'ai vu, par ce supplice, la peau se détacher du bout de leurs doigts, et laisser voir la
chair toute vive. Que dire de ces punitions in-

---

* Essais, liv. I, chap. XXV.

fâmes, qui influent à la fois sur les mœurs des écoliers et sur celles des régents, comme il y en a mille exemples ? On ne peut entrer, à ce sujet, dans aucun détail, sans blesser la pudeur. Cependant des prêtres les emploient. On s'appuie sur un passage de Salomon, où il est dit : « N'épar- » gnez pas la verge à l'enfant. » Mais que sait-on si les Juifs mêmes usaient de ce châtiment à notre manière ? Les Turcs, qui ont conservé une grande partie de leurs usages, regardent celui-ci comme abominable. Il ne s'est répandu en Europe que par la corruption des Grecs du Bas-Empire ; et ce furent les moines qui l'y introduisirent. Si, en effet, les Juifs l'ont employé, que sait-on si leur férocité ne venait pas de cette partie de leur éducation ? D'ailleurs, il y a dans l'ancien Testament quantité de conseils qui ne sont pas pour nous. On y trouve des passages difficiles à expliquer, des exemples dangereux et des lois impraticables. Par exemple, dans le Lévitique, il est défendu de manger de la chair de porc. C'est un crime digne de mort de travailler le jour du sabbat ; c'en est un autre de tuer un bœuf hors du camp, etc. Saint Paul, dans son épître aux Galates, dit positivement que la loi de Moïse est une loi de servitude ; il la compare à l'esclave Agar répudiée par Abraham. Quelque respect que nous devions aux écrits de Salomon et aux lois de Moïse, nous ne sommes point leurs disciples; mais nous le sommes de celui qui voulait qu'on laissât les enfants s'approcher de lui, qui les bénissait, et qui a dit que, pour entrer au ciel, il fallait leur devenir semblable.

Nos enfants, bouleversés par les vices de notre institution, deviennent inconséquents, fourbes, hypocrites, envieux, laids et méchants. A mesure qu'ils croissent en âge, ils croissent aussi en malignité et en contradiction. Il n'y a pas un seul écolier qui sache seulement ce que c'est que les lois de son pays; mais il y en a quelques-uns qui ont entendu parler de celles des douze Tables. Aucun d'eux ne sait comment se conduisent nos guerres; mais il y en a qui vous raconteront quelques traits de celles des Grecs et des Romains. Il n'y en a pas un qui ne sache que les combats singuliers sont défendus, et beaucoup d'entre eux vont dans les salles d'armes, où l'on n'apprend qu'à se battre en duel. C'est, dit-on, pour apprendre à se tenir de bonne grace et à marcher; comme si on marchait de tierce et de quarte, et que l'attitude d'un citoyen dût être celle d'un gladiateur! D'autres, destinés à des fonctions plus paisibles, vont dans des écoles s'exercer à disputer. La vérité, dit-on, naît du choc des opinions. C'est une phrase de bel-esprit. Pour moi, je méconnaîtrais la vérité, si je la rencontrais dans une dispute. Je me croirais ébloui par ma passion, ou par celle d'autrui. C'est des disputes que sont nés les sophismes, les hérésies, les paradoxes et les erreurs en tout genre. La vérité ne se montre point devant les tyrans; et tout homme qui dispute cherche à le devenir. La lumière de la vérité ne ressemble point à la lueur funeste des tonnerres, qui naît du choc des éléments; mais à celle du soleil, qui n'est pure que quand le ciel est sans nuage.

Je ne suivrai point notre jeunesse dans le monde, où le plus grand mérite de l'antiquité ne peut lui servir à rien. Que fera-t-elle de ses grands sentiments de républicain dans une monarchie, et de ceux de désintéressement dans un pays où tout est à vendre ? A quoi lui servirait même l'impassible philosophie de Diogène, dans des villes où l'on arrête les mendiants ? Elle serait assez malheureuse, quand elle n'aurait conservé que cette crainte du blâme et cet amour de la louange, dont on a guidé ses études. Conduite sans cesse par l'opinion d'autrui, et n'ayant en elle aucun principe stable, la moindre femme la mènera avec plus d'empire qu'un régent. Mais, quoi qu'on en dise, on aura beau crier, les colléges seront toujours pleins. Je désirerais au moins qu'on délivrât les enfants de ces longues misères qui les dépravent dans l'âge le plus heureux et le plus aimable de la vie, et qui ont ensuite tant d'influence sur leur caractère. L'homme naît bon : c'est la société qui fait les méchants, et c'est notre éducation qui les prépare.

Comme mon témoignage ne suffit pas dans une assertion aussi grave, j'en citerai plusieurs qui ne sont pas suspects, et que je prends, au hasard, chez des écrivains ecclésiastiques, non pas d'après leurs opinions qui sont décidées par leur état, mais d'après leur propre expérience, qui dérange absolument, à cet égard, toute leur théorie. En voici un du P. Claude, d'Abbeville, missionnaire capucin, au sujet des enfants des habitants de l'île de Maragnan, sur la côte du Brésil, où nous avions jeté les fondements d'une colonie, qui a eu le sort de tant d'autres, que nous avons perdues par notre inconstance et par nos divisions, qui sont les suites ordinaires de notre éducation. « Davantage, je ne
» sais si c'est pour le grand amour que les pères
» et mères portent à leurs enfants, que jamais
» ils ne leur disent mot qui les puisse offenser;
» ains les laissent en liberté de faire ce que bon
» leur semble, et leur permettent tout ce qu'il
» leur plaît, sans les reprendre aucunement:
» aussi est-ce une chose admirable, et de quoi
» plusieurs se sont étonnés (non sans sujet), que
» les enfants ordinairement ne font rien qui puisse
» mécontenter leurs parents; au contraire, ils
» s'efforcent de faire tout ce qu'ils savent et con-
» naissent devoir leur être agréable.* » Il fait le

---

* Histoire de la mission des PP. Capucins dans l'île de Maragnan, chap. xlvii.

portrait le plus avantageux de leurs qualités physiques et morales. Son témoignage est confirmé par Jean de Léry, à l'égard des Brésiliens, qui ont les mêmes mœurs, et qui sont dans le voisinage de cette île. En voici un autre d'Antoine Biet, supérieur des prêtres missionnaires qui passèrent, en l'an 1652, à Caïenne, autre colonie que nous avons perdue par les mêmes causes, et depuis mal rétablie. C'est au sujet des enfants des sauvages Galibis.* « La mère a grand soin de nour-
» rir son enfant. Ils ne savent ce que c'est, parmi
» eux, de donner leurs enfants à nourrir à une
» autre. Elles sont folles de leurs enfants, tant
» elles les aiment. Elles les lavent tous les jours
» dans une fontaine ou rivière. Elles ne les em-
» maillottent point, mais elles les couchent dans
» un petit lit de coton, qu'elles font exprès pour
» eux. Elles les laissent toujours nus : c'est une
» merveille de voir comme ils profitent ; quel-
» ques-uns à neuf ou dix mois marchent tout
» seuls. Quand ils croissent, s'ils ne peuvent mar-
» cher, ils se traînent sur leurs pieds et sur leurs
» mains. Ces gens aiment extrêmement leurs en-
» fants. Ils ne les frappent jamais et ne les corri-
» gent point, les laissant vivre dans une grande
» liberté, sans qu'ils fassent rien qui fâche leurs
» parents. Ils s'étonnent quand ils voient que

---

* Voyage de la terre équinoxiale, liv. III, page 390.

» quelqu'un des nôtres châtie ses enfants. » En voici un troisième d'un jésuite : c'est du P. Charlevoix, homme rempli de toutes sortes de connaissances. Il est tiré de son voyage à la Nouvelle-Orléans, autre colonie que nous avons laissé dépérir par nos divisions, suites de notre constitution morale et de notre éducation. Il parle en général des enfants des sauvages de l'Amérique septentrionale. « Quelquefois,* pour les corriger
» de leurs défauts, on emploie les prières et les
» larmes, mais jamais les menaces..... Une mère
» qui voit sa fille se comporter mal, se met à pleu-
». rer : celle-ci lui en demande le sujet, et elle se
» contente de lui dire : Tu me déshonores. Il est
» rare que cette manière de reprendre ne soit
» pas efficace. Cependant, depuis qu'ils ont eu
» plus de commerce avec les Français, quelques-
» uns commencent à châtier leurs enfants; mais ce
» n'est guère que parmi ceux qui sont chrétiens,
» ou qui sont fixés dans la colonie. Ordinairement
» la plus grande punition que les Sauvages em-
» ploient pour corriger leurs enfants, c'est de
» leur jeter un peu d'eau au visage... On a vu des
» filles s'étrangler, pour avoir reçu une répri-
» mande assez légère de leurs mères, ou quel-
». ques gouttes d'eau au visage; et les avertir, en

---

* Journal historique de l'Amérique septentrionale, lettre XXIII, août 1721.

» disant : Tu n'auras plus de fille. » Ce qu'il y a d'étrange, c'est de voir l'embarras où est l'auteur de concilier ses préjugés d'Européen avec ses observations de voyageur ; ce qui produit des contradictions perpétuelles dans le cours de son ouvrage. Il semble, dit-il, qu'une enfance si mal disciplinée doive être suivie d'une jeunesse bien turbulente et bien corrompue. Il convient que la raison les guide de meilleure heure que les autres hommes ; mais il en attribue la cause à leur tempérament, qui est, dit-il, plus tranquille. Il ne se rappelle pas qu'il a fait lui-même des tableaux pathétiques des scènes que leurs passions présentent lorsqu'elles s'exaltent, au milieu de la paix, dans les assemblées des nations, où leurs harangues l'emportent par la justesse et la sublimité des images sur celles de nos orateurs ; et dans les fureurs de la guerre, où ils bravent, au milieu des bûchers, toute la rage de leurs ennemis. Il ne veut pas voir que c'est notre éducation européenne qui corrompt notre naturel, puisqu'il avoue ailleurs que ces mêmes Sauvages, élevés à notre manière, deviennent plus méchants que les autres. Il y a des endroits où il fait de leur morale, de leurs excellentes qualités, et de leur vie heureuse, l'éloge le plus touchant. Il semble envier leur sort. Le temps ne me permet pas de rapporter ces différents morceaux, qu'on peut lire dans l'ouvrage que j'ai cité, ni une multitude d'autres témoignages

sur les différents peuples de l'Asie, où l'on voit la douceur de l'éducation influer sensiblement sur la beauté physique et morale des hommes, et être dans chaque constitution politique le plus puissant lien qui en réunisse les membres. Je terminerai ces autorités étrangères par un trait qu'on n'eût pas laissé passer impunément à J.-J. Rousseau, et qui est tiré, mot à mot, de l'ouvrage d'un dominicain. C'est de l'agréable histoire des Antilles, par le P. Du Tertre, homme plein de goût, de sens et d'humanité. Voici ce qu'il dit des Caraïbes, dont l'éducation ressemble à celle des peuples dont j'ai parlé.* « A ce seul mot de Sauvage, dit-il, la plu-
» part du monde se figure dans leurs esprits une
» sorte d'hommes barbares, cruels, inhumains,
» sans raison, contrefaits, grands comme des
» géants, velus comme des ours; enfin, plutôt
» des monstres que des hommes raisonnables :
» quoique, en vérité, nos Sauvages ne soient sau-
» vages que de nom, ainsi que les plantes et les
» fruits que la nature produit sans aucune culture
» dans les forêts et les déserts, lesquels, quoique
» nous les appelions sauvages, possèdent pour-
» tant les vraies vertus et les propriétés dans leur
» force et leur entière vigueur, que bien souvent
» nous corrompons par nos artifices, et altérons

* Histoire naturelle des Antilles, tome II, traité VII, chap. I, § 1ᵉʳ.

» beaucoup lorsque nous les plantons dans nos
» jardins...... Il est à propos, ajoute-t-il ensuite,
» de faire voir dans ce traité, que les Sauvages de
» ces îles sont les plus contents, les plus heureux,
» *les moins vicieux*, les plus sociables, les moins
» contrefaits et les moins tourmentés de maladies,
» de toutes les nations du monde. »

Si l'on examinait parmi nous la vie d'un scélérat, on verrait que son enfance a été très-malheureuse. Par-tout où j'ai vu les enfants misérables, je les ai vus laids et méchants ; par-tout où je les ai vus heureux, je les ai vus beaux et bons. En Hollande et en Flandre, où ils sont élevés avec la plus grande douceur, leur beauté est singulièrement remarquable. C'est parmi eux que François Flamand, ce fameux sculpteur, a pris ses charmants modèles d'enfants; et Rubens, la fraîcheur de coloris dont il a peint ceux de ses tableaux. Vous ne les entendez point, comme dans nos villes, jeter des cris perçants ; encore moins leurs mères et leurs bonnes les menacer de les fouetter, comme chez nous.

Ils ne sont point gais ; mais ils sont contents. Il y a sur leur visage un air de paix et de béatitude qui enchante, et qui est plus intéressant que la joie bruyante des nôtres, lorsqu'ils ne sont pas sous les yeux de leurs précepteurs et de leurs pères. Ce calme se répand sur toutes leurs actions, et est la source du flegme heureux qui les caracté-

rise dans la suite de leur vie. Je n'ai point vu de
pays où les parents aient autant de tendresse pour
leurs enfants. Ceux-ci, à leur tour, leur rendent,
dans la vieillesse, l'indulgence qu'ils ont eue pour
eux dans la faiblesse du premier âge. C'est par ces
doux liens que ces peuples tiennent si fortement
à leur patrie, qu'on en voit bien peu s'établir chez
les étrangers. Chez nous, au contraire, les pères
aiment mieux voir leurs enfants spirituels que
bons, parce que, dans une constitution de société
ambitieuse, l'esprit fait des chefs de secte, et la
bonté des dupes. Ils ont des recueils d'épigram-
mes de leurs enfants; mais l'esprit n'étant que la
perception des rapports de la société, les enfants
n'ont presque jamais que celui d'autrui. L'esprit
même est souvent en eux la preuve d'une existence malheureuse, comme on le remarque dans
les écoliers de nos villes, qui ont pour l'ordinaire
plus d'esprit que les enfants des paysans; et dans
ceux qui ont quelque défaut naturel, comme les
boiteux, les bossus, qui, sur ce point, sont encore plus prématurés que les autres. Mais, en général, ils sont tous très-précoces en sentiment;
et c'est ce qui rend bien coupables ceux qui les
avilissent dans un âge où ils sentent souvent plus
délicatement que les hommes. J'en citerai quelques traits qui nous prouveront que, malgré les
erreurs de nos constitutions politiques, il y a encore dans quelques familles de bonnes qualités

naturelles, ou des vertus éclairées, qui laissent aux affections heureuses de l'enfance la liberté de se développer.

J'étais, en 1765, à Dresde, au spectacle de la cour : c'était au *Père de famille*. J'y vis arriver madame l'Électrice avec une de ses filles, qui pouvait avoir cinq ou six ans. Un officier des gardes saxonnes, avec lequel j'étais venu au spectacle, me dit : « Cette enfant vous intéressera » autant que la pièce ». En effet, dès qu'elle fut assise, elle posa ses deux mains sur les bords de sa loge, fixa les yeux sur le théâtre, et resta la bouche ouverte, tout attentive au jeu des acteurs. C'était une chose vraiment touchante de voir leurs différentes passions se peindre sur son visage comme dans un miroir. On y voyait paraître successivement l'inquiétude, la surprise, la mélancolie, la tristesse ; enfin, l'intérêt croissant à chaque scène, vinrent les larmes qui coulaient en abondance le long de ses petites joues ; puis les anxiétés, les soupirs, les gros sanglots : on fut obligé à la fin de l'emporter de la loge, de peur qu'elle n'étouffât. Mon voisin me dit que toutes les fois que cette jeune princesse se trouvait à une pièce pathétique, elle était contrainte de sortir avant le dénouement.

J'ai vu des exemples de sensibilité encore plus touchants dans des enfants du peuple, parce qu'ils n'étaient produits par aucun effet théâtral.

Me promenant, il y a quelques années, au pré Saint-Gervais, à l'entrée de l'hiver, je vis une pauvre femme couchée sur la terre, occupée à sarcler un carré d'oseille ; près d'elle était une petite fille de six ans au plus, debout, immobile, et toute violette de froid. Je m'adressai à cette femme qui paraissait malade, et je lui demandai quelle était la nature de son mal. « Monsieur,
» me dit-elle, j'ai, depuis trois mois, un rhu-
» matisme qui me fait bien souffrir, mais mon
» mal me fait moins de peine que cette enfant :
» elle ne veut jamais me quitter. Si je lui dis :
» Te voilà toute transie „ va te chauffer à la mai-
» son ; elle me répond : Hélas ! ma mère, si je
» vous quitte, vous n'avez qu'à vous trouver mal ! »

Une autre fois, étant à Marly, je fus voir, dans les bosquets de ce magnifique parc, ce charmant groupe d'enfants, qui donnent à manger des pampres et des raisins à une chèvre qui semble se jouer avec eux. Près de là est un cabinet couvert, où Louis xv, dans les beaux jours, allait quelquefois faire collation. Comme c'était dans un temps de giboulées, j'y entrai un moment pour m'y mettre à l'abri. J'y trouvai trois enfants bien plus intéressants que des enfants de marbre. C'étaient deux petites filles fort jolies qui s'occupaient, avec beaucoup d'activité, à ramasser autour du berceau des bûchettes de bois sec, qu'elles arrangeaient dans une hotte placée sur la table du roi, tandis qu'un petit garçon, mal vêtu et fort maigre, dévorait dans un coin un morceau de pain. Je demandai à la plus grande, qui avait huit à neuf ans, ce qu'elle prétendait faire de ce bois qu'elle ramassait avec tant d'empressement. Elle me répondit : « Vous voyez bien, » monsieur, ce petit garçon-là : il est fort misé- » rable ! Il a une belle-mère qui l'envoie, tout » le long du jour, chercher du bois ; quand il » n'en apporte pas à la maison, il est battu ; » quand il en emporte, le suisse le lui ôte à l'en- » trée du parc, et le prend pour lui. Il meurt de » faim, nous lui avons donné notre déjeûner ». Après avoir dit ces mots, elle acheva avec sa compagne de remplir la petite hotte ; elles la chargèrent sur le dos de leur malheureux ami, et elles coururent devant lui, à la porte du parc, pour voir s'il pouvait y passer en sûreté.

Instituteurs insensés ! la nature humaine est corrompue, dites-vous ; mais c'est vous qui la corrompez par des contradictions, de vaines études, de dangereuses ambitions, de honteux châtiments ; mais, par une réaction équitable de la justice divine, cette faible et infortunée génération rendra un jour à celle qui l'opprime, en jalousie, en disputes, en apathies, et en oppositions de goûts, de modes et d'opinions, tout le mal qu'elle en a reçu.

J'ai exposé de mon mieux les causes et les

réactions de nos maux, pour en justifier la nature. Je me propose, à la fin de cet ouvrage, d'y présenter des remèdes et des palliatifs. Ce seront sans doute de vaines spéculations ; mais si quelque ministre ose entreprendre, un jour, de rendre la nation heureuse au-dedans et puissante au-dehors, je peux lui prédire que ce ne sera ni par des plans d'économie, ni par des alliances politiques, mais en réformant ses mœurs et son éducation. Il ne viendra pas à bout de cette révolution par des punitions et des récompenses, mais en imitant les procédés de la nature, qui n'agit que par des réactions. Ce n'est point au mal apparent qu'il faut porter le remède, c'est à sa cause. La cause du pouvoir moral de l'or est dans la vénalité des charges ; celle de la surabondance excessive des bourgeois oisifs de nos villes, dans la taille qui avilit les habitants de la campagne ; celle de la mendicité des pauvres, dans les grandes propriétés des riches ; du concubinage des filles, dans le célibat des hommes ; des préjugés des nobles, dans les ressentiments des roturiers ; et de tous les maux de la société, dans les tourments des enfants.

Pour moi, j'ai dit ; et si j'eusse parlé à la nation assemblée, de quelque point de l'horizon d'où l'on découvrît Paris, je lui eusse montré, d'une part, les monuments des riches ; des milliers de palais voluptueux dans les faubourgs, onze salles de spectacles, les clochers de cent trente-quatre couvents, parmi lesquels s'élèvent onze abbayes opulentes; ceux de cent soixante autres églises, dont il y a vingt riches chapitres : et de l'autre part, je lui eusse fait voir les monuments des misérables; cinquante-sept colléges, seize plaidoiries, quatorze casernes, trente corps-de-garde, vingt-six hôpitaux, douze prisons ou maisons de force. Je lui eusse fait remarquer la grandeur des jardins, des cours, des préaux, des enclos et des dépendances de tous ces vastes édifices, dans un terrain qui n'a pas une lieue et demie de diamètre. Je lui eusse demandé, si le reste du royaume est distribué dans la même proportion que la capitale ; où sont les propriétés de ceux qui la nourrissent, la vêtissent, la logent, la défendent; et qu'est-ce qui reste enfin à la multitude, pour entretenir des citoyens, des pères de famille et des hommes heureux. Oh! puissances politiques et morales, après vous avoir montré les causes et les effets de nos maux, je je me fusse prosterné devant vous, et j'eusse attendu pour prix de la vérité, la même récompense qu'attendait, des puissances insatiables de Rome, le paysan du Danube.

ÉTUDE HUITIÈME.

RÉPONSES AUX OBJECTIONS CONTRE LA PROVIDENCE DIVINE ET LES ESPÉRANCES D'UNE AUTRE VIE,

TIRÉES DE LA NATURE INCOMPRÉHENSIBLE DE DIEU, ET DES MISÈRES DE CE MONDE.

« Que m'importe, dira-t-on, que mes tyrans
» soient punis, si j'en suis la victime ? Ces com-
» pensations peuvent-elles être l'ouvrage d'un
» Dieu ? De grands philosophes qui ont étudié la
» nature toute leur vie, en ont méconnu l'au-
» teur. Qui est-ce qui a vu Dieu ? qui est-ce qui
» a fait Dieu ? Mais je suppose qu'une intelli-
» gence ordonne les choses de cet univers, cer-
» tainement elle a abandonné l'homme à lui-
» même : sa carrière n'est point tracée ; il semble
» qu'il y ait pour lui deux dieux, l'un qui l'invite
» aux jouissances, et l'autre qui l'oblige aux pri-
» vations ; un dieu de la nature, et un dieu de
» la religion. Il ne sait auquel des deux il doit
» plaire ; et quelque parti qu'il embrasse, il
» ignore s'il est digne d'amour ou de haine. Sa
» vertu même le remplit de scrupules et de
» doutes ; elle le rend misérable au-dedans et au-
» dehors ; elle le met dans une guerre perpé-

» tuelle avec lui-même, et avec ce monde aux
» intérêts duquel il se sacrifie. S'il est chaste,
» c'est, dit le monde, parce qu'il est impuissant;
» s'il est religieux, c'est qu'il est imbécille; s'il
» est bon avec ses citoyens, c'est qu'il n'a pas de
» courage; s'il se dévoue pour sa patrie, c'est un
» fanatique; s'il est simple, il est trompé; s'il
» est modeste, il est supplanté: par-tout il est
» moqué, trahi, méprisé par les philosophes mê-
» mes, et par les dévots. Sur quoi fonde-t-il la
» récompense de tant de combats? Sur une autre
» vie? Quelle certitude a-t-il de son existence?
» en a-t-il vu revenir quelqu'un? Qu'est-ce que
» son ame? où était-elle il y a cent ans? où sera-
» t-elle dans un siècle? Elle se développe avec
» les sens et meurt avec eux. Que devient-elle
» dans le sommeil et dans la léthargie? C'est l'or-
» gueil qui lui persuade qu'elle est immortelle:
» par-tout la nature lui montre la mort, dans ses
» monuments, dans ses goûts, dans ses amours,
» dans ses amitiés; par-tout l'homme est obligé
» de se dissimuler cette idée. Pour vivre moins
» misérable, il faut qu'il se *divertisse*, c'est-à-
» dire, par le sens même de cette expression, il
» faut qu'il se *détourne* de cette perspective de
» maux que la nature lui présente de toutes parts.
» A quels travaux n'a-t-elle pas assujetti sa misé-
» rable vie! Les animaux sont mille fois plus
» heureux; vêtus, logés, nourris par la nature,

» ils se livrent sans inquiétude à leurs passions,
» et ils finissent leur carrière sans prévoir la
» mort et sans craindre les enfers.

» Si un Dieu a présidé à leurs destins, il est
» contraire à ceux du genre humain. A quoi me
» sert-il que la terre soit couverte de végétaux,
» si je ne peux disposer de l'ombre d'un seul ar-
» bre ? Que m'importent les lois de l'harmonie
» et de l'amour qui régissent la nature, si je ne
» vois autour de moi que des objets infidèles, ou
» si ma fortune, mon état, ma religion, me for-
» cent au célibat ? Le bonheur général répandu
» sur la terre ne fait que redoubler mon mal-
» heur particulier. Quel intérêt puis-je prendre
» à la sagesse d'un ordre qui renouvelle toutes
» choses, quand, par une suite même de cet or-
» dre, je me sens défaillir et détruire pour ja-
» mais ? Un seul malheureux pourrait accuser la
» Providence, et lui dire, comme l'Arabe Job :*
» Pourquoi la lumière a-t-elle été donnée à un
» misérable, et la vie à ceux qui sont dans l'a-
» mertume du cœur ? Ah ! les apparences du
» bonheur n'ont été montrées à l'homme, que
» pour lui donner le désespoir d'y atteindre. Si
» un Dieu intelligent et bon gouverne la nature,
» des esprits diaboliques bouleversent le genre
» humain. »

* Job, chap. III, ⅴ 20.

Je répondrai d'abord aux principales autorités dont on appuie quelques-unes de ces objections. Elles sont tirées en partie d'un poëte fameux et d'un savant philosophe, de Lucrèce et de Pline.

Lucrèce a mis en très-beaux vers la philosophie d'Empédocle et d'Epicure. Il enchante par ses images ; mais cette philosophie d'atomes, qui s'accrochent au hasard, est si absurde, qu'elle détruit, par-tout où elle paraît, la beauté de sa poésie. Je m'en rapporte au jugement même de ses partisans. Elle ne parle ni au cœur, ni à l'esprit. Elle pèche également par ses principes et par ses conséquences. A qui, peut-on lui dire, ces premiers atomes dont vous construisez les éléments de la nature, doivent-ils leur existence ? Qui leur a communiqué le premier mouvement ? Comment ont-ils pu donner à l'agrégation d'un grand nombre de corps, un esprit de vie, un sentiment et une volonté qu'ils n'avaient pas eux-mêmes ? Si vous croyez, comme Leibnitz, que *ces monades* ou unités, ont en effet des perceptions qui leur sont propres, vous renoncez aux lois du hasard, et vous êtes forcé de donner aux éléments de la nature l'intelligence que vous refusez à son auteur. A la vérité, Descartes a soumis ces principes impalpables, et, si je puis dire, cette poussière métaphysique, aux lois d'une géométrie ingénieuse ; et après lui, la foule des philosophes, séduite par la facilité de bâtir toutes sortes de systèmes avec les mêmes matériaux, leur ont appliqué tour-à-tour les lois de l'attraction, de la fermentation, de la cristallisation, enfin, toutes les opérations de la chimie et toutes les subtilités de la dialectique ; mais tous, avec aussi peu de succès les uns que les autres. Nous ferons voir, dans l'article qui suivra celui-ci, lorsque nous parlerons de la faiblesse de notre raison, que la méthode établie dans nos écoles, de remonter aux causes premières, est la source perpétuelle des erreurs de notre philosophie, au physique comme au moral. Les vérités fondamentales ressemblent aux astres, et notre raison au graphomètre. Si cet instrument, avec lequel nous les observons, a été tant soit peu faussé, si au point de départ nous nous trompons du plus petit angle, l'erreur, à l'extrémité des rayons visuels, devient incommensurable.

Il y a quelque chose encore de plus étrange dans le procédé de Lucrèce ; c'est que, dans un ouvrage où il prétend matérialiser la divinité, il commence par diviniser la matière. En cela, il a cédé lui-même à un principe universel que nous tâcherons de développer, lorsque nous parlerons des preuves de la divinité par sentiment ; c'est qu'il est impossible d'intéresser fortement les hommes, dans quelque genre que ce soit, si on ne leur présente quelques-uns des attributs de la divinité. Avant donc d'éblouir leur esprit, comme philosophe, il commence par échauffer leur cœur, comme poëte. Voici une partie de son début:

> . . . . Hominum divûmque voluptas,
> Alma Venus, cœli subter labentia signa,
> Quæ mare navigerum, quæ terras frugiferentes
> Concelebras, per te quoniam genus omne animantûm
> Concipitur, visitque exortum lumina solis;
> Te, Dea, te fugiunt venti, te nubila cœli,
> Adventuque tuo tibi suaves Dædala tellus
> Submittit flores, tibi rident æquora ponti,
> Placatumque nitet diffuso lumine cœlum.
>
> . . . . Quæ quoniam rerum naturam sola gubernas,
> Nec, sine te, quidquam dias in luminis oras
> Exoritur, neque fit lætum, neque amabile quidquam,
> Te sociam studeo scribendis versibus esse,
> Quos ego de rerum naturâ pangere conor.
>
> . . . . Quo magis æternum, da dictis, Diva, leporem.
> Effice ut intereà fera munera militiaï
> Per maria ac terras omnes sopita quiescant;
> Nam tu sola potes tranquillâ pace juvare
> Mortales, quoniam belli fera munera Mavors
> Armipotens regit, in gremium qui sæpe tuum se
> Rejicit, æterno devictus vulnere amoris.
>
> . . . . Hunc tu, Diva, tuo recubantem corpore sancto
> Circumfusa super, suaves ex ore loquelas
> Funde, petens placidam Romanis, inclita, pacem:
> Nam neque nos agere, hoc patriaï tempore iniquo,
> Possumus æquo animo.
>
> DE RERUM NATURA, lib. I.

Je tâcherai de rendre de mon mieux le sens de ces beaux vers.

« Volupté des hommes et des dieux, douce Vénus, qui faites lever
» sur la mer les constellations qui la rendent navigable, et qui couvrez

» la terre de fruits, c'est par vous que tout ce qui respire est engendré,
» et vient à la lumière du soleil. O déesse! dès que vous paraissez sur les
» flots, les noirs orages et les vents impétueux prennent la fuite. L'île
» de Crète se couvre pour vous de fleurs odorantes, l'Océan calmé vous
» sourit, et le ciel sans nuages brille d'une lumière plus douce......
» Comme vous seule donnez des lois à la nature, et que sans vous, rien
» d'heureux et rien d'aimable ne paraît sur les rivages célestes du jour,
» soyez ma compagne dans les vers que j'essaie de chanter sur la nature
» des choses..... Déesse, donnez à mes chants une grace immortelle;
» faites que les cruelles fureurs de la guerre s'assoupissent sur la terre et
» sur l'onde. Vous seule pouvez donner des jours tranquilles aux mal-
» heureux humains, parce que le redoutable Mars gouverne l'empire
» des armes, et que, blessé à son tour par des traits d'un amour éter-
» nel, il vient souvent se réfugier dans votre sein..... O déesse! lorsqu'il
» reposera sur votre corps céleste, retenez-le dans vos bras ; que votre
» bouche lui adresse des paroles divines; demandez-lui une paix pro-
» fonde pour les Romains : car de quel ordre sommes-nous capables,
» dans un temps où un désordre général règne dans la patrie? »

A la vérité Lucrèce, dans la suite de son ouvrage, est forcé de convenir que cette déesse, si bienfaisante, entraîne la ruine de la santé, de la fortune, de l'esprit, et tôt ou tard celle de la réputation ; que du sein même de ses voluptés, il sort je ne sais quoi d'amer qui nous tourmente et nous rend malheureux. L'infortuné en fut lui-même la victime ; car il mourut dans la force de son âge, ou de ses excès, selon quelques-uns, ou empoisonné, selon d'autres, par un breuvage amoureux que lui donna une femme. Ici, il attribue à Vénus la création du monde; il lui adresse des prières; il donne à son corps l'épithète de saint; il lui suppose un caractère de bonté, de justice, d'intelligence et de puissance, qui n'appartient qu'à Dieu; enfin, ce sont si bien les mêmes attributs, que si vous ôtez le mot de Vénus de l'exorde de son poëme, vous pouvez l'appliquer presque tout entier à la Sagesse Divine. Il y a même des traits de convenance si ressemblants à ceux du portrait qu'en fait l'Ecclésiastique, * que je les rapporterai ici, afin qu'on puisse les comparer.

℣ 5. Ego ex ore Altissimi Prodivi primogenita ante omnem creaturam.

6. Ego feci in cœlis ut oriretur lumen indeficiens, et sicut nebula texi omnem terram.

7. Ego in altissimis habitavi, et thronus meus in columnâ nubis.

8. Gyrum cœli circuivi sola, et profundum abyssi penetravi; in fluctibus ambulavi;

9. Et in omni terrâ steti et in omni populo;

10. Et in omni populo primatum habui.

11. Et omnium excellentium et humilium corda virtute calcavi, et in his omnibus requiem quæsivi, et in hæreditate Domini morabor.

. . . .

17. Quasi cedrus exaltata sum in Libano, et quasi cupressus in monte Sion.

18. Quasi palma exaltata sum in Cades, et quasi plantatio rosæ in Jericho.

19. Quasi oliva speciosa in campis, et quasi platanus exaltata sum juxta aquam in plateis.

. . . .

22. Ego quasi terebinthus extendi ramos meos, et rami mei honoris et gratiæ.

23. Ego quasi vitis fructificavi suavitatem odoris, et flores mei fructu honoris et honestatis.

24. Ego mater pulchræ dilectionis, et timoris, et agnitionis, et sanctæ spei.

* Chap. XXIV.

25. In me gratia omnis viæ et veritatis, in me omnis spes vitæ et virtutis.

26. Transite ad me, omnes qui concupiscitis me, et generationibus meis implemini.

27. Spiritus enim meus super mel dulcis, et hæreditas mea super mel et favum.

« Je suis sortie de la bouche du Tout-Puissant. J'étais née avant la
» naissance d'aucune créature. C'est moi qui ai fait paraître dans les
» cieux une lumière qui ne s'éteindra jamais. J'ai couvert toute la terre
» comme d'un nuage. J'ai habité dans les lieux les plus élevés, et mon
» trône est dans une colonne de nuées. Seule, j'ai parcouru l'étendue
» des cieux, j'ai descendu dans le fond des abymes, et je me suis pro-
» menée sous les flots de la mer. Je me suis arrêtée sur toutes les terres
» et parmi tous les peuples, et par-tout où j'ai paru les peuples m'ont
» donné l'empire. J'ai foulé aux pieds, par ma puissance, les cœurs des
» grands et des petits. J'ai cherché parmi eux mon repos ; mais je ne
» ferai ma demeure que dans l'héritage du Seigneur..... Je me suis éle-
» vée comme un cèdre sur le Liban, et comme le cyprès sur la mon-
» tagne de Sion. J'ai porté mes branches vers les cieux, comme les pal-
» miers de Cadès, et comme les plants de roses autour de Jéricho. Je
» suis aussi belle que l'olivier au milieu des champs, et aussi majes-
» tueuse que le platane dans une place publique sur le bord des eaux....
» J'ai étendu mes rameaux comme le térébinthe. Mes branches sont des
» rameaux d'honneur et de grace. J'ai poussé, comme la vigne, des
» fleurs du parfum le plus doux ; et mes fleurs ont produit des fruits de
» gloire et d'abondance. Je suis la mère de l'amour pur, de la crainte,
» de la science, et des espérances saintes. C'est dans moi seule qu'on
» trouve un chemin facile et des vérités qui plaisent ; c'est dans moi que
» repose tout l'espoir de la vie et de la vertu. Venez à moi, vous tous
» qui brûlez d'amour pour moi, et mes générations sans nombre vous
» rempliront de ravissement ; car mon esprit est plus doux que le miel,
» et le partage que j'en fais est bien au-dessus de celui de ses rayons. »

Cette faible traduction est celle d'une prose latine qui a été traduite elle-même du grec, comme le grec l'a été lui-même de l'hébreu. On doit donc présumer que les graces de l'original en ont disparu en partie. Mais telle qu'elle est, elle l'emporte encore, par l'agrément et la sublimité des images, sur les vers de Lucrèce qui paraît en avoir emprunté ses principales beautés. Je n'en dirai pas davantage sur ce poëte ; l'exorde de son poëme en est la réfutation.

Pline prend une route tout opposée. Il dit, dès le commencement de son histoire naturelle, qu'il n'y a pas de Dieu, et il l'emploie tout entière à prouver qu'il y en a un. Son autorité ne laisse pas d'être considérable, parce que ce n'est pas celle d'un poëte, à qui toute opinion est indifférente, pourvu qu'il fasse de grands tableaux ; ni celle d'un sectateur qui veuille soutenir un parti contre le témoignage de sa conscience ; ni enfin celle d'un flatteur qui cherche à plaire à de mauvais princes. Pline écrivait sous le vertueux Titus, et il lui a dédié son ouvrage. Il porte l'amour de la vérité, et le mépris de la gloire de son siècle, jusqu'à blâmer les victoires de César, dans Rome, et en parlant à un empereur romain. Il est rempli d'humanité et de vertu. Tantôt il blâme la cruauté des maîtres envers leurs esclaves, le luxe des grands, les dissolutions même de plusieurs impératrices ; tantôt il fait l'éloge des gens de bien, et il élève, au-dessus même des inventeurs des arts, ceux qui ont été illustres par leur continence, leur modestie et leur piété. Son ouvrage, d'ailleurs, étincelle de lumières. C'est une véritable encyclopédie qui renferme, comme il convenait, l'histoire des connaissances et des erreurs de son temps. On lui a attribué quelquefois les dernières fort mal-à-propos, puisqu'il ne les allègue souvent que pour les réfuter. Mais il a été calomnié par les médecins et par les pharmaciens, qui ont tiré de lui la plupart de leurs recettes, et qui en ont dit du mal, parce qu'il blâme leur art conjectural et leur esprit systématique. D'ailleurs, il est rempli de connaissances rares, de vues profondes, de traditions curieuses; et, ce qui est sans prix, il s'exprime par-tout d'une manière pittoresque. Avec tant de goût, de jugement et de savoir, Pline est athée. La nature, au sein de laquelle il a puisé tant de lumières, peut lui dire, comme César à Brutus : « Et toi aussi, mon fils! »

J'aime et j'estime Pline; et si j'ose dire, pour sa justification, ce que je pense de son immortel ouvrage, je le crois falsifié à l'endroit où on le fait raisonner en athée. Tous ses commentateurs conviennent que personne n'a été plus maltraité que lui par les copistes, jusque-là qu'on trouve des exemplaires de son histoire naturelle où il y a des chapitres entiers qui ne sont pas les mêmes. Voyez, entre autres, ce qu'en dit Matthiole dans ses commentaires sur Dioscoride. J'observerai ici que les écrits des anciens ont passé, en venant à nous, par plus d'une langue infidèle; et, ce qu'il y a de pis, par plus d'une main suspecte. Ils ont eu le sort de leurs monuments, parmi lesquels ce sont les temples qui ont été le plus dégradés; leurs livres ont été mutilés de même aux endroits contraires ou favorables à la religion. C'est ce qu'on peut voir par le livre de Cicéron, *de la Nature des Dieux*, dont on a retranché les objections contre la Providence. Montaigne reproche aux premiers chrétiens d'avoir, pour quatre ou cinq articles contraires à notre créance, supprimé une partie des ouvrages de Corneille-Tacite, « quoi- » que, dit-il, l'empereur Tacite, son parent, en » eût peuplé, par ordonnances expresses, toutes » les librairies du monde. * » De nos jours, ne voyons-nous pas comme chaque parti détruit la réputation et les opinions du parti qui lui est opposé? Le genre humain est entre la religion et la philosophie, comme le vieillard de la fable entre deux maîtresses de différents âges. Toutes deux voulait le coiffer à leur mode; la plus jeune lui enlevait les cheveux blancs qui lui déplaisaient; la vieille, par une raison contraire, lui ôtait les cheveux noirs : elles finirent par lui peler la tête. Rien ne démontre mieux cette infidélité ancienne des deux partis, que ce qu'on lit dans l'historien Flavius-Josèphe, contemporain de Pline. On lui fait dire, en deux mots, que le Messie vient de naître, et il continue sa narration sans rappeler

* Essais, liv. II, chap. XIX.

une seule fois cet événement merveilleux dans la suite de sa longue histoire. Comment Josèphe, qui s'arrête à tant d'actions de détail et de peu d'importance, ne fût-il pas revenu mille fois sur une naissance si intéressante pour sa nation, puisque ses destinées y étaient attachées, et que la destruction même de Jérusalem n'était qu'une conséquence de la mort de Jésus-Christ ? Il détourne, au contraire, le sens des prophéties qui l'annonçaient, sur Vespasien et sur Titus; car il attendait, comme les autres Juifs, un Messie triomphant. D'ailleurs, si Josèphe eût cru en Jésus-Christ, ne se fût-il pas fait chrétien ? Par une raison semblable, est-il croyable que Pline commence son histoire naturelle par vous dire qu'il n'y a pas de Dieu, et qu'il en emploie chaque page à se récrier sur l'intelligence, la bonté, la prévoyance, la majesté de la nature, sur les présages et les augures envoyés par les dieux, et sur les miracles même opérés divinement par les songes ?

On cite encore des peuples sauvages qui sont athées, et on va les chercher dans quelque coin détourné du globe. Mais des peuples obscurs ne sont pas plus faits pour servir d'exemple au genre humain, que, parmi nous, des familles du peuple ne seraient propres à servir de modèles à la nation; sur-tout lorsqu'il s'agit d'appuyer d'autorités une opinion qui entraîne nécessairement la ruine de toute société. D'ailleurs, ces assertions sont fausses : j'ai lu les voyageurs d'où on les a tirées. Ils avouent qu'ils ont vu ces peuples en passant, et qu'ils ignoraient leur langue. Ils ont conclu qu'ils n'avaient pas de religion, parce qu'ils ne leur ont pas vu de temples ; comme s'il fallait, pour croire en Dieu, un autre temple que celui de la nature ! Ces mêmes voyageurs se contredisent encore ; car ils rapportent que ces peuples, sans religion, saluent la lune lorsqu'elle est pleine et nouvelle, en se prosternant à terre, ou en levant les mains au ciel ; qu'ils honorent la mémoire de leurs ancêtres, et qu'ils portent à manger sur leurs tombeaux. L'immortalité de l'ame, de quelque manière qu'on l'admette, suppose nécessairement l'existence de Dieu.

Mais si la première de toutes les vérités avait besoin du témoignage des hommes, nous pourrions recueillir celui de tout le genre humain, depuis les génies les plus célèbres jusqu'aux peuples les plus ignorants. Ce témoignage unanime est du plus grand poids ; car il ne peut y avoir sur la terre d'erreur universelle.

Voici ce que le sage Socrate disait à Euthydème qui cherchait à s'assurer qu'il y eût des dieux :

« Vous connaîtrez donc bien que je vous ai dit
» vrai,* quand je vous ai dit qu'il y avait des dieux,
» et qu'ils ont beaucoup de soin des hommes : mais

---

* Xénophon, des Choses mémorables de Socrate, liv. iv.

» n'attendez pas qu'ils vous apparaissent, et qu'ils
» se présentent à vos yeux ; qu'il vous suffise de
» voir leurs ouvrages et de les adorer ; et pensez
» que c'est de cette façon qu'ils se manifestent
» aux hommes : car, entre tous les dieux qui nous
» sont si libéraux, il n'y en a pas un qui se rende
» visible pour nous distribuer ses faveurs ; et ce
» grand Dieu même qui a bâti l'univers, et qui
» soutient ce grand ouvrage, dont toutes les par-
» ties sont accomplies en bonté et en beauté ; lui
» qui a fait qu'elles ne vieillissent point avec le
» temps, et qu'elles se conservent toujours dans
» une immortelle vigueur ; qui fait encore
» qu'elles lui obéissent inviolablement, et avec
» une promptitude qui surpasse notre imagina-
» tion ; celui-là, dis-je, est assez visible par tant
» de merveilles dont il est auteur. Mais que nos
» yeux pénètrent jusqu'à son trône pour le con-
» templer dans ses grandes occupations, c'est en
» cela qu'il est toujours invisible. Considérez un
» peu que le soleil, qui semble être exposé à la
» vue de tout le monde, ne permet pourtant pas
» qu'on le regarde fixement ; et si quelqu'un a la
» témérité de l'entreprendre, il en est puni par
» un aveuglement soudain. Davantage, tout ce
» qui sert aux dieux est invisible. La foudre se
» lance d'en-haut ; elle brise tout ce qu'elle ren-
» contre : mais on ne la voit point tomber, on ne
» la voit point frapper, on ne la voit point retour-

DE LA NATURE.

» ner. Les vents sont invisibles, quoique nous
» voyions fort bien les ravages qu'ils font tous les
» jours, et que nous sentions aisément quand ils
» se lèvent. S'il y a quelque chose dans l'homme
» qui participe de la nature divine, c'est son ame.
» Il n'y a point de doute que c'est elle qui le con-
» duit et qui le gouverne ; néanmoins on ne peut
» la voir. De tout cela donc, apprenez à ne pas
» mépriser les choses invisibles : apprenez à re-
» connaître leur puissance par leurs effets, et à
» honorer la Divinité. »

Newton, qui a pénétré si avant dans les lois de la nature, ne prononçait jamais le nom de Dieu sans ôter son chapeau, et sans témoigner le plus profond respect. Il aimait à en rappeler l'idée sublime au milieu de ses plaisirs, et il la regardait comme le lien naturel de toutes les nations. Le Hollandais Corneille Le Bruyn rapporte, « qu'étant un jour à dîner chez lui avec
» plusieurs autres étrangers, Newton, au dessert,
» porta la santé des hommes de tous les pays
» du monde qui croient en Dieu. » C'était boire à la santé du genre humain. Tant de nations, de langues et de mœurs si différentes, et quelquefois d'une intelligence si bornée, croiraient-elles en Dieu, si cette croyance était le résultat de quelque tradition, ou d'une métaphysique profonde ? Elle naît du simple spectacle de la nature. On demandait un jour à un pauvre Arabe

du désert, ignorant comme le sont la plupart des Arabes, comment il s'était assuré qu'il y avait un Dieu. « De la même façon, répondit-il, que je connais, par les traces marquées sur le sable, s'il y a passé un homme ou une bête.* »

Il est impossible à l'homme, comme nous l'avons dit, d'imaginer aucune forme ou de produire aucune idée dont le modèle ne soit dans la nature. Il ne développe sa raison que sur les raisons naturelles. Il existerait donc un Dieu, par cela seul que l'homme en a l'idée. Mais si nous faisons attention que tout ce qui est nécessaire à l'homme existe dans des convenances admirables avec ses besoins, à plus forte raison Dieu doit exister encore, lui qui est la convenance universelle de toutes les sociétés du genre humain.

Mais je voudrais bien savoir comment ceux qui doutent de son existence à la vue des ouvrages de la nature, désireraient s'en assurer. Voudraient-ils le voir sous la forme humaine, et qu'il leur apparût sous la figure d'un vieillard, comme on le peint dans nos églises ? Ils diraient : C'est un homme. S'il revêtait quelque forme inconnue et céleste, pourrions-nous en supporter la vue dans un corps humain ? Le spectacle entier et plein d'un seul de ses ouvrages sur la terre,

* Voyage en Arabie, par M. d'Arvieux.

suffirait pour bouleverser nos faibles organes. Par exemple, si la terre tourne sur elle-même, comme on le dit, il n'y a point d'homme qui, d'un point fixe dans le ciel, pût voir son mouvement sans frémir; car il verrait passer les fleuves, les mers et les royaumes sous ses pieds, avec une vitesse presque triple d'un boulet de canon. Cependant cette vitesse journalière n'est encore rien; car celle avec laquelle elle décrit son cercle annuel, et nous emporte autour du soleil, est soixante-quinze fois plus grande que celle d'un boulet. Pourrions-nous voir seulement, au travers de notre peau, le mécanisme de notre propre corps, sans être saisis d'effroi? Oserions-nous faire un seul mouvement, si nous voyions notre sang qui circule, nos nerfs qui tirent, nos poumons qui soufflent, nos humeurs qui filtrent, et tout l'assemblage incompréhensible de cordages, de tuyaux, de pompes, de liqueurs et de pivots qui soutiennent notre vie si fragile et si ambitieuse?

Voudrions-nous, au contraire, que Dieu se manifestât d'une manière convenable à sa nature, par la communication directe de son intelligence, sans qu'il y eût aucun intermédiaire entre elle et nous?

Archimède, qui avait la tête si forte, qu'elle ne fut pas distraite de ses méditations dans le sac de Syracuse où il périt, pensa la perdre par le simple sentiment d'une vérité géométrique qui s'offrit à lui tout-à-coup. Il s'occupait, étant dans le bain, du moyen de découvrir la quantité d'alliage qu'on soupçonnait un orfèvre infidèle d'avoir mêlée dans la couronne d'or du roi Hiéron; et ayant trouvé ce moyen dans l'analogie des différents poids de son corps hors de l'eau et dans l'eau, il sortit du bain tout nu, et courut ainsi dans les rues de Syracuse, en criant, hors de sens : « Je l'ai trouvé ! je l'ai » trouvé ! »

Quand quelque grande vérité ou quelque sentiment profond vient, au théâtre, à surprendre les spectateurs, vous voyez les uns verser des larmes; d'autres, oppressés, respirer à peine; d'autres, hors d'eux-mêmes, frapper des pieds et des mains; des femmes s'évanouissent dans les loges. Si ces violentes commotions de l'ame allaient en progression seulement pendant quelques minutes, ceux qui les éprouvent en perdraient l'esprit, et peut-être la vie. Que serait-ce donc, si la source de toutes les vérités et de tous les sentiments se communiquait à nous dans un corps mortel? Dieu nous a placés à une distance convenable de sa majesté infinie : assez près pour l'entrevoir, assez loin pour n'en être pas anéantis. Il nous voile son intelligence sous les formes de la matière; et il nous rassure sur les mouvements de la matière, par le sentiment de son intelligence. Si quelquefois il se communique à nous d'une manière plus intime, ce n'est point par le canal de nos sciences orgueilleuses, mais par celui de nos vertus. Il se découvre aux simples, et il se cache aux superbes.

« Mais qui a fait Dieu ? dit-on ; pourquoi y » a-t-il un Dieu ? » Dois-je douter de son existence, parce que je ne puis concevoir son origine ? Ce même raisonnement servirait à nous faire conclure qu'il n'y a pas d'hommes : car, qui a fait les hommes ? pourquoi y a-t-il des hommes ? pourquoi suis-je au monde dans le dix-huitième siècle ? pourquoi n'y suis-je pas venu dans les siècles qui l'ont précédé, et pourquoi n'y serai-je pas dans ceux qui doivent le suivre ? L'existence de Dieu est nécessaire dans tous les temps, et celle de l'homme n'est que contingente. Il y a quelque chose de plus : c'est que l'existence de l'homme est la seule qui paraisse superflue dans l'ordre établi sur la terre. On a trouvé plusieurs îles sans habitants, qui offraient des séjours enchantés par la disposition des vallées, des eaux, des forêts et des animaux. L'homme seul dérange les plans de la nature ; il détourne le cours des fontaines, il excave le flanc des collines, il incendie les forêts, il massacre tout ce qui respire ; par-tout il dégrade la terre qui n'a pas besoin de lui. L'harmonie de ce globe se détruirait en partie, et peut-être en entier, si on en supprimait seulement le plus petit genre de plantes ; car sa destruction laisserait sans verdure un certain espace de terrain, et sans nourriture l'espèce d'insectes qui y trouve sa vie : l'anéantissement de celle-ci entraînerait la perte de l'espèce d'oiseaux qui en nourrit ses petits ; ainsi de suite à l'infini. La ruine totale des règnes pourrait naître de la destruction d'une mousse, comme on voit celle d'un édifice commencer par une lézarde. Mais si le genre humain n'existait pas, on ne peut pas supposer qu'il y eût rien de dérangé : chaque ruisseau, chaque plante, chaque animal serait toujours à sa place. Philosophe oisif et superbe, qui demandez à la nature pourquoi il y a un Dieu, que ne lui demandez-vous plutôt pourquoi il y a des hommes ?

Tous ses ouvrages nous parlent de son auteur : la plaine qui échappe à ma vue, et le vaste ciel qui la couronne, me donnent une idée de son immensité ; les fruits suspendus aux vergers, à la portée de ma main, m'annoncent sa providence ; la voix des tempêtes, son pouvoir ; le retour constant des saisons, sa sagesse ; la variété avec laquelle il pourvoit, dans chaque climat, aux besoins de toutes les créatures, le port majestueux des forêts, la douce verdure des prairies, le groupé des plantes, le parfum et l'émail des fleurs, une multitude infinie d'harmonies connues et à connaître, sont des langages magnifiques qui parlent de lui à tous les hommes, dans mille et mille dialectes différents.

L'ordre de la nature est même superflu ; Dieu est le seul être que le désordre appelle et que notre faiblesse annonce. Pour connaître ses attributs, nous n'avons besoin que du sentiment de nos imperfections. Oh! qu'elle est sublime cette prière [32] naturelle au cœur humain, et usitée encore par des peuples que nous appelons Sauvages: « O Eternel! ayez pitié de moi, parce que
» je suis passager; ô infini! parce que je ne suis
» qu'un point; ô fort! parce que je suis faible;
» ô source de la vie! parce que je touche à la
» mort; ô clairvoyant! parce que je suis dans les
» ténèbres; ô bienfaisant! parce que je suis pau-
» vre; ô tout-puissant! parce que je ne peux
» rien. »

L'homme ne s'est rien donné. Il a tout reçu; et celui qui a fait l'œil ne verra pas! celui qui a fait l'oreille n'entendra pas! celui qui lui a donné l'intelligence pourrait en manquer! Je croirais faire tort à celle de mes lecteurs, et je dérangerais l'ordre de ces écrits, si je m'arrêtais ici plus long-temps sur les preuves de l'existence de Dieu. Il me reste à répondre aux objections faites contre sa bonté.

Il faut, dit-on, qu'il y ait un Dieu de la nature et un Dieu de la religion, puisqu'elles ont des lois qui se contrarient. C'est comme si on disait qu'il y a un Dieu des métaux, un Dieu des plantes et un Dieu des animaux, parce que tous ces êtres ont des lois qui leur sont propres. Dans chaque règne même, les genres et les espèces ont encore d'autres lois qui leur sont particulières, et qui souvent sont en opposition entre elles; mais ces différentes lois font le bonheur de chaque espèce en particulier, et elles concourent toutes ensemble d'une manière admirable au bonheur général.

Les lois de l'homme sont tirées du même plan de sagesse qui a dirigé l'univers. L'homme n'est pas un être d'une nature simple. La vertu, qui doit être son partage sur la terre, est un effort qu'il fait sur lui-même pour le bien des hommes, dans l'intention de plaire à Dieu seul. Elle lui propose, d'une part, la sagesse divine pour modèle; et elle lui présente, de l'autre, la voie la plus assurée de son bonheur. Etudiez la nature, et vous verrez qu'il n'y a rien de plus convenable au bonheur de l'homme, et que la vertu porte avec elle sa récompense, dès ce monde même. La continence et la tempérance de l'homme assurent sa santé; le mépris des richesses et de la gloire, son repos; et la confiance en Dieu, son courage. Qu'y a-t-il de plus convenable à un être aussi misérable, que la modestie et l'humilité ? Quelles que soient les révolutions de la vie, il ne craint plus de tomber lorsqu'il est assis à la dernière marche.

A la vue de l'abondance et de la considération où vivent quelques méchants, ne nous plaignons pas que Dieu ait fait aux hommes un partage injuste de biens. Ce qu'il y a sur la terre de plus utile, de plus beau et de meilleur en tout genre, est à la portée de chaque homme. L'obscurité vaut mieux que la gloire, et la vertu que les talents. Le soleil, un petit champ, une femme et des enfants, suffisent pour fournir constamment à ses plaisirs. Lui faut-il même du luxe? Une fleur lui présente des couleurs plus aimables que la perle qui sort des abymes de l'Océan; et un charbon de feu dans son foyer est plus éclatant, et sans contredit plus utile que le fameux diamant qui brille sur la tête du grand Mogol.

Après tout, que devait Dieu à chaque homme? L'eau des fontaines, quelques fruits, des laines pour le vêtir, autant de terre qu'il en peut cultiver de ses mains : voilà pour les besoins de son corps. Quant à ceux de l'ame, il lui suffit, dans l'enfance, de l'amour de ses parents; dans l'âge viril, de celui de sa femme; dans la vieillesse, de la reconnaissance de ses enfants; en tout temps, de la bienveillance de ses voisins, dont le nombre est fixé à quatre ou cinq par l'étendue et la forme de son domaine; de la connaissance du globe; ce qu'il peut en parcourir dans un demi-jour, afin de ne pas découcher de sa maison, ou, tout au plus, ce qu'il en aperçoit jusqu'à l'horizon ; du sentiment d'une providence, ce que la nature en donne à tous les hommes, et qui naîtra dans son cœur aussi bien après avoir fait le tour de son champ, qu'après avoir fait le tour du monde. Avec ces biens et ces lumières, il doit être content; tout ce qu'il désire au-delà, est au-dessus de ses besoins et des répartitions de la nature. Il n'acquerra le superflu qu'aux dépens du nécessaire ; la considération publique, que par la perte du bonheur domestique ; et la science, que par celle de son repos. D'ailleurs, ces honneurs, ces serviteurs, ces richesses, ces clients, que tant d'hommes cherchent, sont désirés injustement ; on ne peut les obtenir que par le dépouillement et l'asservissement de ses propres concitoyens. Leur acquisition est pleine de travaux, leur jouissance d'inquiétudes, et leur privation de regrets. C'est par ces prétendus biens que la santé, la raison et la conscience se dépravent. Ils sont aussi funestes aux empires qu'aux familles : ce ne fut ni par le travail, ni par l'indigence, ni par les guerres, que périt l'empire romain; mais par les plaisirs, les lumières et le luxe de toute la terre.

A la vérité, les gens vertueux sont quelquefois privés, non-seulement des biens de la société, mais de ceux de la nature. A cela je réponds que leur malheur tourne souvent à leur profit. Lorsque le monde les persécute, il les pousse ordinairement dans quelque carrière illustre. Le malheur est le chemin des grands talents, ou au moins celui des grandes vertus, qui leur sont bien préférables. « Tu ne peux, dit Marc-Aurèle, » être physicien, poëte, orateur, mathémati- » cien; mais tu peux être vertueux, ce qui vaut » beaucoup mieux. » J'ai remarqué encore qu'il ne s'élève aucune tyrannie, dans quelque genre que ce soit, ou de fait, ou d'opinion, qu'il ne s'en élève une autre contraire, qui la contre-balance; en sorte que la vertu se trouve protégée par les efforts mêmes que les vices font pour l'abattre. Il est vrai que l'homme de bien souffre; mais si la Providence venait à son secours dès qu'il a besoin d'elle, elle serait à ses ordres : l'homme alors commanderait à Dieu. D'ailleurs, il resterait sans mérite; mais il est bien rare que, tôt ou tard, il ne voie la chûte de ses tyrans. En supposant, au pis aller, qu'il en soit la victime, le terme de tous les maux est la mort. Dieu ne nous devait rien : il nous a tirés du néant; en nous rendant au néant, il nous remet où il nous a pris : nous n'avons pas à nous plaindre.

Une pleine résignation à la volonté de Dieu doit calmer en tout temps notre cœur; mais si les illusions humaines viennent agiter notre esprit, voici un argument propre à nous tranquilliser. Quand quelque chose nous trouble dans l'ordre de la nature, et nous met en méfiance de son auteur, supposons un ordre contraire à celui qui nous blesse; nous verrons alors sortir de notre hypothèse une foule de conséquences qui entraîneraient des maux bien plus grands que ceux dont nous nous plaignons. Nous pouvons employer la méthode contraire, lorsque quelque plan imaginaire de perfection humaine nous séduit. Nous n'avons qu'à supposer son existence, alors nous en verrons naître une multitude de conséquences absurdes. Cette double méthode, employée souvent par Socrate, l'a rendu victorieux de tous les sophistes de son siècle, et peut encore nous servir pour combattre ceux de celui-ci. C'est à-la-fois un rempart qui protége notre faible raison, et une batterie qui renverse toutes les opinions humaines. Pour vérifier l'ordre de la nature, il suffit de s'en écarter; pour réfuter tous les systèmes humains, il suffit de les admettre.

Par exemple, les hommes se plaignent de la mort; mais si les hommes ne mouraient point, que deviendraient leurs enfants? Il y a long-temps qu'il n'y aurait plus de place pour eux sur la terre. La mort est donc un bien. Les hommes murmurent dans leurs travaux; mais s'ils ne travaillaient point, à quoi passeraient-ils le temps? Les heureux du siècle, qui n'ont rien à faire, ne savent à quoi l'employer. Le travail est donc un bien. Les hommes envient aux bêtes l'instinct qui les éclaire;

mais si, en naissant, ils savaient, comme elles, tout ce qu'ils doivent savoir, que feraient-ils dans le monde? Ils y seraient sans intérêt et sans curiosité. L'ignorance est donc un bien. Les autres maux de la nature sont également nécessaires. La douleur du corps et les chagrins de l'ame, dont la route de la vie est traversée, sont des barrières que la nature y a posées pour nous empêcher de nous écarter de ses lois. Sans la douleur, les corps se briseraient au moindre choc ; sans les chagrins, si souvent compagnons de nos jouissances, les ames se dépraveraient au moindre désir. Les maladies sont des efforts du tempérament pour chasser quelque humeur nuisible. La nature n'envoie pas les maladies pour perdre les corps, mais pour les sauver. Elles sont toujours la suite de quelque infraction à ses lois, ou physiques, ou morales. Souvent on y remédie en la laissant agir seule. La diète des aliments nous rend la santé du corps, et celle des hommes la tranquillité de l'ame. Quelles que soient les opinions qui nous troublent dans la société, elles se dissipent presque toujours dans la solitude. Le simple sommeil même nous ôte nos chagrins plus doucement et plus sûrement qu'un livre de morale. Si nos maux sont constants, et de l'espèce de ceux qui nous ôtent le repos, nous les adoucirons en recourant à Dieu : c'est le terme où aboutissent tous les chemins de la vie. La prospérité nous invite en tout temps à nous en approcher, mais l'adversité nous y force. Elle est le moyen dont Dieu se sert pour nous obliger à recourir à lui seul. Sans cette voix qui s'adresse à chacun de nous, nous l'aurions bientôt oublié, sur-tout dans le tumulte des villes, où tant d'intérêts passagers croisent l'intérêt éternel, et où tant de causes secondes nous font oublier la première.

Quant aux maux de la société, ils ne sont pas du plan de la nature; mais ces maux mêmes prouvent qu'il existe un autre ordre de choses; car est-il naturel de penser que l'Être bon et juste qui a tout disposé sur la terre pour le bonheur de l'homme, permette qu'il en ait été privé impunément? Ne fera-t-il rien pour l'homme vertueux et infortuné qui s'est efforcé de lui plaire, lorsqu'il a comblé de biens tant de méchants qui en abusent? Après avoir eu une bonté gratuite, manquera-t-il d'une justice nécessaire? « Mais tout
» meurt avec nous, dit-on : nous en devons croire
» notre expérience; nous n'étions rien avant de
» naître, nous ne serons rien après la mort. »
J'adopte cette analogie; mais si je prends mon point de comparaison du moment où je n'étais rien, et où je suis venu à l'existence, que devient cet argument? Une preuve positive n'est-elle pas plus forte que toutes les preuves négatives? Vous concluez d'un passé inconnu à un avenir inconnu, pour perpétuer le néant de l'homme; et moi je

tire ma conséquence du présent que je connais, à l'avenir que je ne connais pas, pour m'assurer de son existence future. Je présume une bonté et une justice à venir, par les exemples de bonté et de justice que je vois actuellement répandus dans l'univers.

D'ailleurs, si nous n'avons maintenant que des désirs et des pressentiments d'une vie future, et si nul n'en est revenu, c'est que notre vie terrestre n'en comporte pas de preuve plus sensible. L'évidence sur ce point entraînerait les mêmes inconvénients que celle de l'existence de Dieu. Si nous étions assurés, par quelque témoignage évident, qu'il existât pour nous un monde à venir, je suis persuadé que dans l'instant toutes les occupations du monde présent finiraient. Cette perspective de félicité divine nous jetterait ici-bas dans un ravissement léthargique. Je me souviens que quand j'arrivai en France, sur un vaisseau qui venait des Indes, dès que les matelots eurent distingué parfaitement la terre de la patrie, ils devinrent pour la plupart incapables d'aucune manœuvre. Les uns la regardaient sans en pouvoir détourner les yeux; d'autres mettaient leurs beaux habits, comme s'ils avaient été au moment d'y descendre ; il y en avait qui parlaient tout seuls, et d'autres qui pleuraient. A mesure que nous en approchions, le trouble de leur tête augmentait. Comme ils en étaient absents depuis plusieurs années, ils ne pouvaient se lasser d'admirer la verdure des collines, les feuillages des arbres, et jusqu'aux rochers du rivage couverts d'algues et de mousses, comme si tous ces objets leur eussent été nouveaux. Les clochers des villages où ils étaient nés, qu'ils reconnaissaient au loin dans les campagnes, et qu'ils nommaient les uns après les autres, les remplissaient d'allégresse; mais quand le vaisseau entra dans le port, et qu'ils virent, sur les quais, leurs amis, leurs pères, leurs mères, leurs femmes et leurs enfants, qui leur tendaient les bras en pleurant, et qui les appelaient par leurs noms, il fut impossible d'en retenir un seul à bord; tous sautèrent à terre, et il fallut suppléer, suivant l'usage de ce port, aux besoins du vaisseau par un autre équipage.

Que serait-ce donc, si nous avions l'entrevue sensible de cette patrie céleste où habite ce que nous avons le plus aimé, et ce qui seul mérite de l'être? Toutes les laborieuses et vaines inquiétudes de celle-ci finiraient. Le passage d'un monde à l'autre étant à la portée de chaque homme, il serait bientôt franchi; mais la nature l'a couvert d'obscurité, et elle a mis pour gardiens au passage le doute et l'épouvante.

Il semble, disent quelques-uns, que l'idée de l'immortalité de l'ame n'a dû naître que des spéculations des hommes de génie, qui, considérant l'ensemble de cet univers, et les liaisons que les scènes présentes ont avec celles qui les ont précédées, en ont dû conclure des suites nécessaires avec l'avenir ; ou bien que cette idée d'immortalité s'est introduite par les législateurs, dans les sociétés policées, comme des espérances lointaines, propres à consoler les hommes des injustices de leur politique. Mais si cela était ainsi, comment peut-elle se trouver au milieu des déserts, dans la tête d'un Nègre, d'un Caraïbe, d'un Patagon, d'un Tartare ? Comment s'est-elle répandue à-la-fois dans les îles de la mer du Sud et en Laponie, dans les voluptueuses contrées de l'Asie et dans les rudes climats de l'Amérique septentrionale, chez les habitants de Paris et chez ceux des Nouvelles-Hébrides ? Comment tant de peuples, séparés par de vastes mers, si différents de mœurs et de langages, ont-ils adopté une opinion si unanime, eux qui affectent souvent, par des haines nationales, de s'écarter des moindres coutumes de leurs voisins ? Tous croient l'ame immortelle. D'où peut leur venir une croyance si contredite par leur expérience journalière ? Chaque jour ils voient mourir leurs amis ; aucun jour ne les voit reparaître. En vain ils portent à manger sur leurs tombeaux ; en vain ils suspendent, en pleurant, aux arbres voisins, les objets qui leur furent les plus chers ; ni ces témoignages d'une amitié inconsolable, ni les serments de la foi conjugale réclamés par leurs épouses éperdues, ni les cris de leurs chers enfants éplorés sur les tertres qui couvrent leurs cendres, ne les rappellent du séjour des ombres. Qu'attendent pour eux-mêmes, d'une autre vie, ceux qui leur adressent tant de regrets ? Il n'y a point d'espérance si contraire aux intérêts de la plupart des hommes; car les uns, ayant vécu par la violence ou par la ruse, doivent s'attendre à des punitions; les autres, ayant été opprimés, doivent craindre que la vie future ne coule encore sous les mêmes destinées que celle où ils ont vécu. Dira-t-on que c'est l'orgueil qui nourrit en eux cette opinion ? Est-ce l'orgueil qui engage un misérable Nègre à se pendre, dans nos colonies, dans l'espoir de retourner dans son pays, où il doit encore s'attendre à l'esclavage ? D'autres peuples, comme les insulaires de Taïti, restreignent l'espérance de cette immortalité, à renaître précisément dans les mêmes conditions où ils ont vécu. Ah! les passions présentent à l'homme d'autres plans de félicité; et il y a long-temps que les misères de son existence et les lumières de sa raison auraient détruit celui-ci, si l'espoir d'une vie future n'était pas en lui le résultat d'un sentiment naturel.

Mais pourquoi l'homme est-il le seul de tous les animaux, qui éprouve d'autres maux que ceux de la nature ? Pourquoi a-t-il été livré à lui-même, puisqu'il était sujet à s'égarer ? Il est donc la victime de quelque être malfaisant.

C'est à la religion à nous prendre où nous laisse la philosophie. La nature de nos maux en décèle l'origine. Si l'homme se rend lui-même malheureux, c'est qu'il a voulu être lui-même l'arbitre de son bonheur. L'homme est un dieu exilé. Le règne de Saturne, le siècle de l'âge d'or, la boîte de Pandore d'où sortirent tous les maux, et au fond de laquelle il ne resta que l'espérance, mille allégories semblables répandues chez toutes les nations, attestent la félicité et la décadence d'un premier homme.

Mais il n'est pas besoin de recourir à des témoignages étrangers; nous en portons de plus sûrs en nous-mêmes. Les beautés de la nature nous attestent l'existence d'un Dieu; et les misères de l'homme, les vérités de la religion. Il n'y a point d'animal qui ne soit logé, vêtu, nourri, par la nature, sans souci et presque sans travail. L'homme seul, dès sa naissance, est accablé de maux. D'abord, il naît tout nu; et il a si peu d'instinct, que si la mère qui le met au monde ne l'élevait pendant plusieurs années, il périrait de faim, de chaud ou de froid. Il ne connaît rien que par l'expérience de ses parents. Il faut qu'ils le logent, lui filent des habits, et lui préparent à manger au moins pendant huit ou dix ans. Quelque éloge qu'on ait fait de certains pays, par leur fécondité et par la douceur de leur climat, je n'en connais aucun où la subsistance la plus simple ne coûte à l'homme de l'inquiétude et du travail. Il faut se loger dans les Indes, pour y être à l'abri de la chaleur, des pluies et des insectes ; il faut y cultiver le riz, le sarcler, le battre, l'écorcer, le faire cuire. Le bananier, le plus utile de tous les végétaux de ces pays, a besoin d'être arrosé et entouré de haies, pour être garanti, pendant la nuit, des attaques des bêtes sauvages. Il faut encore des magasins pour y conserver des provisions pendant la saison où la terre ne produit rien. Quand l'homme a ainsi rassemblé autour de lui ce qui lui suffit pour vivre tranquille, l'ambition, la jalousie, l'avarice, la gourmandise, l'incontinence, ou l'ennui, viennent s'emparer de son cœur. Il périt presque toujours la victime de ses propres passions. Certainement, pour être tombé ainsi au-dessous des bêtes, il faut qu'il ait voulu se mettre au niveau de la Divinité.

Infortunés mortels ! cherchez votre bonheur dans la vertu, et vous n'aurez point à vous plaindre de la nature. Méprisez ce vain savoir et ces préjugés qui ont corrompu la terre, et que chaque siècle renverse tour-à-tour. Aimez les lois éternelles. Vos destinées ne sont point abandonnées au hasard, ni à des génies malfaisants. Rappelez-vous ces temps dont le souvenir est encore nouveau chez toutes les nations : les animaux trouvaient par-tout à vivre ; l'homme seul n'avait ni aliment, ni habit, ni instinct. La sagesse divine

l'abandonna à lui-même, pour le ramener à elle.
Elle répandit ses biens sur toute la terre, afin
que, pour les recueillir, il en parcourût les différentes régions, qu'il développât sa raison par
l'inspection de ses ouvrages, et qu'il s'enflammât
de son amour par le sentiment de ses bienfaits.
Elle mit entre elle et lui, les plaisirs innocents,
les découvertes ravissantes; les joies pures et les
espérances sans fin, pour le conduire à elle, pas
à pas, par la route de l'intelligence et du bonheur. Elle plaça sur les bords de son chemin, la
crainte, l'ennui, le remords, la douleur et tous
les maux de la vie, comme des bornes destinées
à l'empêcher d'aller au-delà et de s'égarer. Ainsi,
une mère sème des fruits sur la terre pour apprendre à marcher à son enfant; elle s'en tient
éloignée; elle lui sourit, elle l'appelle, elle lui
tend les bras; mais s'il tombe, elle vole à son secours, elle essuie ses larmes, et elle le console.
Ainsi, la Providence vient au secours de l'homme
par mille moyens extraordinaires, qu'elle emploie
pour subvenir à ses besoins. Que serait-il devenu
dans les premiers temps, si elle l'avait abandonné
à sa raison encore dépourvue d'expérience? Où
trouva-t-il le blé, dont tant de peuples tirent leur
nourriture aujourd'hui, et que la terre, qui produit toutes sortes de plantes sans être cultivée, ne
montre nulle part? Qui lui a appris l'agriculture,
cet art si simple que l'homme le plus stupide en

est capable, et si sublime que les animaux les plus intelligents ne peuvent l'exercer? Il n'est presque point d'animal qui ne soutienne sa vie par les végétaux, qui n'ait l'expérience journalière de leur reproduction, et qui n'emploie, pour chercher ceux qui lui conviennent, beaucoup plus de combinaisons qu'il n'en faut pour les ressemer. Mais de quoi l'homme lui-même a-t-il vécu avant qu'une Isis ou une Cérès lui eût révélé ce bienfait des cieux? Qui lui montra, dans l'origine du monde, les premiers fruits des vergers dispersés dans les forêts, et les racines alimentaires cachées dans le sein de la terre? N'a-t-il pas dû, mille fois, mourir de faim avant d'en avoir recueilli assez pour le nourrir, ou de poison avant d'en savoir faire le choix, ou de fatigue et d'inquiétude avant d'en avoir formé autour de son habitation des tapis et des berceaux? Cet art, image de la création, n'était réservé qu'à l'être qui portait l'empreinte de la Divinité. Si la Providence l'eût abandonné à lui-même en sortant de ses mains, que serait-il devenu? Aurait-il dit aux campagnes : « Forêts inconnues, montrez-
» moi les fruits qui sont mon partage! Terre,
» entr'ouvrez-vous, et découvrez-moi dans vos
» racines mes aliments! Plantes d'où dépend ma
» vie, manifestez-vous à moi, et suppléez à l'ins-
» tinct que m'a refusé la nature? » Aurait-il eu recours, dans sa détresse, à la pitié des bêtes,

et dit à la vache, lorsqu'il mourait de faim :
« Prends-moi au nombre de tes enfants, et par-
» tage avec moi une de tes mamelles superflues? »
Quand le souffle de l'aquilon fit frissonner sa
peau, la chèvre sauvage et la brebis timide sont-
elles accourues pour le réchauffer de leurs toisons? Lorsque errant sans défense et sans asyle,
il entendit, la nuit, les hurlements des bêtes féroces qui demandaient de la proie, a-t-il supplié
le chien généreux, en lui disant : « Sois mon dé-
» fenseur, et tu seras mon esclave? » Qui aurait
pu lui soumettre tant d'animaux qui n'avaient
pas besoin de lui, qui le surpassaient en ruses,
en légèreté, en force, si la main qui, malgré sa
chute, le destinait encore à l'empire, n'avait
abaissé leurs têtes à l'obéissance?

Comment, d'une raison moins sûre que leur
instinct, a-t-il pu s'élever jusque dans les cieux,
mesurer le cours des astres, traverser les mers,
conjurer le tonnerre, imiter la plupart des ouvrages et des phénomènes de la nature? C'est ce
qui nous étonne aujourd'hui; mais je m'étonne
plutôt que le sentiment de la Divinité eût parlé
à son cœur, bien avant que l'intelligence des ouvrages de la nature eût perfectionné sa raison.
Voyez-le dans l'état sauvage, en guerre perpétuelle avec les éléments, avec les bêtes féroces,
avec ses semblables, avec lui-même, souvent réduit à des servitudes qu'aucun animal ne vou-

drait supporter ; et il est le seul être qui montre, jusque dans la misère, le caractère de l'infini et l'inquiétude de l'immortalité. Il élève des trophées ; il grave ses exploits sur l'écorce des arbres ; il prend le soin de ses funérailles, et il révère les cendres de ses ancêtres, dont il a reçu un héritage si funeste. Il est sans cesse agité par les fureurs de l'amour ou de la vengeance ; quand il n'est pas la victime de ses semblables, il en est le tyran ; et seul il a connu que la justice et la bonté gouvernaient le monde, et que la vertu élevait l'homme au ciel. Il ne reçoit à son berceau aucun présent de la nature, ni douces toisons, ni plumage, ni défenses, ni outils pour une vie si pénible et si laborieuse ; et il est le seul être qui invite des dieux à sa naissance, à son hymen et à son tombeau. Quelque égaré qu'il soit par des opinions insensées, lorsqu'il est frappé par les secousses imprévues de la joie ou de la douleur, son ame, d'un mouvement involontaire, se réfugie dans le sein de la Divinité. Il s'écrie : « Ah mon Dieu ! » il tourne vers le ciel des mains suppliantes et des yeux baignés de larmes, pour y chercher un père. Ah ! les besoins de l'homme attestent la providence d'un Être suprême. Il n'a fait l'homme faible et ignorant, qu'afin qu'il s'appuyât de sa force et qu'il s'éclairât de sa lumière ; et bien loin que le hasard ou des génies malfaisants règnent sur une terre où tout concourait à détruire un être si misérable, sa conservation, ses jouissances et son empire, prouvent que dans tous les temps, un Dieu bienfaisant a été l'ami et le protecteur de la vie humaine.

FIN DU TOME PREMIER DES ÉTUDES.

NOTES DE L'AUTEUR.

¹ PAGE V DE L'AVIS.

« La lune fait dégeler, résolvant toutes glaces et gelées, par
» l'humidité de son influence. * » Quand la lune brille dans
les nuits de l'hiver, de tout son éclat, il gèle, sans doute, fort
âprement, parce qu'alors le vent du nord, qui cause cette sérénité de l'air, empêche l'influence chaude de la lune; mais pour
peu qu'il fasse calme, vous voyez le ciel se couvrir de vapeurs
qui s'exhalent de la terre, et vous sentez l'atmosphère s'adoucir.
J'attribue, comme Pline, à la lumière de cet astre, une action
particulière sur les eaux gelées de la terre et de l'air; car je l'ai
vu souvent, dans les belles nuits de la zone torride, dissiper,
en se levant, tous les nuages de l'atmosphère; ce qui fait dire
aux marins, en proverbe, *que la lune mange les nuages*. Au
reste, nos physiciens se contredisent, en supposant que la lune
meut l'Océan, et en lui refusant toute influence, non-seulement
sur les glaces, mais sur les plantes, parce que sa chaleur, disent-
ils, ne fait pas monter la liqueur de leur thermomètre. J'ignore
si en effet elle n'agit pas sur l'esprit de vin : mais qu'en conclure?
Le feu, ainsi que les autres éléments, subit des combinaisons
qui redoublent son action dans telle affinité, et la rendent nulle
dans une autre : ce n'est donc point avec nos instruments de physique que nous parviendrons à déterminer les effets des causes
naturelles.

² PAGE IX.

Il n'est pas permis long-temps d'y garder son franc-taire;
car ceux qui y parlent, ne veulent être écoutés que par des gens
qui les applaudissent.

---

* Histoire naturelle de Pline, liv. II, chap. CI.

J'ai remarqué que le degré d'attention que le monde accorde à ses orateurs, est toujours proportionné au degré de puissance ou de malignité qu'il leur suppose. La vérité, la raison, l'esprit même y sont comptés pour rien. Pour se faire écouter du monde, il faut s'en faire craindre : aussi ceux qui y brillent, emploient fréquemment des tours de phrase qui donnent à entendre qu'ils sont des amis puissants ou des ennemis dangereux. Tout homme simple, modeste, vrai et bon, y est donc réduit au silence : il en peut sortir, toutefois, en flattant ses tyrans; mais ce moyen produirait en moi un effet tout contraire, car je ne puis flatter que ce que j'aime.

Fuyez donc le monde, vous qui ne voulez ni flatter, ni médire; car vous y perdriez à-la-fois, et les biens que vous en espérez, et ceux qui appartiennent à votre conscience.

3. PAGE X.

Il a paru dans le Journal général de France, du 11 et du 13 mars 1788, une lettre qui renferme de grands éloges de ma théorie des marées; mais où l'on tâche de prouver que nos académiciens ne se sont pas trompés, en concluant de ce que les degrés sont plus longs au nord, que la courbe de la terre s'y aplatit; c'est-à-dire, qu'elle y devient plus courte que l'arc de cercle qui la renferme.

J'avoue que je n'ai pu rien comprendre à la démonstration par laquelle on veut justifier cette erreur. Les principes et les méthodes de nos sciences me jettent, comme Michel Montaigne, en éblouissement; aussi je ne m'arrête qu'à leurs résultats.

Si l'on conclut que la terre s'aplatit aux pôles, parce que ses degrés s'y alongent, on doit conclure, par la raison contraire, que la terre s'alongerait aux pôles, si ses degrés s'y raccourcissaient.

Ainsi, il s'ensuivrait que plus les degrés polaires seraient longs, plus la courbe polaire serait aplatie; et qu'au contraire, plus ces mêmes degrés seraient courts; plus la courbe polaire serait alongée.

Ainsi, en doublant, triplant, quadruplant la longueur de ces degrés en particulier, vous réduiriez à la moitié, au tiers, au quart, la longueur de la courbe polaire, dont ils sont cependant les parties constituantes; et au contraire, en réduisant la longueur de ces mêmes degrés à la moitié, au tiers, ou au quart, vous doubleriez, tripleriez, quadrupleriez la courbe polaire; en sorte que plus ces degrés seraient grands, plus la courbe polaire qu'ils composent serait petite; et plus ils seraient petits, plus cette courbe serait grande. Or, c'est ce qui est contradictoire et impossible évidemment.

Si les voussoirs d'une voûte en plein cintre s'élargissent, la voûte entière doit s'élargir; et si ses voussoirs se rétrécissent, la voûte doit se raccourcir. Les degrés polaires sont les voussoirs, et la courbe polaire la voûte.

L'auteur de cette lettre, M. de Sallier, m'adresse ensuite quelques objections. Il oppose à une conséquence générale des aperçus particuliers.

Le baromètre est plus bas en Suède qu'à Paris. Or comme il baisse à mesure qu'on s'élève sur une montagne, j'en ai tiré la conséquence générale que la terre s'élevait vers le nord. M. de Sallier conclut, au contraire, que l'abaissement du baromètre, en Suède vient de la densité de son atmosphère que le froid rend plus pesante, ou de la gravité qui augmente vers le pôle. Il s'ensuit de cet aperçu que le baromètre ne peut plus servir à mesurer la hauteur des montagnes, puisque, dès qu'il baisse, on en peut conclure que cet effet vient de la densité de l'atmosphère, ou d'une autre cause. Il s'ensuit encore que M. de Sallier détruit la conséquence particulière que les académiciens, qu'il veut servir, avaient tirée eux-mêmes de cette observation : car ils en concluaient alors que la terre était un sphéroïde alongé vers les pôles, et, ce qu'il y a encore de singulier, ils appuyaient ce même raisonnement sur les mêmes expériences qui leur ont fait conclure depuis que la terre était un sphéroïde aplati, je veux dire, sur la grandeur des degrés vers les pôles. Voici un extrait de leur jugement, rapporté par le P. Regnault, dans le XIV° Entretien physique du tome premier, septième édition :

« Une autre raison qui prouve que la terre n'est point par-
» faitement ronde, c'est que, selon les essais de M. Cassini
» pour déterminer la grandeur de la terre, sa surface doit avoir
» la figure d'une ellipse alongée vers les pôles, et dont une
» propriété est telle, qu'étant divisée en degrés, chacun de ces
» degrés augmente à mesure qu'ils approchent des pôles; de
» sorte que le circuit d'un méridien de la terre doit surpasser
» le circuit de son équateur d'environ 50 lieues. * »

C'est à M. de Sallier à concilier, s'il le peut, des jugements si opposés dans la même académie, et d'après les mêmes expériences. Mais comme les académiciens n'ont point encore varié sur les conséquences qu'ils tirent sur l'ascension ou la descente du mercure dans le baromètre, il en faut conclure avec l'auteur que je viens de citer :

« Que plus l'endroit est bas, plus la colonne d'air qui sou-
» tient le mercure est haute ; plus elle est haute, plus elle pèse ;
» plus elle pèse, plus elle soutient de mercure ; plus elle en
» soutient, moins il doit baisser. Par une raison contraire,
» plus l'endroit est élevé, plus la colonne d'air est courte ;
» plus elle est courte, moins elle pèse ; moins elle pèse, moins
» elle soutient de mercure ; moins elle en soutient, plus il
» baisse. ** ».

Ainsi la colonne d'air est plus courte en Suède qu'à Paris, puisque le mercure baisse d'une ligne en Suède, quand on s'élève au-dessus du bord de la mer, de 10 toises 1 pied 6 pouces 4 lignes; et que pour le faire baisser d'une ligne dans notre

---

* Histoire de l'Académie, suite de l'année 1778, pag. 237, 238.
** *Idem*, Entretien XII.

climat; il faut s'élever au-dessus de la mer de 10 toises 5 pieds, c'est-à-dire, il faut monter plus haut à Paris pour trouver une atmosphère de la même hauteur que celle de la Suède. Donc le terrain de la Suède est naturellement plus élevé que celui de Paris, puisqu'il faut monter à Paris 4 pieds et demi de plus, pour être au même niveau d'air qu'en Suède.

J'ai dit que si la terre était un sphéroïde renflé de six lieues et demie sous l'équateur, et aplati sur les pôles, les mers de l'équateur couvriraient les pôles. M. de Sallier répond à cela que « la combinaison de la gravité de la force centrifuge, en élevant » l'équateur et en déprimant les pôles, n'a pu donner à cette » élévation une courbure *plus subite*, comme l'a supposé notre » auteur. »

M. de Sallier a souligné l'expression de *plus subite*, qui, en effet, rend l'écoulement des mers de l'équateur vers les pôles plus sensible, quoique cet effet s'ensuivît également, puisqu'il ne dépend pas de la rapidité de la pente de la terre sous l'équateur, mais de sa seule élévation. J'en demande pardon à M. de Sallier; mais il attaque encore ici les académiciens qu'il veut défendre, puisque ce sont eux qui ont employé cette image et cette expression, et non pas moi qui la leur *suppose*.

Bouguer, que j'ai cité, tome III, explication des figures, dit positivement : « La courbe de la terre est *plus subite*, vers » l'équateur, dans le sens nord et sud, puisque les degrés y » sont plus petits : et la terre, au contraire, est plus plate vers » les pôles, puisque les degrés y sont plus grands. »

J'avoue que je ne comprends pas le raisonnement de M. de Sallier, qui conçoit, au moyen de la force centrifuge, que les courants occasionés par la fonte des glaces polaires, peuvent partir des pôles aplatis, et se rendre dans l'océan, sous l'équateur élevé de six lieues et demie au-dessus de leur niveau. M. de Sallier oublie que ces courants polaires vont non-seulement jusqu'à l'équateur, mais bien au-delà jusqu'au fond des zones tempérées. Mais comment se peut-il que cette force centrifuge élève l'océan à six lieues et demie sous l'équateur, lorsqu'elle n'a pu y élever la partie solide de la terre, quand elle était dans un état de mollesse, suivant les Newtoniens? Comment tant de corps mobiles qui sont à la surface de la terre, incomparablement plus légers et plus volatils qu'une masse d'eau de six lieues et demie d'élévation, ne se dirigent-ils pas sans cesse vers l'équateur, et ne circulent-ils pas dans le tourbillon de sa force centrifuge?

Ainsi, toutes ces objections en faveur de l'aplatissement des pôles et du renflement de l'équateur, n'ont point de solidité. J'invite M. de Sallier, qui, malgré ses préjugés en faveur du système de Newton, a eu la franchise et le courage d'adhérer publiquement à ma théorie du mouvement des mers, de continuer à examiner, avec l'impartialité d'un ami de la vérité, les preuves de l'alongement de la terre aux pôles. M. de Sallier verra que l'alongement des pôles est une conséquence nécessaire de ma théorie des marées. Je serais fâché que sur un sujet si important, il restât aucun doute à un écrivain aussi savant que poli, dont les éloges et la critique m'honorent également.

4. PAGE XVI.

Bien des gens concevront difficilement que nos marées puissent remonter, en été, vers le pôle Nord, dans la saison même où le courant qui les produit descend de ce pôle. Ils peuvent voir une image bien sensible de ces effets rétrogrades des eaux courantes au pont Notre-Dame, à l'ouverture de l'arche qui s'appuie au quai Pelletier. Le cours de la Seine, dirigé obliquement par une espèce de batardeau, contre une pile de cette arche, y produit un remou qui remonte sans cesse contre le cours de la rivière, jusqu'aux bouillons même du batardeau. De même les fontes des glaces septentrionales descendent, en été, des baies voisines du cercle polaire, en faisant huit à dix lieues par heure, suivant Ellis, Linschoten et Barents : elles s'écoulent vers le sud, dans le milieu de l'Océan atlantique;

mais venant à rencontrer sur leurs bords, presque de front, l'Afrique et l'Amérique qui se rapprochent de part et d'autre, elles sont forcées de refluer, à droite et à gauche, le long de leurs continents, et de remonter vers le nord, au-dessus des caps Boïador et Saint-Augustin, qu'elles ont rendus fameux par leurs courants. Or, comme les sources d'où elles partent ont un flux intermittent d'accélération et de ralentissement, occasioné par l'action diurne et nocturne du soleil sur les glaces de l'hémisphère oriental et occidental du pôle, leurs remoux latéraux, c'est-à-dire, leurs marées, en ont aussi un qui leur est semblable.

5 PAGE XX.

Je suis tombé dans l'erreur, lorsque j'ai mis les astronomes en contradiction, en leur faisant dire d'un côté, que la plupart des degrés du méridien étaient plus grands que ceux de l'équateur, puisqu'ils croissent depuis l'équateur jusqu'aux pôles; et, d'un autre côté, que le méridien était plus petit que l'équateur, puisqu'ils supposent la terre aplatie aux pôles.

Mon erreur est au point de départ, comme dans presque toutes les erreurs du monde. Les astronomes ne disent point que la plupart des degrés du méridien sont plus grands que ceux de l'équateur. Ils supposent d'abord le premier degré du méridien beaucoup plus petit qu'un degré de l'équateur. Ils disent ensuite que les degrés suivants du méridien vont en augmentant jusqu'au cinquante-cinquième, qui est égal à un degré de l'équateur ou de la sphère. Les 35 degrés qui restent, vont en augmentant jusqu'aux pôles, et ceux-là, seulement, sont plus grands que ceux de l'équateur ou de la sphère; de sorte que les 54 degrés plus petits et les 35 degrés plus grands étant compensés, il en résulte que le méridien est plus petit que l'équateur ou qu'un cercle de la sphère. Ainsi, les astronomes ne se contredisent point en disant que le méridien est renfermé dans la sphère, ou, ce qui est synonyme, que la terre est aplatie aux pôles.

Tel est le précis de l'éclaircissement que m'a envoyé un astronome plein de clarté et de politesse, que j'eusse nommé, s'il me l'eût permis.

J'ai été induit en erreur par les expressions obscures des astronomes, et par l'assertion positive du père Regnault, cité note 3, page 477, qui suppose, d'après Cassini, que les degrés du méridien *augmentent* en allant vers les pôles, « de sorte, » dit-il, que le circuit d'un méridien de la terre doit surpasser » le circuit de son équateur d'environ 50 lieues; d'où il conclut » avec Cassini, que la terre est alongée aux pôles. »

Ce qu'il y a de singulier, c'est que Cassini, dans le volume de l'académie cité par le père Regnault, suppose au contraire que les degrés du méridien *diminuent* en allant vers les pôles. Depuis, il changea de principe et de conséquence avec les académiciens modernes.

Il semble que les vérités les plus simples soient les plus difficiles à saisir. En toutes choses les éléments sont toujours prêts à nous échapper. Fontenelle, à qui on ne peut refuser la sagacité géométrique, avait tiré une conséquence opposée à celle de Cassini, et semblable à la mienne. Les académiciens de son temps avaient trouvé que les degrés du méridien allaient en diminuant vers le pôle Nord; il en conclut que la terre y était aplatie. Les académiciens modernes ont trouvé que les degrés y allaient en augmentant; j'en ai conclu qu'elle y était alongée.

A la vérité, Fontenelle se rétracta d'après un mémoire que lui écrivit Abauzit, ami de Newton : pour moi, en reconnaissant que les académiciens modernes ne se sont point contredits; il m'est impossible de conclure comme eux. Il me suffit que les 53 degrés du méridien, qui partent du 55e degré, soient plus grands que ceux de la sphère, pour en conclure qu'ils en sortent, et que la terre n'est pas aplatie aux pôles : mon objection reste dans toute sa force pour un segment du méridien comme pour le méridien entier. La courbe polaire de 35 degrés est plus grande qu'un arc de la sphère de 35 degrés, puisqu'elle est appuyée sur la même corde, et que ses degrés sont plus grands. La courbe polaire est donc saillante hors de son arc sphérique, et la terre est alongée au pôle.

Quant aux 54 degrés du méridien qui sont plus petits que ceux de la sphère, ils me deviennent inutiles. Cependant je n'admets point que le premier degré du méridien soit plus petit qu'un degré de l'équateur, au point où ces deux cercles se croisent. J'en exposerai ailleurs les raisons géométriques, d'une manière, je l'espère, à me mériter l'estime des savants qui ont cherché à *m'éclairer*.

Quant aux raisons physiques, j'en ai en grand nombre. Je compte les joindre à celles par lesquelles j'ai montré la circulation semi-annuelle des mers et semi-diurne des marées, par les fontes semi-annuelles et semi-journalières des glaces polaires. Quoiqu'il semble impossible de rien ajouter à celles-ci, j'en ai encore plusieurs de différents genres qui ne sont pas moins évidentes. Pour mettre le lecteur à portée d'en juger, je ne lui citerai que celle-ci.

Il est connu de tous les habitants des bords de la mer, que les hivers y sont plus doux et les étés plus froids que dans l'intérieur des terres. J'ai vu, sur les côtes de Normandie, les figuiers passer l'hiver en plein air, tandis que dans cette saison on est obligé de les empailler à Paris, quoique cette ville soit dans une latitude plus méridionale ; d'un autre côté, dans l'été les figues mûrissent moins vite et moins bien, et les primeurs en tout genre sont plus tardives sur les côtes de Normandie qu'à Paris. C'est la douceur de l'hiver qui entretient en Angleterre la verdure perpétuelle des beaux gazons. La fraîcheur de l'été y contribue pareillement ; mais d'un autre côté, elle ne permet pas aux raisins et à plusieurs autres fruits d'y bien mûrir, quoiqu'ils viennent à leur perfection, aux mêmes latitudes, dans l'intérieur de la France.

Les physiciens ont attribué la tiédeur des hivers et la fraîcheur des étés, sur les bords de la mer, aux vapeurs de l'eau ; mais ce qu'ils n'ont pas remarqué, et ce qui est très-remarquable, c'est que ces effets n'arrivent que sur les bords de la mer Atlantique. L'hiver est fort rude sur les bords de la mer Baltique, qui gèle, tous les ans, en tout ou en grande partie ; il en est de même des lacs de la Laponie. Cependant la mer Atlantique ne gèle jamais sur les côtes de la Norwège, située dans les mêmes latitudes. Il y a plus ; la mer Atlantique est, par les qualités de ses eaux, plus froide que la Baltique, car elle est salée, et la Baltique ne l'est pas. Le sel est de sa nature très-froid, puisqu'on l'emploie, en été, à la fabrication des glaces. Pourquoi donc la mer Atlantique, quoique salée, est-elle plus tiède, en hiver, que la mer Baltique qui gèle aux mêmes latitudes, et dont les eaux sont douces, si ce n'est vers son embouchure dans l'Atlantique où elles sont un peu salées, et où elle ne gèle jamais ? D'un autre côté, pourquoi fait-il plus froid, en été, sur les rivages de l'Atlantique que sur ceux de la Baltique et dans le continent, comme on le voit par les exemples que j'ai cités, et par celui des îles Orcades et de l'Islande, où les moissons mûrissent fort rarement, quoique l'hiver y soit tempéré ; tandis qu'on en recueille d'abondantes à Stockholm, à Pétersbourg et dans les latitudes du continent encore plus septentrionales, où l'hiver est fort âpre ?

Pour résoudre ce double problème de la tiédeur des eaux de l'Atlantique en hiver, et de la fraîcheur de ses eaux en été, et des qualités qui en résultent par son atmosphère, pour la température de ses rivages, il faut recourir au principe que j'ai posé, que l'océan descend alternativement des deux pôles alongés du globe. Dans notre hiver, l'océan fluide descend de l'océan glacé du pôle Sud, qui a alors quatre à cinq mille lieues de circonférence, par l'action du soleil qui en fond les glaces depuis l'équinoxe de septembre jusqu'à celui de mars. Ces fontes australiennes descendent vers la Ligne, entraînant avec elles, dans toute la circonférence du pôle Sud, des glaces qui parviennent quelquefois au 42° degré Sud, ayant encore à cette latitude 2 à 300 pieds de hauteur. Ces fontes, si abondantes, poussent les eaux de la zone torride vers le Nord. Les eaux torridiennes, malgré leur salure, échauffées entre les tropiques par l'action perpétuelle du soleil, remontent bien avant vers le Nord, et attiédissent, chemin faisant, les rivages qu'elles baignent et l'atmosphère qui les environne. Celles qui se sont engagées dans le canal de l'Atlantique, s'avancent jusqu'au 65° degré, où cessent les marées dans notre hiver. Quelques degrés plus loin, les brumes qui s'en exhalent, se changent sans cesse en congélations sur les flancs du pôle Nord, et y préparent les glaces monstrueuses qui doivent en descendre au printemps. Ainsi, la chaleur de l'océan Atlantique dans la zone torride, est cause, en hiver, de la tiédeur du même océan dans la zone tempérée, et de sa solidité en glaces dans la zone glaciale. Au contraire, en été, cet océan glacial du pôle Nord, venant à se fondre par le retour du soleil, depuis l'équinoxe de mars jusqu'à celui de septembre, ses eaux entraînent avec elles des flottes de glaces, de 12 et de 1500 pieds de hauteur et de deux à trois journées de navigation, jusqu'au 52° degré. Elles refroidissent sans cesse par leurs eaux fraîches et leur atmosphère brumeuse, les îles et les rivages de l'Atlantique, et nous occasionent quelquefois, dans le continent, des jours bien froids au milieu de juillet. Ainsi, le froid de l'océan glacial d'où s'écoule l'Atlantique, est cause, en été, de la froideur du même océan dans la zone tempérée, et de sa température fraîche dans la zone torride, où s'élèvent sans cesse, dans cette saison, des pluies et des orages qui vont rafraîchir les rivages brûlants de l'Afrique et de l'Amérique.

Ces diverses températures de la mer Atlantique, s'appuient d'une expérience remarquable, citée par M. Pennant dans son nord du globe, tome 1er, page 353. Il dit que le docteur Blagden a éprouvé que, dans le mois d'avril, à 33 degrés de lat. Nord et à 76 de long., à l'Ouest de Gréenwich, la chaleur du courant qui venait du golfe du Mexique, était de 6 degrés plus forte que celle de l'eau de la mer en dehors de ce courant. C'est que la mer Atlantique, qui commençait à descendre du pôle Nord, participait de la froidure de ses glaces, tandis que le courant du Mexique venait du Midi en remontant au Nord par l'action du courant général qui donne les marées par la réaction de ses contre-courants latéraux.

On peut résoudre, par cette grande loi de la fonte alternative des glaces du pôle Sud et du pôle Nord, une multitude de problèmes qui regardent les diverses températures des lieux situés dans le même climat, et expliquer, par exemple, pourquoi les hivers sont plus froids et les étés moins chauds sur les rivages du Canada que sur ceux de la France; pourquoi les îles Antilles sont plus fraîches, en été et en hiver, que les îles de l'Océan indien, sous les mêmes parallèles, comme on en peut juger d'ailleurs par la couleur de leurs habitants et les différentes qualités de leurs végétaux. Cette différence de températures vient uniquement de celles de leurs mers. Si la terre a des causes particulières de froid par l'élévation de son sol et ses montagnes à glaces, et des causes de chaleur par ses zones sablonneuses et ses montagnes à feu, la mer a aussi les siennes par ses courants froids et ses glaces flottantes qui descendent des pôles, et par ses courants chauds qui viennent de la zone torride : les premières sont fixes, et les secondes sont mobiles, mais d'un plus grand effet, parce qu'elles étendent plus loin leurs influences dans l'atmosphère. C'est l'histoire de la mer qui peut donner l'histoire de la terre. La mer a donné à la terre ses sables, ses pierres calcaires, ses marbres, les couches de ses argiles, ses baies, ses caps et la plupart de ses îles. Elle lui donne encore ses températures, ses nuages, ses vents, ses neiges, ses pluies, ses glaciers, ses lacs, ses fleuves, et par conséquent les causes premières de sa végétation, de sa navigation, de ses pêches et de son commerce. Ces phénomènes, ces météores, toutes ces harmonies, si constantes et si variées, dépendent uniquement des fontes alternatives des deux océans glacés qui couvrent les pôles, et qui n'en pourraient pas descendre, si les pôles étaient aplatis. Je viens d'en rapporter une nouvelle preuve qui explique pourquoi l'hiver est plus doux et l'été plus froid sur les rivages de la mer, que dans l'intérieur du continent. Il m'en reste d'autres qui ne sont pas moins intéressantes. J'espère les joindre aux anciennes, si Dieu m'en donne le loisir et la grace. J'ornerai encore de quelques fleurs le berceau de cette vérité naissante, exposée aux portes de nos académies, repoussée par elles, mais qui, recueillie par des cultivateurs, des voyageurs, des pêcheurs, et favorisée du ciel, s'élèvera un jour sur les débris des systèmes savants, et présidera sur le globe à l'Étude de la Nature.

6 PAGE 31 DES ÉTUDES.

Suivant les botanistes, le lis n'a point de calice, il n'a qu'une corolle pluripétale. Ils appellent les fleurs, des corolles, et les étuis des fleurs, des calices : c'est évidemment par un abus des termes. *Calix*, en grec et en latin, veut dire une coupe; et *corolla*, une petite couronne. Or une infinité de fleurs, comme les cruciées, les papilionacées, les fleurs en gueule et une multitude d'autres, ne sont point faites en couronne, ni leurs étuis en calices. J'ose assurer que, si les botanistes avaient donné le simple nom d'étui ou d'enveloppe aux parties de la floraison qui protégent la fleur avant son développement, ils auraient été sur la route de plus d'une découverte curieuse. Cette impropriété de termes élémentaires dans les sciences, est la première entorse donnée à la raison humaine; elle la met, dès les premiers pas, hors du chemin de la nature. *Voyez* tome II, Étude XI.

7 PAGE 117.

Quelques écrivains ont fait parmi nous l'éloge des Druides. Je leur opposerai, entre autres témoignages, celui des Romains, qui, comme on sait, étaient très-tolérants sur la religion. César dit, dans ses Commentaires, que les Druides brûlaient des hommes en l'honneur des dieux dans des paniers d'osier, et qu'au défaut de coupables, ils prenaient des innocents. Voici ce qu'en dit Suétone dans la vie de Claude : « La religion des Druides, trop » cruelle à la vérité, et qui du temps d'Auguste avait été sim- » plement défendue, fut par lui entièrement abolie. » Hérodote leur avait fait, long-temps auparavant, le même reproche. On ne peut opposer à l'autorité de trois empereurs romains, et du père de l'histoire, que celle du roman de l'Astrée. N'avons-nous pas assez de nos fautes, sans nous charger de justifier celles de nos ancêtres? Au fond ils n'étaient pas plus coupables que les autres peuples, qui tous ont sacrifié des hommes à la divinité. Plutarque reproche aux Romains eux-mêmes d'avoir immolé, dès les premiers temps de la république, deux Gaulois et deux Grecs qu'ils enterrèrent tout vifs. Est-il donc possible que le premier sentiment de l'homme dans la nature, ait été celui de la terreur, et qu'il ait cru au diable avant de croire en Dieu? Oh! non. C'est l'homme qui par-tout a égaré l'homme. Un des bienfaits de l'Évangile a été de détruire, dans une grande partie du monde, ces dogmes et ces sacrifices inhumains.

8 PAGE 119.

On a exprimé, au sujet des effets de l'électricité, une pensée assez impie, dans un vers latin dont le sens est que l'homme a désarmé la divinité. Le tonnerre n'est point un instrument particulier de la justice divine. Il est nécessaire au rafraîchissement de l'air dans les chaleurs de l'été. Dieu a permis à l'homme d'en disposer quelquefois, comme il lui a donné le pouvoir de faire usage du feu, de traverser les mers, et de se servir de tout ce qui existe dans la nature. C'est la mythologie des anciens qui, nous représentant toujours Jupiter armé du foudre, nous en inspire tant de frayeur. Il y a dans l'Ecriture sainte des idées de la divinité bien plus consolantes, et une bien meilleure physique. Je peux me tromper, mais je ne crois pas qu'il y ait un seul endroit où elle nous parle du tonnerre comme d'un instrument de la justice divine. Sodome fut détruite par une pluie de feu et de soufre. Les dix plaies dont l'Égypte fut frappée, furent la corruption des eaux, les reptiles, les moucherons, les grosses mouches, la peste, les ulcères, la grêle, les sauterelles, les ténèbres très-épaisses, et la mort des premiers-nés. Coré, Dathan et Abiron furent dévorés par un feu qui sortit de la terre. Lorsque les Israélites murmurèrent dans le désert de Pharan, « une flamme du Seigneur s'étant allumée contre » eux, dévora tout ce qui était à l'extrémité du camp. »* Dans les menaces faites au peuple, dans le Lévitique, il n'est point parlé du tonnerre. Au contraire, ce fut au bruit des tonnerres que la loi que Dieu donna à son peuple, sur le mont Sinaï, fut promulguée. Enfin, dans le beau cantique où Daniel invite tous les ouvrages du Seigneur à le louer, il y appelle les tonnerres; et il n'est pas inutile de remarquer qu'il comprend dans son invitation tous les météores qui entrent dans l'harmonie nécessaire de l'univers. Il les qualifie du titre sublime de PUISSANCES ET DE VERTUS DU SEIGNEUR. *Voyez* Daniel, chap. III.

9 PAGE 168.

Voyez James Beeverell, Délices de l'Écosse, tom. VII, pag. 1405. Il dit encore, pag. 1421, que dans l'île Pomone ou de Mainland, la plus grande des Orcades, il y a au nord de la partie orientale, un promontoire fort haut, où « les marées » qui viennent du nord-ouest donnent avec tant de violence, » que les flots s'élèvent encore plus haut que lui; » et pag. 1424, qu'entre Phara et Heth, les plus septentrionales de ces îles, « la marée tient un cours tout singulier, montant du sud-» est au nord-est pendant trois heures seulement, et descendant » pendant neuf heures entières au sud-ouest. »

* Nombres, chap. XI.

Réfléchissez sur cette haute marée du *Nord-ouest*, et sur cette autre qui vient du *Nord-est* pendant neuf heures, et qui y remonte seulement pendant trois, vous verrez l'action directe de la fonte des glaces du pôle nord sur les Orcades, et sa réaction qui s'affaiblit à mesure qu'elle remonte vers sa source. Mais je suis convaincu que ces marées septentrionales des Orcades n'arrivent jamais que l'été, lorsque le soleil échauffe le pôle nord, et que, l'hiver, les courants du pôle sud doivent y produire des effets tout contraires.

10 PAGE 186.

Les prêtres de l'Égypte assuraient, suivant Hérodote, que le soleil avait plusieurs fois changé de cours; ainsi notre hypothèse n'a rien de nouveau. Ils en avaient peut-être tiré les mêmes conséquences. Ce qu'il y a de certain, c'est qu'ils croyaient que la terre périrait un jour par un incendie général, comme elle avait péri par un déluge universel. Je crois même que ce fut un de leurs rois, qui, dans l'alternative de l'un ou l'autre événement, fit bâtir deux pyramides, l'une de brique pour échapper au feu, l'autre de pierre pour se préserver de l'eau. L'opinion d'un incendie futur de la nature est répandue chez beaucoup de nations. Mais de si terribles effets, qui résulteraient bientôt des causes mécaniques par lesquelles l'homme tâche d'expliquer les lois de la nature, ne peuvent arriver que par l'ordre immédiat de la divinité. Elle conserve ses ouvrages avec la même sagesse qu'elle les a créés. Les astronomes observent depuis un grand nombre de siècles le mouvement annuel de la terre dans l'écliptique, et jamais ils n'ont vu le soleil en-deçà ou au-delà des tropiques, seulement d'une simple seconde. Dieu gouverne le monde par des puissances mobiles, et il en tire des harmonies invariables. Le soleil ne parcourt ni l'équateur où il remplirait la terre de feux, ni le méridien où il l'inonderait d'eaux; mais sa route est tracée dans l'écliptique, où il décrit une ligne spirale entre les deux pôles du monde. Il répand dans sa course harmonique, le froid et le chaud, la sécheresse et l'humidité; et il fait résulter de ces puissances destructibles, chacune en particulier, des latitudes si variées et si douces par toute la terre, qu'une infinité de créatures d'une délicatesse extrême y trouvent tous les degrés de température convenables à leur fragile existence.

[11] PAGE 188.

Je trouve un témoignage historique en faveur de cette hypothèse, dans l'Histoire de la Chine par le P. Martini, liv. I. « Sous le règne d'Yaus, septième empereur, les annales du » pays rapportent que le soleil fut dix jours sans se coucher, et » qu'on craignit un embrasement universel. » Il en résulta au contraire un déluge qui inonda toute la Chine. L'époque de ce déluge chinois et celle du déluge universel sont du même siècle. Yaus naquit 2358 ans avant Jésus-Christ, et le déluge universel arriva 2348 ans avant la même époque, suivant les Hébreux. Les Égyptiens avaient aussi des traditions sur ces anciennes altérations du cours du soleil.

[12] PAGE 191.

J'ai vu à l'Ile-de-France, de ces grands bancs de madrépores, de sept à huit pieds de hauteur, semblables à des remparts, restés à sec à plus de trois cents pas du rivage. L'Océan a laissé dans toutes les terres des traces de ses anciennes excursions. On trouve dans les falaises du pays de Caux une très-grande coquille des îles Antilles appelée la Thuilée; dans les vignobles de Lyon, celle qu'on appelle le Coq et la Poule, qu'on n'a pêchée vivante dans aucune mer qu'au détroit de Magellan; des dents et des mâchoires de requins dans les sables d'Étampes... Nos carrières sont pleines des dépouilles de l'Océan méridional. D'un autre côté, suivant les Mémoires du père Le Comte, Jésuite, il y a à la Chine des couches de terre végétale de trois à quatre cents pieds de profondeur. Ce missionnaire leur attribue, avec raison, l'extrême fécondité de ce pays. Nos meilleurs terrains en Europe n'en ont pas plus de trois ou quatre pieds. Si nous avions des cartes géographiques qui représentassent les différentes couches de nos coquillages fossiles, on pourrait y reconnaître les directions et les foyers des anciens courants qui les ont apportés. Je n'étendrai pas cette vue plus loin ; mais en voici une autre qui peut présenter de nouveaux objets de curiosité aux savants qui font plus de cas des monuments des hommes, que de ceux de la nature. C'est que, comme on trouve dans les fossiles de nos contrées occidentales, une multitude de monuments de la mer, on pourrait peut-être rencontrer ceux de notre ancienne terre dans ces couches de terre végétale, de trois à quatre cents pieds d'épaisseur, des contrées orientales. D'abord, il est certain, d'après le témoignage du même missionnaire que je viens de citer, que le charbon de terre est si commun à la Chine, que la plupart des Chinois n'emploient pas d'autre matière pour se chauffer. Or, on sait que le charbon de terre doit son origine à des forêts qui ont été ensevelies dans le sein de la terre. On pourrait donc trouver, au milieu de ces débris de végétaux, ceux des animaux terrestres, des hommes, et des premiers arts du monde qui avaient quelque solidité.

13 PAGE 196.

Quoique le sens que je donne à ce passage ne diffère pas beaucoup de celui que lui donne M. de Saci dans sa belle traduction de la Bible, il y a cependant plusieurs expressions auxquelles je donne un sens opposé à celui de ce savant homme.

1° *Ostium* veut proprement dire des ouvertures, des dégorgeoirs, des écluses, des portes, des embouchures, et non pas des barrières, comme l'a traduit Saci. Observez que le sens de ce verset et celui du suivant, conviennent admirablement à l'état de contrainte et d'inertie où la mer est retenue sur les pôles, environnée de nuées et d'obscurité, comme un enfant de bandelettes dans son berceau. Ils expriment encore les brouillards qui environnent la base des glaces polaires, comme le savent tous les marins du Nord. 2° Les épithètes précédentes, de *fondements, de la terre*, de *bases consolidées*, de *point d'où l'on a dirigé les niveaux*, d'*écluses* d'où la mer sort comme d'une matrice, déterminent particulièrement les pôles du monde, d'où les mers s'écoulent sur le reste du globe. L'épithète de *pierre angulaire* semble aussi désigner d'une manière plus particulière notre pôle, qui se distingue, par son attraction magnétique, de tous les points de la terre.

14 PAGE 197.

Auroræ locum suum, le lieu de l'aurore. Peut-être est-il question ici de l'aurore boréale. Le froid des pôles produit l'aurore, car il n'y en a presque point entre les tropiques. Ainsi le pôle est proprement le lieu naturel de l'aurore. Le verset suivant *tenuisti concutiens extrema terræ*, caractérise évidemment les effusions totales des glaces polaires, situées aux extrémités de la terre, qui occasionèrent le déluge universel.

15 PAGE *ibid.*

Restituetur ut lutum signaculum. Ce verset est fort obscur dans la traduction de Saci. Il me paraît désigner ici les coquillages fossiles, qui sont par toute la terre les monuments du déluge.

16 PAGE *ibid.*

In novissimis abyssi, aux sources de l'abyme. Saci a traduit, *dans les extrémités de l'abyme*. Il fait disparaître la consonnance de cette expression avec celle des autres caractères polaires, si clairement exposés auparavant, et l'antithèse de *novissima* avec celle de *profunda maris* qui la précède, en lui donnant le même sens. L'antithèse est une figure fréquemment employée par les Orientaux, et sur-tout dans le Livre de Job.

Novissima abyssi signifie littéralement, les lieux qui renouvellent l'abyme, les sources de la mer, et par conséquent les glaces polaires.

17 PAGE 197.

Portæ mortis, et ostia tenebrosa; les portes de la mort, ces dégorgeoirs ténébreux. Les pôles qui sont inhabitables, sont vraiment les portes de la mort. L'épithète de ténébreux désigne ici les nuits de six mois qui y règnent. Ce sens est encore confirmé dans les versets suivants par *locus tenebrarum*, le lieu des ténèbres, et par *thesauros nivis*, les réservoirs de la neige. Les pôles sont à-la-fois le lieu des ténèbres et celui de l'aurore.

18 PAGE *ibid.*

Latitudinem terræ. Mot à mot : Avez-vous considéré la latitude de la terre? En effet, tous les caractères du pôle ne pouvaient être connus que de ceux qui avaient parcouru la terre en latitude. Il y avait, du temps de Job, beaucoup de voyageurs arabes qui allaient à l'orient, à l'occident et au midi, mais fort peu qui eussent voyagé au nord, c'est-à-dire, en latitude.

19 PAGE 202.

Spon, sans doute, n'y pense pas en soupçonnant que l'art ait pu aider la nature dans la construction de cinq canaux souterrains, chacun de dix milles de long, à travers un rocher. Ces canaux souterrains se rencontrent fréquemment dans les pays de montagnes, comme j'en pourrais citer mille exemples. Ils servent à la circulation des eaux qui ne pourraient autrement en traverser les chaînes. La nature perce les rochers, et y fait passer les fleuves, comme elle a percé plusieurs os du corps humain pour la communication des veines. Je laisse le lecteur sur cette nouvelle vue. J'en ai dit assez pour le convaincre que ce globe n'est pas l'ouvrage du désordre et du hasard.

Je finirai ces observations par une réflexion sur les deux voyageurs que je viens de citer; elle pourra être utile à nos mœurs. Spon était Français, et Georges Wheler Anglais. Ils voyagèrent en société dans l'Archipel. Le premier nous en a rapporté beaucoup d'inscriptions et d'épitaphes grecques, et nos savants du dernier siècle l'ont fort vanté. L'autre nous a donné les noms et les caractères de beaucoup de plantes fort curieuses qui croissent sur les ruines de la Grèce, et qui jettent, à mon gré, un intérêt fort touchant dans ses relations. Il est peu connu parmi nous. Suivant les titres que l'un et l'autre se donnent, Jacob Spon était médecin agrégé de Lyon, et fort curieux des monuments des hommes. Georges Wheler était gentilhomme, et enthousiaste de ceux de la nature. Il semble que leurs goûts devaient être tout-à-fait différents; que le gentilhomme devait aimer les monuments, et le médecin les plantes; mais, comme nous le verrons dans la suite de ces études, nos passions naissent des contraires, et sont presque toujours opposées à nos états. C'est par une suite de cette loi harmonique de la nature que, quoique ces voyageurs fussent, l'un anglais et l'autre français, ils vécurent dans la plus parfaite union. Je remarque à leur louange qu'ils se sont cités mutuellement avec éloge. Ministres d'état, voulez-vous former des sociétés qui soient bien unies entre elles? Ne mettez pas des académiciens avec des académiciens, des militaires avec des militaires, des marchands avec des marchands, des moines avec des moines: mais rapprochez les hommes d'états opposés, et vous verrez régner entre eux l'harmonie; pourvu toutefois que vous en écartiez les ambitieux, ce qui n'est pas aisé, puisque l'ambition est un des premiers vices que nous inspire notre éducation.

[20] PAGE 286.

Plus d'un gourmand a déjà fait cette observation; mais en voici une à laquelle peu d'hommes s'arrêtent; c'est qu'en tout genre, et par tout pays, *les choses les plus communes sont les meilleures.*

21ᵉ PAGE 297.

"De toutes les corruptions, celle de la chair humaine est la plus dangereuse. En voici un effet bien étrange, que rapporte Garcillasso de la Véga, dans son Histoire des guerres civiles des Espagnols dans les Indes, part. II, tom. I, chap. XLII. Il observe d'abord que les Indiens des îles de Barlovento envenimaient leurs flèches, en en mettant les pointes dans des corps morts ; et il ajoute ensuite : « Je rapporterai ce que j'ai vu arriver de l'un des quartiers du corps de Carvajal, qu'on avait
» mis sur le chemin de Collasuyu qui est au midi de Cusco.
» Nous sortîmes, un dimanche, pour aller à la promenade, dix
» ou douze écoliers que nous étions, tous mestifs, c'est-à-dire
» fils d'Espagnols et d'Indiennes, dont le plus âgé n'avait pas
» douze ans. Ayant aperçu à la campagne un des quartiers du
» corps de Carvajal ; il nous prit envie de l'aller voir, et nous
» en étant approchés, nous trouvâmes que c'était une de ses
» cuisses dont la graisse était coulée à terre. La chair en était
» verdâtre et toute corrompue. Comme nous regardions cet
» objet funeste, l'un des plus hardis d'entre nous se mit à dire:
» Je gage que personne ne l'oserait toucher ; un autre dit que si.
» Enfin, le plus hardi de tous, qu'on appelait Barthélemi
» Monedero, croyant faire une action de courage, enfonça le
» pouce de sa main droite dans cette cuisse corrompue, où il
» entra tout entier. Cette action nous étonna tous si bien, que
» nous nous éloignâmes de lui, de peur d'en être infectés,
» en lui criant : O le vilain ! Carvajal te paiera de ton effronte-
» rie. Cependant, il s'en alla droit à un ruisseau qui était là
» tout auprès, où il se lava la main plusieurs fois, et se la
» frotta de boue, puis s'en retourna en son logis. Le lendemain
» il revint à l'école, où il nous montra son pouce qui s'était
» extrêmement enflé ; mais sur le soir, toute la main lui vint

» grosse jusqu'au poignet; et le jour d'après, qui était le
» mardi, elle s'enfla jusqu'au coude, tellement que la nécessité
» le contraignit d'en dire la cause à son père. On appela d'a-
» bord les médecins, qui lui bandèrent étroitement le bras, et
» le lièrent au-dessus de l'enflure, y apportant tous les remèdes
» qu'ils jugèrent pouvoir servir de contre-poison. Avec tout
» cela néanmoins, peu s'en fallut que le malade n'en mourût;
» et il ne réchappa qu'avec beaucoup de peine, après avoir été
» quatre mois entiers sans tenir la plume à la main, tant il l'a-
» vait faible. »

On peut conclure de cet événement, combien les émanations putrides de nos cimetières sont dangereuses pour les habitants des villes. Nos églises de paroisse, où l'on enterre tant de cadavres, se remplissent d'un air si corrompu, sur-tout au printemps, lorsque la terre vient à s'échauffer, que je les regarde comme une des principales sources des petites-véroles et des fièvres putrides qui règnent dans cette saison. Il en sort alors une odeur fade qui soulève le cœur. Je l'ai éprouvé, notamment dans quelques-unes des principales églises de Paris. Cette odeur est bien différente de celle que produit la foule des hommes vivants, car on ne sent rien de semblable dans les églises des couvents, où l'on n'enterre que peu de monde.

Il serait digne de la curiosité des anatomistes d'examiner pourquoi la putréfaction des corps détruit l'économie animale de la plupart des êtres, et pourquoi elle ne dérange point celle des bêtes carnassières. Beaucoup d'espèces d'insectes et de poissons se nourrissent de cadavres. Je remarque que la plupart de ces animaux n'ont point de sang, qui est le premier fluide qui soit affecté par la corruption, et que les ouvertures par où ils respirent ne sont point les mêmes que celles par où ils mangent. Mais ces raisons ne peuvent s'appliquer aux vautours, aux corbeaux, etc.

[22] PAGE 345.

Je présume que c'est une espèce particulière d'araignée. Je crois qu'il y en a d'autant d'espèces, qu'il y en a de celles des insectes. Elles ne tendent pas toutes des filets; il y en a qui attrapent leur proie à la course; d'autres leur dressent des embuscades. J'en ai vu une à Malte très-singulière et qui est fort commune dans toutes les maisons. La nature a donné à cette araignée, de ressembler par la tête et par la partie antérieure du corps à une mouche. Lorsqu'elle aperçoit une mouche sur un mur, elle s'en approche d'abord fort vite, en observant toujours de se mettre au-dessus d'elle. Quand elle en est à cinq ou six pouces, elle s'avance fort lentement, en lui présentant une ressemblance trompeuse; et, lorsqu'elle n'en est plus éloignée que de deux ou trois pouces, elle s'élance tout-à-coup sur elle. Ce saut fait sur un plan perpendiculaire, devrait la précipiter à terre; point du tout. On la revoit toujours sur le mur, soit qu'elle ait manqué ou saisi sa proie, parce qu'avant de s'élancer, elle y attache un fil qui l'y ramène. Philosophes Cartésiens, regardez donc les bêtes comme des machines!

[23] PAGE 354.

Les politiques, en classant les gouvernements par ces ressemblances extérieures de formes, ont fait comme les botanistes, qui comprennent dans la même catégorie les plantes qui ont des fleurs ou des feuilles semblables, sans avoir égard à leurs vertus. Ceux-ci ont mis dans la même classe le chêne et la pimprenelle; ceux-là, la république romaine et celle de Saint-Marin. Ce n'est pas ainsi qu'on doit observer la nature; elle n'est par-tout que convenance et harmonie. Ce ne sont pas ses formes, c'est son esprit qu'il faut étudier.

Si dans l'histoire d'un peuple vous ne faites pas attention à sa constitution morale et intérieure, dont presque aucun historien ne s'occupe, il vous sera impossible de concevoir comment des républiques bien ordonnées en apparence, se sont ruinées tout-à-coup; comment d'autres, au contraire, où tout paraît dans l'agitation, deviennent formidables; d'où vient la durée et le pouvoir des états despotiques, si décriés par nos écrivains modernes; et d'où vient enfin qu'après ces beaux règnes de Marc-Aurèle et d'Antonin, qu'ils ont si vantés, l'empire romain acheva de s'écrouler. C'est, je l'ose dire, parce que ces bons princes ne songèrent qu'à conserver la forme extérieure du gouvernement. Tout était tranquille autour d'eux; il y avait une forme de sénat; le blé ne manquait point à Rome; les garnisons dans les provinces étaient bien payées. Point de sédition, point de troubles; tout allait bien en apparence : mais pendant cette léthargie, les riches augmentaient leurs grandes propriétés, le peuple perdait les siennes; les emplois s'accumulaient dans les mêmes familles. Pour avoir de quoi vivre, il fallait s'attacher aux grands : Rome ne renfermait plus qu'un peuple de valets. L'amour de la patrie s'éteignait. Les malheureux ne savaient de quoi se plaindre. On ne leur faisait point de tort. Tout était dans l'ordre; mais, par cet ordre, ils ne pouvaient plus parvenir à rien. On n'égorgeait pas les citoyens comme sous Marius et Sylla, mais on les étouffait.

Dans toute société humaine, il y a deux puissances, l'une temporelle et l'autre spirituelle. Vous les retrouverez dans tous les gouvernements du monde, en Europe, en Asie, en Afrique et en Amérique. Le genre humain est gouverné comme le corps humain. Ainsi l'a voulu l'Auteur de la nature, pour la conservation et le bonheur des hommes. Lorsque les peuples sont opprimés par la puissance spirituelle, ils se réfugient auprès de la temporelle; quand celle-ci les opprime à son tour, ils ont recours à l'autre. Quand toutes deux s'accordent pour les rendre misérables, alors naissent en foule les hérésies, les schismes, les guerres civiles, et une multitude de puissances secondaires qui balancent les abus des deux premières, jusqu'à ce qu'il en résulte enfin une apathie générale, et que l'état se détruise. Nous approfondirons ce grand sujet tout à l'heure, en parlant de la France. Nous verrons que, quoiqu'il n'y ait de droit qu'une puissance, il y en a, en effet, cinq qui le gouvernent.

²⁴ PAGE 366.

Ce jugement des nègres modernes leur fait beaucoup d'honneur. Ils sentent le prix inestimable des lumières; mais s'ils avaient vu en Europe le sort de la plupart des gens de lettres, et celui des gens qui y ont de l'or, ils auraient renversé leur tradition.

Des opinions semblables se retrouvent chez les autres noirs de l'Afrique, et entre autres, chez les noirs des îles du Cap-Vert, comme on peut le voir dans l'excellente relation que Georges Roberts nous en a donnée. Cet infortuné navigateur se réfugia dans celle de Saint-Jean, où il reçut de la part de ses habitants les preuves les plus touchantes de générosité et d'hospitalité, après avoir éprouvé un traitement atroce de la part des pirates anglais, ses compatriotes, qui lui pillèrent son vaisseau.

Cependant, il faut l'avouer, si quelques peuplades de l'Afrique nous surpassent en qualités morales, en général les nègres sont très-inférieurs aux autres nations par celles de l'esprit. Ils n'ont pas encore eu l'industrie de dompter l'éléphant, comme les Asiatiques. Ils n'ont perfectionné aucune espèce de culture. Ils doivent celle de la plupart de leurs végétaux alimentaires aux Portugais et aux Arabes. Ils n'exercent aucun des arts libéraux, qui faisaient cependant des progrès chez les habitants du Nouveau-Monde, bien plus modernes qu'eux. Ils sont dans une partie du continent, d'où ils pouvaient aisément pénétrer jusqu'en Amérique, puisque les vents d'est les y portent, vent arrière; et ils n'avaient pas même découvert les îles qui sont dans leur voisinage, telles que les îles Canaries et celles du Cap-Vert. Les puissances noires de l'Afrique n'ont jamais eu l'esprit de construire un brigantin. Loin de s'étendre au-dehors, elles ont laissé les peuples étrangers s'emparer de toutes leurs côtes. Car dans les anciens temps, les Égyptiens et les Phéniciens se sont établis sur leurs côtes orientales et septentrionales, qui sont aujourd'hui au pouvoir des Turcs et des Arabes ; et depuis quelques siècles, les Portugais, les Anglais, les Danois, les Hollandais et les Français se sont saisis de ce qui en restait à l'orient, au midi et à l'occident, uniquement pour avoir des esclaves. Il faut, après tout, qu'une Providence particulière préserve le patrimoine de ces enfants de Chanaan, de l'avidité de leurs frères, les enfants de Sem et Japhet ; car il est étonnant que nous autres, sur-tout, fils de Japhet, qui, comme des cadets, cherchons fortune par tout le monde, et qui, suivant la bénédiction de Noé, notre père, nous logeons jusque dans les tentes de Sem notre aîné, par nos comptoirs en Asie, nous n'ayons pas établi des colonies dans une partie de la terre aussi belle que la Nigritie, si voisine de nous, où la canne à sucre, le café, et la plupart des productions de l'Amérique et de l'Asie peuvent croître, et enfin où les esclaves sont tout portés.

Les politiques attribueront les différents caractères des Nègres et des Européens, à telles causes qu'il leur plaira. Pour moi, je le dis du fond de mon cœur, je ne connais point de livre où il y ait des monuments plus certains de l'histoire des nations et de celle de la nature, que la Genèse.

25 PAGE 380.

Je citerai encore un exemple des charmes inéffables que la religion répand sur l'innocence : il est tiré d'une relation assez peu estimée de l'île de Saint-Érini (chap. 12), par le père François Richard, jésuite missionnaire ; mais où il y a des choses qui me plaisent par leur naïveté.

« Après dîner, dit le père Richard, je me retirai à Saint-
» Georges, qui est l'église principale de l'île de Stampalia. Ce
» fut là qu'un papa m'apporta un livre d'Évangile, pour savoir
» si je lisais en leur langue aussi bien que j'y parlais : un

» autre me vint demander si notre saint-père le pape était ma-
» rié. Mais ce qui me parut plus plaisant, fut la demande d'une
» vieille femme, qui, après m'avoir fort long-temps regardé,
» me pria de lui dire si véritablement je croyais en Dieu et en
» la sainte Trinité. Oui, lui dis-je; et pour l'assurer davanta-
» ge, je fis le signe de la croix. Oh! que cela va bien, dit-elle,
» que tu sois chrétien! Nous en doutions. Sur cela, je tirai de
» mon sein la croix que je portais ; cette femme toute ravie
» d'aise s'écria : Que cherchons-nous davantage pour savoir
» s'il est bon catholique, puisqu'il adore la croix? Après celle-
» ci, vint une autre à qui je demandai si elle voulait se confes-
» ser. Hé! quoi, dit-elle, n'y a-t-il point de péché de se con-
» fesser à vous autres? Non, dis-je; car, quoique je sois Franc,
» je confesse en grec. Je m'en vais le demander à notre évêque,
» reprit-elle. Un peu après elle retourna toute joyeuse d'en
» avoir obtenu la permission. Après sa confession, je lui don-
» nai un *Agnus Dei*, qu'elle ne manqua pas de montrer à tous,
» comme une chose qu'ils n'avaient jamais vue. Incontinent je
» fus accablé d'une multitude de femmes et d'enfants qui me
» pressaient de leur en donner. Je fis réponse que ces *agnus*
» ne se donnaient qu'à ceux qui s'étaient confessés: ils s'offrirent,
» pour en avoir, de se confesser, et le voulaient faire deux à
» deux ; à savoir, une fille avec sa confidente, un jeune garçon
» avec son intime, qu'on appelait ἀδελφοπειθον (adelphopei-
» thon), frère de confiance, apportant pour raison, qu'ils
» n'avaient qu'un cœur; et partant, rien ne devait être secret
» entre eux. J'eus de la peine de les séparer; toutesfois ils furent
» obligés d'obéir. »

On a souvent calomnié la religion, en lui attribuant nos malheurs politiques. Voici ce qu'en dit Montaigne qui a vécu au milieu de ses guerres civiles : « Confessons la vérité ; qui tire-
» rait de l'armée même légitime ceux qui y marchent par le zèle
» d'une affection religieuse, et encore ceux qui regardent
» seulement la protection des lois de leur pays, ou service du

» prince, il n'en saurait bâtir une compagnie de gendarmes
» complète. * »

[26] PAGE 388.

Comme la plupart des hommes ne sont choqués des abus que dans le détail, parce que tout ce qui est grand leur impose du respect, je ne citerai ici que quelques effets de la vénalité dans la bourgeoisie. Tous les états subalternes, subordonnés aux autres de droit, en sont devenus les supérieurs de fait, par cela seulement qu'ils sont plus riches. Ainsi ce sont aujourd'hui les apothicaires qui emploient les médecins; les procureurs, les avocats; les marchands, les artistes; les maîtres maçons, les architectes; les libraires, les gens de lettres, même ceux de l'Académie; les loueuses de chaises dans les églises, les prédicateurs, etc......... Je n'en dirai pas davantage. On sent où cela mène. De cette vénalité seule doit s'ensuivre la décadence de tous les talens. Elle est, en effet, bien sensible, quand on compare ceux de ce siècle à ceux du siècle de Louis XIV.

[27] PAGE 409.

Nicolas de Villebois était né en Livonie, d'une famille française originaire de Bretagne. Il décida, à la bataille de Francfort, la victoire pour les Russes, en chargeant les Prussiens à la tête d'un régiment de fusiliers de l'artillerie, dont il était alors colonel. Cette action, jointe à son mérite personnel, lui valut le cordon bleu de Saint-André, et bientôt après, la place de grand-maître de l'artillerie, dont il était revêtu quand j'arrivai en Russie. Quoique son crédit s'affaiblît alors, ce fut lui qui m'admit au service de sa majesté Catherine II, et qui me fit l'honneur de me présenter à elle comme un des officiers de son corps du génie. Il m'y préparait de l'avancement, conjointement avec le général Daniel du Bosquet, chef du corps des ingénieurs; ils firent

---

* Essais, liv. II, chap. XII, page 317.

l'un et l'autre tout ce qu'ils purent pour me retenir au service, en me le rendant agréable de toutes les manières, et en me proposant des établissements honorables et avantageux. Mais l'amour de ma patrie, que j'avais servie précédemment, et le désir de la servir encore, que des hommes à grand caractère nourrissaient de vaines espérances, me firent persister à demander mon congé, que j'obtins en 1763, avec le grade de capitaine. Au partir de Russie, je fis, à mes frais, une tentative pour le service de la France, en Pologne, en me jetant dans le parti qu'elle protégeait : j'y courus de grands risques, puisque j'y fus fait prisonnier par le parti polonais-russe. De retour à Paris, j'ai donné des mémoires sur le Nord, aux affaires étrangères, où je présageais le partage futur de la Pologne par les puissances limitrophes. Ce partage s'est effectué quelques années après. Depuis, j'ai cherché à bien mériter de ma patrie par mes services, tant militaires aux îles, où j'étais capitaine ingénieur du roi, que littéraires en France, et j'ose dire aussi par ma conduite ; mais je n'ai pas encore eu le bonheur d'éprouver, dans ma fortune, qu'elle eût agréé les sacrifices en tout genre que je lui avais faits.

[28] PAGE 414.

Divide et impera, a dit, je crois, Machiavel. Jugez de la bonté de cette maxime, par le misérable état des pays où elle est née, et où on l'a mise en pratique.

Les enfants n'apprenaient, à Sparte, qu'à obéir, à aimer la vertu, la patrie, et à vivre dans la plus intime union, jusque-là qu'ils étaient divisés dans leurs écoles en deux classes d'amants et d'aimés. Chez les autres peuples de la Grèce, l'éducation était arbitraire ; il y avait beaucoup d'exercices d'éloquence, de lutte, de courses ; des prix pythiens, olympiques, isthmiques, etc. Ces frivolités les remplirent de partialité. Lacédémone leur donna à tous la loi ; et pendant qu'il fallait aux premiers, lorsqu'ils allaient combattre pour leur patrie, une paie, des harangues, des trompettes et des fifres, pour exciter leur courage, il fallait au contraire retenir celui des Lacédémoniens. Ils allaient au combat sans appointements, sans discours, au son des flûtes, et en chantant tous ensemble l'hymne des deux frères jumeaux, Castor et Pollux.

29 PAGE 416.

Passe pour le dieu trompeur du babil, du commerce, et des filoux; mais pour la sage Minerve! Cette considération m'a engagé à substituer le nom sans reproche de Minerve, à celui de Mercure qui est dans l'édition précédente.

30 PAGE 418.

Michel Montaigne est encore un de ces hommes qui n'ont point été élevés dans les colléges : il n'y fut du moins que bien peu de temps. Il fut instruit sans châtiments corporels et sans émulation dans la maison paternelle, par le plus doux des pères, et par des précepteurs dont il a conservé précieusement la mémoire dans ses écrits. Il est devenu, par une éducation si opposée à la nôtre, un des meilleurs et des plus savants hommes de la nation.

31 PAGE 448.

Socrate avait fait une étude particulière de la nature; et quoique son jugement sur la durée et la conservation de ses ouvrages soit contraire à celui de notre philosophie, qui regarde, sur-tout le globe de la terre, comme dans un état progressif de ruine, il est parfaitement d'accord avec celui de l'Écriture sainte, qui assure positivement que Dieu le répare, et avec l'expérience que nous en avons, comme je l'ai déjà fait entrevoir. Il ne faut pas mépriser la physique des anciens, si ce n'est celle qui n'était que systématique. Nous devons nous rappeler qu'ils avaient fait la plupart des découvertes dont nous nous vantons aujourd'hui. Les philosophes toscans savaient l'art de conjurer le tonnerre.

Le bon roi Numa en fit l'expérience. Tullus Hostilius voulut l'imiter, mais il en fut la victime pour ne s'y être pas pris convenablement. (*Voyez* Plutarque.) Philolaüs, pythagoricien, avait dit avant Copernic, que le soleil était au centre du monde; et avant Christophe Colomb, que la terre avait deux continents, celui-ci et le continent opposé. Plusieurs philosophes de l'antiquité avaient assuré que les comètes étaient des astres qui avaient un cours régulier. Pline même dit qu'elles se dirigent toutes vers le Nord, ce qui est généralement vrai. Cependant, il n'y a pas deux cents ans qu'on croyait en Europe que c'étaient des feux qui s'enflammaient dans la moyenne région de l'air. On croyait encore dans ce temps-là, que c'était la mer qui fournissait l'eau des fontaines et des fleuves, en filtrant à travers les terres, quoiqu'il soit dit dans cent endroits de l'Écriture, que ce sont les pluies qui en entretiennent les sources. Nous en sommes convaincus aujourd'hui, par des observations savantes sur les évaporations des mers. Les monuments que les anciens nous ont transmis dans l'architecture, la sculpture, la poésie, la tragédie et l'histoire, nous serviront éternellement de modèles. Nous leur devons encore l'invention de presque tous les autres arts, et il est à présumer que ces arts avaient sur les nôtres la même supériorité que leurs arts libéraux. Quant aux sciences naturelles, ils ne nous ont laissé aucun objet de comparaison; d'ailleurs, les prêtres qui s'en occupaient particulièrement, en cachaient la connaissance au peuple. Nous ne saurions douter qu'ils n'aient eu à ce sujet des lumières qui surpassaient les nôtres. *Voyez* ce que le judicieux chevalier Temple dit de la magie des anciens Égyptiens.

32 PAGE 455.

Voyez Flacourt, histoire de l'île de Madagascar, chap. XLIV, page 182. Vous y trouverez cette prière, embarrassée de beaucoup de circonlocutions, mais renfermant le sens que je rapporte. Il est bien étrange que des nègres aient trouvé tous les attributs de Dieu dans les imperfections de l'homme. C'est avec raison que la sagesse divine a dit elle-même qu'elle s'était reposée sur toutes les nations: *Et in omni terrá steti et in omni populo; et in omni populo primatum habui.* * Je crois cependant que cette prière vient originairement des Arabes, et appartient au mahométisme qu'ils ont introduit à Madagascar.

* Ecclésiastique, chap. XXIV; ℣ 9 et 10.

FIN DES NOTES DU TOME PREMIER.

TABLE DES ÉTUDES

CONTENUES DANS CE VOLUME.

Avis de l'Éditeur.
Avis de l'Auteur. . . . . page j
Étude Iere. Immensité de la nature. Plan de mon ouvrage.   1
Étude II. Bienfaisance de la nature. 115
Étude III. Objections contre la Providence. 125
Étude IV. Réponses aux objections contre la Providence, tirées des désordres du globe. 132
Étude V. Réponses aux objections contre la Providence, tirées des désordres du règne végétal. 242
Étude VI. Réponses aux objections contre la Providence, tirées des désordres du règne animal. 277
Étude VII. Réponses aux objections contre la Providence, tirées des maux du genre humain. 313
Étude VIII. Réponses aux objections contre la Providence divine et les espérances d'une autre vie, tirées de la nature incompréhensible de Dieu, et des misères de ce monde. 434
Notes de l'Auteur. 474

FIN DE LA TABLE DU TOME PREMIER DES ÉTUDES.

www.ingramcontent.com/pod-product-compliance
Lightning Source LLC
Chambersburg PA
CBHW071418230426
43669CB00010B/1593